教育部高等学校电子商务专业教学指导委员会指导
新一代高等学校电子商务实践与创新系列规划教材

阿里巴巴商学院 组织编写

供应链与物流管理

陈长彬 主编

钟祖昌 王珍珍 副主编

清华大学出版社
北京

内 容 简 介

　　本书围绕现代供应链与物流管理体系,结合真实的案例,介绍供应链管理和物流管理的基本理论与知识及其在电子商务环境下和物联网条件下的应用。本书共 12 章,主要包括企业物流管理、供应链合作伙伴关系、库存控制、物流运输与配送管理和第三方物流管理;并结合物流信息技术和物流信息系统,介绍信息时代下的供应链与物流管理及其相应的系统规划与控制;最后介绍物流网技术下的供应链与物流管理。

　　本书适合高等院校经济管理类,尤其是电子商务、物流管理、企业管理、市场营销和工业工程等专业本科生使用,也适合从事供应链与物流管理的实际工作者阅读。

图书在版编目(CIP)数据

供应链与物流管理/陈长彬主编. —北京:清华大学出版社,2012.12(2022.4重印)
新一代高等学校电子商务实践与创新系列规划教材
ISBN 978-7-302-30350-3

Ⅰ. ①供… Ⅱ. ①陈… Ⅲ. ①物资供应－物资管理－高等学校－教材 Ⅳ. ①F252

中国版本图书馆 CIP 数据核字(2012)第 241206 号

责任编辑:袁勤勇　战晓雷
封面设计:常雪影
责任校对:白　蕾
责任印制:沈　露

出版发行:清华大学出版社
　　　网　　　址:http://www.tup.com.cn,http://www.wqbook.com
　　　地　　　址:北京清华大学学研大厦 A 座　　　　邮　　编:100084
　　　社　总　机:010-83470000　　　　　　　　　　邮　　购:010-83470235
　　　投稿与读者服务:010-62776969,c-service@tup.tsinghua.edu.cn
　　　质量反馈:010-62772015,zhiliang@tup.tsinghua.edu.cn
　　　课件下载:http://www.tup.com.cn,010-83470236

印　装　者:北京富博印刷有限公司
经　　　销:全国新华书店
开　　　本:185mm×260mm　　　印　　张:22.25　　　字　　数:512 千字
版　　　次:2013 年 1 月第 1 版　　　　　　　　　　印　　次:2022 年 4 月第 9 次印刷
定　　　价:59.00元

产品编号:046889-04

新一代高等学校电子商务实践与创新系列规划教材
编写委员会

丛书序

　　十多年来,我国电子商务的各个领域发生了巨大变化,从形式到内涵的各个方面都更加丰富和完善,在国民经济中的作用显著增强,对电子商务人才的需求愈来愈大,也对高等学校电子商务人才培养工作提出更高的要求。因此,如何面向日新月异的电子商务发展,开展各具特色的电子商务专业人才培养工作,打造新型的电子商务教材体系和系列教材,显得十分必要。

　　杭州师范大学阿里巴巴商学院是一所产学研相结合,充满创新创业激情的新型校企合作商学院。这次由教育部高等学校电子商务专业教学指导委员会指导,该商学院组织开展的高等学校本科教学电子商务实践与创新系列教材建设工作,是一次针对产业界需求、校企合作开展电子商务人才培养工作改革的有益实践,对探索我国现代服务业和工程创新人才的培养具有积极的意义。

　　电子商务实践与创新系列教材建设目标是打造一套结合电子商务产业和经济社会发展需要,面向电子商务实践,体现校企合作和创新创业人才培养特点的新一代电子商务本科教学系列教材,旨在为电子商务人才培养工作服务。系列教材建设工作,前期已经过半年多时间的调查和研究,形成了面向电子商务发展的新一代教材体系基本框架。该系列教材针对电子商务中的零售、贸易、服务、金融和移动商务等深浅不同的领域,对学生进行实践与创新的培训,不但吻合电子商务业界的发展现状和趋势,也属校企合作教学改革的一次实践与创新。

潘金鹤

二〇一〇年七月十九日

一直觉得，自己人生中最快乐的日子，是站在讲台上当老师的那段时光。看着学生不断成长，真的是一件很有意义的事。

很多人说，良好的教育可以改变人的一生，教育对人的创新能力的培养非常重要。我们国家每年有几百万名大学生毕业，但很多人走出校园却找不到工作；另一方面又有很多中小企业的老板对我说，自己的企业招聘不到合适的人才。这种反差说明我们的教育发生了偏离。现在学校里灌输得更多的是知识，而不是思考方式，这不是一种文化的传递。

现在很多大学开设了电子商务专业，这对于阿里巴巴这样的电子商务公司来说是件好事。阿里巴巴已成立十年多时间，这十年多时间，我们证明了一件事情，就是互联网和电子商务在中国能成功。同时我们相信互联网和电子商务的发展将彻底改变未来，彻底影响我们的生活。我相信电子商务未来会成为国与国之间的竞争力，而不仅仅是企业之间的竞争力。但我觉得很多大学在培养电子商务专业人才时可能需要更加脚踏实地、更加务实，因为理论上可行的东西在实践中不一定能做到。我在阿里巴巴商学院成立仪式上说过，这是阿里巴巴在电子商务教育上的一次摸索，商学院要加强对学生创业方面的指导、培训，中国中小企业发展需要创业者，他们更需要商学院的培训和教育。

这个世界在呼唤一个新的商业文明，我们认为新商业文明的到来、展开与完善，有赖于每一个公司、每一个人的创新实践。未来的商业人才需具备四个特质：拥有开放的心态、学会分享、具有全球化的视野、有责任感。过去十年以来，我们看到越来越多的年轻人加入网商行列，他们是改革开放以来最具创造能力的新一代，他们更有知识，更懂得诚信，更懂得开放。

分享和协作是互联网的价值源泉。作为一家生于杭州，长于杭州的企业，阿里巴巴乐意为电子商务未来的发展做出贡献。阿里巴巴创业团队自1995年开始创业到现在，积累了许多经验和大量案例，阿里巴巴希望将这些案例与中国的中小企业人、创业者及学子们分享，形成教育、企业、产业及社会通力发展的模式。

阿里巴巴商学院组织编写的电子商务实践与创新系列教材正是基于这一点进行策划酝酿的。这套教材融合了数以千万计网商的电子商务实践,从理论层次进行了总结升华;同时,教材编写团队中不仅有电子商务理论界的著名教授和学者,也有电子商务企业界专家,相信这套教材对高等学校电子商务教学改革将是一次很好的探索和实践。

　　感谢教育部高等学校电子商务专业教学指导委员会给予的指导,感谢所有参加系列教材编写工作的专家、学者,以及系列教材组织编写委员会的顾问、领导和专家。我相信,这次合作不仅是一次教材编写的合作,同时也是新一代电子商务实践与创新系列教材建设工程的开篇,更是一次全国电子商务界精英的大联盟,衷心期待我们的老师、同学们能够从教材中吸取知识加速成长。

阿里巴巴集团

2010 年 8 月 10 日

进入 21 世纪以来,随着经济全球化程度的日益提高,企业之间的竞争也日趋激烈,其中供应链之间的竞争逐渐得到重视,成为企业间竞争不可或缺的一部分。基于现代供应链和物流管理方式的竞争优势相对于其他方面而言,竞争对手更难模仿,更难在短期内取得突破。因此有效地开展现代供应链和物流管理是企业提高顾客服务水平、降低成本和保持竞争优势的重要手段。企业想要拥有强大的供应链和物流管理体系,必须改变传统的以单个企业为中心的管理理念,掌握现代供应链和物流管理理念、技术和组织方式,结合具体的市场需求,创新运营模式,不断提高现代供应链和物流管理水平。

本书全面介绍了供应链与物流管理的基本理念、实施策略和最新技术,主要内容包括供应链管理策略、供应链系统设计、企业合作伙伴关系的选择与建立、库存控制等供应链管理理念和方法;物流配送、运输管理、第三方物流、物流技术和物流信息系统以及供应链与物流管理系统的规划与设计等现代物流的管理方法;基于电子商务和基于物联网的供应链与物流管理在信息时代背景下的最新进展等。

本书具体各章节的内容如下:第 1 章和第 2 章是全书的基础,主要阐述了供应链与物流管理的基本概念、特征及重要性;第 3 章分析企业整个工作流程中的物流管理,包括供应物流管理、生产物流管理、销售物流管理和逆向物流管理 4 方面内容;第 4 章就供应链合作伙伴关系的含义与特征、形成与发展、选择与评价进行阐述,结合我国企业实践分析建立供应链合作伙伴关系的制约因素;第 5 章就供应链中库存管理的目标和库存控制的基本模型进行阐述,分析减少库存水平的主要方法;第 6 章和第 7 章主要探讨物流配送管理策略以及如何使运输成本合理化的运输管理策略;第 8 章重点讨论第三方物流的发展趋势、优越性以及物流成本的控制方法;第 9 章主要阐述物流信息技术和物流信息系统的主要功能及其在实际中的应用;第 11 章介绍供应链与物流系统的规划与设计问题;第 10 章和 12 章则在信息时代的背景下介绍基于电子商务和基于物联网的供应链与物流管理。

本书具有两大显著特点:第一,理论前沿与时代背景相结合。本书融合长期从事供应链与物流管理领域的研究专家和国内外最新研究成果,同时在信息时代的背景下,结合新型物流技术和电子商务、物联网的应用,结合国内外企业的具体实践,对供应链与物流管理进行详细阐述。第二,体例规范且图文并茂。

每章正文前有核心要点,帮助读者了解每章的重难点,每章最后有案例分析、本章小结和思考题,帮助读者回顾知识并加以应用,同时文中采用了大量图表直观地阐述基本理论。

本书的主要目的在于让读者全面了解供应链与物流管理的基本理论和概念,掌握运用供应链与物流管理的基本原理实施各种有效策略的方法,此外通过案例分析基本了解现代企业进行供应链与物流管理的具体运作。本书适合高等院校经济管理类,尤其是物流管理、工商管理、市场营销和工业工程等专业本科生使用,也适合从事物流与供应链管理的实际工作者阅读。

本书由陈长彬任主编,钟祖昌、王珍珍任副主编,参加本书编写的有:钟祖昌(第 1 章、第 2 章),盛鑫(第 3 章至第 5 章),李菁苗(第 6 章、第 9 章),王珍珍(第 7 章、第 8 章部分),陈长彬(第 11 章、第 8 章部分),潘洪刚(第 10 章、第 12 章)。陈长彬负责全书的总体策划和统稿。陈瑶瑶、李靖宇、周卓然和王灵巧 4 位同学为全书进行校对和编排工作。

编　者

2012 年 8 月

目 录

第 **1** 章 供应链管理导论

核心要点

- 供应链管理的概念、特征及作用
- 供应链管理实施及运营机制
- 供应链管理策略
- 基于产品的供应链系统设计
- 基于电子商务的供应链系统设计

现代企业的业务越来越趋向于国际化,优秀的企业都把主要精力放在企业的关键业务上,并与世界上优秀的企业建立战略合作关系,将非关键业务转由这些企业完成。由于科学技术的不断进步和经济的不断发展、全球化信息网络和全球化市场形成及技术变革的加速,围绕新产品的市场竞争也日趋激烈。技术进步和需求多样化使得产品寿命周期不断缩短,企业面临着缩短交货期、提高产品质量、降低成本和改进服务的压力。所有这些都要求企业能对不断变化的市场做出快速反应,源源不断地开发出满足用户需求的、定制的"个性化产品"去占领市场以赢得竞争,市场竞争也主要围绕新产品的竞争而展开。毋庸置疑,这种状况会在 21 世纪持续,使企业面临的环境更为严峻。各行业的领头企业在越来越清楚地认识到保持长远领先地位的优势和重要性的同时,也意识到竞争优势的关键在于战略伙伴关系的建立。而供应链管理所强调的市场需求快速反应、战略管理、高柔性、低风险、成本-效益目标等优势,吸引了许多学者和企业界人士研究和实践它,国际上一些著名的企业,如惠普公司、IBM 公司和戴尔计算机公司等在供应链管理实践中取得的巨大成就,使人更加坚信供应链管理是进入 21 世纪后适应全球竞争的一种有效途径。

1.1 供应链管理的基本理论

1.1.1 供应链的概念

供应链是围绕核心企业,通过对信息流、物流和资金流的控制,从采购原材料开始,制成中间产品以及最终产品,最后由销售网络把产品送到消费者手中的,将供应商、制造商、分销商、零售商直到最终用户连成一个整体的功能网链结构。它不仅是一条连接供应商到用户的物流链、信息链和资金链,而且是一条增值链,物料在供应链上因加工、包装和运输等过程而增加其价值,给相关企业带来收益。

供应链的概念是从扩大的生产（extended production）概念发展来的，它将企业的生产活动进行了前伸和后延。例如，日本丰田公司的精益协作方式就将供应商的活动视为生产活动的有机组成部分而加以控制和协调，这就是向前延伸。后延是指将生产活动延伸至产品的销售和服务阶段。因此，供应链就是通过计划（plan）、获得（obtain）、存储（store）、分销（distribute）和服务（serve）等这样一些活动而在顾客和供应商之间形成的一种衔接（interface），从而使企业能满足内外部顾客的需求。

供应链上各企业之间的关系与生物学中的食物链类似。在"草—兔子—狼—狮子"这样一个简单的食物链中（为便于论述，假设在这一自然环境中只生存着这4种生物），如果我们把兔子全部杀掉，那么草就会疯长起来，狼也会因兔子的灭绝而饿死，连最厉害的狮子也会因狼的死亡而慢慢饿死。可见，食物链中的每一种生物之间是相互依存的，破坏食物链中的任何一种生物，势必导致这条食物链失去平衡，最终破坏人类赖以生存的生态环境。

基于同样的道理，在供应链"企业 A—企业 B—企业 C"中，企业 A 是企业 B 的原材料供应商，企业 C 是企业 B 的产品销售商。如果企业 B 忽视了供应链中各要素的相互依存关系，而过分注重自身的内部发展，生产产品的能力不断提高，但企业 A 不能及时向它提供生产原材料，或者企业 C 的销售能力跟不上企业 B 的产品生产能力的发展，那么我们可以得出这样的结论：企业 B 生产力的发展不适应这条供应链的整体效率。国家标准《物流术语》将供应链定义为生产与流通过程中所涉及的将产品或服务提供给最终用户的上游与下游企业所形成的网链结构。

随着 3G 移动网络的部署，供应链已经进入了移动时代。移动供应链是利用无线网络实现供应链的技术。它将原有供应链系统上的客户关系管理功能迁移到手机。移动供应链系统具有传统供应链系统无法比拟的优越性。移动供应链系统使业务摆脱时间和场所局限，随时随地与公司业务平台进行沟通，有效提高管理效率，推动企业效益增长。数码星辰的移动供应链系统就是一个集 3G 移动技术、智能移动终端、VPN、身份认证、地理信息系统（GIS）、Webservice 和商业智能等技术于一体的移动供应链产品。

1.1.2 供应链管理的概念

供应链管理（Supply Chain Management，SCM）是一种集成的管理思想和方法，它执行供应链中从供应商到最终用户的物流的计划和控制等职能。从单一的企业角度来看，是指企业通过改善上、下游供应链关系，整合和优化供应链中的信息流、物流和资金流，以获得企业的竞争优势。

供应链管理是企业的有效性管理，表现了企业在战略和战术上对企业整个作业流程的优化：整合并优化了供应商、制造商和零售商的业务效率，使商品以正确的数量、正确的品质、在正确的地点、以正确的时间和最佳的成本进行生产和销售。

在 20 世纪 70 年代晚期，Keith Oliver 通过和 Skf、Heineken、Hoechst、Cadbury-Schweppes 及 Philips 等客户接触的过程中逐渐形成了自己的供应链管理观点。并在 1982 年发表在《金融时代》杂志的一篇文章里阐述了供应链管理的意义，Keith Oliver 曾经认为这个词会很快消失，但 SCM 不仅没有消失，还很快地进入了公众领域，这个概念对管理者的采购、物流、操作、销售和市场活动意义匮浅。

美国供应链管理协会（Council of Supply Chain Management Professionals，CSCMP）对供应链管理的定义是：供应链管理包括了对涉及采购、外包和转化等过程的全部计划、管理活动和全部物流管理活动。更重要的是，它也包括了与渠道伙伴之间的协调和协作，涉及供应商、中间商、第三方服务供应商和客户。从本质上说，供应链管理是企业内部和企业之间的供给和需求管理的集成。

供应链管理是联系企业内部和企业之间主要功能和基本商业过程、将其转化成为有机的、高效的商业模式的管理集成；它包括了上述过程中的所有物流活动，也包括了生产运作；它驱动企业内部和企业之间的营销、销售、产品设计、财务和信息技术等过程和活动的协调一致。国家标准《物流术语》（GB/T18354—2001）对供应链管理的定义是：利用计算机网络技术全面规划供应链中的商流、物流、信息流和资金流等，并进行计划、组织、协调与控制等。全球供应链论坛（Global Supply Chain Forum，GSCF）对供应链管理的定义是：为消费者带来有价值的产品、服务以及信息的，从源头供应商到最终消费者的集成业务流程。

1.1.3 供应链管理的发展

供应链管理的发展主要经历了 3 个阶段的历程（见表 1-1）。第一阶段为独立的物流配送和物流成本管理阶段，主要研究实体分销和对下游厂商的配送系统。第二阶段为整合的物流管理阶段，注重企业内部物流和外部物流的整合，并研究企业间采购和供应战略，强调合作关系的加强。第三阶段为整合供应链管理阶段，主要研究从供应商的供应商到客户的客户的整体供应链研究，注重整体价值链效率的提高和价值增值。

表 1-1　供应链管理主要发展阶段

阶　段	时　　期	研究方向和重点
第一阶段	20 世纪 60 及 70 年代	分离的物流配送和物流成本管理
第二阶段	20 世纪 70 及 80 年代	整合内外部物流管理和企业间关系管理
第三阶段	20 世纪 90 年代及以后	整体价值链效率和价值增值的提高

供应链管理的发展与制造业自动化的发展、企业经营管理的演进以及企业信息系统的演化密不可分。在 20 世纪 50～60 年代，制造商强调大规模生产以降低单位生产成本，即大规模生产的运营战略。当时的企业生产较少考虑市场因素，生产和制造缺乏柔性，新产品的开发缓慢，几乎完全依靠企业内部技术和能力。因此企业的运营瓶颈是通过加大库存量来解决的，很少考虑企业间的合作和发展。当时的采购仅仅被认为是生产的支持活动，管理人员很少关心采购活动。到了 20 世纪 70 年代，制造资源计划被引入，管理人员意识到存货数量给制造成本、新产品开发和生产提前期带来重要影响，所以通过转向新型的物料管理来提高企业绩效。

20 世纪 80 年代后，全球竞争加剧，一些大型跨国企业面对市场竞争只有通过提供低成本、高质量、可靠的产品和更加柔性的设计来保持领先地位。制造企业开始导入 JIT（Just In Time，准时化）生产力理念，日本企业通过实施 JIT 来提高制造效率、缩短生产周期和降低库存。由于 JIT 通过快节奏制造环境、低库存来缓解生产和排程问题,制造商们意识到战略合作伙伴关系的重要。所以当制造商和供应商开始发展战略供应关系时,供应链管理的概念随即出现了,而采购、物流和运输过程的专业化推动了物料管理概念的进一步发展。制造资源计划(MRP Ⅱ)强调企业内部各功能和资源的整合,而企业内部资源计划的整合需要外部供应商和分销商的合作,制造企业将企业内部物流和外部物流系统整合,这导致了整合物流概念的产生。

在 20 世纪 90 年代,供应链管理持续发展,供应链扩展为由供应商、制造商、分销商和客户组成的整体价值链,采购和供应的效率要求更多地考虑成本与质量间的协调。制造商通过从选定的少数几家供应商或者经过认证的供应商那里采购原料,以消除非增值活动,如原材料质量检查和入库检查等。很多制造商和零售商通过紧密合作来提高跨企业的价值链的效率,例如,在进行新产品开发时,制造商将供应商和客户整合在一起,利用合作伙伴的研发能力和科技,缩短研发周期,增强核心竞争力。而分销商和零售商则将自己的分销与运输提供商进行无缝连接,以达到直接交货和消除物品检查等增值活动。

1.1.4　供应链管理的八大原理

今天的市场是买方市场,今天的市场也是竞争日益激烈的全球化市场。企业要想在市场上生存,除了要努力提高产品的质量之外,还要对自身在市场中的活动采取更加先进、更加有效率的管理运作方式。供应链管理就是在这样的现状下出现的。很多学者也对供应链管理给出了定义,但是在诸多定义中比较全面的应该是这一条:供应链管理是以市场和客户需求为导向,在核心企业协调下,本着共赢原则,以提高竞争力、市场占有率、客户满意度和获取最大利润为目标,以协同商务和协同竞争为商业运作模式,通过运用现代企业管理技术、信息技术和集成技术,达到对整个供应链上的信息流、物流、资金流、业务流和价值流的有效规划和控制,从而将客户、供应商、制造商、销售商和服务商等合作伙伴连成一个完整的网状结构,形成一个极具竞争力的战略联盟。简单地说,供应链管理就是优化和改进供应链活动,其对象是供应链组织和它们之间的"流",应用的方法是集成和协同;目标是满足客户的需求,最终提高供应链的整体竞争能力。供应链管理的实质是深入供应链的各个增值环节,将顾客所需的正确产品(Right Product)能够在正确的时间(Right Time),按照正确的数量(Right Quantity)、正确的质量(Right Quality)和正确的状态(Right Status)送到正确的地点(Right Place)——即 6R,并使总成本最小。

供应链管理是一种先进的管理理念,它的先进性体现在以顾客和最终消费者为经营导向,以满足顾客和消费者的最终期望来生产和供应。其基本思想和原理体现在以下几个方面。

1. 资源横向集成原理

资源横向集成原理揭示的是新经济形势下的一种新思维。该原理认为:在经济全球化迅速发展的今天,企业仅靠原有的管理模式和自己有限的资源,已经不能满足快速变化的市场对企业提出的要求。企业必须放弃传统的基于纵向思维的管理模式,朝着新型的基于横向思维的管理模式转变。企业必须横向集成外部相关企业的资源,形成"强强联合、优势互补"的战略联盟,结成利益共同体去参与市场竞争,以实现提高服务质量的同时降低成本,快速响应顾客需求的同时给予顾客更多选择的目的。

不同的思维方式对应着不同的管理模式以及企业发展战略。纵向思维对应的是"纵向一体化"的管理模式,企业的发展战略是纵向扩展;横向思维对应的是"横向一体化"的管理模式,企业的发展战略是横向联盟。资源横向集成原理强调的是优势资源的横向集成,即供应链各节点企业均以其能够产生竞争优势的资源来参与供应链的资源集成,在供应链中以其优势业务的完成来参与供应链的整体运作。

资源横向集成原理是供应链系统管理最基本的原理之一,表明了人们在思维方式上所发生的重大转变。

2. 系统原理

系统原理认为,供应链是一个系统,是由相互作用、相互依赖的若干组成部分结合而成的具有特定功能的有机整体。供应链是围绕核心企业,通过对信息流、物流和资金流的控制,把供应商、制造商、分销商、零售商直到最终用户连成一个整体的功能网链结构模式。

供应链的系统特征体现为以下几方面:第一,体现在其整体功能上,这一整体功能是组成供应链的任一成员企业都不具有的特定功能,是供应链合作伙伴间的功能集成,而不是简单叠加。供应链系统的整体功能集中表现在供应链的综合竞争能力上,这种综合竞争能力是任何一个单独的供应链成员企业都不具有的。第二,体现在供应链系统的目的性上,供应链系统有着明确的目的,这就是在复杂多变的竞争环境下,以最低的成本、最快的速度和最好的质量为用户提供最满意的产品和服务,通过不断提高用户的满意度来赢得市场。这一目的也是供应链各成员企业的共同目的。第三,体现在供应链合作伙伴间的密切关系上,这种关系是基于共同利益的合作伙伴关系,供应链系统目的的实现,受益的不只是一家企业,而是一个企业群体。因此,各成员企业均具有局部利益服从整体利益的系统观念。第四,体现在供应链系统的环境适应性上。在经济全球化迅速发展的今天,企业面对的是一个迅速变化的买方市场,要求企业能对不断变化的市场作出快速反应,不断地开发出符合用户需求的、定制的"个体化产品"去占领市场以赢得竞争。新型供应链(有别于传统的局部供应链)以及供应链管理就是为了适应这一新的竞争环境而产生的。第五,体现在供应链系统的层次性上,供应链各成员企业分别都是一个系统,同时也是供应链系统的组成部分;供应链是一个系统,同时也是它所从属的更大系统的组成部分。从系统层次性的角度来理解,相对于传统的基于单个企业的管理模式而言,供应链管理是一种针对更大系统(企业群)的管理模式。

3. 多赢互惠原理

多赢互惠原理认为,供应链是相关企业为了适应新的竞争环境而组成的一个利益共同体,其密切合作建立在共同利益的基础之上,供应链各成员企业之间通过一种协商机制来谋求一种多赢互惠的目标。供应链管理改变了企业的竞争方式,将企业之间的竞争转变为供应链之间的竞争,强调核心企业通过与供应链中的上下游企业之间建立战略伙伴关系,以强强联合的方式,使每个企业都发挥各自的优势,在价值增值链上达到多赢互惠的效果。

供应链管理在许多方面都体现了多赢互惠的思想。例如,供应链中的"需求放大效应"使得上游企业所获得的需求信息与实际消费市场中的顾客需求信息存在很大的偏差,上游企业不得不维持比下游企业更高的库存水平。需求放大效应是需求信息扭曲的结果,供应链企业之间的高库存现象会给供应链的系统运作带来许多问题,不符合供应链系统整体最优的原则。为了解决这一问题,近年来在国外出现了一种新的供应链库存管理方法——供应商管理用户库存(VMI),这种库存管理策略打破了传统的各自为政的库存管理模式,体现了供应链的集成化管理思想,其结果是降低了供应链整体的库存成本,提高了供应链的整体效益,实现了供应链合作企业间的多赢互惠。再如,在供应链相邻节点企业之间,传统的供需关系是以价格驱动的竞争关系,而在供应链管理环境下则是一种合作性的双赢关系。

4. 合作共享原理

合作共享原理具有两层含义,一是合作,二是共享。合作原理认为:由于任何企业所拥有的资源都是有限的,它不可能在所有的业务领域都获得竞争优势,因而企业要想在竞争中获胜,就必须将有限的资源集中在核心业务上。与此同时,企业必须与全球范围内的在某一方面具有竞争优势的相关企业建立紧密的战略合作关系,将本企业中的非核心业务交由合作企业来完成,充分发挥各自独特的竞争优势,从而提高供应链系统整体的竞争能力。共享原理认为:实施供应链合作关系意味着管理思想与方法的共享、资源的共享、市场机会的共享、信息的共享、先进技术的共享以及风险的共担。

信息共享是实现供应链管理的基础,准确可靠的信息可以帮助企业作出正确的决策。供应链的协调运行建立在各个节点企业高质量的信息传递与共享的基础之上,信息技术的应用有效地推动了供应链管理的发展,它可以节省时间和提高企业信息交换的准确性,减少了在复杂、重复工作中的人为错误,因而减少了由于失误而导致的时间浪费和经济损失,提高了供应链管理的运行效率。共享信息的增加对供应链管理是非常重要的。由于可以做到共享信息,供应链上任何节点的企业都能及时地掌握市场的需求信息和整个供应链的运行情况,每个环节的物流信息都能透明地与其他环节进行交流与共享,从而避免了需求信息的失真现象,消除了需求信息的扭曲放大效应。

5. 需求驱动原理

需求驱动原理认为:供应链的形成、存在和重构,都是基于一定的市场需求而发生,并且在供应链的运作过程中,用户的需求是供应链中信息流、产品/服务流和资金流运作的驱动源。在供应链管理模式下,供应链的运作是以订单驱动方式进行的,商品采购订单是在用户需求订单的驱动下产生的,然后商品采购订单驱动产品制造订单,产品制造订单又驱动原材料(零部件)采购订单,原材料(零部件)采购订单再驱动供应商。这种逐级驱动的订单驱动模式使供应链系统得以准时响应用户的需求,从而降低了库存成本,提高了物流的速度和库存周转率。

基于需求驱动原理的供应链运作模式是一种逆向拉动运作模式,与传统的推动式运作模式有着本质的区别。推动式运作模式以制造商为中心,驱动力来源于制造商;而拉动式运作模式是以用户为中心,驱动力来源于最终用户。两种不同的运作模式分别适用于不同的市场环境,有着不同的运作效果。不同的运作模式反映了不同的经营理念,由推动式运作模式向拉动式运作模式的转变,反映的是企业所处环境的巨变和管理者思想认识上的重大转变,反映的是经营理念从"以生产为中心"向"以顾客为中心"的转变。

6. 快速响应原理

快速响应原理认为:在全球经济一体化的大背景下,随着市场竞争的不断加剧,经济活动的节奏也越来越快,用户在时间方面的要求也越来越高。用户不但要求企业要按时交货,而且要求的交货期越来越短。因此,企业必须能对不断变化的市场作出快速反应,必须要有很强的产品开发能力和快速组织产品生产的能力,源源不断地开发出满足用户多样化需求的、定制的"个性化产品"去占领市场,以赢得竞争。

在当前的市场环境里,一切都要求能够快速响应用户需求,而要达到这一目的,仅靠一个企业的努力是不够的。供应链具有灵活快速地响应市场的能力,通过各节点企业业务流程的快速组合,加快了对用户需求变化的反应速度。供应链管理强调准时,即准时采购、准时生产、准时配送,强调供应商的选择应少而精,强调信息技术应用,等等,均体现了快速响应用户需求的思想。

7. 同步运作原理

同步运作原理认为:供应链是由不同企业组成的功能网络,其成员企业之间的合作关系存在着多种类型,供应链系统运行业绩的好坏取决于供应链合作伙伴关系是否和谐,只有和谐而协调的关系才能发挥最佳的效能。供应链管理的关键就在于供应链上各节点企业之间的联合与合作以及相互之间在各方面良好的协调。

供应链的同步化运作,要求供应链各成员企业之间通过同步化的生产计划来解决生产的同步化问题,只有供应链各成员企业之间以及企业内部各部门之间保持步调一致时,供应链的同步化运作才能实现。供应链形成的准时生产系统,要求上游企业准时为下游企业提供必需的原材料(零部件),如果供应链中任何一个企业不能准时交货,都会导致供应链系统的不稳定或者运作的中断,导致供应链系统对用户的响应能力下降,因此保持供应链各成员企业之间生产节奏的一致性是非常重要的。

协调是供应链管理的核心内容之一。信息的准确无误和畅通无阻是实现供应链系统同步化运作的关键。要实现供应链系统的同步化运作,需要建立一种供应链的协调机制,使信息能够畅通地在供应链中传递,从而减少因信息失真而导致的过量生产和过量库存,使整个供应链系统的运作能够与顾客的需求步调一致,同步化响应市场需求的变化。

8. 动态重构原理

动态重构原理认为:供应链是动态的、可重构的。供应链是在一定的时期内、针对某一市场机会、为了适应某一市场需求而形成的,具有一定的生命周期。当市场环境和用户需求发生较大的变化时,围绕着核心企业的供应链必须能够快速响应,能够进行动态快速重构。市场机遇、合作伙伴选择、核心资源集成、业务流程重组以及敏捷性等是供应链动态重构的主要因素。从发展趋势来看,组建基于供应链的虚拟企业将是供应链动态快速重构的核心内容。

1.1.5 供应链管理的四大支点

供应链管理的实现,是把供应商、生产厂家、分销商和零售商等在一条供应链上的所有节点企业都联系起来进行优化,使生产资料以最快的速度,通过生产和分销环节变成增值的产品,到达有消费需求的消费者手中。这不仅可以降低成本,减少社会库存,而且使社会资源得到优化配置。更重要的是,通过信息网络和组织网络,实现了生产及销售的有效链接以及物流、信息流和资金流的合理流动,最终把合适的产品以合理的价格及时送到消费者手上。计算机产业的戴尔公司在其供应链管理上采取了极具创新性的方法,体现出有效的供应链管理优越性。构造高效供应链可以从以下四个方面入手。

1. 以顾客为中心

从某种意义上讲,供应链管理本身就是以顾客为中心的"拉式"营销推动的结果,其出发点和落脚点,都是为顾客创造更多的价值,都是以市场需求的拉动为原动力。顾客价值是供应链管理的核心,企业是根据顾客的需求来组织生产;以往供应链的起始动力来自制造环节,先生产物品,再推向市场,在消费者购买之前,是不会知道销售效果的。在这种"推式系统"里,存货不足和销售不佳的风险同时存在。现在,产品从设计开始,企业已经让顾客参与,以使产品能真正符合顾客的需求。这种"拉式系统"的供应链是以顾客的需求为原动力的。

供应链管理始于最终用户。其架构包括 3 个部分:客户服务战略决定企业如何从利润最大化的角度对客户的反馈和期望作出反应;需求传递战略则是企业以何种方式将客户需求与产品服务的提供相联系;采购战略决定企业在何地、怎样生产产品和提供服务。

(1)客户服务战略。第一步是对客户服务市场细分,以确定不同细分市场的客户期望的服务水平。第二步是分析服务成本,包括企业现有的客户服务成本结构和为达到不同细分市场服务水平所需的成本。第三步是销售收入管理。这两步非常重要,但常被企业忽视。当企业为不同客户提供新的服务时,客户对此会如何反应?是购买增加而需要增加产能,还是客户忠诚度上升,使得企业可以提高价格?企业必须对客户作出正确反应,以使利润最大化。

(2)需求传递战略。企业采取何种销售渠道组合把产品和服务送达客户,这一决策对于客户服务水平和分销成本有直接影响。而需求规划,即企业如何根据预测和分析制定生产和库存计划来满足客户需求,这是大多数企业最为重要的职能之一。良好的需求规划是成功地满足客户需求、使成本最小化的关键。

(3)采购战略。关键决策是自产还是外购,这直接影响企业的成本结构和所承担的劳动力、汇率、运输等风险;此外,企业的产能如何规划布置,以及企业如何平衡客户满意和生产效率之间的关系,都是很重要的内容。

2. 强调企业的核心竞争力

在供应链管理中,一个重要的理念就是强调企业的核心业务和竞争力,并为其在供应链上定位,将非核心业务外包。由于企业的资源有限,企业要在各式各样的行业和领域都获得竞争优势是十分困难的,因此它必须集中资源在某个自己所专长的领域,即核心业务上。这样在供应链上定位,成为供应链上一个不可替代的角色。

企业核心竞争力具有以下特点:第一点是仿不了,就是别的企业模仿不了,它可能是技术,也可能是企业文化。第二点是买不来,即这样的资源没有市场,市场上买不到。所有在市场上能得到的资源都不能成为企业的核心竞争力。第三点是拆不开,强调的是企业的资源和能力具有互补性,有了这个互补性,分开就不值钱,合起来才值钱。第四点是带不走,强调的是资源的组织性。很多资源可能像一个人,例如,一个人拿到了 MBA 学位,这时候他的身价就高了,他可以带走,这样的资源本身不构成企业的核心竞争力。带不走的东西包括互补性,或者它是属于企业的,如专利权。如果专利权属于个人,这个企业就不具有竞争力。一些优秀企业之所以能够以自己为中心构建起高效的供应链,就在于它们有着不可替代的竞争力,并且凭借这种竞争力把上下游的企业串在一起,形成一个为顾客创造价值的有机链条。比如,沃尔玛作为一家连锁商业零售企业,高水准的服务以及以此为基础构造的顾客网络是它的核心竞争力。于是,沃尔玛超越自身的"商业零售企业"身份,建立起了高效供应链。首先,沃尔玛不仅仅是一家等待上游厂商供货、组织配送的纯粹的商业企业,而且也直接参与到上游厂商的生产计划中去,与上游厂商共同商讨和制定产品计划、供货周期,甚至帮助上游厂商进行新产品研发和质量控制等方面的工作。这就意味着沃尔玛总是能够最早得到市场上最希望看到的商品的信息,当别的零售商正在等待供货商的产品目录或者商谈合同时,沃尔玛的货架上已经开始热销这款产品了。其次,沃尔玛高水准的客户服务能够做到及时地将消费者的意见反馈给厂商,并帮助厂商对产品进行改进和完善。过去,商业零售企业只是作为中间人,将商品从生产厂商传递到消费者手里,反过来再将消费者的意见通过电话或书面形式反馈到厂商那里。看起来沃尔玛并没有独到之处,但是结果却差异很大。原因就在于,沃尔玛能够参与到上游厂商的生产计划和控制中去,因此能够将消费者的意见迅速反映到生产中,而不是简单地充当二传手或者传声筒。

沃尔玛的思路并不复杂,但多数商业企业更多的是"充当厂商和消费者的桥梁",缺乏参与和控制生产的能力。也就是说,沃尔玛的模式已经跨越了企业内部管理和与外界"沟通"的范畴,而是形成了以自身为链主,链接生产厂商与顾客的全球供应链。而这一供应链正是通过先进的信息技术来保障的,这就是它的一整套先进的供应链管理系统。离开了统一、集中、实时监控的供应链管理系统,沃尔玛的直接"控制生产"和高水准的"客户服务"将无从谈起。

3. 相互协作的双赢理念

传统的企业运营中,供销之间互不相干,是一种敌对争利的关系,系统协调性差。企业和各供应商没有协调一致的计划,每个部门各搞一套,只顾安排自己的活动,影响整体最优。企业与供应商和经销商都缺乏合作的战略伙伴关系,且往往从短期效益出发,挑起供应商之间的价格竞争,失去了供应商的信任与合作基础。企业在市场形势好时对经销商态度傲慢,市场形势不好时又企图将损失转嫁给经销商,因此得不到经销商的信任与合作。而在供应链管理的模式下,所有环节都被看作一个整体,链上的企业除了自身的利益外,还应该一同去追求整体的竞争力和盈利能力。因为最终客户选择一件产品,整条供应链上所有成员都受益；如果最终客户不要这件产品，则整条供应链上的成员都会受损失。可以说，合作是供应链之间竞争的一个关键。

在供应链管理中，不但要有双赢理念，更重要的是通过技术手段把理念形态落实到操作实务上，关键在于将企业内部供应链与外部的供应商和用户集成起来，形成一个集成化的供应链，而与主要供应商和用户建立良好的合作伙伴关系，即所谓的供应链合作关系，是集成化供应链管理的关键。此阶段企业要特别注重战略伙伴关系管理，管理的重点是以面向供应商和用户取代面向产品，增加与主要供应商和用户的联系，增进相互之间的了解（产品、工艺、组织和企业文化等），相互之间保持一定的一致性，实现信息共享等。企业应通过为用户提供与竞争者不同的产品和服务或增值的信息而获利。供应商管理库存和共同计划、预测与库存补充的应用就是企业转向改善、建立良好的合作伙伴关系的典型例子。通过建立良好的合作伙伴关系，企业就可以更好地与用户、供应商和服务提供商实现集成和合作，共同在预测、产品设计、生产、运输计划和竞争策略等方面设计和控制整个供应链的运作。对于主要用户，企业一般建立以用户为核心的小组，这样的小组具有不同职能领域的功能，从而更好地为主要用户提供有针对性的服务。

4. 优化信息流程

信息流程是企业内员工、客户和供货商的沟通过程，以前只能以电话、传真甚至见面达成信息交流的目的；现在能利用电子商务、电子邮件甚至互联网进行信息交流，虽然手段不同，但内容并没有改变。而计算机信息系统的优势在于其自动化操作和处理大量数据的能力，使信息流通速度加快，同时减少失误。然而，信息系统只是支持业务过程的工具，企业本身的商业模式决定着信息系统的架构模式。

为了适应供应链管理的优化，必须从与生产产品有关的第一层供应商开始，环环相扣，直到货物到达最终用户手中，真正按链的特性改造企业业务流程，使各个节点企业都具有处理物流和信息流的自组织和自适应能力。要形成贯穿供应链的分布数据库的信息集成，从而集中协调不同企业的关键数据。所谓关键数据，是指订货预测、库存状态、缺货情况、生产计划、运输安排和在途物资等数据。

为便于管理人员迅速、准确地获得各种信息，应该充分利用电子数据交换（EDI）、因特网等技术手段，实现供应链的分布数据库信息集成，达到共享采购的电子订单接收与发送、多位置库存控制、批量和系列号跟踪、周期盘点等重要信息。

思科公司是运用因特网实现虚拟供应链的典范，超过90%的公司订单来自因特网，而思科公司的工作人员直接过手的订单不超过50%。思科公司通过公司外部网连接零部件供应商、分销商和合同制造商，以此形成一个虚拟的、适时的供应链。当客户通过思科公司的网站订购一种典型的思科产品，如路由器时，所下的订单将触发一系列的消息给其生产印刷电路板的合同厂商，同时分销商也会被通知提供路由器的通用部件，如电源，组装成品的合同制造商通过登录到思科公司的外部网并连接至其生产执行系统，可以事先知道可能发生的订单类型和数量。信息整合也使整个供应链上的企业都能共享有用的信息。例如，沃尔玛与宝洁公司共享宝洁产品在沃尔玛零售网络中的销售信息，使宝洁公司能够更好地管理这些产品的生产，从而也保障了沃尔玛商场中这些产品的供货。

1.1.6 供应链管理的战略意义

1. 对现代流通方式的创新

流通方式在传统称谓上一般称为批发和零售。在电子商务的环境下,批发被称为 B2B,零售被称为 B2C 或 C2C。应该说 B2B(即传统的批发)在社会商品的流通中占据相当大的份额,对社会资源的配置起到巨大的作用。实际上在流通方式的革命中,我们一直都希望自己的商圈相对稳定,并积极寻求这一路径。供应链管理为我们提供了这一方法,所以说供应链管理是现代流通方式的创新,是新的利润源。在供应链中,上下游企业形成了战略联盟,因此它们的关系是相对稳定的。它们通过信息共享,形成双赢关系,实现社会资源的最佳配置,降低社会总的成本,避免了企业间的恶性竞争,提高了各企业和整个供应链及全社会的效益。供应链展示了现代的全新的流通方式。

2. 加速现代生产方式的产生和发展

供应链管理是适应现代生产方式而产生和发展起来的现代流通方式,反过来,它的不断完善和水平的提高又加速了现代生产方式的发展。现代生产方式是依据比较优势的理论,以现代信息技术为手段,以企业的核心竞争优势为中心,实现全球化的采购、全球化的组织生产和全球化的销售,于是现代物流成为与现代生产方式衔接的枢纽,与现代物流共生的供应链管理成为现代生产和现代物流的有力工具。

3. 改变现代社会竞争的方式

在传统的生产和流通中,竞争方式主要是企业之间的竞争,既有同业之间的竞争,也有供应链中上下游企业之间的竞争。这种竞争的结果往往破坏了生产和流通的规律和次序,使企业的效益下降,更有甚者,导致了产品的加速灭亡,这是一种低档次的竞争,往往以降价为主要手段。

现代的供应链管理使上下游企业形成战略联盟,社会竞争从企业的竞争转为供应链之间的竞争。竞争的核心是组织和管理手段的现代化程度,是现代信息技术更高水平的竞争。这将导致整个社会现代化程度的提高。

4. 导致企业机构和供应链的重构

供应链的管理不仅是技术和管理方法,还涉及企业组织和产业组织的重构这样深层次的问题。要真正实施供应链的管理,在企业内部要进行业务流程的重构和企业组织机构的重构,在重构中,要冲破"大而全"、"小而全"的传统生产和流通方式,以核心竞争力的思想为指导;在企业外部要进行供应链的重构,选择好自己的战略联盟伙伴,规范联系的程序和技术,并对风险和利益进行合理的承担。

5. 促进现代信息技术的应用

由于利益主体的不同,供应链的管理比企业的管理更为复杂。特别是供应链的各企业的地域分布更广,因此,现代信息技术是供应链管理必不可少的技术。在供应链管理的主要方法 ECR 和 QR 中,都运用了如 EDI、POS、自动补货(CAO)、预先发货通知(ASN)、供应商管理库存(VMI)等信息技术。它们在供应链管理中产生,反过来又促进了供应链管理的成熟和不断发展。

1.2 供应链管理的实施

1.2.1 供应链管理的实施基础

供应链管理的实施基础有以下 3 点：

(1) 信息资源共享。信息是现代竞争的主要后盾。供应链管理采用现代科技方法，以最优流通渠道使信息迅速、准确地传递，在供应链商的各企业间实现资源共享。

(2) 提高服务质量，扩大客户需求。在供应链管理中，一起围绕"以客户为中心"的理念运作。现在消费者大多要求提供产品和服务的前置时间越短越好，为此供应链管理通过生产企业内部、外部及流通企业的整体协作，大大缩短了产品的流通周期，加快了物流配送的速度，从而使客户个性化的需求在最短的时间内得到满足。

(3) 实现双赢。供应链管理把供应链的供应商、分销商和零售商等联系在一起，并对之优化，使各个相关企业形成了一个融会贯通的网络整体，在这个网络中，各企业仍保持着个体特性。但它们为整体利益的最大化共同合作，实现多赢的结果。在供应链管理的发展中，有人预测，未来的生产和流通，将看不到企业，而只看到供应链，生产和流通的供应链化将成为现代生产和流通的主要方式。

1.2.2 供应链管理的实施步骤

供应链管理的实施包括以下 6 个步骤：

(1) 企业资源管理(ERP)。ERP 是由很多循环构成的，比如订单管理、生产派工、库存管理和采购管理等，这些循环结合起来就是一个好的 ERP 系统。

(2) 数据同步采集与实时分析，即 B2B、EAI 和 EIP 等。通过 B2B 的方式，把所有的数据采集回来，有了数据之后，才能去评估供应链到底做得好不好。

(3) 接单，即电子订单系统。其实国内的很多企业都在使用这个系统，有些是自己的分公司在使用，有些是给经销商使用的，通过这个系统可以降低库存。

(4) 供应链规划。

(5) 电子采购系统，包括采购订单的管理。

(6) VMI 库存管理。

以上构成了全方位的供应链管理。

1.2.3 实施供应链管理的对策

(1) 提高对供应链管理的认识。

加强对供应链的管理在美国和欧洲开始于 20 世纪的 70、80 年代，供应链管理技术 QR 的创造来源于沃尔玛对美国服装产业链改革的贡献。我国供应链管理的思想是 20 世纪 90 年代与现代物流一起引进的。经过十几年的努力，特别是近几年的实践，我国东南沿海的大型制造业和流通连锁企业的供应链管理日趋成熟。例如家电制造业的美的公司、IT业的领头羊华为公司等已从供应链的整合和重组中获得了巨大的利润空间和竞争力。而我国北方一些地区的供应链管理意识还很模糊、很生疏，对现代经济中的生产和流通方式的改革还找不到很好的出路。因此，要传播供应链管理的新的管理理念和技术，提高每个企业的管理水平，促进经济的现代化发展。

（2）对现有的供应链进行整合。

实际上供应链对于制造业和流通业是早已存在的。现在的问题是如何认识它的重要性，对它进行优化整合，并通过现代信息技术加强对它的管理。对供应链的整合，主要是对业务流程的优化。不断加强其核心业务，将非核心业务外包，使企业内部供应链外化，特别是物流的外包，提高企业的核心竞争力。如华为公司集中人力优势进行高科技的研发，麦当劳公司集中精力开设世界连锁店等。

整合供应链要对供应商和分销商进行优化选择和动态管理，使整个供应链对市场更具有快速反应能力，从整合中要效率和效益。

（3）加速推广现代信息技术的应用。

现代信息技术既是现代物流的基础，也是供应链管理的基础。信息共享是供应链管理的基点。实施供应链管理就要实施 POS 系统、EOS 系统、数据库系统的共享、EDI 和 VMI 在供应链管理中的应用，加速 Internet、Intranet 和 Extranet 的商务发展。加快发展第三方物流。

供应链管理与现代物流是在现代经济中共生的新的学科领域。它们的产生和发展是互相关联和一致的。物流是供应链形成和连接的关键活动，并促进了供应链的改造和优化。当物流的概念产生时，供应链的概念也随之产生。物流的发展出现了生产和流通企业物流外包的现象，这样可以提高其核心竞争力和降低成本。物流外包使供应链由内部供应链转化为外部供应链，由此产生了供应链的优化和改造问题。在这种相互促进的活动中，最终引起了生产方式和产业结构的变化。

供应链促进了物流配送的发展，要求物流的专业化。由企业的管理转到供应链的管理，要求提供高水平的物流配送服务来支撑供应链的管理。这就要求物流配送的专业化。这引起了物流方式的改变和发展，出现了第三方甚至第四方物流形式。加速第三方和第四方物流的发展，是供应链管理提出的一项重要要求。加快发展第三方物流是供应链管理必须解决的瓶颈问题。

1.3 供应链管理的策略

1.3.1 供应链的运营机制

供应链具有以下 4 种运营机制：

（1）决策机制。由于供应链企业决策信息的来源不再仅限于一个企业内部，而是在开放的信息网络环境下，不断进行信息交换和共享，达到供应链企业同步化、集成化计划与控制的目的，而且随着 Internet/Intranet 发展成为新的企业决策支持系统，企业的决策模式将会产生很大的变化，因此处于供应链中的任何企业的决策模式应该是基于

Internet/Intranet 的开放性信息环境下的群体决策模式。

（2）合作机制。供应链合作机制体现了战略伙伴关系和企业内外资源的集成与优化利用。基于这种企业环境的产品制造过程，从产品的研究开发到投放市场，周期大大地缩短，而且顾客导向化（customization）程度更高，模块化、简单化产品、标准化组件，使企业在多变的市场中柔性和敏捷性显著增强，虚拟制造与动态联盟提高了业务外包（outsourcing）策略的利用程度。企业集成的范围扩展了，从原来的中低层次的内部业务流程重组上升到企业间的协作，这是一种更高级别的企业集成模式。在这种企业关系中，市场竞争的策略最明显的变化就是基于时间的竞争（time-based）和价值链（value chain）及价值让渡系统管理或基于价值的供应链管理。

（3）自律机制。自律机制要求供应链企业向行业的领头企业或最具竞争力的竞争对手看齐，不断对产品、服务和供应链业绩进行评价，并不断地改进，以使企业能保持自己的竞争力和持续发展。自律机制主要包括企业内部的自律、对比竞争对手的自律、对比同行企业的自律和比较领头企业的自律。企业通过推行自律机制，可以降低成本，增加利润和销售量，更好地了解竞争对手，提高客户满意度，增加信誉，企业内部部门之间的业绩差距也可以得到缩小，提高企业的整体竞争力。

（4）激励机制。归根到底，供应链管理和任何其他的管理思想一样都是要使企业在21世纪的竞争中在 TQCSF 上有上佳表现（T 为时间，指反应快，如提前期短，交货迅速等；Q 指质量，控制产品、工作及服务质量高；C 为成本，企业要以更少的成本获取更大的收益；S 为服务，企业要不断提高用户服务水平，提高用户满意度；F 为柔性，企业要有较好的应变能力）。缺乏均衡一致的供应链管理业绩评价指标和评价方法是目前供应链管理研究的弱点和导致供应链管理实践效率不高的一个主要问题。为了掌握供应链管理的技术，必须建立、健全业绩评价和激励机制，使人们知道供应链管理思想在哪些方面、多大程度上给予企业改进和提高，以推动企业管理工作不断完善和提高，也使得供应链管理能够沿着正确的轨道与方向发展，真正成为能为企业管理者乐于接受和实践的新的管理模式。

1.3.2 供应链管理的基本方法

供应链管理理论的产生远远落后于具体的技术与方法。供应链管理最早多是以一些具体的方法出现的。

常见的供应链管理方法有 QR、ECR、VMI、JMI 和 CPFR。

1. 快速反应（QR）

快速反应（Quick Response，QR）是指物流企业面对多品种、小批量的买方市场，不是储备了"产品"，而是准备了各种"要素"，在用户提出要求时，能以最快速度抽取"要素"，及时"组装"，提供所需服务或产品。QR 是美国纺织服装业发展起来的一种供应链管理方法。

QR 实现的条件如下：

（1）必须改变传统的经营方式，革新企业的经营意识和组织。

（2）必须开发和应用现代信息处理技术，这是成功进行 QR 活动的前提条件。

（3）必须与供应链各方建立（战略）伙伴关系。

（4）必须改变传统的企业商业信息保密的做法，将销售信息、库存信息和成本信息等与合作伙伴交流分享，并在此基础上要求各方在一起发现问题、分析问题和解决问题。

（5）供应方必须缩短生产周期，降低商品库存。

在应用 QR 系统后，销售额大幅度提升，商品周转率大幅度提高，需求误差大幅度下降。这里需要指出的是，虽然应用 QR 的初衷是为了对抗进口商品，但是实际上并没有出现这样的结果。相反，随着竞争的全球化和企业经营的全球化，QR 系统管理迅速在各国企业界扩展。现在，QR 方法成为零售商实现竞争优势的工具。同时随着零售商和供应商结成战略联盟，竞争方式也从企业之间的竞争转变为战略联盟之间的竞争。

QR 的实施步骤如下：

（1）条形码和 EDI。

零售商首先必须安装条形码、POS 扫描和 EDI 等技术设备，以加快 POS 机收款速度、获得更准确的销售数据并使信息沟通更加通畅。POS 扫描用于数据输入和数据采集，它是指在收款检查时用光学方式阅读条形码，然后将条形码转换成相应的商品代码。

条形码用于产品识别，它对 POS 端的顾客服务和有效的操作是至关重要的。扫描条形码可以快速准确地检查价格并记录交易。

EDI 是在计算机间交换商业单证。公司将其业务单证转换成行业标准格式，并传输到某个增值网（VAN），贸易伙伴从 VAN 上接收到这些单证，然后将其从标准格式转换成自己系统可识别的格式。EDI 可传输的单证包括订单、发票、订单确认、销售和存货数据及提前运输通知等。

（2）固定周期补货。

快速响应的补货要求供应商更快、更频繁地运输重新订购的商品，以保证店铺不缺货，从而提高销售额。零售商通过对商品实施快速响应并保证这些商品能满足顾客需求，加快商品的周转，为消费者提供更多可供选择的品种。

自动补货是指基本商品销售预测的自动化。自动补货使用软件基于过去和目前销售数据及其可能的变化进行定期预测，同时考虑目前的存货情况和其他因素，确定订货量。基本商品每年的销售模式一般不会受流行趋势的影响，它们的销售量是可以预测的，所以不需要对商品进行考察就可确定重新订货的数量。自动补货是由零售商和批发商在仓库或店内进行的。

（3）先进的补货联盟。

这是为了保证补货业务的流畅。零售商和消费品制造商联合起来检查销售数据，制定关于未来需求的计划和预测，在保证现货和减少缺货的情况下降低库存水平。还可以进一步由制造商管理零售商的存货和补货，以加快库存周转速度。

（4）零售空间管理。

这是指根据每个店铺的需求模式来规定其经营商品的花色品种和补货业务。一般来说，对于花色品种、数量、店内陈列及培训或激励售货员等决策，制造商也可以参与甚至制定决策。

（5）联合产品开发。

这一步的重点不再是一般商品和季节商品，而是服装等生命周期很短的商品。制造商和零售商联合开发新产品，其关系的密切程度超过了购买与销售的业务关系，这样可缩短从新产品概念到新产品上市的时间，而且可经常在店内对新产品进行试销。

（6）快速响应的集成。

通过重新设计业务流程，将前5步的工作和公司的整体业务集成起来，以支持公司的整体战略。快速响应前4步的实施可以使零售商和消费品制造商重新设计的产品补货、采购和销售业务流程。前5步使配送中心得以改进，可以适应大量的小运量的运输，使配送业务更加流畅。

2. 有效客户反应（ECR）

有效客户反应（Efficient Consumer Response，ECR）是1992年从美国的食品杂货业发展起来的一种供应链管理策略。它是一个由生产厂家、批发商和零售商等供应链成员组成的，各方相互协调和合作，更好、更快并以更低的成本满足消费者需要为目的的供应链管理解决方案。ECR是以满足顾客要求和最大限度降低物流过程费用为原则，能及时做出准确反应，使提供的物品供应或服务流程最佳化的一种供应链管理战略。

目前ECR的主要基础架构分为四大领域，包括供应面管理、需求面管理、使QR/ECR付诸实践的标准工具及整合力的应用，并据此形成ECR全球评量表，可评估ECR导入前的程度与能力。此外，ECR可鼓励供应链相关业者在下列4个范畴（14个项目）中不断地做改善。

1）需求面管理（demand management）

涉及有关商品与服务需求方面的认知与管理，并直接影响到消费者的满足，销售额（量）以及市场占有率等。其内容如下：

（1）需求策略与能力（demand strategy & capabilities）。分析企业组织内执行需求面管理的能力，包含人员、系统和策略方面的配合与准备，以达更有效率的销售与及时响应消费者的需求。

（2）商品组合最佳化（optimise assortments）。确保供货商与零售商充分地协同合作，评估符合市场上需求的商品组合策略，并切实执行。意即在最佳时间将最适当的商品数量展示在消费者面前，并以合理的价格吸引消费者购买，以及改善库存问题。

（3）促销最佳化（optimise promotions）。拟定符合市场目标的商品促销策略，规划促销策略执行面与评估成本效益，并随时审视促销的模式以及频率是否刺激到消费者的购买欲望以及购买的数量。

（4）新商品导入最佳化（optimise new product introductions）。由于商品开发之前不易评估商品成功率，在交易伙伴间存在旧有的障碍与缺乏信任感，以及商品仿冒的问题等，使得新商品导入最佳化是ECR概念中最难执行的部分，因此，ECR概念的目标则是希望通过供应链伙伴间的策略合作，有效地了解消费者的需求与欲望，改善新商品的研发失败率并缩短新商品上市时间。

（5）合作创造消费者的价值（collaborative shopper value creation）。此概念是在2004年5月出现的，除了延伸之前Consumer Value Creation的想法外，还结合了协同式客户关系管理的观念。合作创造消费者的价值是来自供应链上交易伙伴的协同过程,以锁定目标消费群与建立提升消费者价值差异化解决方案为目标。

2) 供应面管理(supply management)

快速消费响应(ECR)所提及的供给端,其焦点主要集中在以下 4 个改善供应链上商品流动的概念,从不同方向来说明满足整个供应链快速及有效商品补货模式的需求。

(1) 供应策略与能力(supply strategies & capabilities)。主要考察商品流(product flow)在整条供应链中从原料、组成、生产、包装到配销以及仓储等流程的效率,企业需要有明确的策略,改良现有组织架构,配合信息科技,并针对整个供应链服务作绩效衡量。

(2) 有效供给(responsive supply)。供应端补货管理是改善配销方法来简化商品从生产端配送至零售点货架上的补货作业,并响应实际客户需求与平衡管理成本及存货水平。而其关键要素则包含自动订货(automated store ordering)和持续补货(CRP)等技术;进阶要素则包含合理运输规划与有效仓储。

(3) 整合需求导向的供给(integrated demand driven supply)。规划与控制方法是依照供应链上原料、包装、成分、商品供给频率与数量的实际状况作出调整。其主要包含两个概念:同步化生产、供货商的整合。所谓同步化生产是商品生产规划依据消费者的需求,避免不必要的成本与存货,进而可不断改善生产周期的天数;另一方面,供货商的角色更是不容忽视的,由于原料与包装的成本占整体供应链总成本的 30%~50%,会影响到下游厂商的服务水平,需切实执行 ECR 的概念,以应付新品导入和季节因素等变动情况。

(4) 操作最佳化(operational excellence)。采用管理的方法增加营运的信赖度,如缺货管理、瑕疵货品与延迟交货处理以及行政上的失误。

3) 驱动力(enablers)

为使需求面管理和供应面管理能真正落实,商品识别与数据管理能力的支持是主要的驱动力。例如,交易伙伴间的商品交易流程都必须要有标准格式或信息,才能保证正确和实时的信息响应。驱动力包含 3 个领域,即共同识别标准、交换信息标准和全球数据同步。

4) 整合力(integrator)

整合力是指需求与供应管理的策略能力结合新科技的应用和发展,改变原有的商业模式,形成协同式电子商务并持续增加与交易伙伴的互动和价值提升。它包含两个领域:协同计划与预测(CPF)及成本/利润与价值计量。

3. 供应商管理库存(VMI)

供应商管理库存(Vendor Managed Inventory,VMI)是一种在供应链环境下的库存运作模式,本质上,它是将多级供应链问题变成单级库存管理问题。相对于按照用户发出订单进行补货的传统做法,VMI 是以实际或预测的消费需求和库存量作为市场需求预测和库存补货的解决方法,即由销售资料得到消费需求信息,供货商可以更有效地计划,更快速地对市场变化和消费需求作出反应。

VMI 以供应商为中心,以双方最低成本为目标,在一个共同的框架协议下把下游企业的库存决策权代理给上游供应商,由供应商行使库存决策的权利,并通过对该框架协议经常性地监督和修改以实现持续改进。供应商收集分销中心、仓库和 POS 数据,实现需求和供应相结合,下游企业只需要帮助供应商制定计划,从而使下游企业实现零库存,供应商的库存也大幅度减少。VMI 是一种很好的供应链库存管理策略,它能够突破传统的条块分割的管理模式,以系统的、集成的管理思想进行库存管理,使供应链系统能够获得同步化的运作。

VMI 能够一定程度上消除 Bullwhip 效应。VMI 要求整个供应链上的各个企业共享生产、销售和需求等信息,可以加强供应链上下游企业之间的合作,减少由于信息不对称或不完全带来的风险,优化供应链。需求信息能够真实、快速地传递,信息的透明度增加,可以缓解下游企业的库存压力,避免 Bullwhip 效应。

VMI 的实施要求企业有较完善的管理信息系统,可以使用电子数据交换(EDI)技术来实现。EDI 是指将贸易伙伴之间的单证、票据等商业文件,用国际公认的标准格式,通过计算机通信网络实现数据交换与处理的电子化手段。在 VMI 运作过程中,供应商、零售商、制造商和客户通过网络,在各自的信息系统之间自动交换和处理商业单证,这样就可以统一整个供应链上所交换的需求数据,并将处理后的信息最终全部集成到供应商处,以便供应商能更准确、及时地掌握消费者的需求以及需求变化情况,以做出快速的库存和补货决策,从而大大弱化了 Bullwhip 效应。

4. 联合库存管理(JMI)

联合库存管理(Jointly Managed Inventory,JMI)是解决供应链系统中由于各节点企业的相互独立库存运作模式导致的需求放大现象,提高供应链的同步化程度的一种有效方法。JMI 和 VMI 不同,JMI 强调双方同时参与,共同制定库存计划,使供应链过程中的每个库存管理者(供应商、制造商和分销商)都从相互之间的协调性考虑,保持供应链相邻的两个节点之间的库存管理者对需求的预期保持一致,从而消除了需求变异放大现象。任何相邻节点需求的确定都是供需双方协调的结果,库存管理不再是各自为政的独立运作过程,而是供需连接的纽带和协调中心。

1) JMI 的基本思想

JMI 是为了克服 VMI 系统的局限性和规避传统库存控制中的牛鞭效应而提出的。简单地说,JMI 是一种在 VMI 的基础上发展起来的上游企业和下游企业权利责任平衡和风险共担的库存管理模式。JMI 体现了战略供应商联盟的新型企业合作关系,强调了供应链企业之间双方的互利合作关系。

JMI 把供应链系统管理进一步集成为上游和下游两个协调管理中心,库存连接的供需双方以供应链整体的观念出发,同时参与,共同制定库存计划,实现供应链的同步化运作,从而部分消除了由于供应链环节之间的不确定性和需求信息扭曲现象导致的供应链的库存波动。JMI 在供应链中实施合理的风险、成本与效益平衡机制,建立合理的库存管理风险的预防和分担机制、合理的库存成本与运输成本分担机制和与风险成本相对应的利益分配机制,在进行有效激励的同时,避免供需双方的短视行为及供应链局部最优现象的出现。通过协调管理中心,供需双方共享需求信息,因而起到了提高供应链运作稳定性的作用。

2) JMI 的实施策略

(1) 建立供应链协调管理机制。

为了发挥 JMI 的作用,供应链各方应从合作的精神出发,建立供应链协调管理的机制,建立合作沟通的渠道,明确各自的目标和责任,为 JMI 提供有效的机制。没有一个协调的管理机制,就不可能进行有效的 JMI。建立供应链协调管理机制,要从以下几个方面着手:

① 建立供应链共同愿景。要建立联合库存管理模式,首先供应链各方必须本着互惠互利的原则,建立共同的合作目标。为此,要理解供需双方在市场目标中的共同之处和冲突点,通过协商形成共同的共赢的愿景。

② 建立联合库存的协调控制方法。联合库存管理中心担负着协调供应链各方利益的角色,起协调整个供应链的作用。联合库存管理中心需要对库存优化的方法进行明确确定,包括库存如何在多个需求商之间调节与分配、库存的最大量和最低库存水平、安全库存的确定、需求的预测等。

③ 建立利益的分配和激励机制。要有效运行基于协调中心的库存管理,必须建立一种公平的利益分配制度,并对参与协调库存管理中心的各个企业、各级供应部门进行有效的激励,防止机会主义行为,增强协作性和协调性。

（2）建立信息沟通渠道。

为了提高整个供应链的需求信息的一致性和稳定性,减少由于多重预测导致的需求信息扭曲,应增强供应链各方在需求信息获得上的及时性和透明性。整个供应链通过构建库存管理网络系统,使所有的供应链信息与供应链的管理信息同步,提高供应链各方的协作效率,降低成本,提高质量。为此应建立一种信息沟通的渠道或系统,以保证需求信息在供应链中的畅通和准确性。要将条码技术、扫描技术、POS 系统和 EDI 集成起来,并且要充分利用因特网的优势,在供应链中建立畅通的信息沟通桥梁和联系纽带。发挥第三方物流系统的作用,实现联合库存可借助第三方物流（Third Party Logistics,TPL）具体实施。TPL 也称为物流服务提供商,这是由供方和需方以外的物流企业提供物流服务的业务模式,把库存管理的部分功能代理给第三方物流公司,使企业更加集中于自己的核心业务,增强了供应链的敏捷性和协调性,提高了服务水平和运作效率。

第三方物流系统起到了供应商和用户之间联系的桥梁作用,为企业提供诸多好处。面向协调中心的第三方物流系统使供应链各方都取消了各自独立的库存,增强了供应链的敏捷性和协调性,并且能够大大改善供应链的用户服务水平和运作效率。

（3）选择合适的 JMI 模式。

供应链 JMI 有两种模式:第一,各个供应商的零部件都直接存入核心企业的原材料库中,就是变各个供应商的分散库存为核心企业的集中库存。集中库存要求供应商的运作方式是:按核心企业的订单或订货看板组织生产,产品完成时,立即通过小批量多频次的配送方式直接送到核心企业的仓库中补充库存。在这种模式下,库存管理的重点在于:核心企业根据生产的需要保持合理的库存量,既能满足需要,又要使库存总成本最小。第二,无库存模式,供应商和核心企业都不设立库存,核心企业实行无库存的生产方式。此时供应商直接向核心企业的生产线上进行连续小批量多频次的补充货物,并与之实行同步生产、同步供货,从而实现"在需要的时候把所需品种和数量的原材料送到需要的地点"的操作模式。这种准时化供货模式,由于完全取消了库存,所以效率最高、成本最低。但是这种模式对供应商和核心企业的运作标准化、配合程度和协作精神要求也高,操作过程要求也严格,而且二者的空间距离不能太远。

5. 协同计划、预测与补货(CPFR)

CPFR(Collaborative Planning Forecasting and Replenishment)的形成始于沃尔玛所推动的 CFAR(Collaborative Forecast And Replenishment),CFAR 是利用因特网通过零售企业与生产企业的合作,共同做出商品预测,并在此基础上实行连续补货的系统。后来,在沃尔玛的不断推动之下,基于信息共享的 CFAR 系统又正在向 CPFR 发展。

1995 年,沃尔玛与其供应商 Warner-Lambert、管理信息系统供应商 SAP、供应链软件商 Manugistics 和美国咨询公司 Benchmarking Partners 共 5 家公司联合成立了工作小组,进行 CPFR 的研究和探索,1998 年美国召开零售系统大会时又加以倡导。目前实验的零售企业有沃尔玛、凯马特和威克曼斯,生产企业有 P&G、金佰利和 HP 等 7 家企业,可以说,这是目前供应链管理在信息共享方面的最新发展。从 CPFR 实施后的绩效看,Warner-Lambert 公司零售商品满足率从 87% 提高到 98%,新增销售收入 800 万美元。在 CPFR 取得初步成功后,组成了由零售商、制造商和方案提供商等 30 多个实体参加的 CPFR 委员会,与 VICS(Voluntary Interindustry Commerce Standards,自愿商业间商务标准)协会一起致力于 CPFR 的研究、标准制定、软件开发和推广应用工作。美国商业部资料表明,1997 年美国零售商品供应链中的库存约 1 万亿美元,CPFR 理事会估计,通过全面成功实施 CPFR 可以减少这些库存的 15%~25%,即 1500~2500 亿美元。由于 CPFR 巨大的潜在效益和市场前景,一些著名的企业软件商,如 SAP、Manugistics 和 i2 等,正在开发 CPFR 软件系统和从事相关服务。CPFR 的本质特点表现为以下几点:

(1) 协同。从 CPFR 的基本思想看,供应链上下游企业只有确立起共同的目标,才能使双方的绩效都得到提升,取得综合性的效益。CPFR 这种新型的合作关系要求双方长期承诺公开沟通和信息分享,从而确立其协同性的经营战略,尽管这种战略的实施必须建立在信任和承诺的基础上,但是这是买卖双方取得长远发展和良好绩效的唯一途径。正因如此,所以协同的第一步就是保密协议的签署、纠纷机制的建立、供应链计分卡的确立以及共同激励目标的形成(例如,不仅包括销量,也同时确立双方的盈利率)。应当注意的是,在确立这种协同性目标时,不仅要建立起双方的效益目标,更要确立协同的盈利驱动性目标,只有这样,才能使协同性能体现在流程控制和价值创造的基础之上。

(2) 规划。1995 年沃尔玛与 Warner-Lambert 的 CFAR 为消费品行业推动双赢的供应链管理奠定了基础,此后当 VICS 定义项目公共标准时,认为需要在已有的结构上增加"P",即合作规划(品类、品牌、分类和关键品种等)以及合作财务(销量、订单满足率、定价、库存、安全库存和毛利等)。此外,为了实现共同的目标,还需要双方协同制定促销计划、库存政策变化计划、产品导入和中止计划以及仓储分类计划。

(3) 预测。任何一个企业或买卖双方都能做出预测,但是 CPFR 强调买卖双方必须做出最终的协同预测,像季节因素和趋势管理信息等,无论是对服装或相关品类的供应方还是销售方,都是十分重要的,基于这类信息的共同预测能大大减少整个价值链体系的低效率和死库存,促进更好的产品销售,节约使用整个供应链的资源。与此同时,最终实现协同促销计划是实现预测精度提高的关键。CPFR 所推动的协同预测还有一个特点是:它不仅关注供应链双方共同做出最终预测,同时也强调双方都应参与预测反馈信息的处理以及预测模型的制定和修正,特别是如何处理预测数据的波动等问题,只有把数据集成、预测和处理的所有方面都考虑清楚,才有可能真正实现共同的目标,使协同预测落在实处。

(4)补货。销售预测必须利用时间序列预测和需求规划系统转化为订单预测,并且供应方的约束条件,如订单处理周期、前置时间、订单最小量和商品单元,以及零售方长期形成的购买习惯等,都需要供应链双方加以协商解决。根据 VICS 的 CPFR 指导原则,协同运输计划也被认为是补货的主要因素,此外,例外状况的出现也需要转化为存货的百分比、预测精度、安全库存水准、订单实现的比例、前置时间以及订单批准的比例,所有这些都需要在双方公认的计分卡基础上定期协同审核。潜在的分歧,如基本供应量和过度承诺等,双方事先应及时加以解决。

1.4　供应链系统的设计

1.4.1　供应链的类型

根据不同的划分标准,可以将供应链划分为以下几种类型:

(1)稳定的供应链和动态的供应链

根据供应链存在的稳定性,可以将供应链分为稳定的和动态的供应链。基于相对稳定、单一的市场需求而组成的供应链稳定性较强,而基于相对频繁变化、复杂的需求而组成的供应链动态性较高。在实际管理运作中,需要根据不断变化的需求,相应地改变供应链的组成。

(2)平衡的供应链和倾斜的供应链

根据供应链容量与用户需求的关系,可以将供应链划分为平衡的供应链和倾斜的供应链。一个供应链具有一定的、相对稳定的设备容量和生产能力(所有节点企业能力的综合,包括供应商、制造商、运输商、分销商和零售商等),但用户需求处于不断变化的过程中。当供应链的容量能满足用户需求时,供应链处于平衡状态;而当市场变化加剧,造成供应链成本增加、库存增加和浪费增加等现象时,企业不是在最优状态下运作,供应链则处于倾斜状态。平衡的供应链可以实现各主要职能(采购/低采购成本、生产/规模效益、分销/低运输成本、市场/产品多样化和财务/资金运转快)之间的均衡。

(3)有效性供应链和反应性供应链

根据供应链的功能模式(物理功能和市场中介功能),可以把供应链划分为有效性供应链(efficient supply chain)和反应性供应链(responsive supply chain)。有效性供应链主要体现供应链的物理功能,即以最低的成本将原材料转化成零部件、半成品和产品,以及在供应链中的运输等;反应性供应链主要体现供应链的市场中介的功能,即把产品分配到满足用户需求的市场,对未预知的需求做出快速反应等。

1.4.2　供应链设计的基本思想

1.供应链设计与物流系统设计

物流系统是供应链的物流通道,是供应链管理的重要内容。物流系统设计是指原材料和外购件所经历的采购入厂—存储—投料—加工制造—装配—包装—运输—分销—零售等一系列物流过程的设计。物流系统设计也称通道设计(Channel Designing),是供应链系统设计中最主要的工作之一。设计一个结构合理的物流通道对于降低库存、减少成本、缩短提前期、实施 JIT 生产与供销、提高供应链的整体运作效率都是很重要的。但供应链设计却不等同于物流系统设计,(集成化)供应链设计是企业模型的设计,它从更广泛的思维空间——企业整体角度去勾画企业蓝图,是扩展的企业模型。它既包括物流系统,还包括信息和组织以及价值流和相应的服务体系建设。在供应链的设计(建设)中创新性的管理思维和观念极为重要,要把供应链的整体思维观融入供应链的构思和建设中,企业之间要有并行的设计才能实现并行的运作模式,这是供应链设计中最为重要的思想。

2. 供应链设计与环境因素的考虑

一个设计精良的供应链在实际运行中并不一定能按照预想的那样,甚至无法达到设想的要求,这是主观设想与实际效果的差距,原因并不一定是设计或构想得不完美,而是环境因素在起作用。因此构建和设计一个供应链,一方面要考虑供应链的运行环境(地区、政治、文化和经济等因素),同时还应考虑未来环境的变化对实施供应链的影响。因此,要用发展的、变化的眼光来设计供应链,无论是信息系统的构建还是物流通道设计都应具有较高的柔性,以提高供应链对环境的适应能力。

3. 供应链设计与企业再造工程

从企业的角度来看,供应链的设计是一个企业的改造问题,供应链所涉及的内容任何企业都或多或少地正在进行。供应链的设计或重构不是要推翻现有的企业模型,而是要从管理思想革新的角度,以创新的观念武装企业(比如动态联盟与虚拟企业、精细生产),这种基于系统进化的企业再造思想是符合人类演进式的思维逻辑的,尽管 BPR 教父哈默和钱贝一再强调其彻底的、剧变式的企业重构思想,但实践证明,实施 BPR 的企业最终还是走向改良道路,而那种无源之水、无本之木的企业再造是不存在的。因此在实施供应链的设计与重建时,并不在于是否"打碎那个瓷娃娃"(M. C. 杰克逊《透过"新潮"管理法看系统管理学》),而需要的是新的观念、新的思维和新的手段,这是在实施供应链管理时所要明确的。

4. 供应链设计与先进制造模式的关系

供应链设计既是从管理新思维的角度去改造企业,也是先进制造模式的客观要求和推动的结果。如果没有全球制造和虚拟制造这些先进的制造模式的出现,集成化供应链的管理思想是很难得以实现的。正是先进制造模式的资源配置沿着劳动密集—设备密集—信息密集—知识密集的方向发展,才使得企业的组织模式和管理模式发生了相应的变化,从制造技术的技术集成演变为组织和信息等相关资源的集成。供应链管理适应了这种趋势,因此,供应链的设计应把握这种内在的联系,使供应链管理成为适应先进制造模式发展的先进管理思想。

1.4.3 供应链设计的原则

在供应链的设计过程中,应遵循一些基本的原则,以保证供应链的设计和重建能满足供应链管理思想得以实施和贯彻的要求。下面从宏观和微观两个方面来讨论。

1. 总的原则

从宏观角度来把握供应链的设计应遵循以下 6 条原则。

1）自顶向下和自底向上相结合的设计原则

在系统建模设计方法中存在两种设计方法，即自顶向下和自底向上的方法。自顶向下的方法是从全局走向局部的方法，自底向上的方法是从局部走向全局的方法；自顶向下是系统分解的过程，而自底向上则是一种集成的过程。在设计一个供应链系统时，往往是先由主管高层做出战略规划与决策，其依据来自市场需求和企业发展规划，然后由下层部门实施决策，因此供应链的设计是自顶向下和自底向上的综合。

2）简洁性原则

简洁性是供应链的一个重要原则，为了能使供应链具有灵活快速响应市场的能力，供应链的每个节点都应是简洁的、具有活力的，能实现业务流程的快速组合。比如供应商的选择就应按照少而精的原则，通过和少数的供应商建立战略伙伴关系，以减少采购成本，推动实施 JIT 采购法和准时生产。生产系统的设计更是应以精细思想（Lean Thinking）为指导，努力实现从精细的制造模式到精细的供应链这一目标。

3）集优原则（互补性原则）

供应链的各个节点的选择应遵循强-强联合的原则，达到实现资源外用的目的。每个企业只集中精力致力于各自核心的业务过程，就像一个独立的制造单元（独立制造岛）。这些所谓单元化企业具有自我组织、自我优化、面向目标、动态运行和充满活力的特点，能够实现供应链业务的快速重组。

4）协调性原则

供应链业绩好坏取决于供应链合作伙伴关系是否和谐，因此建立战略伙伴关系的合作企业关系模型是实现供应链最佳效能的保证。席酉民教授认为，和谐是描述系统是否形成了充分发挥系统成员和子系统的能动性、创造性及系统与环境的总体协调性。只有和谐而协调的系统才能发挥最佳的效能。

5）动态性（不确定性）原则

不确定性在供应链中随处可见，许多学者在研究供应链运作效率时都提到不确定性问题。由于不确定性的存在，导致需求信息的扭曲。因此要预见各种不确定因素对供应链运作的影响，减少信息传递过程中的信息延迟和失真。降低安全库存总是和服务水平的提高相矛盾。增加透明性，减少不必要的中间环节，提高预测的精度和时效性，对降低不确定性的影响都是极为重要的。

6）创新性原则

创新设计是系统设计的重要原则。没有创新性思维，就不可能有创新的管理模式，因此在供应链的设计过程中，创新性是很重要的一个原则。要产生一个创新的系统，就要敢于打破各种陈旧的思维框框，用新的角度、新的视野审视原有的管理模式和体系，大胆地创新设计。进行创新设计要注意以下几点：一是创新必须在企业总体目标和战略的指导下进行，并与战略目标保持一致；二是要从市场需求的角度出发，综合运用企业的能力和优势；三是发挥企业各类人员的创造性，集思广益，并与其他企业共同协作，发挥供应链整体优势;四是建立科学的供应链和项目评价体系及组织管理系统,进行技术经济分析和可行性论证。

7）战略性原则

供应链的建模应有战略性观点,通过战略的观点考虑减少不确定影响。从供应链的战略管理的角度考虑,供应链建模的战略性原则还体现在供应链发展的长远规划和预见性,供应链的系统结构发展应和企业的战略规划保持一致,并在企业战略指导下进行。

2. 一些具体原则

从微观管理的角度,在实际应用中,应注意供应链设计的一些具体原则。

1）总成本最小原则

成本管理是供应链管理的重要内容。供应链管理中常出现成本悖反问题,即各种活动的成本的变化模式常常表现出相互冲突的特征。解决冲突的办法是平衡各项成本,使其达到整体最优,供应链管理就是要进行总成本分析,判断哪些因素具有相关性,从而使总成本最小。

2）多样化原则

供应链设计的一条基本原则就是要对不同的产品向不同的客户提供不同的服务水平。要求企业将适当的商品在恰当的时间、恰当的地点传递给恰当的客户。一般的企业分拨多种产品。因此要面对各种产品的不同的客户要求,不同的产品特征,不同的销售水平,也就意味着企业要在同一产品系列内采用多种分拨战略,比如在库存管理中,就要区分出销售速度不一的产品,销售最快的产品应放在位于最前列的基层仓库,依次摆放产品。

3）推迟原则

推迟原则就是分拨过程中运输的时间和最终产品的加工时间应推迟到收到客户订单之后。这一思想避免了企业根据预测在需求没有实际产生的时候运输产品(时间推迟)以及根据对最终产品形式的预测生产不同形式的产品(形式推迟)。

4）合并原则

战略规划中,将运输由小批量合并成大批量具有明显的经济效益。但是同时要平衡由于运输时间延长而可能造成的客户服务水平下降与订单合并的成本节约之间的利害关系。通常当运量较小时,合并的概念对制定战略最有用。

5）标准化原则

标准化的提出解决了满足市场多样化产品需求与降低供应链成本的问题。如生产中的标准化可以通过可替换的零配件、模块化的产品和给同样的产品贴加不同的品牌标签而实现。这样可以有效地控制供应链渠道中必须处理的零部件、供给品和原材料的种类。服装制造商不必去存储众多客户需要的确切号码的服装,而是通过改动标准尺寸的产品来满足消费者的要求。

1.4.4　基于产品的供应链设计

产品有不同的特点,供应链有不同的功能,只有两者相匹配,才能起到事半功倍的效果。企业应当根据产品的不同设计不同的供应链。

1. 两种不同类型的产品

不同类型的产品对供应链设计有不同的要求,高边际利润、不稳定需求的革新性产品的供应链设计就不同于低边际利润、有稳定需求的功能性产品。功能性产品需求具有稳定性,可预测,寿命周期较长。但它们的边际利润较低,经不起高成本供应链折腾。功能性产品一般用于满足用户的基本要求,如生活用品(柴米油盐)、男式套装、家电、粮食等,其特点是变化很少;功能性产品的供应链设计应尽量减少链中物理功能的成本。革新性产品的需求一般难以预测,寿命周期较短,但利润空间高。这类产品是按订单制造,如计算机、流行音乐和时装等。生产这种产品的企业没接到订单之前不知道干什么,接到订单就要快速制造。革新性产品供应链设计应少关注成本而更多地关注向客户提供所需属性的产品,重视客户需求并对此做出快速反应,因此特别强调速度和灵活性。

2. 两种不同功能的供应链

供应链从功能上可以划分为两种:有效性供应链(efficient supply chain)和反应性供应链(responsive supply chain)。有效性供应链主要体现供应链的物理功能,即以最低的成本将原材料转化成零部件、半成品、产品;反应性供应链主要体现供应链的市场中介功能,即把产品分配到满足用户需求的市场,对未预知的需求做出快速反应等。

3. 供应链设计与产品特点的匹配

功能性产品具有用户已接受的功能,能够根据历史数据对未来或季节性需求做出较准确的预测,产品比较容易被模仿,其边际利润低。与功能性产品相匹配的供应链应当尽可能地降低链中的物理成本,扩大市场占有率。因此,对于功能性产品,应采取有效性供应链。

革新性产品追求创新,不惜一切努力来满足用户的差异化需求。这类产品往往具有某些独特的、能投部分用户所好的功能,由于具有创新性而不易被模仿,因而其边际利润高。在产品供货中强调速度、灵活性和质量,甚至主动采取措施,宁可增加成本大量投资以缩短提前期。对创新功能产品的需求是很难做出准确预测的,因此,追求降低成本的有效性供应链对此是不适应的,而只有反应性供应链才能抓住产品创新机会,以速度、灵活性和质量获取高边际利润。

当然,产品与供应链之间是否匹配并非是绝对的,匹配与不匹配也会随着情况的变化而发生变化。理论上很容易得出有效性供应链匹配功能性产品、反应性供应链匹配革新性产品的判断,但实践中,由于市场行情、用户需求和企业经营状况等因素的影响,匹配和不匹配实际上是相对的。一方面,原本相匹配的产品和供应链可能变成不相匹配的。例如,对于革新性产品采取反应性供应链,这时二者是匹配的,随着时间的推移,革新性产品的创新功能也会被模仿,一旦革新性产品变成功能性产品,如果仍选用反应性供应链,原来匹配的情形就会相应变成不匹配的情形。另一方面,原本不匹配的产品和供应链随着情况的变化也可能变成匹配的。例如,企业进行产品开发时,由于市场信息不灵,不知对手已推出相同的产品而将自己刚刚开发出的功能性产品误认为是革新性产品,并错误地使用反应性供应链,这时就会产生不匹配的情况。如果企业在原有产品的基础上开发出新的功能,这类功能性产品在一段时间内对某些用户可能表现出革新性的特征,企业选用反应性供应链,这时不匹配的情况就变成匹配的情况。相反,如果在产品表现出革新性特征时,企业没有认清形势,却错误地选用了有效性供应链,就会造成新的不匹配。所以随着诸多因素的变化,匹配与不匹配也会随时发生变化,关键在于企业能否随即做出调整。

1.4.5　基于电子商务的供应链系统设计

1. 电子商务环境下供应链设计原则

设计有效的供应链,必须考虑电子商务市场环境中的动态性因素,包括市场需求的多变,产品寿命周期缩短,外部竞争加剧,价格、利率和汇率的波动等。为了适应这种多变的市场环境,需要设计一种集成化供应链管理系统,从而达到优化供应链管理的功能,使供应链各节点、各功能实现最佳配合与协调,共同保证供应链整体效益最大化的目标。设计集成化的电子商务供应链系统,应遵循如下基本原则:

(1) 柔性原则。在电子商务环境下,由于消费者的需求千变万化,顾客要求的服务水平越来越高,供应链系统必须适应这种特点,这就要求供应链包括生产制造系统、产品设计和研发系统、物流后勤系统在内的各个环节具有很强的灵活性,能对需求的变化做出快速的反应。

(2) 优化原则。电子商务环境下的市场竞争更加激烈,因此供应链的各个节点的选择更应该遵循强强联合的原则,每个企业只集中精力致力于各自的核心业务过程,这些具有核心业务的独立制造单元具有自我组织、自我优化、面向目标、动态运行和充满活力的特点,能够实现供应链业务的快速重组。

(3) 简洁原则。电子商务要求企业具有灵活快速地响应市场的能力,因而简洁性成为供应链的一个重要原则,供应链的每个节点都应是简洁而有活力的,能实现业务流程与电子商务环境下供应链管理的快速组合。比如供应商的选择就应该少而精,以有利于减少采购成本,实施 JIT 采购和准时生产。

(4) 协调原则。电子商务环境下,供应链业绩好坏取决于供应链合作伙伴关系是否和谐。电子商务具有更强的协同处理功能,供应链系统的设计必须考虑是否形成了充分发挥系统成员和子系统的能动性、创造性以及系统与环境的总体协调性,只有和谐而协调的系统才能发挥最佳的效能。

(5) 创新原则。创新是企业发展的灵魂,没有创新性思维,就不可能有创新的管理模式。电子商务环境快速多变的特点要求供应链的设计过程中遵循创新原则。要生成一个创新的供应链系统,就要敢于打破各种陈旧的思想框架,用新的角度、新的视野审视原有的管理模式和体系,进行大胆的改革。

(6) 战略原则。供应链建模应有战略性观点,通过战略的观点考虑减少不确定的影响。从供应链的战略管理角度考虑,供应链的设计必须体现供应链的长期目标,与供应链的长期战略相匹配,要能预见到企业未来的发展环境的变化。供应链的系统结构发展应和企业的战略规划保持一致,在企业的战略指导下进行。

2. 电子商务环境下供应链设计过程

供应链设计过程是一个分析问题、提出方案的过程。分析问题就是分析企业的优势和劣势,分析企业面临的竞争环境,从而找出建立有效供应链的机会;同时分析供应链上不适应电子商务环境的那些对供应链的目标构成威胁的因素,通过企业状况与环境匹配,得出建立高效灵活供应链的解决方案。供应链设计主要包括以下 8 个步骤:

(1) 分析市场竞争环境。这里指微观环境,因为电子商务环境下,企业的微观竞争环境已发生了很大的变化。分析市场特征的过程要向卖方、用户和竞争者进行调查,以确认用户的需求和因卖方、用户、竞争者产生的压力。通过分析,可以找到供应链面临的机会和威胁,掌握顾客和市场的脉搏。

(2) 分析供应链的现状。主要分析现有供应链上的供需状况,目的在于找出现在供应链中不适应电子商务环境要求的要素,研究供应链开发的方向,分析总结企业存在的问题及影响供应链设计的阻力等因素。

(3) 提出供应链设计项目。因为供应链设计是一个十分复杂的过程,在确定设计之前要做好充分的准备,包括资金、技术、人员、设备和时间等,通过针对现状分析以及企业存在的问题提出供应链设计项目,分析其必要性,以免造成浪费。

(4) 建立供应链设计目标。供应链主要目标在于获得高用户服务水平和低运营成本之间的平衡(它们之间往往有冲突),同时还包括进入新市场、开发新产品、开发新的分销渠道、改善售后服务水平、提高用户满意程度和降低库存成本等目标。

(5) 构建供应链框架。分析供应链的组成,提出供应链组成的基本框架。供应链中的成员组成分析主要包括制造工厂、设备、工艺和供应商、制造商、分销商、零售商及用户的选择与定位,以及确定选择与评价的标准。

(6) 评价供应链可行性。这不仅仅是策略或改善技术的推荐清单,而且是开发和实现供应链管理的第一步。主要是在可行性分析的基础上,结合本企业的实际情况为开发供应链提出技术选择建议和支持。这也是一个决策的过程,如果认为方案可行,就可进行下面的设计;如果不可行,就要进行重设计。

(7) 设计和创建供应链。主要解决以下问题:供应链的成员组成(供应商、设备、工厂、分销中心的选择与定位);原材料的来源,包括供应商、流量、价格和运输等;生产设计,包括需求预测、生产什么产品、生产能力、生产作业计划、成本控制和库存管理等;分销任务与能力设计;信息管理系统设计;物流管理系统设计等。

(8) 检验和实施供应链。供应链设计完成后,应通过一定的方法、技术进行测试,看其是否可以持续满足客户递送的时间、产品数量等方面的要求及快速响应关键客户的需求,以提高供应链的响应性和服务质量。如果有问题,返回重新设计。如果不存在什么问题,就可实施供应链。

此外,在遵循上述基本过程的基础上,还应该考虑供应链系统中内外要素的制约,特别要注意以下几个问题:首先,供应链设计是一个开放的、螺旋上升的过程,不可能一次设计就解决所有问题,要在实施过程中不断发现问题,解决问题。其次,在产品开发初期设计供应链,产品设计是供应链管理的一个重要因素,在产品设计的时候就应该同时考虑供应链的结构问题,以获得最大化的潜在利益。再次,充分考虑环境因素,除了电子商务这一商务环境要素外,供应链的环境因素还包括政治、经济和文化等,在设计供应链时必须综合考虑这些宏观环境要素。最后,电子商务环境下产生了各种先进的制造模式,这些先进制造模式一方面为供应链的设计方案的选择提供了宽泛的技术选择条件,另一方面客观上推动供应链不断进行创新设计和重构。

3. 基于电子商务的供应链重构策略

供应链设计方案确定后,接下来的就是把设计的方案付诸实施,即对现有的供应链进行重构。供应链重构是一个非常复杂的过程,涉及很多管理细节问题,供应链上每一个不适应电子商务要求的环节都是重构的对象。其中涉及面多、影响较大的主要包括以下几个方面:组织重构、流程重构和资源重组。下面就从这几方面来探讨供应链重构问题。

1) 组织重构

组织重构是供应链重构的重要方面,它为供应链的有效运行建立起支撑的"骨架",提供组织和制度保障。供应链的组织架构反映了供应链上的权力关系和联系方式,同时也决定了信息在供应链上的传递方式。组织架构的好坏将影响到供应链上最活跃的因素——人的积极性和能力的最大发挥,所以说它关系到供应链实施的成败。电子商务环境对供应链的组织架构提出了更高的要求,要求供应链具有快速反应能力,供应链的组织架构应该适应这种特点。电子商务环境下的供应链组织重构应该在以下几个方面进行:

(1) 职能机构扁平网络化。传统的组织结构是金字塔形的垂直结构,包括决策层、职能层和执行层,指令和信息是逐级单向传递的,指令由上到下,原始信息由下到上。传统的组织结构具有很大的弊端,表现在决策速度慢、信息容易失真和供应链的反应灵敏度低,这种结构已经不适应电子商务环境的要求,所以在供应链重构中要用扁平化、网络化的组织结构来代替这种金字塔形结构。扁平化的组织要求减少不增值的管理层次,各级之间形成一种双向互动的关系,职能之间进行网络化的连接,信息在组织中是网络化传递,从信息源同时向其他各部门发散。在这样的组织中更多地采用项目团队和矩阵结构的组织方式,具有很大的柔性,能够适应电子商务的快速响应的需要。

(2) 进行适当的分权。分权就是高级管理人员把部分决策权分给低级的管理人员,更多地让员工参与决策。分权能够最大限度地发挥员工的主动性和积极性,增加供应链的灵活性和快速响应能力。在电子商务环境下,供应链面临的市场环境和顾客需求瞬息万变,供应链需要对这种变化做出快速响应才能保持竞争力,高度的集权不能适应这种要求。因此,在供应链的组织重构中应进行充分的分权。分权的程度取决于两个方面,一是组织分权的偏好,二是员工对分权的接受程度与能力。组织分权的偏好高,分权程度高,反之则低。员工对分权的接受程度与能力强,可以分权的程度高,反之则低。这两者的交集就是组织的分权度。不过,在电子商务环境下,组织的分权程度受到环境的制约,有时不以组织的偏好决定,唯一的途径就是提高员工的分权接受程度和能力,让那些有能力和愿意承担责任的人来承担供应链的部分决策权力。

(3) 缔造学习型组织。电子商务是科技创新的产物,是知识经济的体现,供应链上的企业要跟上电子商务时代的变化,不断自我更新,就必须向学习型组织转变。学习型组织能够自我创新、自我提升,始终走在时代的前列,保持永远向上的活力,同时它具有重视知识、鼓励创新和开放思维的特点。供应链的学习型特点体现在 3 个层面上:一是供应链节点企业要成为学习性组织;二是节点企业之间在合作竞争关系中要相互学习;三是整条供应链向供应链外学习。在供应链的组织重构中,要从这 3 个方面把供应链塑造成学习型的供应链。

2) 流程重构

流程就是做事的方式,流程重构就是要改变那些不合理的做事方式,以适应电子商务环境下供应链管理的需要。方案制定后,能不能达到预期目标,流程至关重要。传统供应链流程中表现出许多不适应电子商务环境要求的地方,表现为:流程各环节质量不统一,导致产品检验和质量监测等成本的发生;流程各环节生产能力不一致,造成大量的在制品库存和等待时间;流程物理路线设计的不合理,增加了流程中运输和转移等非增值活动;流程的过度复杂减缓了物流和信息流等的流速,增加了管理和后勤系统的负担,等等。流程重构的策略主要有以下几种:

(1) 消除非增值活动。通过各环节的协调,流程路线的重新设计,提高各环节质量意识等方法,减少流程中的库存、运输转移、返工和检测等活动。例如,用 JIT 的思想设计流程,就可以大幅度减少非增值活动。

(2) 工作整合。流程中许多工作是可以合而为一的,工作的整合,可以减少交接手续,大幅度提高效率水平。工作整合,既可以采取几项工作归一人完成的形式,也可采取将完成几道工序的人组合成小组或团队的方式。

(3) 流程改进。将生产周期长的连续式流程,以及因各工序间缺少沟通易产生生产误差甚至差错的平行式流程,改进为同步流程。同步流程的优势在于其工序在互动的情况下同时进行,它不仅能缩短周期,而且通过各工序的交流,互相调整,及时发现问题,从而提高效率,减少浪费。

流程改造策略远不止以上几种,各企业应根据自身具体问题,创造性地寻找适合自身的策略。但不管是什么策略,有一点是相同的,那就是要加强流程网络的总体规划,使流程间彼此协调,降低内耗。

3) 资源重组

供应链重构的另一重要方面是资源重组。电子商务环境对资源利用的广度和深度都产生了深刻的影响。传统上的企业资源是为功能服务的,随着企业行为面向过程的转变和对企业经营柔性、精简性等要求的提高,企业必须重新构造其资源配置模式以使其和过程相一致。随着企业"以产品为中心"的模式向"以客户为中心"的模式的转变,当企业向顾客承诺的交货提前期较短时,为了保证能够实现承诺,企业需要投入更大的物流或生产能力。供应商和客户成为企业的两种非常重要的资源,在资源重组中必须充分考虑这两种资源。另外,速度作为电子商务竞争的基础之一也正变得越来越重要,所以,供应链管理也要把时间纳入企业资源管理之中。

资源重组的核心是供应商资源和客户资源的重组。充分利用 Internet 进行搜索,综合评价各供应商的资本、人力和技术等方面的优势,从中挑出适合电子商务供应链战略的部分供应商,形成供应链的一部分。同时分析客户的需求和市场现状,确定企业的目标客户群,形成供应链的下游部分。这时,一条供应链的雏形才算完成。由于电子商务环境的动态性决定了这种重组的经常性,而不是一步到位的。然后,整合供应链上的资本、技术、人力和信息等资源,把各节点企业的优势资源挖掘出来,充分发挥其优势方面,形成优势互补、取长补短的局面,把有限的资源从那些弱势项目中退出,形成核心竞争力。

<h3 align="center">案例分析:戴尔公司的供应链管理</h3>

戴尔公司以"直接经营"模式著称,其高效运作的供应链和物流体系使它在全球IT行业不景气的情况下逆市而上。根据权威的国际数据公司(IDC)的统计资料,在2002年第三季度,戴尔公司重新回到了全球PC第一的位置,中国市场上戴尔公司的业绩更加令人欣喜。戴尔公司在全球的业务增长在很大程度上要归功于其独特的直接经营模式和高效供应链,直接经营模式使戴尔公司与供应商和客户之间构筑了一个称为"虚拟整合"的平台,保证了供应链的无缝集成。

事实上,戴尔公司的供应链系统早已打破了传统意义上"厂家"与"供应商"之间的供需配给。在戴尔公司的业务平台中,客户变成了供应链的核心。直接经营模式可以让戴尔公司从市场得到第一手的客户反馈和需求,生产等其他业务部门便可以及时将这些客户信息传达到戴尔公司原材料供应商和合作伙伴那里。这种在供应链系统中将客户视为核心的"超常规"运作,使得戴尔公司能做到4天的库存周期,而竞争对手大都还徘徊在30~40天。这样,以IT行业零部件产品每周平均贬值1‰计算,戴尔公司产品的竞争力显而易见。

在不断完善供应链系统的过程中,戴尔公司还敏锐地捕捉到互联网对供应链和物流带来的巨大变革,不失时机地建立了包括信息搜集、原材料采购、生产、客户支持及客户关系管理,以及市场营销等环节在内的网上电子商务平台。在valuechain.dell.com网站上,戴尔公司和供应商共享包括产品质量和库存清单在内的一整套信息。与此同时,戴尔公司还利用互联网与全球超过113 000个商业和机构客户直接开展业务,通过戴尔公司先进的网站,用户可以随时对戴尔公司的全系列产品进行评比和配置,并获知相应的报价。用户也可以在线订购,并且随时监测产品制造及送货过程。

戴尔公司在电子商务领域的成功实践使"直接经营"插上了腾飞的翅膀,极大地增强了产品和服务的竞争优势。今天,基于微软公司的Windows操作系统,戴尔公司经营着全球规模最大的互联网商务网站,覆盖80个国家,提供27种语言或方言、40种不同的货币报价,每季度有超过9.2亿人次浏览。

随着中国全面融入全球贸易体系进程的加快,激烈的国际竞争对中国企业提出了前所未有的挑战。在以信息化为显著标志的后工业化时代,供应链在生产和物流等众多领域的作用日趋显著。戴尔模式无疑对中国企业实施供应链管理有着重要的参考价值,我们在取其精华的同时,还应根据自身特点,寻找提升竞争力的有效途径。

📚 思考题

1. 何为供应链管理?简述供应链管理与传统管理的区别与联系。
2. 简述供应链管理的基本思想。
3. 如何理解企业与企业之间的竞争正在演变为供应链与供应链之间的竞争?

4. QR 的具体实施步骤是怎样的？
5. ECR 可鼓励供应链相关业者在哪些项目中进行不断改进？
6. 简述 CPFR 的本质特点。
7. 简述基于产品的供应链设计的核心内容。
8. 简述基于电子商务的供应链设计的基本步骤。
9. 简述供应链实施的基础。

第2章 物流概述

📙 核心要点

- 物流的发展过程
- 现代物流的概念和特点
- 物流的重要性
- 物流的主要环节和分类

2.1 物流的发展过程

2.1.1 物流概念的产生

对于"物流"的概念,不同国家、不同机构、不同时期有所不同。关于物流活动的最早文献记载是在英国。1918年,英国犹尼利弗的哈姆勋爵成立了"即时送货股份有限公司",目的是在全国范围内把商品及时送到批发商、零售商和用户手中。第二次世界大战期间,美国从军事需要出发,在战时的军火供应中首先采用了"物流管理"(logistics management)这一词,并对军火的运输、补给和屯驻等进行全面管理。第二次世界大战后,"物流"一词被美国人借用到企业管理中,被称作"企业物流"(business logistics)。企业物流是指对企业的供销、运输和存储等活动进行综合管理。

根据日本物流管理协会的资料记载,日本在20世纪50年代以后,经济已基本恢复到第二次世界大战前的水平,企业进行大规模设备投资和更新改造,技术水平不断提高,生产力大幅度上升。1955年成立了生产性本部,该团体为了改进流通领域的生产效率,确保经济的顺畅运行和发展,组织了一个由伊泽道雄为团长的大型考察团,于1956年秋季考察了美国的物流,当时日本还没有"物流"这个词,代表团的名称为"流通技术专业考察团"。该代表团在美国期间,美国著名教授肯巴斯先生讲到,美国30年来国民经济之所以顺利发展,原因之一就是既重视生产效率又重视流通效率。美国产业界真正认识到物流的重要性基本在1950年前后,在此之前一直只重视销售,仅把运输、保管、包装和装卸等物流活动作为销售的辅助性活动。日本流通技术考察团在美国还发现,原来在日本被称为流通技术的运输和包装等活动,美国人称为 Physical Distribution(PD)。

日本考察团回国后便向政府提出了重视物流的建议,并在产业界掀起了PD启蒙运动。在日本能率协会内设立了PD研究会,邀请平原直(历任装卸研究所所长、日本装卸协会会长,被誉为日本"物流之父")担任会长,每个月举办PD研讨会;在流通经济研究所,日本权威物流学者林周二教授等也组织起 PD 研究会,积极开展各种形式的启蒙教育活动。经过 8 年的努力,1964 年日本政府终于开始对 PD 产生了关注。通产省几次邀请平原直去政府机关说明 PD 的重要性,为政府官员们讲课。同年 7 月,通产省决定讨论物流预算案时,担心新闻媒体在报道中讲 PD 日本人听不懂,于是邀请平原直同内山九万(日本通运株式会社专务董事)商议。内山专务认为 PD 中的"P",即 Physical 在这里并不是"物质"的意思,而是"物理"的意思,Distribution 是"流通"的意思,所以应把 PD 译为"物理性流通",但又觉得作为一个名词,"物理性流通"字数过多、过长,只好缩简为"物的流通"。于是"物的流通"这一新词在全日本媒体上发表了。此后,"物的流通"在日本逐渐家喻户晓,人人皆知。产业构造委员会内设立了"物的流通分会";1970 年成立的日本最大的物流团体之一就叫"日本物的流通协会"。同年成立的另一个日本类似的物流团体——日本物流管理协议会每年举行的物流会议也都叫"全国物的流通会议"。1970 年以后很多人又觉得"物的流通"也有点长,于是就干脆简称为"物流"了。"物流"这个词在日本至今仍在使用。物流目前比较流行的翻译方法为 logistics。

2.1.2 物流概念的发展

人们虽然长期对物流现象习以为常,但是一直到 20 世纪初以前,还没有"物流"这个概念。物流的概念最早起源于 20 世纪初的美国。从 20 世纪初到现在近一个世纪的时间内,物流概念的产生和发展经历了 3 个阶段。

1. 物流概念的孕育阶段

从 20 世纪初到 20 世纪 50 年代,这一个阶段是物流概念的孕育和提出阶段。这一阶段的特点,一个是局部范围,主要是在美国;第二个是少数人,是几个人提出来的;第三是意见不统一。主要有两种意见、两个提法:一是美国市场营销学者阿奇·萧(Arch W. Shaw)于 1915 年提出的叫做 Physical Distribution 的物流概念。他是从市场分销的角度提出的。二是美国少校琼西·贝克(Chauncey B. Baker)于 1905 年提出的叫做 Logistics 的物流概念。他是从军事后勤的角度提出的。

应该说,这两个概念的实质内容是不一样的。阿奇·萧是从市场营销的角度来定义物流,Physical Distribution 直译应该是"实体分配",按中国人的语言习惯应该译成"分销物流"。它实际上就是指把企业的产品怎么样分送到客户手中的活动。而 Logistics 是后勤的意思,主要是指物资的供应保障和运输储存等。

这两种不同的概念之所以都分别能存续下来,是因为它们都分别在各自的专业领域中得到了一定程度的响应、应用和发展。还是因为这两个概念都在各自的专业领域中独立运用,二者之间没有发生冲突,也没有一个物流学派来进行统一规范,也不需要得到社会广泛一致的公认。因此这个阶段可以说是物流概念的孕育阶段,是市场营销学和军事后勤孕育了物流学。

2. 分销物流学阶段

从 20 世纪 50 年代中开始到 80 年代中期,可以叫做分销物流学(Physical Distribution)阶段。这一阶段的基本特征是:分销物流学的概念发展而占据了统治地位,并且从美国走向了全世界,得到世界各国一致公认,形成了一个比较统一的物流概念,形成和发展了物流管理学,因而也形成了物流学派、物流产业和物流领域。

(1) Physical Distribution 的概念继续在美国得到发展和完善,基本形成了比较完整的物流管理学。1961 年斯马凯伊(Edward W. Smykay)、鲍尔素克斯(Donald J. Bowersox)和莫斯曼(Frank H. Mossman)撰写了《物流管理》,这是世界上第一本物流管理的教科书,建立起了比较完整的物流管理学科。20 世纪 60 年代初期,密西根州立大学以及俄亥俄州立大学分别在大学部和研究生院开设了物流课程。1963 年成立了美国物流管理协会,该协会将各方面的物流专家集中起来,提供教育和培训活动,这一组织成为世界第一个物流专业人员组织。

(2) Physical Distribution 的概念从美国走向世界,成为世界公认的物流概念,在世界范围内形成了物流管理学的理论体系。20 世纪 50 年代中期,美国的 Physical Distribution 概念传到了日本,在日本得到了承认、发扬和光大,以后又逐渐传到了欧洲和北美,20 世纪 70 年代末也传到了中国。这样,基本上全世界各个国家都接受了这样的物流概念和物流管理学。

分销物流学,主要把物流看成是运输、储存、包装、装卸、加工(包括生产加工和流通加工)、物流信息等各种物流活动的总和。在分销物流学中,主要研究这些物流活动在分销领域的优化问题。在各个物流专业理论和应用发展上取得了很大的进展,例如系统理论、运输理论、配送理论、仓储理论、库存理论、包装理论、网点布局理论、信息化理论以及它们的应用技术等。

(3) 在分销领域各专业物流理论竞相发展的同时,企业内部物流理论异军突起。1965 年美国 J. A. 奥列基博士(Dr. Joseph A. Orlicky)提出独立需求和相关需求的概念,并指出订货点法的物资资源配置技术只适用于独立需求物资;而企业内部的生产过程相互之间的需求则是一种相关需求,应当用 MRP 技术。在 MRP 发展的基础上,受 MRP 思想原理的启发,20 世纪 80 年代又产生了应用于分销领域的 DRP(Distribution Requirement Planning)技术,在 MRP 和 DRP 发展的基础上,为了把二者结合起来运用,20 世纪 90 年代又出现了 LRP(Logistics Resources Planning)技术和 ERP(Enterprise Resources Planning)技术。

20 世纪 50 及 60 年代日本丰田公司创造的准时化生产技术(Just In Time,JIT)以及相应的看板技术是这一时期生产领域物流技术的另外一朵奇葩。它不仅在生产领域创造了一种革命性的哲学和技术,而且为整个物流管理学提供了一种理想的物流思想理论和技术,现在已经应用到物流的各个领域。企业内部另一个重要的物流领域是设施规划与工厂设计,包括工厂选址、厂区布局、生产线布置和物流搬运系统设计等,也都成为物流学强劲应用和发展的领域,形成了物流管理学一个非常重要的分支学科。

所有这些企业内部物流理论和技术的强劲发展逐渐引起了人们的关注。分销物流的概念显然不能包含它们,使原来只关注分销物流的人们自然想到,仅使用分销物流(Physical Distribution)的概念已经不太合适了。特别是到 20 世纪 80 年代中期,随着物流活动进一步集成化、一体化和信息化的发展,改换物流概念的想法就更加强烈了,于是就进入了物流概念发展的第三个阶段。

3. 现代物流学阶段

第三个阶段,是从20世纪80年代中期开始一直到现在,叫做现代物流学(Logistics)阶段。第二阶段物流业的发展,使全世界都自然意识到,物流已经不只限于分销领域,而已经涉及包括企业物资供应、企业生产、企业分销以及企业废弃物再生等全范围和全领域。原来的 Physical Distribution 概念已经不适应这种形势,应该扩大概念的内涵,因此决定放弃使用 Physical Distribution,而采用 Logistics 作为物流的概念。

值得指出的是,这个时候的物流(Logistics)概念虽然和第一阶段的军事后勤学上的物流(Logistics)概念字面相同,但是意义已经不完全相同了:第一个阶段军事后勤学上的 Logistics 概念主要是指军队物资供应调度上的物流问题,而新时期的 Logistics 概念则是在各个专业物流全面高度发展的基础上基于企业供、产、销等全范围、全方位的物流问题,无论是广度、深度以及涵盖的领域、档次都有不可比拟的差别,因此这个阶段的 Logistics 不要译为后勤学,更不要译为军事后勤学,而应当译为现代物流学。它是一种适应新时期所有企业(包括军队、学校和事业单位)的集成化、信息化和一体化的物流学概念。

这个阶段的主要事实是:

20世纪80年代中期以来企业内部的集成化物流:例如,MRP Ⅱ是把生产管理与生产能力管理、仓储管理、车间管理、采购管理和成本管理等集成起来;DRP是把分销计划、客户管理、运输管理、配送管理、车辆管理、仓储管理和成本管理等集成起来;LRP是把MRP和DRP集成起来;ERP是把 MRP Ⅱ 与人事管理、设备管理和行政办公等系统集成起来,等等。

物流外包和第三方物流的产生,进一步导致物流专业化、技术化和集成化,实现了生产和物流的分工合作,提高了各自的核心竞争力。20世纪90年代供应链理论的诞生,供应链管理系统的形成进一步导致物流管理的联合化、共同化、集约化和协调化。

2.1.3 物流的含义

自20世纪60年代以来,各个国家、各个行业或部门、各种物流协会或学会不断给出不同的物流定义,各种物流定义从各自的角度对物流有不同的理解。世界上对物流的定义远远没有统一,这也反映了学术界和企业界对物流的理解还有差别,物流本身还需进一步完善。不同国家和地区对物流的定义也有区别,其中美国、欧洲和日本的物流定义比较有特色。在各种物流定义中,发达国家成立比较早的物流组织给出的物流定义较有影响力,比如美国物流管理协会的定义权威性最高。一些具有代表性的物流定义如下。

1. 美国的物流定义

1963年美国全国物流管理协会(National Council of Physical Distribution Management,NCPDM)对物流的定义是:物流是为了计划、执行和控制原材料、在制品及制成品从供应地到消费地的有效率的流动而进行的两种或多种活动的集成。这些活动可能包括客户服务、需求预测、库存控制、物料搬运、订货处理、服务支持、工厂及仓库选址、采购、包装、退货处理、废弃物回收、运输和仓储管理。

美国后勤管理协会 1980 年对物流作出如下定义：物流是有计划地对原材料、半成品和成品由其生产地到消费地的高效流通活动。这种流通活动的内容包括为用户服务、需求预测、情报信息联络、物料搬运、订单处理、选址、采购、包装、运输、装卸、废料处理及仓库管理等。

1985 年美国物流管理协会（The Council of Logistics Management，CLM）将物流的定义更新为：物流是对货物、服务及相关信息从供应地到消费地的有效率、有效益的流动和储存进行计划、执行与控制，以满足客户需求的过程。该过程包括进向、去向、内部和外部的移动。这一定义突出了管理效益，强调"有效率、有效益的流动"，物流管理的战略导向是客户需求。应该说后者的表述适应的领域更为广泛。

美国物流学家查尔斯塔夫将物流定义为：物流是对到达的以及离开生产线的原料、在制品和产成品的运动、存储和保护活动的管理。它包括运输、物料搬运、包装、仓储、库存控制、订货销售、选址分析和有效管理所必须的通讯网络等。

1998 年美国物流管理协会给出最为完整、简要，并为全世界企业及协会所参考及引用的物流定义：现代物流是供应链程序的一部分，针对物品、服务及相关信息的流通与储存，从起源点到消费点进行有效率及有效果的规划、执行与控管（即管理），以达成客户的要求。

2. 日本的物流定义

日通综合研究所出版的《物流手册》中这样解释物流的概念：物流是将货物由供应者向需求者的物理性移动，是创造时间价值和场所价值的经济活动，包括包装、搬运、保管、库存管理、运输和配送等活动领域。

日本工业标准的定义是：物流将实物从供给者物理性移动到用户这一过程的活动，以克服时间和空间上的间隔，物流的运输和仓储功能便应运而生。同时，商品买卖与交换成为联结生产主体与消费主体之间的纽带。商流与物流的最大区别就在于：商流一般要经过一定的经营环节来进行业务活动，而物流则不受经营环节的限制，它可以根据商品的种类、数量、交货要求和运输条件等，使商品尽可能由产地通过最少环节，以最短的物流路线，按时保质地送到用户手中。

实行"商物分离"的基本原则是降低物流费用，提高物流效率。为此，"商物分离"需具备一定条件，如商品标准化，合同标准化，保证总公司、工厂、配送中心及批发站之间信息交换协调统一的、完善的信息系统等。实现"商物分离"的方式有订货与配送的分离以及物流中间环节的减少等。例如，流通的实现可以从工厂经流通中心到顾客手中，也可直接由工厂运货给顾客等。

3. 欧洲的物流定义

欧洲物流协会于 1994 年发表的《物流术语》中将物流定义为：物流是在一个系统内对人员或商品的运输、安排及与此相关的支持活动的计划、执行与控制，以达到特定的目的。

欧洲物流协会的这个术语标准已经成为欧洲标准化委员会（The European Normalization Committee）的物流定义，欧洲物流协会对此术语标准每隔 3 年修改一次，每次都要吸收成员国内的物流定义，争取成为欧洲的物流规范。

4. 我国的物流定义

GB/T 18354—2006《物流术语》中将物流定义为：物流是指物品从供应地向接收地的实体流动过程。根据实际需要，将运输、储存、装卸、搬运、包装、流通加工、配送、信息处理等基本功能实施有机结合。

2.2 现代物流的内涵与特点

2.2.1 现代物流的内涵

现代物流（modern times Logistics）指的是将信息、运输、仓储、库存、装卸搬运以及包装等物流活动综合起来的一种新型的集成式管理，其任务是尽可能降低物流的总成本，为顾客提供最好的服务。我国许多专家学者则认为："现代"物流是根据客户的需求，以最经济的费用，将物流从供给地向需求地转移的过程。它主要包括运输、储存、加工、包装、装卸、配送和信息处理等活动。

2.2.2 现代物流的基本特征

现代物流有以下基本特征。

（1）物流反应快速化。

物流服务提供者对上游、下游的物流和配送需求的反应速度越来越快，前置时间越来越短，配送间隔越来越短，物流配送速度越来越快，商品周转次数越来越多。

（2）物流功能集成化。

现代物流着重于将物流与供应链的其他环节进行集成，包括物流渠道与商流渠道的集成、物流渠道之间的集成、物流功能的集成、物流环节与制造环节的集成等。

（3）物流服务系列化。

现代物流强调物流服务功能的恰当定位与完善化、系列化。除了传统的储存、运输、包装和流通加工等服务外，现代物流服务在外延上向上扩展至市场调查与预测、采购及订单处理，向下延伸至配送、物流咨询、物流方案的选择与规划、库存控制策略建议、货款回收与结算、教育培训等增值服务；在内涵上则提高了以上服务对决策的支持作用。

（4）物流作业规范化。

现代物流强调功能、作业流程、作业、动作的标准化与程式化，使复杂的作业变成简单的易于推广与考核的动作。物流自动化方便物流信息的实时采集与追踪，能够提高整个物流系统的管理和监控水平。

（5）物流目标系统化。

现代物流从系统的角度统筹规划一个公司整体的各种物流活动，处理好物流活动与商流活动及公司目标之间、物流活动与物流活动之间的关系，不求单个活动的最优化，只求整体活动的最优化。

（6）物流手段现代化。

现代物流使用先进的技术、设备与管理为销售提供服务，生产、流通和销售的规模越大，范围越广，物流技术、设备及管理越现代化。计算机技术、通信技术、机电一体化技术和语音识别技术等得到普遍应用。世界上最先进的物流系统运用了 GPS（全球卫星定位系统）、卫星通信、射频识别装置（RF）、机器人，实现了自动化、机械化、无纸化和智能化，如 20 世纪 90 年代中期，美国国防部（DOD）为在前南斯拉夫地区执行维和行动的多国部队提供的军事物流后勤系统就采用了这些技术，其技术之复杂与精湛堪称世界之最。

（7）物流组织网络化。

随着生产和流通空间范围的扩大，为了保证对产品促销提供快速、全方位的物流支持，现代物流需要有完善、健全的物流网络体系，网络上点与点之间的物流活动保持系统性和一致性，这样可以保证整个物流网络有最优的库存总水平及库存分布，运输与配送快速、机动，既能铺开又能收拢，形成快速灵活的供应渠道。分散的物流单体只有形成网络才能满足现代生产与流通的需要。

（8）物流经营市场化。

现代物流的具体经营采用市场机制，无论是企业自己组织物流，还是委托社会化物流企业承担物流任务，都以"服务-成本"的最佳配合为总目标，谁能提供最佳的"服务-成本"组合，就找谁服务。国际上既有大量自办物流相当出色的"大而全"、"小而全"的例子，也有大量利用第三方物流企业提供物流服务的例子。比较而言，物流的社会化和专业化已经占到主流，即使是非社会化和非专业化的物流组织也都实行严格的经济核算。

（9）物流信息电子化。

由于计算机信息技术的应用，现代物流过程的可见性（visibility）明显增加，物流过程中库存积压、延期交货、送货不及时、库存与运输不可控等风险大大降低，从而可以加强供应商、物流商、批发商和零售商在组织物流过程中的协调和配合以及对物流过程的控制。

（10）物流管理智能化。

随着科学技术的发展和应用，物流管理由手工作业到半自动化、自动化，直至智能化，这是一个渐进的发展过程。从这个意义上来说，智能化是自动化的继续和提升，因此可以说，自动化过程中包含更多的机械化成分，而智能化中包含更多的电子化成分，如集成电路、计算机硬件和软件等。

2.2.3　现代物流与传统物流的区别

传统物流一般指产品出厂后的包装、运输、装卸和仓储，而现代物流提出了物流系统化或称为总体物流、综合物流管理的概念，并付诸实施。具体地说，就是使物流向两头延伸并加入新的内涵，使社会物流与企业物流有机结合在一起，从采购物流开始，经过生产物流，再进入销售物流，与此同时，要经过包装、运输、仓储、装卸和加工配送到达用户（消费者）手中，最后还有回收物流。可以这样讲，现代物流包含了产品从"生"到"死"的整个物理性的流通全过程。

传统物流与现代物流的区别主要表现在以下几个方面：

（1）传统物流只提供简单的位移，现代物流则提供增值服务。

（2）传统物流是被动服务，现代物流是主动服务。

（3）传统物流实行人工控制，现代物流实施信息管理。

（4）传统物流无统一服务标准，现代物流实施标准化服务。

（5）传统物流侧重点到点或线到线服务，现代物流构建全球服务网络。

（6）传统物流是单一环节的管理，现代物流是整体系统优化。

2.2.4　一些现代物流学说

现代物流学有以下一些有代表性的学说。

（1）黑大陆学说

著名的管理学权威 P. E. 德鲁克曾经讲过："流通是经济领域里的黑大陆。"德鲁克泛指的是流通，但是，由于流通领域中物流活动的模糊性尤其突出，是流通领域中最具潜力的领域，所以，"黑大陆"说法现在转向主要针对物流而言。

（2）物流冰山说

物流冰山说是日本早稻田大学西泽修教授提出的，他在研究物流成本时发现，现行的财务会计制度和会计核算方法都不可能掌握物流费用的实际情况，因而人们对物流费用的了解是一片空白，甚至有很大的虚假性，他把这种情况比做"物流冰山"。冰山的特点是大部分沉在水面以下，是我们看不到的黑色区域，而我们看到的不过是它的一部分。

（3）利润中心说

利润中心说的含义是，物流可以为企业提供大量直接和间接的利润，是形成企业经营利润的主要活动。非但如此，对国民经济而言，物流也是国民经济中创利的主要活动。物流的这一作用被表述为"第三利润源"。"第三利润源"的说法主要出自日本。从经济发展历程来看，能够大量提供利润的领域主要有两个，第一个是资源领域，第二个是人力领域。在这两个利润源潜力越来越小，利润开拓越来越困难的情况下，物流领域的潜力被人们所重视，按时间序列排为"第三利润源"。

（4）成本中心说

成本中心说的含义是，物流在企业战略中，只对企业营销活动的成本发生影响，物流是企业成本的重要的产生点，因而，解决物流的问题，主要并不是要搞合理化、现代化，也并不在于支持保障其他活动，而是通过物流管理和物流的一系列活动降低成本。所以，成本中心既是指主要成本的产生点，又是指降低成本的关注点，物流是"降低成本的宝库"等说法正是这种认识的形象表述。

（5）服务中心说

服务中心说代表了美国和欧洲等一些国家的学者对物流的认识，他们认为，物流活动最大的作用，并不在于为企业节约了消耗，降低了成本或增加了利润，而是在于提高企业对用户的服务水平，进而提高了企业的竞争能力。因此，他们在使用描述物流的词汇上选择了后勤一词，特别强调其服务保障的职能。通过物流的服务保障，企业以其整体能力来压缩成本和增加利润。

（6）效益背反说

效益背反说是物流领域中经常出现的普遍现象，是这一领域中内部矛盾的反映和表现。以包装问题为例，包装方面每少花一分钱，从表面上看这一分钱就必然转到收益上来，包装越省，则利润越高。但是，一旦商品进入流通之后，如果简省的包装降低了产品的防护效果，造成了大量损失，就会造成储存、装卸和运输功能要素的工作劣化和效益大减。

（7）战略说

战略说是当前非常盛行的一种说法，实际上学术界和产业界越来越多的人已逐渐认识到，物流更具有战略性，是企业发展的战略而不是一项具体操作性任务。应该说这种看法把物流放在了很高的位置，企业战略是什么呢？是生存和发展。物流会影响企业总体的生存和发展，而不是在哪个环节搞得合理一些，省了几个钱。

2.3 物流的重要性

2.3.1 物流的价值

1. 物流创造空间效用

"物"的供给者和需要者往往处于不同的场所，由于改变这一场所的差别而创造的效用称为场所效用，也称为空间效用。物流创造空间效用是由现代社会产业结构和社会分工所决定的，主要原因是商品在不同的地理位置有不同的价值，通过物流活动将商品由低价值区转到高价值区，便可获得空间效用。物流创造空间效用的形式有以下几种。

（1）从集中生产场所流入分散需求场所。

现代化大生产的特点之一，往往是通过集中的、大规模的生产以提高生产效率，降低成本。在一个小范围集中生产的产品可以覆盖大面积的需求地区，有时甚至可覆盖一个国家乃至若干国家。通过物流将产品从集中生产的低价位区转移到分散于各处的高价位区有时可以获得很高的利益。例如，"西煤东运、北煤南运、北粮南调、南矿北运、西棉东送"就是将集中在我国西部地区的原材料如棉花、煤炭等，通过物流流入分散需求地区，以此获得更高的利益，这就是物流空间效用的创造。

（2）从分散生产场所流入集中需求场所。

和上面的情况相反，将分散在各地乃至各国生产的产品通过物流活动将其集中到一个小范围的需求有时也可以获得很高的利益。例如，粮食是在一小块、一小块地上分散生产出来的，而一个城市、地区的需求却相对大规模集中。一些大家电的零配件生产也分布得非常广，但却集中在一起装配。这种分散生产、集中需求也会形成空间效用。

（3）从当地生产流入外地需求。

现代社会中，供应与需求的空间差比比皆是。除了大生产决定之外，有不少是自然条件、地理条件和社会发展因素决定的，例如，农村生产的农作物异地消费于城市；南方生长的水果异地消费于北方。现代人每日消费的物品几乎都是相距一定距离甚至十分遥远的地方生产的。这么复杂交错的供给与需求的空间差都是靠物流来弥合的，物流也从中取得了利益。

2. 物流创造时间效用

"物"从供给者到需要者之间有一段时间差，由于改变这一时间差而创造的价值称为时间效用。物流创造时间效用的形式有以下几种。

(1) 缩短时间。

缩短物流时间,可获得多方面的好处:减少物流损失,降低物流消耗,提高物的周转率,节约资金等。马克思从资本角度早就指出过:"流通时间越等于零或近于零,资本的职能就越大,资本的生产效率就越高,它的自行增值就越大。"

这里所讲的流通时间完全可以理解为物流时间,因为物流周期的结束是资本周转的前提条件。这个时间越短,资本周转越快,表现出资本的增值速度越快。所以,通过物流时间的缩短可取得更高的时间效用。

(2) 弥补时间差。

经济社会中,需要和供给普遍存在时间差。例如,粮食和水果等农作物的生产和收获有严格的季节性和周期性,这就决定了农作物的集中产出;但是人们的消费是天天有需求,因而供给和需求不可避免地会出现时间差。正是有了这个时间差,商品才能取得自身的最高价值,才能获得十分理想的效益。但是,这个因时间差而产生的效用本身不会自动实现,如果不采取有效的方法,集中生产出的粮食除了当时的少量消费外,就会损坏、腐烂,而在非生产时间,人们就会找不到粮食和水果吃,所以必须进行储存、保管以保证经常性的需要,供人们食用以实现其使用价值。这种使用价值是通过物流活动克服了季节性生产和经常性消费的时间差才得以实现的。这就是物流的时间效用。

(3) 延长时间差。

尽管加快物流速度、缩短物流时间是普遍规律。但是,在某些具体物流中也存在人为地、能动地延长物流时间来创造效用的情况。例如,囤积居奇便是通过有意识地延长物流时间,增加时间差来创造效用的。

3. 物流创造形质效用

加工是生产领域常用的手段,并不是物流的本来职能。但是,现代物流的一个重要特点就是根据自己的优势从事一定的补充性的加工活动,这种加工活动不是创造商品主要实体,形成商品主要功能和使用价值,而是带有完善、补充和增加性质的加工活动,这种活动必然会形成劳动对象的形质效用(加工附加价值)。

综上所述,物流的作用不只在于使物品发生物理位置的转移,更重要的是产生时间和空间价值的增长。它可以通过运输、储存、保管、装卸、搬运、包装和流通加工活动创造时间效用、空间效用和形质效用。所以,物流业是高附加值的产业。关于这一点,马克思早在一百年以前就对物流业构成中首当其冲的运输业进行过深刻而全面的科学论述:"除了采掘工业、农业和加工工业以外,还存在第四个物质生产领域——这就是运输业。""它表现为生产过程在流通过程内的继续,并且为了流通过程而继续。"

2.3.2 物流的作用

物流管理能降低企业成本,提高企业竞争力。供应链可以耗费中国企业高达29%的运营成本。而通过物流管理和供应链优化,可以达到以下目标。

(1) 原材料采购成本将减少7%~11%。

(2) 整个供应链的库存将下降15%~30%。

（3）运输成本将下降 3％～15％。

（4）整个供应链的运作费用将下降 15％～25％。

事实与实践已经证明,由于物流能够大幅度降低企业的总成本,加快企业资金周转,减少库存积压,促进利润率上升,从而给企业带来可观的经济效益,国际上普遍把物流称为"降低成本的最后边界",排在降低原材料消耗、提高劳动生产率之后的"第三利润源泉",是企业整体利润的最大源泉。所以,各国的企业才越来越重视物流,逐渐把企业的物流管理当作一个战略新视角,变为现代企业管理战略中的一个新的着眼点,通过制定各种物流战略,从物流这一巨大的利润空间去寻找出路,以增强企业的竞争力。

2.4　物流的主要环节

2.4.1　运输

物流的运输则专指"物"的载运及输送。它是在不同地域范围间(如两个城市之间、两个工厂之间,或一个大企业内相距较远的两个车间之间),以改变"物"的空间位置为目的的活动,是对"物"进行的空间位移。

运输一般分为运输和配送。关于运输和配送的区分,有许多不同的观点,可以这样来说,所有物品的移动都是运输,而配送则专指短距离、小批量的运输。因此,可以说运输是指整体,配送则是指其中的一部分,而且配送的侧重点在于一个"配"字,它的主要意义也体现在"配"字上;而"送"是为最终实现资源配置的"配"而服务的。

（1）运输是物流的主要功能要素之一。

按物流的概念,物流是"物"的物理性运动,这种运动不但改变了物的时间状态,也改变了物的空间状态。而运输承担了改变空间状态的主要任务,运输是改变空间状态的主要手段,运输再配以搬运、配送等活动,就能圆满完成改变空间状态的全部任务。

（2）运输是社会物质生产的必要条件之一。

（3）运输可以创造场所效用。

场所效用的含义是:同种"物"由于空间场所不同,其使用价值的实现程度则不同,其效益的实现也不同。由于改变场所而最大发挥使用价值,最大限度提高了投入产出比,这就称为场所效用。通过运输,将"物"运到场所效用最高的地方,就能发挥"物"的潜力,实现资源的优化配置。从这个意义来讲,也相当于通过运输提高了物的使用价值。

（4）运输是"第三利润源"的主要源泉。

2.4.2　库存控制

库存控制(inventory control),是对制造业或服务业生产、经营全过程的各种物品、产成品以及其他资源进行管理和控制,使其储备保持在经济合理的水平上。库存控制是使用控制库存的方法得到更高的盈利的商业手段。库存控制是仓储管理的一个重要组成部门。它是在满足顾客服务要求的前提下通过对企业的库存水平进行控制,力求尽可能降低库存水平,提高物流系统的效率,以提高企业的市场竞争力。

2.4.3 仓储

仓储是指通过仓库对商品与物品的储存与保管。仓储是产品生产和流通过程中因订单前置或市场预测前置而使产品、物品暂时存放。它是集中反映工厂物资活动状况的综合场所，是连接生产、供应和销售的中转站，对促进生产、提高效率起着重要的辅助作用。同时，围绕着仓储实体活动，清晰准确的报表、单据账目和会计部门核算的准确信息也同时进行着，因此仓储是物流、信息流和单证流的合一。

2.4.4 装卸搬运

在同一地域范围内(如车站范围、工厂范围或仓库内部等)以改变"物"的存放、支承状态的活动称为装卸，以改变"物"的空间位置的活动称为搬运，两者合称装卸搬运。有时候或在特定场合，单称"装卸"或单称"搬运"也包含了"装卸搬运"的完整含义。在习惯使用中，物流领域(如铁路运输)常将装卸搬运这一整体活动称作"货物装卸"；在生产领域中常将这一整体活动称作"物料搬运"。实际上，活动内容都是一样的，只是领域不同而已。

在物流过程中，装卸活动是不断出现和反复进行的，它出现的频率高于其他各项物流活动，每次装卸活动都要花费很长时间，所以往往成为决定物流速度的关键。装卸活动所消耗的人力也很多，所以装卸费用在物流成本中所占的比重也较高。以我国为例，铁路运输的始发和到达的装卸作业费大致占运费的20％左右，而在船运中装卸费占40％左右。因此，为了降低物流费用，装卸是一个重要环节。此外，进行装卸操作时往往需要接触货物，因此，这是在物流过程中造成货物破损、散失、损耗和混合等损失的主要环节。例如，袋装水泥纸袋破损和水泥散失主要发生在装卸过程中，玻璃、机械、器皿和煤炭等产品在装卸时最容易造成损失。

2.4.5 包装

中国国家标准 GB/T4122.1—1996 中对包装的定义是："为在流通过程中保护产品、方便贮运、促进销售，按一定技术方法而采用的容器、材料及辅助物等的总体名称。也指为了达到上述目的而采用容器、材料和辅助物的过程中施加一定技术方法等的操作活动。"其他国家或组织对包装的含义有不同的表述和理解，但基本意思是一致的，都以包装功能和作用为其核心内容。

2.4.6 流通加工

流通加工是为了提高物流速度和物品的利用率，在物品进入流通领域后按客户的要求进行的加工活动，即在物品从生产者向消费者流动的过程中，为了促进销售、维护商品质量和提高物流效率，对物品进行一定程度的加工。流通加工通过改变或完善流通对象的形态来实现"桥梁和纽带"的作用，因此流通加工是流通中的一种特殊形式。随着经济增长，国民收入增多，消费者的需求出现多样化，促使在流通领域开展流通加工。

2.4.7 配送

从物流来讲，配送几乎包括了所有的物流功能要素，是物流的一个缩影或在某小范围中物流全部活动的体现。一般的配送集装卸、包装、保管和运输于一身,通过这一系列活动完成将货物送达的目的。特殊的配送则还要以加工活动为支撑,所以包括的方面更广。但是,配送的主体活动与一般物流却有不同,一般物流是运输及保管,而配送则是运输及分拣配货,分拣配货是配送的独特要求,也是配送中有特点的活动,以送货为目的的运输则是最后实现配送的主要手段,从这一主要手段出发,常常将配送简化地看成运输中的一种。

从商流来讲,配送和物流不同之处在于,物流是商物分离的产物,而配送则是商物合一的产物,配送本身就是一种商业形式。虽然配送在具体实施时也有以商物分离的形式实现的,但从配送的发展趋势看,商流与物流越来越紧密地结合是配送成功的重要保障。

可以从两个方面认识配送的概念。

从经济学资源配置的角度,对配送在社会再生产过程中的位置和配送的本质行为可以表述为:配送是以现代送货形式实现资源的最终配置的经济活动。这个概念的内涵有如下4点:

（1）配送是资源配置的一部分,因而根据经济学家的理论认识是经济体制的一种形式。

（2）配送的资源配置作用是"最终配置",因而是接近顾客的配置。接近顾客是经营战略至关重要的内容。美国兰德公司对《幸福》杂志所列的500家大公司的一项调查表明"经营战略和接近顾客至关重要",证明了这种配置方式的重要性。

（3）配送的主要经济活动是送货,这里强调现代送货,表述了和我国旧式送货的区别,其区别以"现代"两字概括,即以现代生产力和劳动手段支撑的,依靠科技进步的,实现"配"和"送"有机结合的一种方式。

（4）配送在社会再生产过程中的位置是处于接近用户的那一段流通领域,因而有其局限性。配送是一种重要的方式,有其战略价值,但是它并不能解决流通领域的所有问题。

从配送的实施形态角度可表述如下:按用户订货要求,在配送中心或其他物流结点进行货物配备,并以最合理方式送交用户。这个概念的内涵有以下6点:

（1）整个概念描述了接近用户资源配置的全过程。

（2）配送实质是送货。配送是一种送货,但和一般送货有区别:一般送货可以是一种偶然的行为,而配送却是一种固定的形态,甚至是一种有确定组织、确定渠道,有一套装备和管理力量、技术力量,有一套制度的体制形式。所以,配送是高水平的送货形式。

（3）配送是一种"中转"形式。配送是从物流结点至用户的一种特殊送货形式。从送货功能看,其特殊性表现为:从事送货的是专职流通企业,而不是生产企业;配送是"中转"型送货,而一般送货尤其从工厂至用户的送货往往是直达型;一般送货是生产什么、有什么送什么,配送则是企业需要什么送什么。所以,要做到需要什么送什么,就必须在一定中转环节筹集这种需要,从而使配送必然以中转形式出现。当然,广义上,许多人也将非中转型送货纳入配送范围,将配送外延从中转扩大到非中转,仅以"送"为标志来划分配送外延也是有一定道理的。

（4）配送是"配"和"送"有机结合的形式。配送与一般送货的重要区别在于,配送利用有效的分拣和配货等理货工作,使送货达到一定的规模,以利用规模优势取得较低的送货成本。如果不进行分拣和配货,有一件运一件,需要一点送一点,就会大大增加动力的消耗,使送货并不优于取货。所以,追求整个配送的优势,分拣和配货等项工作是必不可少的。

（5）配送以用户要求为出发点。在定义中强调"按用户的订货要求"明确了用户的主导地位。配送是从用户利益出发、按用户要求进行的一种活动,因此,在观念上必须明确"用户第一"、"质量第一",配送企业的地位是服务地位而不是主导地位,因此不能从本企业利益出发,而应从用户利益出发,在满足用户利益的基础上取得本企业的利益。更重要的是,不能利用配送损伤或控制用户,不能利用配送作为部门分割、行业分割和市场割据的手段。

（6）概念中"以最合理方式"的提法是基于这样一种考虑:过分强调"按用户要求"是不妥的,用户要求受用户本身的局限,有时实际上会损失自我或双方的利益。对于配送者来说,必须以"要求"为据,但是不能盲目,应该追求合理性,进而指导用户,实现共同受益的商业原则。这个问题近些年国外的研究著作也常提到。

2.4.8　物流信息处理

物流信息处理是指对于反映物流各种活动内容的知识、资料、图像、数据和文件等进行收集、整理、储存、加工、传输和服务的活动。

2.5　物流的分类

根据物流的需求、物流在社会再生产过程中的地位和作用等不同,可以将物流划分为不同类型。在物流研究与实践过程中,针对不同类型的物流,需要采取不同的运作方式和管理方法等;针对相同类型的物流活动,可以进行类比分析和规模整合等。

2.5.1　按物流的作用分类

物流按照作用可以分为供应物流、销售物流、生产物流、回收物流和废弃物流等。

1. 供应物流（supply logistics）

生产企业、流通企业或用户购入原材料、零部件或商品的物流过程称为供应物流,也就是物资生产者、持有者到使用者之间的物流。对于制造企业而言,是指对于生产活动所需要的原材料、燃料和半成品等物资的采购、供应等活动所产生的物流;对于流通企业而言,是指交易活动中从买方角度出发的交易行为中所发生的物流。

2. 销售物流（distribution logistics）

生产企业或流通企业售出产品或商品的物流过程称为销售物流,是指物资的生产者或持有者到用户或消费者之间的物流。对于生产企业,是指售出商品;而对于流通企业,是指交易活动中从卖方角度出发的交易行为中所发生的物流。

3. 生产物流（production logistics）

从工厂的原材料购进入库起,直到工厂成品库的成品发送为止,这一全过程的物流活动称为生产物流。生产物流是制造企业所特有的,它和生产流程同步。原材料和半成品等按照工艺流程在各个加工点不停顿地移动、流转形成了生产物流。如果生产物流发生中断,生产过程也将随之停顿。

4. 回收物流(returned logistics)

回收物流是指不合格物品的返修、退货以及伴随货物运输或搬运中的包装容器、装卸工具及其他可再用的旧杂物等,经过回收、分类、再加工和使用的流动过程。

5. 废弃物物流(waste material logistics)

废弃物物流是伴随某些厂矿的产品同时或共生的副产物(如钢渣、煤矸石等)、废弃物,以及生活消费品中的废弃什物(如垃圾)等,收集、分类、加工、包装、搬运和处理过程的实体物流。

2.5.2 按物流系统的性质分类

按照物流系统的性质,可将物流分为以下 3 类。

1. 社会物流

社会物流是全社会物流的整体,所以称为宏观物流。社会物流是指超越一家一户的,以一个社会为范畴,面向社会为目的的物流。这种社会性很强的物流往往是由专门的物流承担人承担的,社会物流的范畴是社会经济大领域。社会物流研究再生产过程中随之发生的物流活动,研究国民经济中的物流活动,研究如何形成服务于社会、面向社会又在社会环境中运行的物流,研究社会中物流体系结构和运行,因此带有宏观性和广泛性。

2. 行业物流

同一行业中的企业是市场上的竞争对手,但是在物流领域中常常互相协作,共同促进行业物流系统的合理化。如日本的建设机械行业,提出行业物流系统化的具体内容有:各种运输手段的有效利用;建设共同的零部件仓库,实行共同配送;建立新旧设备及零部件的共同流通中心;建立技术中心,共同培训操作人员和维修人员;统一建设机械规格等。又如在大量消费品方面采用统一传票、统一商品规格、统一法规政策、统一托盘规格、包装模数化等。行业物流系统化的结果使参与的各个企业都得到相应的利益。

3. 企业物流

从企业角度上研究与之有关的物流活动,是具体的、微观的物流活动的典型领域。企业物流又可以区分为以下具体的物流活动:供应物流、生产物流、销售物流、回收物流与废弃物流。

2.5.3 按从事物流的主体分类

如果按照从事物流的主体进行划分,可分为第一、二、三、四方物流。

1. 第一方物流

第一方物流是指需求方(生产企业或流通企业)为满足自己企业在物流方面的需求,由自己完成或运作的物流业务。

2. 第二方物流

第二方物流是指供应方(生产厂家或原材料供应商)专业物流企业,提供运输、仓储等单一或某种物流服务的物流业务。

3. 第三方物流

第三方物流(Third Party logistics,TPL)是指由物流的供应方与需求方以外的物流企业提供的物流服务。即由第三方专业物流企业以签订合同的方式为其委托人提供所有的或一部分的物流服务,所以第三方物流也称为合同制物流。

第三方物流具有以下基本特征:

(1)合同制有偿服务。第三方物流是根据合同条款的要求,以合同为导向的系列服务,而不是根据客户临时的需求提供的服务。

(2)与客户建立长期战略联盟。第三方物流企业不是货运代理公司,也不是单纯的速递公司,它的业务深深地延伸到客户的销售计划、库存管理、订货计划和生产计划等整个生产经营过程,所以超出了与客户一般的买卖关系,形成了一种长期的战略合作伙伴关系。

(3)以现代信息技术为基础。信息技术是第三方物流生存和发展的必要条件。它包括快速交换的 EDI 技术、资金快速交付的 EFT 技术、条形码技术以及网上交易的电子商务技术等。现代信息技术实现了数据的快速传递,提高了业务处理的自动化水平以及各环节运作的一体化程度,使客户把原来由内部完成的物流活动分离出去交给第三方物流公司完成。

4. 第四方物流

第四方物流(fourth party logistics)是一个供应链的集成商,是供需双方及第三方的领导力量。它不是物流的利益方,而是通过拥有的信息技术、整合能力以及其他资源提供一套完整的供应链解决方案,以此获取一定的利润。它帮助企业实现降低成本和有效整合资源,并且依靠优秀的第三方物流供应商、技术供应商、管理咨询以及其他增值服务商,为客户提供独特的和广泛的供应链解决方案。

第四方物流具有以下基本特征:

(1)第四方物流有能力提供一整套完善的供应链解决方案,是集成管理咨询和第三方物流服务的集成商。

(2)第四方物流是通过对供应链产生影响的能力来增加价值,在向客户提供持续更新和优化的技术方案的同时,满足客户特殊需求。

(3)成为第四方物流企业需具备一定的条件。例如,能够制定供应链策略,设计业务流程再造,具备技术集成和人力资源管理的能力;在集成供应链技术和外包能力方面处于领先地位,并具有较雄厚的专业人才;能够管理多个不同的供应商并具有良好的管理和组织能力等。

2.5.4 按发展的历史进程分类

根据发展的历史进程可将物流分为传统物流、综合物流和现代物流。

1. 传统物流

传统物流的主要精力集中在仓储和库存的管理和派送上,而有时又把主要精力放在仓储和运输方面,以弥补在时间和空间上的差异。

2. 综合物流

综合物流不仅提供运输服务,还包括许多协调工作,是对整个供应链的管理,如对陆运、仓储部门等一些分销商的管理,还包括订单处理和采购等内容。由于很多精力放在供应链管理上,责任更大,管理也更复杂,这是与传统物流的区别。

3. 现代物流

现代物流是为了满足消费者的需要而进行的从起点到终点的原材料、中间过程库存、最终产品和相关信息有效流动及储存计划、实现和控制管理的过程。它强调了从起点到终点的过程,提高了物流的标准和要求,是各国物流的发展方向。国际上大型物流公司认为现代物流有两个重要功能:能够管理不同货物的流通质量;开发信息和通信系统,通过网络建立商务联系,直接从客户处获得订单。

2.5.5 按物流活动的空间分类

按照物流活动的空间划分,物流可分为地区物流和国际物流。

地区物流是指某一行政区域或经济区域的内部物流。

国际物流(International logistics)是指在两个或两个以上的国家(或地区)之间进行的物流活动。

两者的不同在于物流活动的地域不同。前者是在一个地域内的,后者是在国际间的。从跨地域到跨国不是物流简单的地域或空间放大的问题,而是国内社会经济发展与对外经济发展的程度的体现。

2.6 物流管理概述

2.6.1 物流管理的概念

物流管理(logistics management)是指在社会再生产过程中,根据物质资料实体流动的规律,应用管理的基本原理和科学方法,对物流活动进行计划、组织、指挥、协调、控制和监督,使各项物流活动实现最佳的协调与配合,以降低物流成本,提高物流效率和经济效益。现代物流管理是建立在系统论、信息论和控制论的基础上的。

2.6.2 物流管理的原则

物流管理有以下 4 个原则:

(1) 在总体上,坚持物流合理化的原则,就是在兼顾成本与服务的前提下,对物流系统的构成要素进行调整改进,实现物流系统整体优化。

(2) 在宏观上,除了完善支撑要素建设外,还需要政府以及有关专业组织的规划和指导。

（3）在微观上，除了实现供应链的整体最优管理目标外，还要实现服务的专业化和增值化。现代物流管理的永恒主题是成本和服务，即在努力削减物流成本的基础上，努力提升物流增值性服务。

（4）在服务上，具体表现为 7R 原则，即适合的质量（Right Quality）、适合的数量（Right Quantity）、适合的时间（Right Time）、适合的地点（Right Place）、优良的印象（Right Impression）、适当的价格（Right Price）和适合的商品（Right Commodity），即为客户提供上述 7 个方面的恰当服务。

2.6.3　物流管理的基本内容

物流管理的内容包括以下几个方面。

1. 物流作业管理

物流作业管理是指对物流活动或功能要素的管理，主要包括运输与配送管理、仓储与物料管理、包装管理、装卸搬运管理、流通加工管理和物流信息管理等。

2. 物流战略管理

物流战略管理（logistics strategy management）是对企业的物流活动实行的总体性管理，是企业制定、实施、控制和评价物流战略的一系列管理决策与行动，其核心问题是使企业的物流活动与环境相适应，以实现物流的长期、可持续发展。

3. 物流成本管理

物流成本管理是有关物流成本方面的一切管理工作的总称，即对物流成本所进行的计划、组织、指挥、监督和调控。物流成本管理的主要内容包括物流成本核算、物流成本预测、物流成本计划、物流成本决策、物流成本分析和物流成本控制等。

4. 物流服务管理

所谓物流服务，是指物流企业或企业的物流部门从处理客户订货开始，直至商品送交客户的过程中，为满足客户的要求，有效地完成商品供应，减轻客户的物流作业负荷，所进行的全部活动。

5. 物流组织与人力资源管理

物流组织是指专门从事物流经营和管理活动的组织机构，既包括企业内部的物流管理和运作部门、企业间的物流联盟组织，也包括从事物流及其中介服务的部门、企业以及政府物流管理机构。

6. 供应链管理

供应链管理（supply chain management）是用系统的观点通过对供应链中的物流、信息流和资金流进行设计、规划、控制与优化，以寻求建立供、产、销企业以及客户间的战略合作伙伴关系，最大程度地减少内耗与浪费，实现供应链整体效率的最优化并保证供应链成员取得相应的绩效和利益，来满足顾客需求的整个管理过程。

2.6.4 实施物流管理的目的

实施物流管理的目的就是要在尽可能最低的总成本条件下实现既定的客户服务水平，即寻求服务优势和成本优势的一种动态平衡，并由此创造企业在竞争中的战略优势。根据这个目标，物流管理要解决的基本问题，简单地说，就是把合适的产品以合适的数量和合适的价格在合适的时间和合适的地点提供给客户。

物流管理强调运用系统方法解决问题。现代物流通常被认为是由运输、存储、包装、装卸、流通加工、配送和信息诸环节构成的。各环节原本都有各自的功能、利益和观念。系统方法就是利用现代管理方法和现代技术，使各个环节共享总体信息，把所有环节作为一个一体化的系统来进行组织和管理，以使系统能够在尽可能低的总成本条件下提供有竞争优势的客户服务。系统方法认为，系统的效益并不是它们各个局部环节效益的简单相加。系统方法意味着，对于出现的某一个方面的问题，要对全部的影响因素进行分析和评价。从这一思想出发，物流系统并不简单地追求在各个环节上各自的最低成本，因为物流各环节的效益之间存在相互影响、相互制约的倾向，存在着交替益损的关系。比如，过分强调包装材料的节约，就可能因其易于破损造成运输和装卸费用的上升。因此，系统方法强调要进行总成本分析，以及避免次佳效应和成本权衡应用的分析，以达到总成本最低，同时满足既定的客户服务水平的目的。

2.6.5 物流管理的发展历程

物流管理的发展经历了配送管理、物流管理和供应链管理 3 个层次。物流管理起源于第二次世界大战中军队输送物资装备所发展出来的储运模式和技术。在战后这些技术被广泛应用于工业界，并极大地提高了企业的运作效率，为企业赢得了更多客户。当时的物流管理主要针对企业的配送部分，即在成品生产出来后，如何快速而高效地经过配送中心把产品送达客户，并尽可能维持最低的库存量。美国物流管理协会那时叫做实物配送管理协会，而加拿大供应链与物流管理协会则叫做加拿大实物配送管理协会。在这个初级阶段，物流管理只是在既定数量的成品生产出来后，被动地去迎合客户需求，将产品运到客户指定的地点，并在运输的领域内实现资源最优化使用，合理设置各配送中心的库存量。准确地说，这个阶段物流管理并未真正出现，有的只是运输管理、仓储管理和库存管理。物流经理的职位当时也不存在，有的只是运输经理或仓库经理。

现代意义上的物流管理出现在 20 世纪 80 年代。人们发现利用跨职能的流程管理的方式去观察、分析和解决企业经营中的问题非常有效。通过分析物料从原材料运到工厂，流经生产线上每个工作站，产出成品，再运送到配送中心，最后交付给客户的整个流通过程，企业可以消除很多看似高效率却实际上降低了整体效率的局部优化行为。因为每个职能部门都想尽可能地利用其产能，没有留下任何富余，一旦需求增加，则处处成为瓶颈，导致整个流程的中断。例如，运输部作为一个独立的职能部门，总是想方设法降低其运输成本，但若其因此而将一笔必须加快的订单交付海运而不是空运，这虽然省下了运费，却失去了客户，导致整体的失利。所以传统的垂直职能管理已不适应现代大规模工业化生产，而横向的物流管理却可以综合管理每一个流程上的不同职能，以取得整体最优化的协同作用。

在这个阶段,物流管理的范围扩展到除运输外的需求预测、采购、生产计划、存货管理、配送与客户服务等,以系统化管理企业的运作,达到整体效益的最大化。高德拉特所著的《目标》一书风靡全球制造业界,其精髓就是从生产流程的角度来管理生产。相应地,美国实物配送管理协会在 20 世纪 80 年代中期改名为美国物流管理协会,而加拿大实物配送管理协会则在 1992 年改名为加拿大物流管理协会。

一个典型的制造企业,其需求预测、原材料采购和运输环节通常叫做进向物流,原材料在工厂内部工序间的流通环节叫做生产物流,而配送与客户服务环节叫做出向物流。物流管理的关键则是系统管理从原材料、在制品到成品的整个流程,以保证在最低的存货条件下,物料畅通地买进、运入、加工、运出并交付到客户手中。对于有着高效物流管理的企业的股东而言,这意味着以最少的资本做出最大的生意,产生最大的投资回报。

案例分析:耐克公司的物流管理

耐克公司自 20 世纪 70 年代初期成立后,在短短的 10 年内便一跃成为美国最大的鞋业公司,并开始生产除运动鞋外,包括童鞋、非运动休闲用鞋、旅游鞋、工作鞋和运动服装等一系列产品,建立起拥有自己品牌的运动商品王国,成为运动商品国际性大公司。耐克公司的成功,除了品牌经营和广告宣传因素外,其先进、高效的物流系统也是必不可少的因素之一。

耐克公司经营的运动鞋及服装是季节性很强的产品,如果没有良好的物流服务,就不能保持其竞争优势,因此耐克公司非常注重其物流系统的建设,跟踪国际先进的物流技术的发展,及时对其系统进行改进,可以说其物流系统是一个国际领先的、高效的货物配送系统。

首先,耐克公司在全球布局物流网络以快速响应市场需求。

耐克公司在美国有 3 个配送中心,其中在孟菲斯有两个。在田纳西州孟菲斯市的耐克配送中心运营于 1983 年,是当地最大的自有配送中心。作为扩张的一部分,耐克公司建立了三层货架的仓库,并安装了新的自动补货系统,使得耐克公司能够保证在用户发出订单后 48 小时内发出货物。耐克公司在亚太地区生产出的产品,通过海运经西海岸送达美国本土,再利用火车经其铁路专用线运到孟菲斯,最后运抵耐克的配送中心。所有的帽子、衬衫等产品都从孟菲斯发送到美国各地。每天都要发送 35 万到 50 万单位的衣物。当销量进一步增大时,耐克公司迅速对其物流管理进行了改变,采用了实时的仓库管理系统,并使用手持式和车载式无线数据交换器,使得无纸化分拣作业成为可能,增强了吞吐能力和库存控制能力,同时还尽力从自动化中获取效益而不会产生废弃物。设备升级后配送中心吞吐能力提高了一倍多,从每 8 小时的 10 万件提高到了 25 万件,设计最高日工作量为 75 万件。而且,这套系统能非常容易地处理任何尺寸和形状的货物。随着效率的提高,全部生产力从每工作小时 40~45 装运单位提高到了每工作小时 73 装运单位。订单精确率也提高到了 99.8%。

除在美国外,耐克公司在欧洲也加强了物流系统建设。耐克公司在欧洲原有 20 多个仓库,分别位于 20 多个国家。这些仓库之间是相互独立的,这使得耐克公司的客户服务无法做到非常细致。另外,各国家的仓库只为本国的消费进行准备,也使得其供货灵活性大打折扣。经过分析,耐克公司决定关闭其所有的仓库,只在比利时的 Meerhout 建造一个配送中心,负责在整个欧洲和中东的配送供给。因为这里是港口城市,交通比较便利,并且在地理上也位于欧洲中心。Meerhout 配送中心于 1994 年开始运营,配送中心有一流的物流设施、物流软件及 RF 数据通信,从而使其能将其产品迅速地运往欧洲各地。

在亚洲,耐克公司巩固在日本的配送基础,设计了世界上最先进的高密度的配送中心,这种设施可以满足未来 7 年销售量增长的需要。耐克公司在中国的运输方式主要是公路运输,在中国境内生产的产品委托第三方物流公司以公路货运的方式运往设在中国主要城市的耐克公司办事处的仓库。各个代理公司自备车辆,到耐克公司当地的办事处仓库提货,运往自己的仓库,再运往代理公司的各个店铺。

其次,使用电子商务物流方案,部分物流业务外包。耐克公司在选择物流合作伙伴时总是选择有经验的、国际专业性的、可以信任的服务商。

在 2000 年初,耐克公司开始在其电子商务网站 www.nike.com 上进行直接到消费者的产品销售,并且扩展了提供产品详细信息和店铺位置的功能,这部分销售的物流业务,由 UPS 环球物流给予实现。UPS 环球物流除及时送货外,还附加进行存货管理、回程管理和一个客户呼叫中心的管理。消费者在呼叫耐克公司客户服务中心的时候,实际上是在同 UPS 电话中心的职员通话,这些职员将这些订单以电子数据方式转移到 UPS 的配送中心,配送中心存储了大量的耐克鞋及其他体育用品,每隔一个小时完成一批订货,并将这些 NIKE 体育用品装上卡车运到航空枢纽。这样,耐克公司不仅省下了人头开支,而且加速了资金周转。

耐克公司在美国的另一个物流合作伙伴是 MENLO 公司。该公司是一家从事全方位合同物流服务的大型公司,其业务范围包括货物运输、仓储、分拨及综合物流的策划与管理。该公司年运输批次达到 200 万,运量相当于 110 亿磅,并拥有 800 万平方英尺的仓储设施,业务活动遍及美国 50 个州及加拿大、拉丁美洲、欧洲和太平洋周边地区。耐克公司在日本的合作伙伴——岩井是一个综合性的贸易公司,是全球 500 强之一,公司每年的贸易额高达 715 亿美元。它主要负责日本地区耐克公司商品的生产、销售和物流业务。这些大型的物流公司帮助耐克公司完成了迅捷的客户服务。

从工作效率和服务水平上说,耐克公司的物流系统都是非常先进高效的。其战略出发点就是一个消费地域由一个大型配送中心来服务,尽量取得规模化效益。耐克公司还非常注意物流技术的进步,积极采用新的高效的科技,新的科学的管理方法,来降低成本和提高工作效率。根据耐克公司的 1999 年财政年度报告,1999 年总收入为 87.8 亿美元,净收入为 45 140 万美元,比 1998 年增长了 13%,毛利润占总收入的比例由 1998 年的 36.5% 上升到 1999 年的 37.4%。公司 1999 年的货物存货在所有地区均有所降低,最明显的是亚太地区,下降了 31%,欧洲减少了 26%,美国则减少了 4%。由于高效的物流管理,降低了经营成本和库存管理费用,耐克公司打算在今后几年里每年将继续削减约 3600 万美元的费用,这些费用包括裁减员工、降低包装费用、减少租赁费及清理没有用处的设备。

思考题

1. 从社会发展、经济发展、物流发展及物流学科发展的特点进行比较分析,物流的发展可以分为几个阶段?
2. 简述美国、日本及欧洲的物流定义的区别。
3. 物流对企业的重要性表现在哪几个方面?
4. 从物流活动在企业中的地位和作用角度分,物流可以分为哪几类?
5. 举例说明物流中的效益背反现象。
6. 物流活动包括哪几个基本环节?
7. 现代物流与传统物流的区别是什么? 它有哪些基本特征?

第 **3** 章 企业物流管理

核心要点

- 供应物流管理
- 生产物流管理
- 销售物流管理
- 逆向物流管理

在一般意义上,许多企业是围绕营销和生产职能组织起来的,尤其是制造型企业将管理的核心和重点放在生产和营销上,而将诸如采购、生产和销售过程中的相关运输、仓储等活动视为支持性活动。随着竞争的加剧,企业日益感觉到支撑活动的重要性,因为企业生产经营过程中的相关物流活动既影响营销又影响生产的效率和效果。本章从企业供应物流、企业生产物流、企业销售物流和逆向物流(包括废弃物物流)4 个方面探讨企业物流管理。在开始探讨之前,首先明确企业物流的概念。企业物流是指企业生产经营过程中,物品从原材料供应,经过生产加工,到产成品及销售,以及伴随生产消费过程所产生的废弃物的回收和再利用的完整活动过程。

中国国家标准《物流术语》对企业物流的表述是:企业物流指企业内部的物品实体流动。企业是为社会提供产品或某些服务的经济实体。工厂通过购置原材料,经过生产加工,制成产成品,将其销售出去;储运部门将生产企业生产的产品送到指定地点,为社会提供有效的服务。这种在企业的经营范围内由生产或服务活动所形成的物流统称为企业物流。

3.1 供应物流管理

3.1.1 供应物流的概念

无论是生产型企业还是流通型企业,其生产和经营活动都离不开相应的资源支持。供应物流(supply logistics)是指为生产企业提供原材料、零部件或其他物品,其业务包括企业生产所需的一切生产资料的采购、进货运输、仓储、库存管理和用料管理等。在大多数行业,公司采购费用占销售收入的比例高达 40%～60%,对供应物流的有效管理和控制将直接影响着企业经营的绩效。

供应物流是企业物流的重要组成部分,它在生产企业与供应企业之间架起了一条物流渠道,将企业生产需求与物资供应连接在一起。传统上,企业划分采购与供应物流的依据是企业厂区本身对外对内的工作流程,即把供应商运送物料到需方企业指定的货物存放仓库的物流活动称为采购物流;而从需方企业仓库取货送至生产车间和工段的物流活动称为供应物流。随着采购的一体化,第三方物流专业化分工发展,采购物流直接扩展到企业车间,即生产所需物流可以直接从供应商仓库送到生产线,从而使得二者合二为一。从生产供应角度出发,把位于生产前的这段物流活动统称为供应物流。

供应物流管理是生产准备工作的重要组成部分,也是生产得以正常进行的前提。供应商供货的数量、质量和供货时间直接影响到生产的连续性和稳定性,而采购与供应物流管理发生的费用则直接构成生产成本。具体来说,采购与供应物流管理的重要性表现在以下方面:(1)降低成本的潜力大;(2)保证生产需求;(3)采购与供应的战略地位;(4)企业采购与供应链改进空间巨大。

3.1.2 供应物流的基本过程

根据企业采购与供应商品的来源、采购方式和采购对象不同,不同企业的采购程序在操作上略有不同。这些不同主要集中在作业细节上,而就企业采购与供应的程序层面而言则基本相同。在一个完整的采购与供应过程中,需求方首先要明确自己的需求,然后寻找相应的供应商,调查其产品的质量、价格和数量等方面能否满足自身的需求;在选定了供应商之后,下达订单、跟踪订单,直到接收货物并支付货款完成基本作业;最后,要定期对供应物流管理工作进行评价,寻求潜在的改进。

供应物流的基本程序如下:

(1)采购申请。采购申请指由企业各需求部门向负责采购的部门提出在未来一段时间内所需物品的种类以及数量等相关的信息,并填制一定的表格交由采购部门。采购申请根据需求物料的不同,分别由不同使用部门具体提出。采购申请包含了提出需求和描述需求两个阶段。

(2)制定采购计划。

(3)供应商选择。供应商是企业外部影响企业生产运作系统的最直接因素,也是保证企业产品的质量、价格、交货期和服务的关键因素。在明确企业内部需求后,采购部门需要从多方面搜集供应商信息,对供应商进行调研分析,选取最适合企业采购需求的供应商。

(4)确定采购价格,发出采购订单。

(5)订单跟踪与催货。采购订单发出后,并不意味着采购工作的结束,而是意味着新的工作的开始。为了防止供应商在满足订单过程中出现问题,造成不可挽回的损失,对采购订单进行跟踪尤其重要。跟踪是对订单所做的例行追踪,以确保供应商能够履行其货物发运的承诺。如果产生了问题,如质量或运输问题,采购方就需要对此尽早了解,采取相应的行动。跟踪要求经常询问供应商的进度,如有需要,可以进行现场走访。催货是对供应商施加压力,使其履行最初所做出的承诺,加快已经延误的订单涉及货物的发运。如果供应商不能履行发运的承诺,采购部门会威胁取消订单或以后可能进行罚款。

(6)产品检验。依据采购合同约定对产品进行检验。产品检验是企业采购控制极其重要的一环,也是采购风险转移的关键点。

（7）不符与退货处理。如果厂商所交货品与合约规定不符而验收不合格,应依据合约规定退货,并及时采取补救措施。

（8）结案。对于验收合格的商品,应及时支付货款。验收不合格退货等商品要办理结案手续,清查各项资料有无缺失,整理后报高级管理层或管理部门批阅。

（9）记录与档案维护。凡是经过结案批示后的采购文件,应列入档案登记编号分类保管,以便参阅或事后发生问题时查考。

3.1.3　供应物流的职能活动

企业供应物流管理的基本任务有 3 个:一是要保证企业所需的各种物资的供应;二是要从资源市场获取各种信息,为企业物资采购和生产决策提供信息支持;三是要与资源市场供应商建立起友好且有效的关系,为企业营造一个宽松有效的资源环境。其中第一项是最重要、最根本的任务,如果这一项搞不好,就不能称之为供应物流管理。为了实现供应物流管理的基本职能,供应物流管理需要有一系列的业务内容和业务模式。供应物流管理的基本内容和模式如图 3-1 所示。

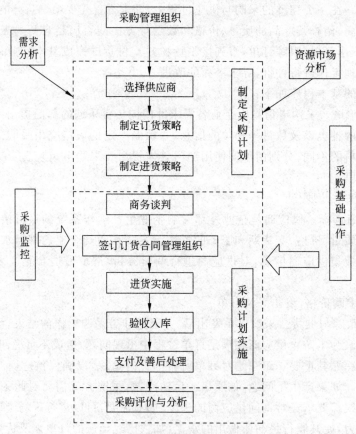

图 3-1　供应物流管理的内容和模式

从图 3-1 可以看出,一个完整的供应物流管理过程基本上包含 8 个方面的主要内容:

（1）采购管理组织;

（2）需求分析；

（3）资源市场分析；

（4）制定采购计划；

（5）采购计划实施；

（6）采购评价与分析；

（7）采购监控；

（8）采购基础工作。

3.1.4 供应物流的模式

供应物流过程因不同企业、不同供应环节和不同供应链而有所区别，从而使企业的供应物流出现了许多不同种类的模式。企业的供应物流有 3 种组织方式：第一种是委托社会销售企业代理供应物流方式；第二种是委托第三方物流企业代理供应物流方式；第三种是企业自供物流方式。

1. 委托社会销售企业代理供应物流方式

企业作为用户，在买方市场条件下，利用买方的主导权力，向销售方提出对本企业进行供应服务的要求，作为向销售方进行采购订货的前提条件。实际上，销售方在实现了自己生产的和经营的产品销售的同时，也实现了对用户的供应服务，以此占领市场。这种供应服务是销售方企业发展的一个战略手段。

这种方式的主要优点是：企业可以充分利用市场经济造就的买方市场优势，对销售方即物流的执行方进行选择和提出要求，有利于实现企业理想的供应物流设计。

这种方式存在的主要问题是销售方的物流水平可能有所欠缺，因为销售方毕竟不是专业的物流企业，有时候很难满足企业供应物流高水平化、现代化的要求。例如，企业打算建立自己的广域供应链，这就超出了销售方面的能力而难以实现。

2. 委托第三方物流企业代理供应物流方式

第二种方式是在企业完成了采购程序之后，由销售方和本企业之外的第三方去从事物流活动。当然，这里第三方从事的物流活动应当是专业性的，而且应当有非常好的服务水平。第三方所从事的供应物流主要向买方提供服务，同时也向销售方提供服务，在客观上协助销售方扩大了市场。

由第三方去从事企业供应物流的最大好处是：能够承接这一项业务的物流企业必定是专业物流企业，有高水平、低成本、高服务质量地从事专业物流的条件、组织和传统。不同的专业物流公司瞄准物流对象的不同，有自己特有的形成核心竞争能力的机器装备、设施和人才，这就使企业有广泛选择的余地，进行供应物流的优化。

在网络经济时代，很多企业要构筑广域的或者全球的供应链，这就要物流企业有更强的能力和更高的水平，这是一般生产企业不可能做到的，从这个意义来讲，必须要依靠从事物流的第三方来做这一项工作。

3. 企业自供物流方式

第三种方式是由企业自己组织所采购物品的本身供应的物流活动，这在卖方市场的市场环境状况下是经常采用的供应物流方式。

本企业在组织供应的某些种类物品方面可能有一些例如设备、装备、设施和人才方面的优势，这样，由本企业组织自己的供应物流也未尝不可，在新经济时代这种方式也不能完全否定。关键还在于技术经济效果的综合评价。但是，在网络经济时代，如果不考虑本企业核心竞争能力，不致力发展这个竞争能力，而仍然抱着"肥水不流外人田"的旧观念，或许能取得一些眼前利益，但是这必将以损失战略的发展为代价，是不可取的。

3.1.5 供应物流合理化

供应物流管理是一项环节多、涉及面宽、环境复杂、进货途中风险大的工作。但是供应物流又是一项关系重大、非常重要的工作。所以既要管好，又要减轻负担、减少风险。供应物流决策应该以正确的商业导向为基础，兼顾对其他部门的影响，并且以适应公司内部用户要求为目的。这就需要认真研究进货管理的方法和途径，这些方法和途径遵循以下原则。

（1）商业原则。公司的供应物流战略从属于公司战略，供应物流战略需要与公司战略相互协调，遵循企业的商业目标和战略。公司在发展采购与供应战略时，必须对公司的经营方针有一个全面的了解。公司的目标市场是什么？目标市场未来的主要发展趋势如何？原材料价格的上涨能以何种程度转嫁到最终用户身上？理解这些问题，并将其与采购和供应战略联系起来。

（2）整体效应原则。供应物流决策不能单独制定，并且不能仅以采购业绩最优为目标。企业的运营是多系统协调运作的结果，企业决策应该是以系统最优为目标，而不是局部最优。因此，制定采购决策时应该考虑这些决策对于其他主要活动的影响，需要以平衡企业总成本为基础。

（3）适用性原则。供应物流并不只应该作为一种服务职能起作用，采购部门应该有主动适应内部用户要求的意识。对于内部用户提出的采购申请，采购部门应当有能力提出其他更加符合企业生产实际的、更为节约的采购方案，并能与用户进行有效的沟通。采购部门应该能够提出现有的产品设计、所使用的原料或部件的备选方案和备选的供应商。

（4）供应物流模式选择原则。要根据供应物流难度和风险的大小的具体情况选择合适的供应物流方式。

① 对于供应难度和风险大的供应任务，首选是委托第三方物流公司供应方式，其次选择供应商送货方式，一般最好不选用户自提进货方式。

② 对于供应难度小和风险小的供应任务，首选是供应商送货进货方式。

（5）安全第一原则。供应物流管理中，始终要把安全贯穿始终。货物安全、运输安全和人身安全是进货管理应该首先考虑的因素。要落实到包装、装卸、运输和储存各个具体环节中去，制定措施，严格管理监督，保证整个供应过程不出现安全事故。

（6）成本效益统一原则。这个效益包括运输的经济效益，也包括社会效益，还包括运输安全。其中社会效益就是要维护社会生态平衡，减少污染，减少社会交通紧张的压力等。不要片面地只追求成本低而盲目超载，为了追求路程短而违反交通规则，破坏城市公共交通秩序等。

3.2　生产物流管理

生产物流是制造企业所特有的,它与生产流程同步。原材料和半成品等按照工艺流程在各个加工点之间不停地移动、流转形成生产物流。生产物流合理化对生产秩序和生产成本有很大影响。生产物流均衡稳定,可以保证在制品的顺畅流转,缩短生产周期。在制品库存的压缩以及设备的均衡化也都和生产物流的管理和控制有关。

3.2.1　生产物流的概念

1. 生产物流的含义

企业生产物流一般指将原材料、燃料等物料投入生产,经下料、发料并运送到各加工点和存储点,按照规定的工艺过程进行加工,并借助一定的运输装置,以在制品的形态从一个生产单位(工序)流入另一个生产单位(工序),始终体现着物料实物形态的流转过程。这就构成了企业内部的全部物流活动。

企业产品的生产过程就是一个典型的物流过程,它是企业物流系统的主要组成部分,同时它也导致其他的企业物流,如供应物流、销售物流和回收、废弃物流等。生产物流和生产流程同步,是从原材料购进开始直到产成品发送为止的全过程的物流活动。

2. 企业生产物流的特征和目标

生产物流与其他物流最明显的区别是:它与生产过程密切联系在一起,只有合理组织生产物流,才有可能使生产始终处于最佳状态。一个合理的生产物流过程必须具备以下特征:

1) 连续性

连续性就是物料在生产过程的各个阶段、各道工序的流转要紧密衔接,连续不断地始终处于运动状态,能够顺畅、最快、最省时地通过各个工序,直至成品入库,其间不会因物流阻塞现象而影响到整个生产的进行。空间上的连续性要求生产过程各个环节在空间布置上合理紧凑。

2) 平行性

一个企业一般生产多种产品,每种产品又由许多零部件构成。在组织生产时,这些零部件分布在不同的车间、不同的工序上生产,物料在生产的各个环节上应是平行交叉流动的。若一个生产环节出现问题,整个物流运动都会受到影响。

3) 单向性

物料在生产过程中的流转要向一个方向流动,要避免迂回流动、往返运输。单一方向的物流运输路线短,可减少运输工作量,节省运输费用。

4) 比例性

构成产品的零部件在生产中对各种物料的需求量是不一样的,因而各种物料在数量上要有一定比例,这就形成了物流过程比例性。比例关系表现在各生产环节的工人数、设备数、生产面积、生产速度和开动班次等因素之间相互协调和适应,所以,比例是相对的、动态的。

5）均衡性

均衡性是指产品在生产过程的各个阶段，能够按照计划有节奏地运行，在相同的时间间隔内产量大致相同，不发生忽高忽低、前紧后松、突击加班的现象，保证均衡完成生产任务。保持物流过程的均衡性，主要靠加强组织管理。它涉及原材料供应、设备管理、生产作业计划与控制，乃至对职工的考核方法等。

6）柔韧性

柔韧性要求生产过程应具有灵活多变的能力，使企业内部的生产能力同外部环境的变化有机结合起来，并根据市场需求变化，具备从一种产品迅速转移为另一种产品的生产能力，以满足生产过程中品种变化的需要。

在企业生产系统中，物料流转贯穿加工制造过程的始终，生产物流的目标是：提供畅通无阻的物料流转，以保证生产过程顺利、高效地进行；减少物料搬运的数量、频率和距离，减少搬运费用，降低成本；防止物料损坏、丢失，防止人身、设备事故。

3. 影响生产物流的主要因素

不同生产过程形成了不同的生产物流系统，生产物流的构成与生产工艺、生产类型、生产规模和专业化与协作化水平等因素有关。

不同生产工艺的加工设备不同，对生产物流有不同的要求和限制，是影响生产物流构成的最基本因素；不同生产类型的产品品种、结构的复杂程度和加工设备都不尽相同，将影响生产物流的构成与比例关系；生产规模指单位时间内的产品产量，因此规模大，物流量就大；规模小，物流量就小。相应的物流实施、设备就不同，组织管理也不同。社会生产力的高速发展与全球经济一体化，使企业的专业化与协作化水平不断提高。与此相适应，企业内部的生产趋于简化，物料流程缩短。例如，过去由企业生产的毛坯、零件和部件等，现在可以由企业的合作伙伴来提供。这些变化必然影响生产物流的构成与管理。

3.2.2 企业生产物流的组织

企业生产物流涵盖了企业生产的全部过程，需要经过多个环节，因此可以从空间、时间和人员 3 个角度考虑企业生产物流的组织。

1. 生产物流的空间组织

1）按工艺专业化形式组织生产物流

按工艺专业化形式组织生产物流是指以工艺为中心，按工艺特征把同类生产设备集中在一起，对企业生产的各种产品进行相同工艺的加工，即加工对象多样化，但加工工艺、方法却相同。该种物流组织形式的优点是对产品品种变化及加工顺序变化的适应能力强，可靠性高；缺点是周转环节过多，运输路线过长，难于协调。

2）按产品对象专业化形式组织生产物流

按产品对象专业化形式组织生产物流是指以对象为中心，按对象特征将生产所需要的各种设备按加工路线组织起来，即加工对象单一，而加工工艺、方法却多样化。这种物流组织形式的优点是流程合理，可以缩短加工对象的运输过程，运输量小，便于协调；缺点是分工过细,适应能力差。

3) 按成组工艺形式组织生产物流

这种组织方式综合了以上两种物流的特点,按成组技术原理,将具有相似性的零件分成一个成组生产单元,并根据其加工路线组织设备。其主要优点是可以简化加工流程,减少物流迂回,具有柔性和适应性的特点。

2. 生产物流的时间组织

生产物流的时间组织是指物料在生产过程中各工序在时间上的衔接和结合方式。它是从物料流程的速度上考虑物流的安排和组织,目的是实现物流的节奏性和连续性。从时间组织上安排生产物流,通常有 3 种典型的方式。

1) 顺序移动的生产物流方式

顺序移动的生产物流方式是指一批物料在上一道工序全部加工完成后整批转移到下一道工序继续加工。顺序移动的生产物流方式便于物流的组织和管理。但是物料有等待加工和运输时间,生产周期较长。

2) 平行移动的生产物流方式

平行移动的生产物流方式是指一批物料投入生产过程,每加工一件物料就立即将它送到后一道工序继续加工。这种生产物流方式是使整批物料完成加工的生产周期最短,但运输频繁,如果物料在各道工序加工的时间不等,就会出现人力和设备停工等待现象。所以,这种生产物流方式适合于每道工序和加工时间大体相当的生产。

3) 平行顺序移动的生产物流方式

平行顺序移动的生产物流方式是每批物料在每道工序上连续加工,而且物料在各道工序的加工尽量做到平行。这种物流方式既考虑前后相连的工序上加工时间的重合,又保持了整批物料在工序上的顺序加工。

这 3 种物流组织方式在进度安排时都需要综合考虑物料的工序加工时间、批量、物料的形状以及物流的空间组织形式。各种因素对生产物流的时间组织方式的影响见表 3-1。

表 3-1　影响生产物流的时间组织方式的因素

物料移动方式	尺寸	加工时间	批量大小	物流空间组织形式
顺序移动	小	短	小	工艺专业化
平行移动	大	长	大	对象专业化
平行顺序移动	大	长	大	对象专业化

3. 生产物流的人员组织

1) 生产物流人员组织的内容

生产过程中的岗位设计要综合考虑技术要求和人的要求两个方面。人员方面要综合考虑人的行为和心理特征,即岗位设置要符合生产过程中人的工作动机要求。

(1) 工作范围、工作内容和工作任务的设计。其目的在于明确岗位工作范围和责任,提高人员对工作的热情和兴趣,获得身心的健康、成熟和发展,从而有利于岗位工作任务的圆满完成,并提高工作效率。

（2）工作满负荷。即制定合理的生产定额,以确定对岗位和相应人员的需求。

（3）优化生产环境。通过生产环境的条件完善,建立综合环境优化系统。

2）生产物流人员组织的要求

（1）按工艺专业化组织的生产物流,要求人员具有很高的专业化水平以及较多的技能,即一专多能,一人胜任多个岗位要求。

（2）按对象专业化组织的生产物流,要求人员具有较强的"工作流协调"能力,能自主平衡各工序之间的加工时间瓶颈,实现物流的均衡性、比例性和适时性的要求。

（3）按成组工艺组织的生产物流,要求向员工授权。既保证向每个人配备技术资料、生产工具和授予明确的工作职责及权利,又要改变其不利于构建合理物流的工作习惯。

3.2.3 生产物流计划与物流控制

1. 生产物流计划

一个企业生产过程的实质是一个物流过程。生产计划实际上是一个物料移动的计划,物料的移动是由每一生产环节的生产需要而产生的,计划执行的结果要通过对物料的监控来考核。在生产物流的计划与控制中,计划的对象是物料,计划执行的结果要通过对物流的监控来考核。对生产物流进行计划就是根据计划期内规定的出产产品的品种、数量和期限,具体安排物料在各个工艺阶段的生产进度并使各环节上的在制品的结构、数量和时间相协调。而对生产物流进行控制则主要体现在物流（量）进度控制和在制品管理两方面。

任何一种物料都由于某种需要而存在。一种物料的消耗量受另一种物料的需求量的制约,购进原材料是为了加工成零件,而生产零件又是为了装配成产品。从大范围来讲,一个企业的产品可能是另一个企业的原料,这种相关需求不但有品种、规格、性能、质量和数量的要求,而且有时间的要求。在不需要某种物料的时刻,又必须有足够的库存满足需求。目前,国际上广泛采用的生产物流计划的方法是 MRP（Material Requiring Planning）,以物料为中心的 MRP 系统从控制生产物流的基本需求为出发点,体现了为顾客服务、按需定产的宗旨。

物料需求计划（MRP）是 20 世纪 60 年代产生的存货管理方法,它是利用计算机编制材料物资需求计划的一种方法。在每一个制造企业中的一种产品往往由多种部件组装而成,每种部件又由多种零部件和材料制造而成。这样的产品和零部件及材料用品之间就构成相互依赖的联动需求关系。物料需求计划就是将这种联动需求关系纳入计算机系统,由计算机系统编制企业的物料需求计划。

MRP 系统的主要信息是企业的主生产计划（master production schedule）,以及与材料物资相关的存货记录和产品、部件用料清单,输出信息即为物资需求计划,如图 3-2 所示。其基本的工作流程为:

（1）预计最终产品的需求量;

（2）列出每种产品生产需要的原材料、零部件的清单;

（3）考虑生产提前期,确定生产和采购的批量和时间;

（4）确定每一生产工序生产的数量和材料的采购量；

（5）计算出全部材料物资采购数量和采购时间计划。

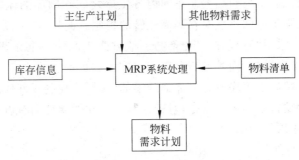

图 3-2　物料需求计划

物料清单（Bill of Materials，BOM）也叫产品结构文件，是 MRP 的核心文件，它在物料分解与产品计划过程中占有重要的地位，是物料计划的控制文件，也是制造企业的核心文件。

MRP 中的库存状态文件的数据主要有两部分：一部分是静态的数据，在运行 MRP 之前就确定的数据，如物料的编号、描述、提前期和安全库存等；另一部分是动态的数据，如总需求量、库存量、净需求量和计划发出（订货）量等。MRP 在运行时，不断变更的是动态数据。下面对库存状态文件中的几个数据进行说明：

（1）总需求量（Gross Requirements）。如果是产品级物料，则总需求由 MPS 决定；如果是零件级物料，则总需求来自于上层物料的计划发出订货量。

（2）预计到货量（Scheduled Receipts）。该项目在有的系统中称为在途量，即计划在某一时刻入库但尚在生产或采购中，可以作为 MRP 使用。

（3）现有数（On Hand）。表示上期末结转到本期初可用的库存量。现有数＝上期末现有数＋本期预计到货量－本期总需求量。

（4）净需求量（Net Requirements）。当现有数加上预计到货不能满足需求时产生的净需求。净需求＝总需求－（现有数＋预计到货）。

（5）计划接收订货（Planned Order Receipts）。当净需求为正时，就需要接收一个订货量，以弥补净需求。计划收货量取决于订货批量的考虑，如果采用逐批订货的方式，则计划收货量就是净需求量。

（6）计划发出订货（Planned Order Release）。计划发出订货量与计划接收订货量相等，但是时间上提前一个时间段，即订货提前期。订货日期是计划接收订货日期减去订货提前期。

2. 生产物流控制

生产物流控制的主要内容有以下 3 方面：

1）物流进度控制

生产物流进度控制是对物料从投入到成品入库为止的全过程进行的控制。生产物流进度控制是生产作业控制的关键。它包括物料投入进度控制、物料出产进度控制和工序物料控制等内容。

2）在制品占用量控制

在制品占用量控制,主要包括控制车间内各工序之间在制品的流转和跨车间协作工序在制品的流转,加强工序间检验对在制品流转的控制。此外,还可以采用看板管理法控制在制品的占用量。采用"看板方式"生产与一般方式生产的一个显著区别是,它不是采用前道工序向后道工序送货,而是实行后道工序在需要的时候向前道工序领取需要的部件,前道工序只生产被后道工序取走的那部分零部件,严格控制零部件的生产和储备。看板作为取货指令、运输指令和生产指令,对于控制生产和微调计划有着重要的作用。它是随物流运动而发挥作用的。

3）偏差的测定与处理

在生产物流计划实施过程中,按照预定时间及顺序检测计划执行的结果,即计划量与实际量的差距,根据发生差距的原因及程度,采用不同的方法进行处理。

完成上述控制内容的系统可以采取不同的结构和形式,但都具有一些共同的要素。这些共同的要素包括以下几个方面:

（1）强制控制和弹性控制的程度。即通过有关期量标准、严密监控等手段所进行的强制或自觉控制。

（2）目标控制和程序控制。即控制系统是核查生产实际结果还是对生产程序、生产方式进行核查。

（3）管理控制和作业控制。管理控制的对象是全局,是指为使系统整体达到最佳效益而按照总体计划来调节各个环节、各个部门的生产活动。作业控制的对象是对某项作业进行控制,是局部的,其目的是保证具体任务或目标的实现。有时不同作业控制的具体目标之间可能会出现脱节或矛盾的情况,需要管理控制对此进行协调.以达到整体最优的效果。

生产物流控制的程序对不同类型的生产方式来说基本上是一样的。与控制的内容相适应,生产物流控制程序一般包括以下几个步骤:

（1）制定期量标准。期量标准要合理与先进,并随着生产条件的变化不断修正。

（2）制定计划。依据生产计划制定相应的物流计划。

（3）物流信息的收集、传送和处理。

（4）短期调整。为了保证生产正常进行,要及时调整偏差,以确保计划的顺利完成。

（5）长期调整。这是为了保证生产及其有效性的评估。

在生产物流系统中,物流协调和减少各个环节生产和库存水平的变化是很重要的。在这样的系统中,系统的稳定与所采用的控制原理有关。下面介绍两种典型的控制原理。

1）物流推进型控制原理

根据最终产品的需求结构,计算出各个生产工序的物料需求量,在考虑了各生产工序的生产提前期之后,向各工序发出物流指令(生产计划指令)。推进型控制的特点是集中控制,每个阶段物流活动都要服从集中控制指令。但各阶段没有考虑影响本阶段的局部库存因素,因此这种控制原理不能使各阶段的库存水平都保持在期望水平上。广泛应用的 MRP 系统控制实质上就是推进型控制。

2）物流拉动型控制原理

根据最终产品的需求结构，计算出最后工序的物流需求量，根据最后工序的物流需求量，向前一道工序提出物流供应要求。以此类推，各生产工序都接受后工序的物流需求。从指令方式上不难看出：由于各个工序独立发出指令，所以实际上是一种单一阶段的重复。推进型控制的特点是分散控制，每一阶段的物流控制目标都是满足局部需求，通过这种控制方式，使局部生产达到最优要求。但各阶段的物流控制目标难以考虑系统的总体的控制目标，因此这种控制原理不能使总费用水平和库存水平保持在期望水平。广泛应用的"看板管理"系统控制实质上就是拉动型控制。

3.2.4　物流需求计划

物流资源计划以物流为基本手段，打破生产与流通界限，集成制造资源计划、能力资源计划、分销需求计划以及功能计划而形成的物资资源优化配置方法。物流资源计划的实质是把物料需求计划（Material Requirements Planning，MRP）和配送需求计划（Distribution Requirements Planning，DRP）结合起来应用，在生产厂商系统内部实行MRP，在生产厂外部实行DRP，它最显著的特点是在计划时考虑了物流的因素，把物流作为联系二者的纽带。因此它是一种联系产、供、销，既适时适量保障相互之间物资供应又使总费用最省的物流资源计划方法。

1. 设计思想

物流资源计划（MRP）是在生产领域中进行物流资源配置的技术，它能够实现加工装配过程中各种零部件和原材料按时按量的需求计划和装配到位，但它不适用于流通领域。而DRP是在流通领域中配置物资资源的技术，它能够实现流通领域中物资资源按时间、按数量的需求计划和需求到位，但它不适用于生产领域。如果一个企业既搞生产，又搞流通，则这个企业应当怎么样进行物资资源配置呢？为此，提出一种新的计划方法——LRP方法。

LRP意为物流资源计划，是一种运用物流手段进行物资资源配置的技术。它是在MRP和DRP的基础上形成和发展起来的，是MRP和DRP的集成应用。

设计LRP的基本动机，是想使其既适用于生产领域，又适用于流通领域，以利于既搞生产又搞流通的企业来制定物流资源计划。它的基本思想是面向大市场，以物流为基本手段，打破生产和流通的界限，为企业生产和社会流通的物资需求进行经济有效的物资资源配置。

LRP实际上是把MRP和DRP结合起来应用，在生产企业系统内部实行MRP，在生产企业外部实行DRP，而将物流作为联系二者的纽带。物流之所以能成为MRP和DRP的联系纽带，是因为二者虽然在原理上有许多不同之处，但在物流上有共同之处，即它们都包含物资时间和空间位置的转移。它输入社会需求主文件、产品结构文件、生产能力文件、物流能力文件、生产成本文件和供应商货源文件等，形成产品投产计划、生产能力需求计划、送货计划和订货进货计划、运输计划、物流能力需求计划等，并进行成本核算。

2. 计划原理

LRP输入社会需求主文件、产品结构文件、生产能力文件、物流能力文件、生产成本文件和供应商货源文件等,形成产品投产计划、生产能力需求计划、送货计划和订货进货计划、运输计划、物流能力需求计划等,并进行成本核算。而社会需求主文件(即社会订货)总是先由 DRP 从库存中予以供应,仓库中不够的再向 MRP 订货进货。与一般 MRP 的不同之处在于,这里的 MRP 的输入是 DRP 生成的订货进货计划 $P(t)$ 的一部分,即向生产部门的订货,其输出除了一般 MRP 生成的产品投产计划 $T(t)$ 之外,还加上了向 DRP 输入的外购计划 $D(t)$。MRP 根据 DRP 的生产订货进货计划进行 MRP 处理,制定生产任务单,产生加工任务单交生产部门加工,外购件又加入 DRP 系统的需求文件,进入 DRP 处理。DRP 仍然先从仓库供应,仓库不够的按订货进货计划到资源市场去采购进货。

具体实施时可以分成以下 3 步:

步骤 1:将主需求计划中本企业能够生产的主产品和零部件(根据企业产品目录确定)单独运行 DRP,得出需向企业生产部门的订货进货计划。其中内部主需求计划是主需求文件中的一部分,即企业能够生产的一部分,这一部分在 DRP 处理时,总是先由仓库库存中供应,当库存下降到安全库存量时,再向生产部门发出订货。

步骤 2:由生产订货计划运行 MRP 求出产品投产计划及其零部件外购计划。

步骤 3:将主需求文件中的非本企业能生产的部分和由 MRP 得出的外购部分再输入 DRP 运行,得出从市场的订货进货计划和送货计划。

通过这 3 步就得到了订货进货计划、采购计划、投产计划和送货计划。实际上如果输入物流能力条件(仓储运输条件等)、物流优化模型和成本文件,还可以得到物流能力计划、统一运输方案和物流成本。

3.2.5 及时管理方式与企业资源计划

1. 及时管理方式

及时管理方式也被称为准时制(Just In Time,JIT)。准时制生产方式最初起源于日本,是由日本丰田汽车在 20 世纪 50 年代开始采用的一种生产方式。其后,逐渐在欧洲和美国的企业中推行开来。

1) JIT 的核心理念

JIT 的核心理念可概括为:在正确的时间,提供正确数量的原材料到正确的生产地点,以生产正确数量的产品。也就是通过对生产的计划、组织、指导和控制,追求一种零库存的效果。

JIT 以准时生产为出发点,将传统生产过程中从前道工序向后道工序送货,改为由后道工序根据"看板"向前道工序取货,即实现由"推动式生产"向"拉动式生产"的转变。JIT 针对多品种、小批量、短周期的生产需求,能有效协助企业实现降低库存、优化生产物流、减少资源浪费的目的。

2) JIT 的基本内容及特点

JIT 将获取最大利润作为企业经营的终极目标,将降低成本作为实现终极目标的手段。因此,JIT 非常重视彻底消除或减少任何一方面的浪费。任何对产出没有直接效益的活动均被视为浪费,包括生产过剩、不必要的搬运动作、额外的设备、存货、不良品的重新加工等。同时,在 JIT 生产方式下,浪费通常被认为是由管理不良所引起的。

为了减少甚至彻底消除无效劳动和浪费,JIT 要求达到以下各具体目标:

(1) 零废品。JIT 要求消除各种不利于产品质量的因素,在加工过程的每一个工序都要求达到最好的水平。

(2) 零准备时间。JIT 要求准备时间长短与批量选择相联系。准备时间趋于零是采用小批量生产的条件。

(3) 零库存。JIT 认为,降低库存就是消除生产系统设计存在的不合理、生产过程的不协调、生产操作中存在的不良习惯。

(4) 生产提前期最短。短的生产提前期与小批量结合是柔性生产的前提。

(5) 搬运时间最少。零部件的搬运是非增值操作。缩减搬运时间,可以节约产品生产的总时间。

(6) 设备损坏率小。由设备损坏引起的停顿和维修时间也是非增值时间,而且影响着产品生产装配的效率和质量。

(7) 批量小。这是 JIT 追求的目标,也是 JIT 提出的基础。

JIT 系统的主要特点如下:

(1) JIT 是一种积极的动态系统。强调对问题采取事前预防,而不是事后检查;强调对系统业绩进行不断的改进。因此,全面地对整个生产过程进行分析,力求在批量、准备时间、提前期和废品率等方面持续改进,缩减非增值时间和操作,消除一切浪费。

(2) JIT 是一个拉式系统。即根据市场需要的产品品种、数量、时间和质量,从后道工序往前一环拉动前面工序,后道工序只从前道工序上拿取本工序所需要的在制品数量,从而实现零库存。

(3) JIT 采用强制性方法解决生产中存在的不足。因为拉式生产已使库存降到了最低点,生产无法容忍任何中断,因此,整个生产过程各环节的衔接必须强制执行,必须消除生产过程中可能引起中断的各种问题。

JIT 是一种追求无库存、彻底排除浪费的生产与管理模式。为此,对某一零件的加工在数量与完成时间上的要求是由下一道工序状况决定的。若下道工序出现阻塞,上道工序就应减慢或停止,这些信息均靠看板来传递。丰田公司以看板管理为手段,制止过量生产,减少在制品,从而使产生次品的原因和隐藏在生产过程中的种种问题及不合理成分充分暴露出来,然后通过旨在解决这些问题的改善活动,彻底消除引起成本增加的种种浪费,实现生产过程的合理性、高效性和灵活性。因此,JIT 不仅是一种生产控制方法,还是一种管理的哲理。与 MRP 的“推”式生产管理模式相对照,JIT 是一种“拉”式生产管理模式。JIT 管理模式的最终目标是彻底降低成本,获取企业的最大利润。

2. 企业资源计划

所谓企业资源计划(Enterprise Resource Planning,ERP),是一种建立在信息技术的基础上,以系统化为指导思想,将企业以及企业所处的供应链的各个方面的资源充分调配和平衡,使企业在激烈的市场竞争中取得竞争优势的先进的管理信息系统。20 世纪 90 年代初期以来,ERP 开始崭露头角,受到越来越多的企业重视。在生产企业中积极采用 ERP,对于优化生产物流具有重要的作用。

对于生产企业而言，ERP 的核心功能是物料需求计划（Material Requirement Planning，MRP），而制造资源计划（Manufacturing Resource Planning，MRP Ⅱ）则构成 ERP 的主体部分。20 世纪 80 年代，随着计算机技术和网络技术的发展，人们将采购、库存、生产、销售、财务和工程技术等集成为一个一体化的系统，使企业内部信息得到充分共享，提出了 MRP Ⅱ。MRP Ⅱ 以生产过程为核心，将企业内部的产、供、销、人、财、物各生产经营环节组成为一个有机整体，对企业内部包括物料、设备、人力、资金和信息在内的所有制造资源进行总体计划和优化管理。到了 20 世纪 90 年代，市场竞争进一步加剧，企业竞争的空间和范围进一步扩大，20 世纪 80 年代主要面向企业内部资源进行管理的思想发展为 20 世纪 90 年代面向整条供应链进行管理的思想，提出了 ERP 的概念。与 MRP Ⅱ 侧重对企业内部资源进行管理不同，ERP 对供应链上所有环节进行有效管理，可以使企业摆脱“大而全”、“小而全”的生产模式，集中力量在最有竞争力的环节开展业务活动，外包成为企业重要的零部件、原材料乃至最终产成品的供应来源。在实施 ERP 以后，生产物流优化与采购物流优化更加紧密地结合在一起，紧密协调，相互配合，以降低整个企业的存货水平。

在实施 ERP 以前，MRP Ⅱ 通过计划的及时滚动来控制整个生产过程，一般只能实现事中控制。而 ERP 则能够支持在线分析处理，强调企业的事前控制能力，使得管理的实时性较强，生产物流及采购物流管理的效率大幅度提升。

ERP 是一项需要较多投入、较长时间、涉及全局的系统工程，要确保其成功实施，必须注意以下事项：第一，需要企业决策层，尤其是一把手的高度支持和直接参与，不少企业 ERP 导入的失败，就是因为一把手没有直接参与或不够重视，副总经理及实施人员难以调解新旧管理模式转换过程中各部门的利益冲突；第二，需要具备准确和完整的基础数据，确保原始记录、会计凭证和统计资料的真实性、完整性，建立健全的劳动工时、原材料消耗、资金占用和费用控制等定额标准；第三，需要计算机专业人才与各职能部门的管理人才合理搭配，组成复合型团队。

3.3　销售物流管理

现代市场条件下，物流对企业销售工作的影响日益重要，销售物流成为企业销售竞争的有力武器。销售物流能有效地为客户提供迅速有效的供货、配送及其他服务，从而扩大企业的销售。同时，有效的销售物流具有极强的服务性，直接影响企业的市场占有率和形象。

3.3.1　企业销售物流概述

1. 销售物流的概念

销售物流是指以实现企业销售为目的的将产品从生产地到用户的时间和空间的转移，具体是指将产品从下生产线开始，经过包装、装卸搬运、储存、流通加工、运输和配送，一直到最后送到用户手中的整个产品实体流动过程。

1）销售物流的特征及意义

销售物流具有一体化特征。销售物流涵盖了企业从接收订单开始，经过产成品库存、发货运输、销售配送直到售后服务的全过程，并将各个独立的环节融合起来，共同实现销售物流的目标。

销售物流具有服务性强的特征。销售物流的服务性表现在要以满足用户的需求为出发点，树立用户第一的观念，要求销售物流必须快速、及时，这不仅是用户和消费者的要求，也是企业发展的要求。

企业销售物流是联接生产企业和终端需求的桥梁，是企业物流的一部分。销售物流是企业物流活动的一个重要环节，它与社会销售系统相互配合共同完成企业的分销和销售任务。对于生产企业来讲，物流是企业的第三利润源泉，降低销售物流成本是企业降低成本的重要手段。

2）销售物流的主要环节

（1）产成品包装

产成品包装是生产物流的终点和销售物流的起点。该环节要综合考虑包装材料和工艺的成本费用，包装材料的回收和再利用，以及客户对这些成本费用的承受心理、承受态度与承受力。

（2）产成品储存

产成品储存是销售物流系统中的重要环节和内容，其目的是及时、优质地满足顾客的需求。现代企业通过计算机管理系统和通信设备，将销售与生产、销售与客户需求联系起来构成一个完整的体系。这为减少产成品储存并给予顾客高质量的服务提供了可能性。

（3）订单处理

订货是企业销售物流中又一个重要环节。企业要在追求最低的库存水平和满足顾客需求之间寻找平衡。企业提供的订货方式越方便，越具有经济性，订单的处理及货物装运的过程越及时，其产品在销售中就越具有竞争力。

（4）发货运输

发货运输是将产品送达客户指定地点的活动。企业要根据产成品的批量、运送距离和地理条件等因素确定运输方式。在发货运输中，要考虑发货的批量问题，批量的大小将直接影响物流的成本费用。

（5）装卸搬运

装卸搬运是指将产品从仓库移动到运输工具上，或将产品从运输工具移到客户指定的地点的活动。装卸搬运往往形成销售物流的系统瓶颈，因此要综合考虑货物的性质、客户的需求、时间、地理条件、货物的安全和成本等因素。

2. 销售物流管理的方法

销售物流往往是一个企业物流系统中最重要也是最难做的物流环节。在市场竞争日趋激烈的情况下，企业可以从下列各方面来提高销售物流管理水平：

（1）重视信息技术。信息系统是物流系统的神经系统，尤其对销售物流来说更是如此。销售物流是典型的从集中的产地到分散的消费地的物流形态，信息技术能有效地满足客户的基础上提高物流水平。

（2）明确自己在分销渠道中的定位。分销渠道由制造商、分销商、零售商、物流服务商及消费者组成。高效的分销渠道要求渠道中各成员都具有较强的竞争力，因此，必须根据自己的相对优势来确定其在分销渠道中的位置，并且依据在渠道中的地位与作用制定相关的发展战略，比如对自己的业务活动进行调整和取舍，对有些业务进行外包。

（3）建立物流网络和配送网络。企业的产品能否通过分销渠道快速地分销到目标市场上，主要取决于分销渠道中物流网络和配送网络的构建。物流网络和配送网络是分销渠道依存的物质基础。组建物流网络、配送网络时应该最大限度地利用社会上闲置的物流资源，并考虑同专业物流公司的合作，以实现物流基础设施低成本、快速地扩展。

3.3.2 企业销售物流服务

销售物流服务是指企业向客户提供及时而准确的产品输送服务，是一个广泛满足客户的时间和空间效用需求的过程。无论企业的性质如何，接受服务的客户始终是形成物流需求的核心和动力。为了保持客户满意，销售物流服务已成为企业销售系统乃至整个企业成功运作的关键，也是增强企业产品差异性、提高产品和服务竞争优势的重要因素。

1）销售物流服务目标

销售物流服务的目标主要表现在以下几个方面：

（1）提高销售收入。销售物流活动能提供时间和空间效用来满足客户需求，是企业物流功能的产出或最终产品。无论是面向生产的物流服务，还是面向市场的物流服务，其最终产品都是提供某种满足客户需求的服务。服务是使产品产生差异性的重要手段。这种差异性为客户提供了增值服务，从而有效地使自己与竞争对手有所区别。尤其是在竞争产品的质量、价格相似或相同时，如果销售物流服务活动提供了超出基本服务的额外服务，就能使本企业的物流产品和服务在竞争中比对手胜出一筹。所以，提高客户服务水平，可以增加企业销售收入，提高市场占有率。

（2）提高客户的满意程度。客户服务是由企业向购买其产品或服务的人提供的一系列活动。它的内容一般包括3个层次：一是产品能提供给客户基本效用或利益，这是客户需求的核心内容；二是产品的形式能向市场提供实体和劳务的外观，它包括产品的质量、款式、特点、商标及包装；三是增值产品，这是客户在购买产品时得到的其他利益总和，是企业出售产品时附加上去的东西，它能给客户带来更多的利益和更大的满足。如维修服务、咨询服务和交货安排等。

（3）留住老客户，把握现有市场份额。服务质量、留住客户和公司利润率之间有着非常高的相关性，这是因为：留住客户就可以留住业务；摊销在客户中的销售、广告、开办成本较低；为老客户的服务成本较少；满意的客户还会充当中介，即介绍新客户；满意的客户会愿意支付溢价。相反，一个对服务提供者感到不满的客户将被竞争对手获得。物流领域高水平的顾客服务能吸引客户并留住客户，对于客户来说，频繁地改变供应来源会增加其物流成本及其风险性。

（4）降低销售物流成本。物流管理要求以最小的总物流成本产生最大的时间和空间效用。企业在降低物流成本的同时，往往会影响所提供的服务水平。为实现"令客户满意"是要付出代价的，这代价便是高昂的物流成本。这样高昂的物流成本加到产品上，客户便难以接受,销售收入的增长便成了一句空话。因此,我国现阶段的企业物流管理仍然要踏踏实实从企业销售物流成本的管理和控制做起。

2) 销售物流服务的构成要素

销售物流服务由订货周期、可靠性、信息渠道和方便性等要素构成。

(1) 订货周期。订货周期是指从客户确定对某种产品有需求到需求被满足之间的时间间隔,也称提前期。客户订货周期的缩短标志着企业销售物流管理水平的提高。

(2) 可靠性。可靠性是指根据客户订单要求,按照预定的提前期,安全地将订货送达客户指定地点。如果没有销售物流的可靠性作保证,销售物流服务只能是空谈。物流管理者应认真做好信息反馈工作,了解客户的反映与要求,提高客户服务系统的可靠性。

(3) 信息渠道。同客户保持信息沟通是监控客户服务可靠性的手段。设计客户服务水平必须包括客户信息沟通。通信渠道应对所有客户开放,因为这是销售物流外部约束的信息来源。没有与客户的联系,物流管理者就不能提供有效的、经济的服务。

沟通是双向的,卖方必须把关键的服务信息传递给客户,如卖方应把降低服务水平的信息及时通知客户,使客户及时做出必要的调整。另外,客户需要了解装运状态的信息,询问有关装运时间和运输路线等情况,因为这些信息对客户制订运行计划是非常必要的。

(4) 方便性。它是指服务水平必须灵活便利。从销售物流服务的观点来看,所有客户对销售物流服务有相同的要求,有一个或几个标准的服务水平适用于所有客户是最理想的,但却是不现实的。如某一客户要求所有货物用托盘装运并由铁路运输,另一位客户要求用汽车运输,不用托盘,或者个别客户要求特定的交货时间。因此,客户在包装、运输方式、承运人和运输路线以及交货时间等方面的需求都不尽相同。为了更好地满足客户需求,就必须确认客户的不同要求,根据客户规模、区域分布、购买的产品及其他因素将客户需求进行细分,为不同客户提供适宜的服务水平,这样可使物流管理者针对不同客户以最经济的方式满足其服务需求。

3) 销售物流服务能力

销售物流服务能力可以由可得性、作业绩效、时效性和持续改进4个方面衡量。

(1) 可得性。它是指当客户需要货物时,物流企业拥有的存货能够不断地满足其需要。可得性可以通过各种方式来实现,最基本的方法是按照预期的客户订货进行存货储备。可得性一般可用缺货频率、供应比率和订货完成率3个绩效指标来衡量。

(2) 作业绩效。作业表现为物流企业从客户订货到产品交付使用的全部运作过程。作业一般通过速度、一致性、灵活性和故障恢复能力等来衡量所期望的完成周期。

(3) 时效性。销售物流服务活动中还包括能否迅速提供有关物流作业和客户订货状况的精确信息。

(4) 持续改进。物流管理人员应关心如何尽可能少地发生故障,以完成作业目标,而完成作业目标的一个重要方法就是从发生的故障中吸取教训,改善作业系统,以防止故障再次发生。持续改进可以使用 PDCA 循环进行管理和控制。

3.3.3 销售物流的基础——销售预测

1. 销售预测的概念

销售计划的中心任务之一就是销售预测,无论企业的规模大小、销售人员的多少,销售预测影响到包括计划、预算和销售额确定在内的销售管理的各方面工作。

销售预测是指对未来特定时间内全部产品或特定产品的销售数量与销售金额的估计。销售预测是在充分考虑未来各种影响因素的基础上,结合本企业的销售实绩,通过一定的分析方法提出切实可行的销售目标。

2. 销售预测的影响因素

尽管销售预测十分重要,但进行高质量的销售预测却并非易事。在进行预测和选择最合适的预测方法之前,了解对销售预测产生影响的各种因素是非常重要的。一般来讲,在进行销售预测时考虑两大类因素:

1) 外界因素

(1) 需求动向。需求是外界因素之中最重要的一项,如流行趋势、爱好变化、生活形态变化和人口流动等,均可成为产品(或服务)需求的质与量方面的影响因素,因此,必须加以分析与预测。企业应尽量收集有关对象的市场资料、市场调查机构资料和购买动机调查等统计资料,以掌握市场的需求动向。

(2) 经济变动。销售收入深受经济变动的影响,经济因素是影响商品销售的重要因素,为了提高销售预测的准确性,应特别关注商品市场中的供应和需求情况。尤其近几年来科技和信息快速发展,更带来无法预测的影响因素,导致企业销售收入波动。因此,为了正确预测,需特别注意资源问题的未来发展、政府及财经界对经济政策的见解以及基础工业、加工业生产、经济增长率等指标变动情况。尤其要关注突发事件对经济的影响。

(3) 同业竞争动向。销售额的高低深受同业竞争者的影响,古人云:"知己知彼,百战不殆。"为了生存,必须掌握对手在市场的所有活动。例如竞争对手的目标市场在哪里、产品价格高低,促销与服务措施等。

(4) 政府、消费者团体的动向。考虑政府的各种经济政策、方案措施以及消费者团体所提出的各种要求等。

2) 内部因素

(1) 营销策略。市场定位、产品政策、价格政策、渠道政策、广告及促销政策等的变更对销售额所产生的影响。

(2) 销售政策。考虑变更管理内容、交易条件或付款条件,销售方法等对销售额所产生的影响。

(3) 销售人员。销售活动是一种以人为核心的活动,所以人为因素对于销售额的实现具有相当深远的影响力。

(4) 生产状况。货源是否充足,能否保证销售需要等。

3. 销售预测的程序

销售预测可以看作是一个系统,是由有关信息资料的输入、处理和预测结果的输出所组成的信息资料转换过程。对于复杂的预测对象,有时要把它进行分解,对分解后的子系统进行预测,在此基础上再对总的预测目标进行预测。

销售预测是一项很复杂的工作,要使这一复杂工作有条不紊地进行,就必须遵循一定的程序。销售预测的基本程序如下。

1) 确定预测目标

销售预测是以产品的销售为中心的,产品的销售本身就是一个复杂的系统。有关的系统变量很多,如市场需求潜量、市场占有率和产品的售价等。而对于这些变量进行长期预测还是短期预测,这些变量对预测资料的要求,预测方法的选择都有所不同。所以,预测目标的确定是销售预测的主要问题。

2) 收集和分析资料

在预测目标确定以后,为满足预测工作的要求,必须收集与预测目标有关的资料,所收集到的资料的充足与可靠程度对预测结果的准确度具有重要的影响。所以,对收集的资料必须进行分析,并满足以下的条件:

(1) 资料的针对性:即所收集的资料必须与预期目标的要求相一致。

(2) 资料的真实性:即所收集的资料必须是从实际中得来的,并加以核实的资料。

(3) 资料的完整性:资料的完整性直接影响到销售预测工作的进行,所以,必须采取各种方法,以保证得到完整的资料。

(4) 资料的可比性:对于同一种资料,来源不同,统计口径不同,也可能差别很大。所以在收集资料时,对所得到的资料必须进行分析,如剔除一些随机事件造成的资料不真实性,对不具备可比性的资料通过分析进行调整等,以避免由于资料本身的原因给预测结果带来误差。

4. 销售预测常用的方法

1) 定性预测方法

一般来说,在销售预测中常用的定性预测方法有 4 种:高级经理意见法、销售人员意见法、购买者期望法和德尔菲法。

(1) 高级经理意见法。这是依据销售经理(经营者与销售管理者为中心)或其他高级经理的经验与直觉,通过一个人或所有参与者的平均意见求出销售预测值的方法。

(2) 销售人员意见法。这是利用销售人员对未来销售进行预测。有时是由每个销售人员单独做出这些预测,有时则与销售经理共同讨论而做出这些预测。预测结果以地区或行政区划逐级汇总,最后得出企业的销售预测结果。

(3) 购买者期望法。许多企业经常关注新顾客、老顾客和潜在顾客未来的购买意向情况,如果存在少数重要的顾客占据企业大部分销售量这种情况,那么购买者期望法是很实用的。这种预测方法是通过征询顾客或客户的潜在需求或未来购买商品计划的情况,了解顾客购买商品的活动、变化及特征等,然后在收集消费者意见的基础上分析市场变化,预测未来市场需求。

(4) 德尔菲法。又称专家意见法,是指以不记名方式根据专家意见作出销售预测的方法。至于谁是专家,则由企业来确定,如果对专家有一致的认同则是最好不过的。德尔菲法通常包括召开一组专家参加的会议。第一阶段得到的结果总结出来可作为第二阶段预测的基础。通过组中所有专家的判断、观察和期望来进行评价,最后得到具有更少偏差的预测结果。德尔菲法的最大优点是充分民主地收集专家意见,把握市场的特征。但是,德尔菲法一般只能得到企业或行业的预测结果,用此方法所求得的地区、顾客和产品分类等预测结果就没有那么精确了。

2)定量预测方法

用来进行销售预测的定量预测方法可以按照不同类型分成两大类:时间序列分析法以及回归和相关分析法。

(1)时间序列分析法。时间序列分析法是利用变量与时间存在的相关关系,通过对以前数据的分析来预测将来的数据。在分析销售收入时,大家都懂得将销售收入按照年或月的次序排列下来,以观察其变化趋势。时间序列分析法现已成为销售预测中具有代表性的方法。

(2)回归和相关分析法。各种事物彼此之间都存在直接或间接的因果关系,同样,销售量也会随着某种变量的变化而变化。当销售与时间之外的其他事物存在相关性时,就可运用回归和相关分析法进行销售预测。

3.3.4 分销需求计划

分销需求计划(Distribution Requirement Planning,DRP),是流通领域中的一种物流技术,是物料需求计划(Material Requirement Planning,MRP)在流通领域应用的直接结果。它主要解决分销物资的供应计划和调度问题,达到既保证有效地满足市场需要又使得配置费用最省的目的。

DRP在两类企业中可以得到应用。一类是流通企业,如储运公司、配送中心、物流中心和流通中心等。这些企业的基本特征是,不一定有销售业务,但一定有储存和运输的业务。它们的目标是在满足用户需要的原则下,追求有效利用资源(如车辆等),达到总费用最省。另一类是一部分较大型的生产企业。它们有自己的销售网络和储运设施。这样的企业既有生产能力又有流通能力,产品全部或一部分由自己销售;同时,企业中有流通部门承担分销业务,具体组织储、运、销活动。

这两类企业的共同之处是:(1)以满足社会需求为自己的宗旨。(2)依靠一定的物流能力(储、运、包装和装卸搬运能力等)来满足社会的需求。(3)从制造企业或物资资源市场组织物资资源。DRP的原理如图3-3所示,输入三个文件,输出两个计划。

1)输入的文件

(1)社会需求文件。它包括所有用户的订货单、提货单和供货合同,以及下属子公司、企业的订货单,此外还要进行市场预测,确定一部分需求量。所有需求要按品种和需求时间进行统计,整理成社会需求文件。

(2)库存文件。对自有库存物资进行统计列表,以便针对社会需求量确定必要的进货量。

(3)生产企业资源文件。它包括可供应的物资品种和生产企业的地理位置等,其中地理位置和订货提前期有关。

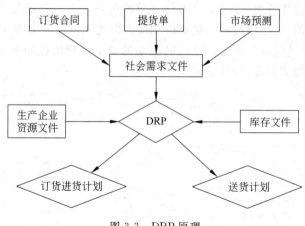

图 3-3　DRP 原理

2）输出

（1）送货计划。为了保证按时送达，对用户的送货计划要考虑作业时间和路程远近，提前一定时间开始作业。对于大批量需求可实行直送，而对于数量众多的小批量需求可以进行配送。

（2）订货进货计划。它是指从生产企业订货进货的计划。对于需求物资，如果仓库内无货或者库存不足，则需要向生产企业订货。当然，也要考虑一定的订货提前期。

3.4　逆向物流管理

3.4.1　逆向物流的含义

1. 逆向物流的内涵

目前，理论界对逆向物流概念的表述也有很多，较专业、准确地概括其特点的定义是：与传统供应链反向，为价值恢复或处置合理而对原材料、中间库存、最终产品及相关信息从消费地到起始点的有效实际流动所进行的计划、管理和控制过程。

在我国国家标准《物流术语》中对逆向物流的表述如下：

"回收物流（returned logistics）是指不合格物品的返修、退货以及周转使用的包装容器从需方返回到供方所形成的物品实体流动。比如回收用于运输的托盘和集装箱、接受客户的退货、收集容器、原材料边角料、零部件加工中的缺陷在制品等的销售方面物品实体的反向流动过程。"

"废弃物物流（waste material logistics）是指将经济活动中失去原有使用价值的物品，根据实际需要进行收集、分类、加工、包装、搬运、储存等，并分送到专门处理场所时形成的物品实体流动。"

可见，逆向物流的表现是多样化的，从使用过的包装到经处理过的计算机设备，从未售商品的退货到机械零件，等等。也就是说，逆向物流包含来自客户手中的产品及其包装品、零部件、物料等物资的流动。简而言之，逆向物流就是从客户手中回收用过的、过时的或者损坏的产品和包装开始,直至最终处理环节的过程。逆向物流是为了获得废弃物品或有缺陷物品的价值,使这些物品沿供应链相反方向流到供应链上游,经过一定形式的处理,重新获得价值。逆向物流强调的是逆向流动的整个过程的控制和实施。逆向物流从流动方向上和正向物流相反,即从下游返回上游,如图 3-4 所示。

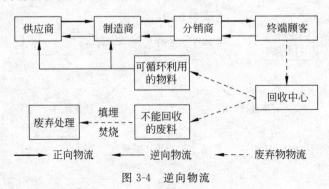

图 3-4　逆向物流

逆向物流的出现,完善了传统物料的单向运作模式,有利于减少不适当物流所带来的环境污染,减少因焚烧或填埋带来的资源浪费,同时也能降低企业处理废旧物品的成本,改善企业和整个供应链的绩效,产生巨大的社会效益和经济效益。

2.逆向物流的分类

1)按照回收物品的渠道分

按照回收物品的特点可分为退货逆向物流和回收逆向物流两部分。退货逆向物流是指下游顾客将不符合订单要求的产品退回给上游供应商,其流程与常规产品流向正好相反。回收逆向物流是指将最终顾客所持有的废旧物品回收到供应链上各节点企业。

2)按照逆向物流材料的物理属性分

按照逆向物流材料的物理属性可分为钢铁和有色金属制品逆向物流、橡胶制品逆向物流、木制品逆向物流和玻璃制品逆向物流等。

3)按成因、途径和处置方式及其产业形态分

按成因、途径和处置方式的不同,逆向物流可区分为投诉退货、终端使用退回、商业退回、维修退回、生产报废与副品以及包装 6 大类别。

3.4.2　逆向物流的特征

逆向物流作为企业价值链中特殊的一环,与正向物流相比,既有共同点,也有各自不同的特点。二者的共同点在于都具有包装、装卸、运输、储存和加工等物流功能。但是,逆向物流与正向物流相比又具有其鲜明的特殊性。

1.分散性

一般来说,逆向物流产生的地点、时间、质量和数量是难以预见的。废旧物资流可能产生于生产领域、流通领域或生活消费领域,涉及任何领域、任何单位和个人,在社会的每个角落都在日夜不停地发生。正是这种多元性使其具有分散性。而正向物流则不然,按量、准时和指定发货点是其基本要求。这是由于逆向物流发生的原因通常与产品的质量

或数量的异常有关。

2．缓慢性

开始的时候逆向物流数量少,种类多,只有在不断汇集的情况下才能形成较大的流动规模。废旧物资往往不能满足人们的需要,需要经过加工、理化处理等环节,甚至只能作为原料回收使用,这一系列过程的时间是较长的。同时,废旧物资的收集和整理也是一个较复杂的过程。这一切都决定了废旧物资的缓慢性这一特点。

3．混杂性

回收的产品在进入逆向物流系统时往往难以划分为产品,因为不同种类、不同状况的废旧物资常常是混杂在一起的。当回收产品经过检查、分类后,逆向物流的混杂性才随着废旧物资的产生而逐渐缓解。

4．多变性

由于逆向物流的分散性及消费者对退货、产品召回等回收政策的滥用,有的企业很难控制产品的回收时间与空间,逆向物流可以发自供应链上的任何环节,流动的时间、种类和数量都不易确定,掌控难度大,这就导致了多变性。多变性主要表现在 4 个方面:逆向物流具有极大的不确定性;逆向物流的处理系统与方式复杂多样;逆向物流的逆向流动性;相对高昂的成本和进入逆向物流的物品会随着逆向物流的移动出现价值的回升。

3.4.3 逆向物流管理模式

1．逆向物流系统的组成要素

1) 进入逆向物流系统的物品分析

逆向物流产生的途径多种多样,划分的标准也不尽相同。根据回返品类型的不同,其逆向物流产生的原因各不相同。这些逆向物流产品最终都将进入逆向物流系统,是逆向物流系统的组成要素之一。

(1) 停止使用的产品。随着产品生命周期的缩短,很多产品在使用功能没有完全消耗结束时就进入了淘汰期,这些产品仍然是具有价值的资源。对于该类产品,主要是采用重新制造、加工和再循环等方式加以回收。如通过对计算机重新打磨加工,复印机重新制造加工,回收品的整体或部分零件用于新产品再制造过程等。停止使用的产品也可能由于环境法规的要求必须回收。

(2) 商业返回。这类产品主要是在产品销售过程中,因为某些原因使得产品不能继续销售,从经销商返回制造商等供应链上游企业的产品。商业返回主要包括 4 类产品:

① 停售产品。这种产品在质量和规格上没有缺陷,只是由于某种原因决定停止销售。

② 季节性产品。如泳衣、滑雪板和月饼等,只在一年特定时期销售,当销售季节结束时,降价销售或通过物流系统尽可能回收部分价值。

③ 过量库存。这类产品也是在质量和规格上完好的产品,但销售进度非常缓慢,占用库存和流动资金,使机会成本增加。

④ 缺陷品。零售商或消费者发现产品在质量或规格上有残次,补偿消费者后将残次

品送回给生产商或供应商。

（3）EOL产品返回。EOL(End of Life)产品由于主体使用功能已经消耗殆尽，主要倾向于回收利用产品中有价值的部分和回收原材料。生命周期结束的产品虽然功能减退，但仍可能被利用，可以作为备件资源。

（4）包装材料。包装材料是逆向物流中重要的一类，纸箱、玻璃瓶、托盘和集装箱等不需要再处理加工，只要进行简单的清洗等工序就可以直接被再次利用。

2）逆向物流系统中产品的处置方式

逆向物流活动中包含的产品类别不同，在逆向物流系统中的处置方式也不相同。

（1）直接返回给供应商。例如，在汽车行业，大型汽车公司允许它们的经销商每年有一定数额的汽车返回量，从而使得汽车经销商有能力购买及储存其他的新型汽车。

（2）作为新产品再次出售。一些被退回的产品可能还未被使用过，或根本没有拆封，这种产品可以再次投放市场作为新产品出售。

（3）折价销售。如鞋帽服装业，一些产品由于质量问题被退货，或者商店处理的过季存货，不能再作为新产品出售，只能放到折扣商店折价销售。通过折扣店销售产品，可以减少返回产品的逆向物流操作，比其他的逆向物流处理方式获取更多的利润。

（4）出售给二手市场。如果返回的产品无法直接再出售，又不能退货给供应商，可以以低廉价格将这些产品出售给次级市场，满足特定消费者的需要。

（5）再制造恢复价值。再制造加工是对返回的产品进行重新加工，部分或全部恢复其使用价值。再生产加工出来的产品同样具有质量保证，可以作为新产品出售。

（6）材料回收。有些物品如电路板等，含有少量可以回收的有价材料，如金属和贵金属；有些则可以回收再利用，如一些高分子材料等。

2. 逆向物流系统的功能结构

1）收集

收集是以有偿或者无偿的方式从物品持有环节将各种物品返回制造企业或者某个回收中心。收集产品是一种多对一的模式，从多个节点向同一个节点流动，因此，收集的过程复杂，涉及物品数目巨大、分散，运输批量较小，物流成本较高。

2）检测与分类

由于退回产品的原因各异，产品所处的状态也不相同，必须对退回产品进行有效的检测和分类，以此来确定产品的价值和重新利用的方式，以便于下一个环节的处置。检测与分类是逆向物流系统中最重要的一个环节，这个环节效率的高低确定了逆向物流系统后期处置效率的高低。

3）再处理

回收产品经过检测和分类后，进入企业内部进行再处理。再处理通常使用的方式有再使用、再制造和再循环。通过再处理，企业可以获得回收产品残余的价值，因此，再处理效率的高低决定着整个逆向物流系统的经济效益。一般而言，再处理需要专门的设备，设备投资高昂，因此，要求回收产品数量较大，以形成规模效益。

4）废弃处理

生产过程中残余的各种边角余料，以及回收产品和零部件，由于技术等原因不能恢复使用价值的,回收可以重新利用的原材料后进入废弃处理,通过填埋和焚烧进行处置。

5）再分销

再分销是指将恢复使用价值的产品或者零部件通过特定的渠道销售给消费者。这些渠道主要有二手市场、维修服务或捐赠等。

每个企业建立的逆向物流系统或某种特殊产品的逆向物流系统都不尽相同,可能有些系统包括上述所有功能模块,而另一些只包括其中的某些功能模块。一般的逆向物流系统的功能结构如图3-5所示。

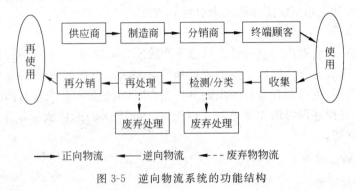

图3-5　逆向物流系统的功能结构

3.逆向物流的原则

1）事前防范重于事后处理原则

逆向物流实施过程中的基本原则是"事前防范重于事后处理",即"预防为主、防治结合"的原则。因为对回收的各种物料进行处理往往给企业带来许多额外的经济损失,这势必增加总物流成本,与物流管理的目标相违背。因而,对生产企业来说,要做好逆向物流,一定要注意遵循事前防范重于事后处理的基本原则。

2）绿色原则("5R"原则)

即 Reduce——节约资源,减少污染;Reevaluate——绿色生活,环保选购;Reuse——重复使用,多次利用;Recycle——分类回收,循环再生;Rescue——保护自然,万物共存。绿色原则即将环境保护的思想观念融入企业物流管理过程中。

3）效益原则

生态经济学认为,在现代经济和社会条件下,现代企业是一个由生态系统与经济系统复合组成的生态经济系统。物流是社会再生产过程中的重要一环,物流过程中不仅有物质循环利用和能源转化,而且有价值的转移和价值的实现。因此,现代物流涉及了经济与生态环境两大系统,理所当然地架起了经济效益与生态环境效益之间彼此联系的桥梁。经济效益涉及眼前和局部的更密切相关的利益,而环境效益则关系到更宏观和长远的利益。经济效益与环境效益是对立统一的。后者是前者的自然基础和物质源泉,而前者是后者的经济表现形式。

4）信息化原则

尽管逆向物流具有极大的不确定性,但是通过信息技术的应用(如使用条码技术、GPS技术和EDI技术等)可以帮助企业提高逆向物流系统的效率和效益。因为信息系统可以储存更多的商品信息,如有关商品的结构、生产时间、材料组成、销售状况和处理建议等信息,这样便于对进入回收流通的商品进行有效及时的追踪。

5)法制化原则

尽管逆向物流作为产业而言还只是一个新兴产业,但是逆向物流活动从其来源可以看出,它就如同环境问题一样并非新生事物,它是伴随着人类的社会实践活动而生,只不过在工业化迅猛发展的过程中使这一"暗礁"浮出水面而已。然而,正是由于人们以往对这一问题的关注较少,所以市场自发产生的逆向物流活动难免带有盲目性和无序化的特点。这亟需政府制定相应的法律法规来引导和约束。

6)社会化原则

从本质上讲,社会物流的发展是由社会生产的发展带动的,当企业物流管理达到一定水平,对社会物流服务就会提出更高的数量和质量要求。企业回收物流的有效实施离不开社会物流的发展,更离不开公众的积极参与。在国外,企业与公众参与回收物流的积极性较高,在许多民间环保组织如绿色和平组织(Green Peace)的巨大影响下,已有不少企业参与了绿色联盟。

4.废弃物物流管理

1)废弃物的种类

废弃物物流是指企业在生产过程中不断产生的、基本或完全失去使用价值,无法再重新回收利用的最终排放物的回收处理程序。根据废弃物的性质和特点通常将废弃物物流分为:

(1)固体废弃物物流。一般采用专用的垃圾处理设备及程序处理。

(2)液体废弃物物流。一般采用管道方式收集,再进行分解和净化处理后向河流排放。

(3)气体废弃物物流。一般采用管道系统直接向空气排放。

(4)产业废弃物物流。即那些被再生利用后不能再使用的最终废弃物,它的物流因产业特点而定。废弃物物流的过程基本相同,即收集和处理,但处理方式各有不同。

2)废弃物物流的合理化

废弃物流过程与能源、资源及生态环境有着密切的关系,并形成了一个将废弃物的所有发生源都包括在内的广泛的物流系统。这个系统包括3个方面:尽可能减少废弃物的排放量;对废弃物在排放前进行预处理;对废弃物进行最终处理。

(1)生产过程产生的废弃物物流的合理化

为了减少废弃物的排放,首先要从生产设计、工艺管理和人员素质等方面抓起,通过加强管理,减少废弃物的排放而减轻废弃物流的压力。所以,生产过程废弃物物流的合理化包括:建立对废弃物收集和处理的管理体系,并进行系统管理,控制废弃物的排放量;在产品设计、研制和开发中要将废弃物的收集和无害处理作为重要因素统一考虑;加强各个生产工序的管理,从而加强其对排放物回收利用的深度和广度;提高企业进行废弃物厂内合理化处理的能力,减少未经处理就直接排放到社会的影响。

(2)流通、消费领域产生的废弃物物流的合理化

这个领域的特点与生产过程不同,对废弃物的形成造成影响的主要是流通管理和环

保意识的宣传。所以,这个环节要关注的是:宣传并号召遵守相关的法律、法规,使商业企业和消费者行动起来,积极支持产品废弃物的收集和处理工作;流通企业要加强流通管理,减少流通过程中产生的废弃物物流;流通企业应规划好流通物流,将消费者消费中的产品包装废弃物及商品报废形成的废弃物纳入企业废弃物回收系统,不作为城市垃圾;建立相应机制,鼓励员工积极参与流通过程中的废弃物回收和处理工作。

(3) 企业排放废弃物物流的合理化

这是指企业最终排放的废弃物如何实现物流合理化的问题。主要应做好以下几个方面的工作:根据消费者的分布特点,建立符合当地商品流通环境的收集系统,并优化这个系统的收集和搬运程序,减少废弃物运输量;焚烧或掩埋废弃物要防止二次污染;对最终废弃物的处理采取综合考虑的策略,在废弃物处理的同时产生一些对社会有益的服务和产品。

案例分析:海尔集团物流管理

海尔集团创造了中国制造业企业的一个奇迹,借助全面的信息化管理手段,整合全球资源,快速响应市场,海尔集团取得了极大成功,其经验值得借鉴。

海尔集团取得今天的业绩,和实行全面的信息化管理是分不开的。借助先进的信息技术,海尔发动了一场管理革命:以市场链为纽带,以订单信息流为中心,带动物流和资金流的运动。通过整合全球资源和用户资源,逐步向"零库存、零营运资本和(与用户)零距离"的终极目标迈进。

1. 以市场链为纽带重构业务流程

海尔现有 10 800 多个品种,平均每天开发 1.3 个新品种,每天有 5 万台产品出库;一年的资金运作进出达 996 亿元,平均每天需做 2.76 亿元结算,1800 多笔账;在全球有近1000 家供方(其中世界 500 强企业 44 个),营销网络 53 000 多个;拥有 15 个设计中心和3000 多名海外经理人。如此庞大的业务体系,依靠传统的金字塔式管理架构或者矩阵式模式很难维持正常运转,业务流程重组势在必行。

总结多年管理经验,海尔集团探索出一套市场链管理模式。市场链简单地说就是把外部市场效益内部化。过去,企业和市场之间有条鸿沟,在企业内部,人员相互之间的关系也只是上下级或是同事。如果被市场投诉了,或者滞销了,最着急的是企业领导人;下面的员工可能也很着急,但是使不上劲。海尔集团不仅让整个企业面对市场,而且让企业里的每一个员工都去面对市场,把市场机制成功地导入企业的内部管理,把员工相互之间的同事和上下级关系变为市场关系,形成内部的市场链机制。员工之间实施SST,即索赔、索酬和跳闸:如果上道工序提供的产品和服务好,下道工序给你报酬,否则会向你索赔或者"亮红牌"。

结合市场链模式,海尔集团对组织机构和业务流程进行了调整,把原来各事业部的业务全部分离出来,整合成商流推进本部、物流推进本部和资金流推进本部,实行全集团统一营销和结算;把原来的职能管理资源整合成创新订单支持流程 3R(客户管理)和基础支持流程 3T(全面设备管理、全面质量管理),3R 和 3T 流程相应成立独立经营的服务公司。

整合后,海尔集团商流本部和海外推进本部负责搭建全球的营销网络,从全球的用户资源中获取订单;产品本部在 3R 支持流程的支持下不断创造新的产品满足用户需求;产品事业部将商流获取的订单和本部创造的订单执行实施;物流本部利用全球资源搭建全球采购配送网络,实现 JIT 订单加速流;资金流推进本部通过资金流控制搭建全面预算系统;这样就形成了直接面对市场的、完整的核心流程体系和 3R、3T 等支持体系。

商流本部和海外推进本部从全球营销网络获得的订单形成订单信息流,传递到本部、事业部和物流本部,物流本部按照订单安排配送,事业部组织安排生产;生产的产品通过物流的配送系统送到用户手中,而用户的货款也通过资金流依次传递到商流、本部、物流和供方手中。这样就形成横向网络化的同步的业务流程。

2. ERP+CRM: 快速响应客户需求

在业务流程再造的基础上,海尔集团形成了"前台一张网,后台一条链"(前台的一张网是海尔客户关系管理网站(haiercrm.com),后台的一条链是海尔集团的市场链)的闭环系统,构筑了企业内部系统、ERP 系统、物流配送系统、资金流管理结算系统和遍布全国的分销管理系统及响应 Call-Center 系统,并形成了以订单信息流为核心的各子系统之间无缝连接的系统集成。

海尔集团 ERP 系统和 CRM 系统的目的是一致的,都是为了快速响应市场和客户的需求。前台的 CRM 网站作为与客户快速沟通的桥梁,将客户的需求快速收集并反馈,实现与客户的零距离;后台的 ERP 系统可以将客户需求快速触发到供应链系统、物流配送系统、财务结算系统和客户服务系统等流程系统,实现对客户需求的协同服务,大大缩短了对客户需求的响应时间。

海尔集团于 2000 年 3 月 10 日投资成立海尔电子商务有限公司,全面开展面对供应商的 B2B 业务和针对消费者个性化需求的 B2C 业务。通过电子商务平台和定制平台与终端建立紧密的互联网关系,建立起动态企业联盟,达到双赢的目标,提高双方的市场竞争力。在海尔集团搭建的电子商务平台上,企业和供应商、消费者实现互动沟通,使信息增值。

面对个人消费者,海尔集团可以实现全国范围内的网上业务。消费者可以在海尔集团的网站上浏览、选购和支付,然后可以在家里静候海尔集团的快捷配送及安装服务。

3. CIMS+JIT: 海尔 e 制造

海尔集团的 e 制造是根据订单进行的大批量定制。海尔集团 ERP 系统每天准确自动地生成向生产线配送物料的 BOM,通过无线扫描、红外传输等现代物流技术的支持,实现定时、定量、定点的三定配送;海尔独创的过站式物流实现了从大批量生产到大批量定制的转化。

实现 e 制造还需要柔性制造系统(FMS)。在满足用户个性化需求的过程中,海尔采用计算机辅助设计与制造(CAD/CAM),建立计算机集成制造系统(CIMS)。在开发决策支持系统(DSS)的基础上,通过人机对话实施计划与控制,从物料资源规划(MRP)发展到制造资源规划(MRP Ⅱ)和企业资源规划(ERP)。还有集开发、生产和实物分销于一体的适时生产(JIT)、管理中的快速响应和柔性制造(Agile Manufacturing),以及通过网络协调设计与生产的并行工程(Concurrent Engineering)等。这些新的生产方式把信息技术革命和管理进步融为一体。

现在海尔在全集团范围内已经实施 CIMS,生产线可以实现不同型号的混流生产。为了使生产线的生产模式更加灵活,海尔有针对性地开发了 EOS 商务系统、ERP 系统、JIT 三定配送系统等六大辅助系统。正是因为采用了这种柔性制造系统(FMS),海尔不但能够实现单台计算机客户定制,还能同时生产千余种配置的计算机,而且还可以实现36 小时快速交货。

4. 订单信息流驱动:同步并行工程

海尔集团的企业全面信息化管理是以订单信息流为中心,带动物流和资金流的运动,所以,在海尔集团的信息化管理中,同步工程非常重要。

比如美国海尔公司在网上下达一万台的订单。订单在网上发布的同时,所有的部门都可以看到,并同时开始准备,相关工作并行推进。不用召开会议,每个部门只要知道与订单有关的数据,做好自己应该做的事就行了。如部门一看订单就会做出计划,设计部门也会按订单要求把图纸设计好。3 月 24 日,河北华联通过海尔集团网站的电子商务平台下达了 5 台商用空调的订单,订单号为 5000541,海尔集团物流部门和生产制造部门同时接到订单信息,在计算机系统上马上显示出负责生产制造的海尔集团商用空调事业部的缺料情况,部门与压缩机供应商在网上实现招投标工作,配送部门根据网上显示的配送清单 4 小时以内及时送料到工位。3 月 31 日,海尔商用空调已经完成定制生产,5 台商用空调室外机组已经入库。

海尔集团电子事业部的美高美彩电也是海尔实施信息化管理、采用并行工程的典型案例。传统的开发过程是串行过程,部门之间相互隔离,工作界限分明,开发按阶段顺序进行,导致开发周期长、成本高,这个过程需要 4~6 个月的时间。海尔集团电子事业部为保证美高美彩电在 2000 年国庆节前上市,根据市场的要求,原定 6 个月的开发周期必须压缩为 2 个月。以 2 个月时间为总目标,美高美彩电开发组建立开发市场链,按信息化管理的思路组建了两个网络,一个是由各部门参与的、以产品为主线的多功能集成产品开发团队;另一个是以采购供应链为主线的外部协作网络。在设计方面,美高美彩电就是通过技术人员到市场上获得用户需求信息,并把信息转化为开发概念。在流程设计方面,通过内部流程的再造和优化,整合外部的优势资源网络,在最短的时间内,以最低的成本满足了订单需求。在设计过程中,一个零部件设计出来后,就可以组织物流,而且物流参与到设计中,以提高质量。

最终海尔美高美彩电从获得订单到上市只用了两个半月的时间,创造了开发的一个奇迹。

5. 零距离、零库存:零运营资本

海尔集团认为,企业之间的竞争已经从过去直接的市场竞争转向客户的竞争。海尔集团 CRM 联网系统就是要实现端对端的零距离。海尔集团已经实施的 ERP 系统和正在实施的 CRM 系统都是要拆除影响信息同步沟通和准确传递的阻隔。ERP 是拆除企业内部各部门的"墙",CRM 是拆除企业与客户之间的"墙",从而达到快速获取客户订单,

快速满足用户需求。

传统管理下的企业根据生产计划进行采购,由于不知道市场在哪里,所以是为库存而采购,企业里有许许多多"水库"。海尔集团现在实施信息化管理,通过 3 个 JIT 打通这些"水库",把它变成一条流动的河,不断地流动。JIT 就是按照计算机系统的计划,需要多少,生产多少。JIT 送料指各种零部件暂时存放在海尔集团立体库,然后由计算机进行配套,把配置好的零部件直接送到生产线。海尔集团在全国建有物流中心系统,无论在全国什么地方,海尔都可以快速送货,实现 JIT 配送。

库存不仅仅是资金占用的问题,最主要的是会形成很多的呆坏账。现在电子产品更新很快,一旦换代,原材料和产成品价格跌幅均较大,产成品积压的最后出路就只有降价,所以会形成市场上的价格战。不管企业说得多么好听,降价的压力就是来自库存。海尔集团用及时配送的时间来满足用户的要求,最终消灭库存的空间。

运营资本,国内叫做流动资产。流动资产减去流动负债等于零,就是零营运资本。简单地说,就是应该做到现款现货。要做到现款现货就必须按订单生产。

海尔集团有一个观念:"现金流第一,利润第二"。"现金流第一"是说企业一定要有现金流的支持,因为利润是从损益表看出的,但是资产负债表和损益表编制的原则都是权责发生制。产品出去以后就产生了销售,但资金并没有回来。虽然可以计算收入,也可以计算利润或税收,但没有现金支持。所以国家有关部门提出,上市公司必须编制第三张表:现金流量表。

加入 WTO 以后,中国企业将面临更加激烈的竞争。海尔集团将保持 CRM 精神,优化 SCM 效果,推广 ERP 应用,支持海尔集团的第三方商流和第三方物流的发展要求,成为第三方的信息应用平台,使海尔集团融入"全球一体化"的经营理念中。

📚 思考题

1. 什么是采购?采购的流程包括哪些?
2. 什么是供应商关系管理?如何选择供应商?
3. 企业生产物流的目标是什么?
4. JIT 生产的核心思想是什么?
5. 销售物流的主要环节包括哪些?
6. 逆向物流有哪些特点?

第 4 章 供应链合作伙伴关系

核心要点

- 供应链合作伙伴关系的含义和特征
- 供应链合作伙伴关系的形成与发展
- 建立供应链合作伙伴关系的制约因素
- 选择供应链合作伙伴的方法与步骤

4.1 供应链合作伙伴关系概述

4.1.1 供应链合作伙伴关系的含义和特征

1. 供应链合作伙伴关系的含义

供应链合作伙伴关系(Supply Chain Partnership, SCP),也就是供应商-制造商(Supplier-Manufacturer)关系,或者称为卖主/供应商-买主(Vendor/Supplier-Buyer)关系、供应商合作伙伴关系(Supplier Partnership)。供应链合作伙伴关系可以定义为供应商与制造商之间在一定时期内的共享信息、共担风险和共同获利的协议关系。

供应链合作伙伴关系形成于集成化供应链管理环境下,形成于供应链中为了特定的目标和利益的企业之间。供应链合作伙伴关系形成的原因通常是为了减少供应链总成本,降低库存水平,增强信息共享,改善相互之间的交流,保持战略伙伴相互之间操作的一贯性,产生更大的竞争优势,以实现供应链节点企业的财务状况、质量、产量、交货期、用户满意度和业绩的改善和提高。显然,战略合作关系必然要求强调合作和信任的重要性。

实施供应链合作伙伴关系就意味着新产品/技术的共同开发、数据和信息的交换、市场机会共享和风险共担。在供应链合作关系环境下,制造商选择供应商不再只是考虑价格,而是更注重选择能在优质服务、技术革新和产品设计等方面进行良好合作的供应商。供应商为制造企业的生产和经营供应各种生产要素(原材料、能源、机器设备、零部件、工具、技术和劳务服务等)。供应商所提供要素的数量和价格直接影响到制造企业生产的好坏、成本的高低和产品质量的优劣。因此,制造商与供应商的合作关系应着眼于以下几个方面。

(1) 让供应商了解企业的生产程序和生产能力,使供应商能够清楚地知道企业需要产品或原材料的期限、质量和数量。

（2）向供应商提供自己的经营计划、经营策略及其相应的措施，使供应商明确企业的期望，以使其能随时达到企业要求的目标。

（3）企业与供应商要明确双方的责任，并各自向对方负责，使双方明确共同的利益所在，并为此团结一致，以达到双赢的目的。

供应链合作伙伴关系发展的主要特征就是从以产品/物流为核心转向以集成/合作为核心。在集成/合作逻辑思想指导下，供应商和制造商把他们相互的需求和技术集成在一起，以实现为制造商提供最有用产品的共同目标。因此，供应商与制造商的交换不仅仅是物质上的交换，还包括一系列可见和不可见的服务（R&D、设计、信息和物流等）。

供应商要具备创新能力和良好的设计能力，以保证交货的可靠性和时间的准确性。这就要求供应商采用先进的管理技术（如 JIT、TQM 等），管理和控制中间供应商网络。而对制造商来说，要提供的活动和服务包括控制供应市场、管理和控制供应网络、提供培训和技术支持、为供应商提供财务服务等。

供应链合作伙伴关系需要以下几个充分条件：双方的独立性，相互间的利益共享，在一个或多个战略关键领域的持续合作。在集成化供应链管理环境下，供应链合作伙伴关系的运作需要减少供应商的数量，并使相互间的连接更加紧密。因此，企业会寻找和筛选出最适合自己的合作伙伴，为达到共同的目标，结成长期的合作伙伴关系。

2. 供应链合作伙伴关系的特点

随着企业在质量、价格、时间、柔性和创新等竞争领域的经营业绩越来越依赖于供应商网络，合作伙伴关系和有效供应商管理变得越来越重要。传统的一般关系的首要目标是使购买的产品或服务的价格降低到最低限度，这种关系通常采用 3 种方法：

（1）买方向供应商大量购货，通过挑起供应商之间的竞争获得价格好处，同时保证供应的连续性。

（2）买方通过在供应商之间分配采购数量，对供应商加以控制。

（3）买方与供应商保持正常的关系，仅仅采用短期合同。

尽管这种策略降低了购买价格，但是它无助于激励供应商提供增值服务，采用技术改进、流程创新以及其他可能获得竞争优势的方法，也不利于建立买方和卖方长期的合作关系。

在新的竞争环境下，供应链战略合作伙伴关系研究强调直接的、长期的合作，强调共有的计划和共同解决问题的能力，强调相互之间的信任与合作。这与传统的关系模式有着很大的区别。这种与供应商建立伙伴关系的趋势，促使组织减少了供应商数目，同时也引起与供应商处理业务方式上的变革。业务外包（outsource）的趋势增加了企业对供应商的依赖性。许多企业开始寻求与供应商建立更加紧密和互动的关系，在诸如新产品开发、供应商发展和信息共享等方面进行合作。

供应链合作伙伴关系具有以下几个特征。

（1）双方高度的信任机制。

（2）供应链合作伙伴关系是基于协议的合作关系。

（3）供应链合作伙伴关系是一种竞争性的合作关系。

（4）供应链合作伙伴关系具有相对稳定性。

(5) 供应链合作伙伴关系最本质的特征是运作协调性。

供应链合作伙伴关系与传统供应商关系的区别如表 4-1 所示。

表 4-1　供应链合作伙伴关系与传统供应商关系的比较

比较内容	传统供应商关系	供应链合作伙伴关系
相互交换的主体	物料	物料、服务
关系基础	以交易为基础	以联盟为基础
稳定性	短期关系	长期、稳定、合作关系
供应商数量	多	少
供应商规模	小	大
相互关系	竞争	合作
供应商选择标准	强调价格	多种标准
信息交流	信息专用	信息共享
质量控制	输入检查控制	质量保证
选择范围	投标评估	广泛评估可增值的供应商

4.1.2　建立供应链合作伙伴关系的重要意义

供应链合作伙伴关系形成于供应链中为了特定的目标和利益的企业之间,形成的原因通常是为了减少供应链的总成本,降低库存水平,增强信息共享,改善相互之间的交流,保持战略合作伙伴相互之间操作的一贯性,产生更大的竞争优势,以实现供应链节点企业的财务状况、质量、产量、交货期、用户满意度和业绩的改善和提高。显然,选择了合适的战略合作伙伴,必然将使核心企业在很多方面产生一系列在传统的"纵向一体化"管理模式中所无法比拟的巨大优势,从而提高整个供应链的竞争能力。然而,如果选择了不合适的供应链战略合作伙伴,所带来的破坏性也是十分巨大的。

供应链合作伙伴关系是供应链管理的核心内容。在供应链管理条件下,供应商、制造商和分销商的关系是基于技术上的合作,通过增加产品的价值以达到双赢的效果。在每个供应链组织中,个体之间的关系演变为合作的关系。市场的竞争相应地从企业之间的竞争扩展为供应链之间的竞争,供应链上各企业之间的关系也由个体之间的竞争关系演变为供应链上群体之间的竞争合作关系,这就使得对供应链合作关系的研究显得尤为重要。通过企业间的合作实现整个供应链利益的最大化;通过协调合作关系,使收益在各成员间合理分配,使成员利益都得以提高,促进成员在竞争中实现合作。

从供应链合作关系在缩短供应链总周期时间中的地位可以看出供应链合作伙伴关系对于供应链管理企业的重要意义,如图 4-1 所示。

速度是企业赢得竞争的关键所在,供应链中的制造商要求供应商加快生产运作速度,通过缩短供应链总周期时间,达到降低成本和提高质量的目的。从图 4-1 中可以看出,要缩短总周期,主要依靠缩短采购时间、内向(Inbound)运输时间、外向(Outbound)运输时间和设计制造时间(制造商与供应商共同参与),显然加强供应链合作关系运作的意义重大。通过建立供应商与制造商之间的战略合作关系可以达到以下目标。

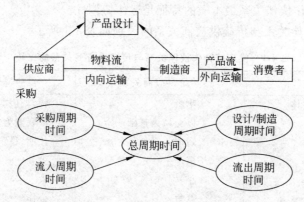

图 4-1　供应链总周期时间

（1）对于制造商/买主：

① 降低成本（降低合同成本）；

② 实现数量折扣和稳定而有竞争力的价格；

③ 提高产品质量和降低库存水平；

④ 改善时间管理；

⑤ 交货提前期的缩短和可靠性的提高；

⑥ 提高面向工艺的企业规划；

⑦ 获得更好的产品设计和对产品变化更快的反应速度；

⑧ 强化数据信息的获取和管理控制。

（2）对于供应商/卖主：

① 保证有稳定的市场需求；

② 对用户需求有更好的了解/理解；

③ 提高运作质量；

④ 提高零部件生产质量；

⑤ 降低生产成本；

⑥ 提高对买主交货期改变的反应速度和柔性；

⑦ 获得更高的利润（与非战略合作关系的供应商相比）。

（3）对于双方：

① 改善相互之间的交流；

② 实现共同的期望和目标；

③ 共担风险和共享利益；

④ 共同参与产品和工艺开发，实现相互之间的工艺集成、技术和物理集成；

⑤ 减少外在因素的影响及其造成的风险；

⑥ 降低投机思想和投机几率；

⑦ 增强矛盾冲突解决能力；

⑧ 在订单、生产和运输上实现规模效益以降低成本；

⑨ 减少管理成本；

⑩ 提高资产利用率。

虽然有这些利益的存在,仍然存在许多潜在的风险会影响供应链合作伙伴关系的参与。最重要的是,过分地依赖一个合作伙伴,可能在该合作伙伴不能满足其期望要求时造成惨重损失。同时,企业可能因为对战略合作关系的失控、过于自信或合作伙伴的过于专业化等原因降低竞争力。而且,企业可能过高估计供应链合作关系的利益而忽视了潜在的缺陷。所以企业必须对传统合作关系和供应链合作伙伴关系策略做出正确对比,再做出最后的决策。

需要提醒的是,研究表明,结成战略合作关系后,其优势一般要等到3年以后才能显现。因此,将供应链合作伙伴关系当作企业的短期行为是不可取的。

4.2 供应链合作伙伴关系的形成及其制约因素

4.2.1 供应链合作伙伴关系的形成与发展

1. 供应链合作伙伴关系形成的驱动力

供应链合作伙伴关系形成的驱动力来源于多个方面,可能包括:

(1) 企业间资源依赖的互补。企业必须要与它所处的环境进行交换来获取需要的资源,这就需要企业与外部各种实体之间相互依赖,有助于企业长期绩效的产生。

(2) 企业战略的选择。企业建立合作伙伴关系是为了提高自己的竞争能力或市场营销能力。合作伙伴关系建立的原因也是多种多样的,不单纯是从某种资源需求或交易成本的角度进行考虑,战略合作选择的范围较为广泛。

(3) 企业相互学习的需要。企业之间建立合作伙伴关系可以使其获得新的学习机会,从对方获取新的技术和技能,并通过自身创新和发现利用增强企业优势,优化学习曲线,达到发展和壮大的目的。

(4) 制度完善的需要。制度环境和社会规范会给企业形成压力。企业必须向着社会规范的方向努力,最好加入到合作伙伴的关系之中,获得别人的信任以及一些相关资源,以提高规范化和制度化的能力,帮助自己得到关键资源和经验,使声誉与社会价值、环境相吻合。

(5) 关系加强的途径。企业的关键资源可能在组织的边界之外,这就需要它们内外构建关系形成新的竞争优势,如特定关系资产、共同拥有的知识、互补的资源和能力和有效的管理机制。合作方关系的设定应有利于协同发展和提高生产率,关系构筑越强,企业获取经验和资源的能力也就越强,对手越难于模仿。

(6) 交易成本的降低。企业合作是为了共同的利益,并且避免成员间的机会主义行为,以减少控制和监督成本(合作关系还可以避免单个成员内部生产不擅长或成本过高的产品)(Williamson,1985)。而我们认为企业合作的目的在于如何组织它的跨企业边界的活动以达到生产和交易成本的总和最小,合作是对市场和企业的两极结构的补充方案,因此企业自我制造和购买可以扩展为制造、购买或者合作获得,企业间的合作也会因为自身的特殊性而在动机上有所不同,但是其目的就是要增强自身优势,获取较高的经济效益。

综合来看,以下 3 个方面是最主要的因素。

(1) 企业核心竞争力。

企业核心竞争力理论首先源于现代企业理论的局限性。现代企业理论认为企业作为一种行政协调机制或一种契约组织,强调的都是交易过程中的各种"规则",这种理论忽视了企业作为社会经济组织所具有的独特的"生产"特性。以这一理论作指导,有些西方经济学家对企业决策机制、供应机制、生产机制和销售机制等区分都不再考虑生产成本,而仅仅关注交易成本,背离了现实,无法有效解释现实企业实践中的一些重要现象。

企业核心竞争力理论的迅速兴起同时也源于主流企业战略理论的缺憾。在管理科学的发展历程中,18 世纪中后期到 19 世纪末期是经验管理,20 世纪初至 40 年代信奉科学管理,20 世纪 40 年代末至 60 年代末奉行行为科学,20 世纪 60 年代末至 70 年代崇尚战略管理。到 20 世纪 80 年代初,迈克尔·波特的竞争战略理论成为战略管理理论的主流。这一理论的核心是波特提出的"五性分析模型",即在对企业竞争者、购买者、供应者、替代者和潜在竞争者(产业潜在进入者)5 种力量进行分析的基础上确定企业的竞争优势。波特的竞争战略理论实际上是将以结构-行为-绩效为主要内容的产业组织理论引入企业战略管理领域中,有关产业结构、产业内优劣对比、进入壁垒、退出壁垒、壁垒后的相互勾结等概念和相关理论,为解释企业如何制定战略获得持续超额利润提供了较为可靠的经济学分析。但是波特的理论没能突破把企业视为"黑箱"的局限,它实际上是以产业作为研究对象,并没有很好地站在企业的角度分析企业竞争战略的制定和实施,不能有效地指导企业的实践。鉴于以上原因,有些人把影响企业竞争的核心要素归结为它所拥有的特殊能力,从企业内在成长的角度分析企业,并由此提出了企业核心竞争力理论。

进入 20 世纪 90 年代以来,关于企业竞争力的研究开始逐渐转移到企业核心竞争力领域,因为从长远考察,企业竞争优势来源于以比竞争对手更低的成本、更快的速度去发展自身的能力,来源于能够产生更高的、具有强大竞争力的核心能力。由于任何企业所拥有的资源都是有限的,它不可能在所有的业务领域都获得竞争优势,因而必须将有限的资源集中在核心业务上。

所谓核心竞争力,可以定义为企业借以在市场竞争中取得并扩大优势的决定性的力量。例如,本田公司的引擎设计及制造能力,联邦航空公司的追踪及控制全世界包裹运送的能力,都使他们在本行业及相关行业的竞争中立于不败之地。一家具有核心竞争力的公司,即使制造的产品看起来不怎么样,像万宝路公司生产极多的相关性很低的产品,但它却能利用核心能力使公司整体蓬勃发展,扩大了原来局限于香烟的竞争优势。

企业能够在供应链中长久发展,并不是光靠表面的策略,关键是企业能否找到自己的核心竞争力,并且利用它向外发展。随着企业竞争的加剧,越来越多的企业将重心放在企业的核心竞争力上,将企业的非核心竞争力相关的业务通过其他方式获得或配置,在这个过程中,企业必然需要和上下游其他相关企业合作。因此,与其他企业的合作伙伴关系是保持核心竞争力的有效手段。供应链伙伴关系既是保持和增强自身核心竞争力的需要,也是企业在其他领域利用其他企业核心竞争力的手段。

(2) 不断变化的顾客期望。

随着行业企业竞争的加剧和人们生活水平的不断提高,企业之间的竞争因素在不断转变。早期,在供不应求时期,企业之间的竞争是基于产量的竞争,企业为了获取竞争优势,期望不断增加企业的生产能力,并掌握大量的生产资料。随着经济的发展,参与竞争的企业不断增加,产品由供不应求逐渐转变为供大于求,竞争的因素由产量转变为价格,企业努力降低产品的价格获取市场份额。其后,竞争的因素经由质量、品种、交货期等的转变,企业的竞争方式也不断改变。在这一系列的改变过程中,顾客的期望在不断变化,企业的竞争焦点是如何快速地满足不断变化的顾客期望。

顾客期望的不断变化,要求企业能够提供个性化的产品设计,广阔的产品选择范围,优质的质量和可靠性,快速满足顾客要求的高水平的顾客服务。而单个企业显然无法做到这一点,传统的纵向一体化的企业管理模式必然向快速、灵活的横向一体化管理模式转变。企业只有借助上下游合作企业的力量,才能够快速地重构供应链,满足不断变化的顾客期望,即企业只有通过合作伙伴关系来满足顾客的期望。

(3) 外包战略。

供应链管理注重的是企业核心竞争力,强调根据企业的自身特点,专门从事某一领域、某一专门业务,在某一点形成自己的核心竞争力,这必然要求企业将其他非核心竞争力业务外包给其他企业,即所谓的业务外包。

传统"纵向一体化"模式已经不能适应目前技术更新快、投资成本高、竞争全球化的制造环境。现代企业应更注重于高价值生产模式,更强调速度、专门知识、灵活性和革新。与传统的"纵向一体化"控制和完成所有业务的做法相比,实行业务外包的企业更强调集中企业资源于经过仔细挑选的少数具有竞争力的核心业务,也就是集中在那些使他们真正区别于竞争对手的技能和知识上,而把其他一些虽然重要但不是核心的业务职能外包给世界范围内的"专家"企业,并与这些企业保持紧密合作的关系。从而使自己企业的整个运作提高到世界级水平,而所需要的费用则与目前的开支相等甚至有所减少,并且还往往可以省去一些巨额投资。更重要的是,实行业务外包的公司出现财务麻烦的可能性仅为没有实行业务外包公司的三分之一。把多家公司的优秀人才集中起来为我所用的概念正是业务外包的核心,其结果是使现代商业机构发生了根本的变化。企业内向配置的核心业务与外向配置的业务紧密相联,形成一个关系网络(即供应链)。企业运作与管理也由"控制导向"转为"关系导向"。

业务外包推崇的理念是,如果在供应链上的某一环节不是世界上最好的,并且又不是自己的核心竞争优势,而这种活动又不至于与客户分开,那么可以把它外包给世界上最好的专业公司去做。也就是说,首先确定企业的核心竞争力,并把企业内部的智能和资源集中在那些有核心竞争优势的活动上,然后将剩余的其他企业活动外包给最好的专业公司。供应链环境下的资源配置决策是一个增值的决策过程,如果企业能以更低的成本获得比自制更高价值的资源,那么企业应选择业务外包。以下是促使企业实施业务外包的原因。

① 分担风险。

企业可以通过外向资源配置分散由政府、经济、市场和财务等因素产生的风险。企业本身的资源和能力是有限的,通过资源外向配置,与外部的合作伙伴分担风险,企业可以变得更有柔性,更能适应变化的外部环境。

② 加速重构。

企业重构需要花费企业很多的时间,并且获得效益也要很长的时间,而业务外包是企业重构的重要策略,可以帮助企业很快解决业务方面的重构问题。

③ 企业难以管理或失控的辅助业务职能。

企业可以将在内部运行效率不高的业务职能外包。但是这种方法并不能彻底解决企业的问题,相反,这些业务职能可能在企业外部变得更加难以控制。在这种时候,企业必须花时间去找到问题的症结所在。

④ 使用企业不拥有的资源。

如果企业没有有效完成业务所需的资源(包括所需现金、技术和设备),而且不能盈利时,企业也会将业务外包。这是企业临时外包的原因之一,但是企业必须同时进行成本/利润分析,确认在长期情况下这种外包是否有利,由此决定是否应该采取外包策略。

⑤ 降低和控制成本,节约资本资金。

许多外部资源配置服务提供者都拥有能比本企业更有效、更便宜地完成业务的技术和知识,因而他们可以实现规模效益,并且愿意通过这种方式获利。企业可以通过外向资源配置避免在设备、技术和研究开发上的大额投资。

因此,企业通过业务外包可以获得成本优势、质量优势、柔性优势、专业优势和核心竞争力优势。企业业务外包的过程也是企业合作关系形成和管理的过程,业务外包的战略是供应链合作关系形成的另一驱动力。

2. 供应链合作伙伴关系的发展

从国内外学者的研究文献中可以清楚地看到,对供应链管理模式的认识,人们强调得最多的就是企业间的战略伙伴关系,把基于这种新型企业关系的管理模式和传统的企业关系的管理模式区别开来,就形成了供应链管理模式,这是近年来企业关系发展的新动向。从历史上看,企业关系大致经历了 3 个发展阶段,如图 4-2 所示。

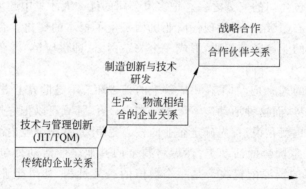

图 4-2　企业关系演变过程

从传统的企业关系过渡到创新的合作企业关系模式,经历了从以生产和物流相结合为特征的物流关系(20 世纪 70 年代到 80 年代),到以战略协作为特征的合作伙伴关系(20 世纪 90 年代)这样的过程。在传统的观念中,供应管理就是物流管理,企业关系主要是买卖关系。基于这种企业关系,企业的管理理念是以生产为中心的,供销处于次要的、附属的地位,企业间很少沟通与合作,更谈不上企业间的战略联盟与协作。

从传统的以生产为中心的企业关系模式向物流关系模式转化,JIT 和 TQM 等管理思想起着催化剂的作用。为了达到生产的均衡化和物流同步化,必须加强部门间、企业间的合作与沟通。但是,基于简单物流关系的企业合作关系可以认为是一种处于作业层和技术层的合作。在信息共享(透明性)、服务支持(协作性)、并行工程(同步性)、群体决策(集智性)、柔性与敏捷性等方面都不能很好地适应越来越剧烈的市场竞争的需要,企业需要更高层次的合作与集成,于是产生了基于战略伙伴关系的企业模型。

具有战略合作伙伴关系的企业体现了企业内外资源集成与优化利用的思想。基于这种企业运作环境的产品制造过程,从产品的研究开发到投放市场的周期大大地缩短了,而且顾客导向化(customization)程度更高,模块化、简单化产品、标准化组件的生产模式使企业在多变的市场中柔性和敏捷性显著增强,虚拟制造与动态联盟加强了业务外包这种策略的利用。企业集成即从原来的中低层次的内部业务流程重组(BPR)上升到企业间的协作,这是一种最高级别的企业集成模式。在这种企业关系中,市场竞争的策略最明显的变化就是基于时间的竞争(time-based)和价值链(value chain)的价值让渡系统管理,或基于价值的供应链管理。

4.2.2 建立供应链合作伙伴关系的制约因素

企业之间能否建立供应链合作伙伴关系受到多种因素的综合影响。良好的供应链合作关系首先必须得到最高管理层的支持和协商,并且企业之间要保持良好的沟通,建立相互信任的关系。在供应商评价和选择阶段,总成本和利润的分配、文化兼容性、财务稳定性、合作伙伴的能力和定位(自然地理位置分布)以及管理的兼容性等将影响合作关系的建立。到了供应链合作伙伴关系建立的实质阶段,需要进行期望和需求分析,相互之间需要紧密合作,加强信息共享,相互进行技术交流和提供设计支持。在实施阶段,相互之间的信任最为重要,良好愿望、柔性、解决矛盾冲突的技能、业绩评价(评估)、有效的技术方法和资源支持等都很重要。因此,要建立良好的供应链合作伙伴关系,需要考虑以下几个方面的影响因素。

(1) 企业高层管理者的态度和合作愿景。企业高层管理者的态度和合作愿景对供应链合作伙伴关系的形成起着重要的作用。良好的供应链关系首先必须得到公司高层的支持。有了高层领导的理解和支持,并且在高层领导之间建立了直接沟通机制,才有可能建立企业之间的相互信任。通过建立共同愿景,可以使供应链各方明确努力的方向,克服阻力和困难,不断努力达到共同的目标。

(2) 企业文化。每个企业都有其独特的企业文化,企业文化渗透于企业管理的全过程,影响着企业员工的行为选择。在建立供应链合作伙伴关系时,需要了解对方的企业结构和文化,解决社会、文化和态度之间的障碍,并适当地改变企业的结构和文化,以使合作双方认同彼此的企业文化,奠定合作的基础。

(3) 组织结构。传统的垂直型的组织结构使得每一个职能部门都倾向于独立完成上级交办的任务,独立评估,而不会去考虑与其他企业的合作和整体的效益,也较少对企业外部流程和跨企业流程进行重组。而供应链管理的变革却是跨组织职能界限的,它要求企业与其他企业相互配合,改善流程结构和组织架构以实现高效的合作。

(4) 企业间的信息共享。供应链中的企业是互相独立的实体,存在着个体理性。这种个体理性会导致企业追求自身效益最大化。如果企业间缺乏必要的信任,节点企业会把一些信息作为私有信息而不愿公开,或对来自其他成员企业的信息持过分谨慎的态度,这些都会导致信息发生曲解和信息流通不畅,从而进一步影响供应链合作伙伴关系的建立。

4.2.3 现阶段我国企业合作模式中存在的问题

1. 存在的问题

由于国内企业供应链管理思想尚未形成和得到普及,在相当长一段时期内,国内企业的企业机制和管理思想都滞后于市场经济发展的要求。结合国内企业实践加以分析,现阶段我国企业在合作模式中存在的主要问题体现在以下几个方面。

(1) 缺乏主动出击市场的动力和积极性。调查结果表明,企业外部资源利用低,企业与供应商的合作还没有形成战略伙伴等具有战略联盟的关系,传统的计划经济体制下"以我为主"的山头主义思想仍然在许多企业存在,跨地区、跨国界的全球供应链为数不多。

(2) 许多国有企业虽然有一定的市场竞争能力,但是在与其他企业进行合作的方式上,仍然习惯于按照计划经济模式办事,没有进行科学的协商决策和合作对策研究,缺乏市场竞争的科学意识。

(3) 由于国有企业特殊的委托-代理模式,委托代理的激励成本(incentive cost)远大于市场自由竞争的激励成本,代理问题中的败德行为相当严重。

(4) 国有企业委托人的典型特征是委托人的双重身份、双重角色(既是委托人又是代理人),代理人问题比其他类常规代理人的问题更复杂。

(5) 企业合作关系中短期行为普遍存在。由于委托代理人问题的特殊性,国有企业普遍存在短期行为,企业的协商过程带有很强的非经济因素和个人偏好行为。

(6) 由于计划经济体制下的棘轮效应(ratchet effect)的存在,企业在合作竞争中的积极性和主动性不高;此外,我国目前市场资源的结构配置机制并不符合规范的帕累托配置模型,资源配置的效率低,交易成本较高,委托代理实现过程中由于信息非对称性导致国有资产流失等问题都十分棘手。

(7) 基于 Internet/Intranet 的供应链模式是供应链企业合作方式与委托代理实现的未来发展方向,但是我国许多企业没有充分利用 EDI/Internet 等先进的信息通信手段,企业之间的信息传递工具落后。与此同时,在利用 Internet/Intranet 进行商务活动的过程中,缺乏科学的合作对策与委托实现机制,法律体系不健全,信用体系不完善。1998 年,在海南某公司和香港某公司进行在线电子商务时发生了我国首例电子商务诈骗案,充分说明我国企业在进行全球供应链活动中进行合作对策与委托实现机制研究的重要性。

这些问题的存在,使得供应链管理思想在我国企业中应用受到的阻力比想象的要大得多,而企业改革的深入又迫切需要改变现有的企业运行机制和管理模式。因此,完善供应链管理思想运作方法,解决我国企业在实施供应链管理过程中迫切需要解决的企业合作对策与委托代理实现机制问题是关系到供应链管理模式能否在我国得到很好实施的关键。

2. 上下游企业合作关系管理的发展趋势

Internet 和电子商务将使供应商与客户的关系发生重大的改变，其关系将不再仅仅局限于产品的销售，更多的将是以服务的方式满足客户的需求来替代将产品卖给客户。越来越多的客户不仅以购买产品的方式来实现其需求，而是更看重未来应用的规划与实施、系统的运行维护等。从本质上讲他们需要的是某种效用或能力，而不是产品本身，这将极大地改变供应商与客户的关系。

全球供应链系统合作关系的六大发展趋势将影响制造商和其顾客之间在全球范围内进行交易的方式。

（1）Internet 把合作关系推动到了一个新的水平。在新型的 B2B 商业时代，新一代提供商已经能在爆炸性的数据扩张条件下管理交易进行的情况，成千上万的商家为提供贸易的宿主权而进行激烈的竞争，这个竞争推动了信息化的进程。还有一些公司在客户端配备复杂的软件来完成企业内部和外部之间处理过程的革命化变革。应用程序提供商（ASP）开始大行其道，各个客户不必购买商业软件，而是从 ASP 服务商处租用，解决了自己装软件并进行维护的复杂安装和无穷的升级烦恼，这种烦恼对于企业资源计划系统（ERP）的购买者来说更是切肤之痛，所以 ASP 大有作为。

（2）外包成为一个成熟的概念。产品提供商已经不再是顾客首先想到的解决问题者。经常是由于供应商满足不了顾客的实际需要导致客户关系的失败。这些失败对于所有参与其中的人员都是一个教训，它使得供应商不要承诺其提供不了的服务，客户也要采取更实际的期望。外包的概念于是深入人心。

（3）真正的合作关系逐渐在形成。在很多的情况下，公司愿意将一小部分供应链系统外包出去，作为对供应商能力的一个测验。而公司以后会继续把其他更多的部分交出去，让更加专业的公司去做，同时双方保持一种良好的交流合作关系，公司不会停止对全部处理过程的控制权利。

（4）没有保障的合作。合作关系已经到来，但也可以说可能很快又要结束或者溜开，有时是因为一些超越双方所能控制的原因，说到根本还是利益的所在。这样的结合有可能从开始就是一个不般配的。合并和收购可以改变公司长期的交易，成功的公司常常持续不断地再次评价其制造商，一个性能上的故障将很快结束一个合作关系。

（5）尽管已经取得了一定的进步，寻找真正的全球供应商的活动还在继续。许多缺乏内部处理流程的公司转而寻求全球范围内的资源、制造和销售。由于有了 Internet 这个神奇的驱动，企业都在快速地向全球规模的合作前进。一些公司已经宣称找到了理想的合作伙伴，但实际上只有很少的公司真正达到了所有的要求。

（6）高级质量的客户服务是成功商业计划的重要部分。有这样一个事实：很少公司真正按照承诺实现所应该实现的，但不要太看重这一点。从整体上来说，目前所有的努力都集中在满足前端销售的服务，并提供响应的同等可靠的售后支持服务，这是向高质量客户服务进展的一个必要的过程。

4.3　供应链合作伙伴的选择

合作伙伴的评价选择是供应链合作关系运行的基础。合作伙伴在整个供应链中处于非常重要的地位，合作伙伴对于企业生存和发展起着至关重要的作用，他们的业绩对相关企业的影响越来越大，在交货、产品质量、提前期、库存水平以及产品设计等方面都制约着下游企业的成功与否。合理地选择并建立合作伙伴关系可以节约成本，为产品创造新的附加价值等。正确理解合作伙伴关系管理的重要性、选择的原则、运作模式与方法，是当今企业在全球化、信息化市场经济竞争中赖以生存的一个基本保障，更是现代企业谋求发展壮大的一个必然要求。

4.3.1　选择供应链合作伙伴的方法

在供应链管理环境下，供应链合作关系的运作需要减少供应源的数量（短期成本最小化的需要，但是供应链合作关系并不意味着单一的供应源），相互的连接变得更专有（紧密合作的需要），并且制造商会在全球市场范围内寻找最杰出的合作伙伴。由此可以把合作伙伴分为两个层次：重要合作伙伴和次要合作伙伴。重要合作伙伴是少而精的、与制造商关系密切的合作伙伴；而次要合作伙伴是相对多的、与制造商关系不很密切的合作伙伴。供应链合作伙伴关系的变化主要影响重要合作伙伴，而对次要合作伙伴的影响较小。

根据合作伙伴在供应链中的增值作用及其竞争实力，可将合作伙伴分成不同的类别，如图 4-3 所示。

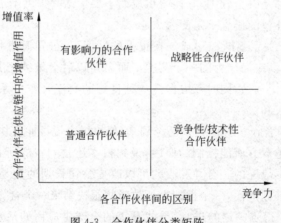

图 4-3　合作伙伴分类矩阵

在图 4-3 中，纵轴代表的是合作伙伴在供应链中增值的作用，对于一个合作伙伴来说，如果它不能对增值作出贡献，它对供应链的其他企业就没有吸引力。横轴代表某个合作伙伴与其他合作伙伴之间的区别，主要是设计能力、特殊工艺能力、柔性和项目管理能力等方面的竞争力的区别。

在实际运作中，应根据不同的目标选择不同类型的合作伙伴。对于长期需求而言，要求合作伙伴能保持较高的竞争力和增值率，因此最好选择战略性合作伙伴；对于短期或某一短暂市场需求而言,只需选择普通合作伙伴满足需求即可,以保证成本最小化;对于中期需求而言,可根据竞争力和增值率对供应链的重要程度的不同,选择不同类型的合作伙伴(有影响力的或竞争性/技术性合作伙伴)。

1. 供应链战略合作伙伴选择的原则

(1)合作伙伴必须拥有各自的核心竞争力。唯有合作企业拥有各自的核心竞争力,并使各自的核心竞争力相结合,才能提高整条供应链的运作效率,从而为企业带来可观的贡献。只有合作伙伴努力发展自己的核心价值,才能使企业在整条供应链保持良好的运行和获得相应的利益。

(2)拥有相同的企业价值观及战略思想。若价值观及战略思想差距太大,合作必定以失败而告终。且企业要有良性的战略目标与积极向上的价值观,企业的经营形象受大众的好评。

(3)合作伙伴之间工艺技术的连贯性。供应链合作伙伴的展开必须在技术上保持一致标准,包括产品设计和制造工艺的连贯性。工艺上的差异或供应商现在、未来制造能力的局限,都会限制供应商在被引入战略合作伙伴后的先进生产技术的引进,从而影响整个供应链的运作。

(4)企业的业绩和经营状况。一个企业过去年度里的经营状况往往成为选择长期合作伙伴的重要因素。业绩好的企业一般比较容易被接纳,也很容易进入合作角色。

(5)有效的交流和信息共享。在选择合作伙伴的过程中,只有更好地与被选择方加强交流,才能提供更多的战略信息,使评价过程和结果更具有可信度和参考价值。

根据国内外的统计资料,企业选择合作伙伴时大多集中在企业产品质量、价格、交货提前期、批量柔性和品种多样性等标准,目前还没有一个统一的指标体系。对各个行业来说,由于行业的特性,选择合作伙伴的标准也会有很大不同,在现阶段,企业选择合作伙伴往往取决于各企业的偏好。

2. 选择合作伙伴的常用方法

1)直观判断法

直观判断法是根据征询和调查所得的资料并结合人的分析判断,对合作伙伴进行分析和评价的一种方法。这种方法主要是倾听和采纳有经验的采购人员意见,或者直接由采购人员凭经验作出判断。这种方法常用于选择企业非主要原材料的合作伙伴。

2)招标法

当订购数量大、合作伙伴竞争激烈时,可采用招标法来选择适当的合作伙伴。它是由企业提供招标条件,各招标合作伙伴进行竞标,然后由企业决标,与提出最有利条件的合作伙伴签订合同或协议。招标法主要的优点是竞争性强,企业能在更广的范围内选择适当的合作伙伴,以获得供应条件有利的、便宜而适用的物资。其缺点是手续较繁杂,时间长,不能适应紧急订购的需要,订购机动性差;有时订购者对投标者了解不够,双方未能充分协商,可能会造成货不对路或不能按时到货。

3)协商选择法

在供货方较多、企业难以抉择时,也可以采用协商选择的方法,即由企业先选出供应条件较为有利的几个合作伙伴,同他们分别进行协商,再确定适当的合作伙伴。与招标法相比,协商选择法由于供需双方能充分协商,在物资质量、交货日期和售后服务等方面较有保障。但由于选择范围有限,不一定能得到价格最合理、供应条件最有力的供应来源。当采购时间紧迫、投标单位少,竞争程度小,订购物资规格和技术条件复杂时,协商选择法比招标法更为合适。

4) 采购成本比较法

对质量和交货期都能满足要求的合作伙伴,需要通过计算采购成本来进行比较分析。采购成本一般包括售价、采购费用和运输费用等各项支出的总和。企业先通过计算分析针对各个不同合作伙伴的采购成本,然后选择采购成本较低的企业作为合作伙伴。

5) ABC 成本法

ABC 成本法是目前在物流界广泛使用的一种新的成本计算方法。ABC 成本法是根据成本模型计算采购的直接和间接成本,选择总成本最小者作为企业供应商,其模型为

$$S_i^B = (p_i - p_{\min}) \times q + \sum_j (c_j^B \times D_{ij}^B)$$

式中,S_i^B 指第 i 个合作伙伴的成本值;

p_i 指第 i 个合作伙伴的单位销售价格;

$p_{\min}$ 指合作伙伴中单位销售价格的最小值;

q 指采购量;

c_j^B 指企业采购相关活动导致的成本因子 j 的单位成本;

D_{ij}^B 指因合作伙伴 i 导致在采购企业内部的成本因子 j 的单位成本。

企业通过计算,将选择 S^B 值最小的企业作为合作伙伴。

6) 层次分析法(AHP)

层次分析法是 20 世纪 70 年代由著名运筹学家赛惕提出的,此后韦伯等提出利用层次分析法来进行合作伙伴的选择。它的基本原理是根据具有递阶结构的目标、子目标(准则)、约束条件和部门等来评价方案,采用两两比较的方法来确定判断矩阵,然后把判断矩阵的最大特征相对应的特征向量的分量作为相应的系数,最后结合给出各方案的权重(优先程度)。由于该方法让评价者对照相对重要性函数表给出因素两两比较的重要性等级,因而可靠性高、误差小。其不足之处是遇到因素众多、规模较大的问题时容易出现问题,如判断矩阵难以满足一致性要求,往往难于进一步对其分组。它作为一种定性和定量相结合的工具,目前已在许多领域得到了广泛的应用。供应商评价指标体系如图 4-4 所示。

7) 神经网络算法

人工神经网络(Artificial Neural Network,ANN)是 20 世纪 80 年代后期迅速发展的一门新兴学科,人工神经网络可以模拟人脑的某些动态处理等特征。将 ANN 应用于供应链管理环境下合作伙伴的综合评价选择,意在建立更加接近于人类思维模式的定性和定量相结合的综合评价选择模型。通过对给定样本模式的学习,获取评价专家的知识、经验、主观判断及对目标重要性的倾向,在对合作伙伴做出综合评价时,该方法可再现评价专家的经验、知识和直觉思维,从而实现定性分析与定量分析的有效结合,也可以较好地保证合作伙伴综合评价结果的客观性。

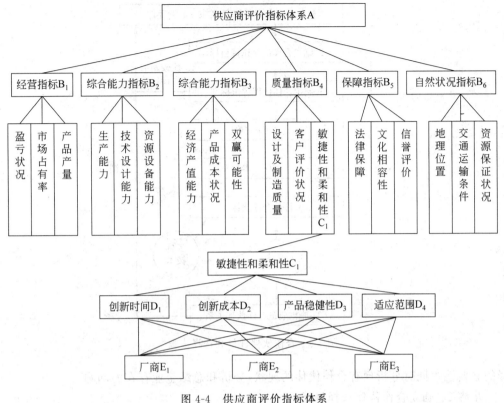

图 4-4　供应商评价指标体系

注：A 为目标层，B、C、D 为因素层，E 为指标层。

基于人工神经网络的合作伙伴综合评价选择的处理总体流程结构模式如图 4-5 所示。

图 4-5　基于人工神经网络的合作伙伴综合评价选择流程结构模型

4.3.2　选择供应链合作伙伴的步骤

供应链合作伙伴的综合评价选择步骤如图 4-6 所示。企业必须确定各个步骤的开始时间，每一个步骤对企业来说都是动态的（企业可自行决定先后次序和开始时间），并且每一个步骤对于企业来说都是一次改善业务的过程。

步骤 1：分析市场竞争环境（需求、必要性）。

市场需求是企业一切活动的驱动源。建立基于信任、合作和开放性交流的供应链长期合作关系，必须首先分析市场竞争环境。其目的在于找到针对哪些产品市场开发供应链合作关系才有效，必须知道现在的产品需求是什么，产品的类型和特征是什么，以确认用户的需求，确认是否有建立供应链合作伙伴关系的必要；如果已建立供应链合作伙伴关系，则根据需求的变化确认供应链合作伙伴关系变化的必要性，从而确认合作伙伴评价选

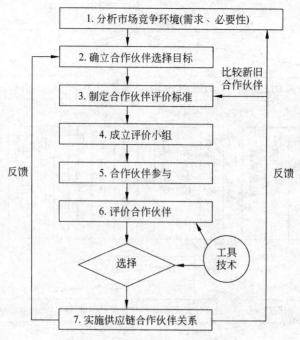

图 4-6 合作伙伴评价和选择步骤

择的必要性。同时分析现有合作伙伴的现状，分析和总结企业存在的问题。

步骤 2：确立合作伙伴选择目标。

企业必须确定合作伙伴评价程序如何实施、信息流程如何运作、谁负责，而且必须建立实质性的目标。其中降低成本是主要目标之一，合作伙伴评价和选择不仅仅只是一个简单的评价和选择过程，也是企业自身和企业之间的一次业务流程重构过程，实施得好，它本身就可带来一系列的利益。

步骤 3：制定合作伙伴评价标准。

合作伙伴综合评价的指标体系是企业对合作伙伴进行综合评价的依据和标准，是反映企业本身和环境所构成的复杂系统不同属性的指标按隶属关系和层次结构有序组成的集合。根据系统全面性、简明科学性、稳定可比性和灵活可操作性的原则，建立集成化供应链管理环境下合作伙伴的综合评价指标体系。不同行业、企业、产品需求和环境下的合作伙伴评价应是不一样的。但不外乎合作伙伴的业绩、设备管理、人力资源开发、质量控制、成本控制、技术开发、用户满意度和交货协议等可能影响供应链合作关系的方面。

步骤 4：成立评价小组。

企业必须建立一个小组以控制和实施合作伙伴评价。组员以来自采购、质量、生产和工程等与供应链合作关系密切的部门为主，组员必须有团队合作精神，具有一定的专业技能。评价小组必须同时得到制造商企业和合作伙伴企业最高领导层的支持。

步骤 5：合作伙伴参与。

一旦企业决定进行合作伙伴评价，评价小组必须与初步选定的合作伙伴取得联系，以确认他们是否愿意与企业建立供应链合作伙伴关系，是否有获得更高业绩水平的愿望。

企业应尽可能早地让合作伙伴参与到评价的设计过程中来。然而,因为企业的力量和资源是有限的,企业只能与少数的、关键的合作伙伴保持紧密合作,所以参与的合作伙伴不能太多。

步骤6:评价合作伙伴。

评价合作伙伴的一个主要工作是调查和收集有关合作伙伴的生产运作等全方面的信息。在收集合作伙伴信息的基础上,就可以利用一定的工具和技术方法进行合作伙伴的评价(如前面提出的人工神经网络技术评价)。

在评价的过程后,有一个决策点,根据一定的技术方法选择合作伙伴。如果选择成功,则可开始实施供应链合作关系;如果没有合适合作伙伴可选,则返回步骤2重新开始评价选择。

步骤7:实施供应链合作伙伴关系。

在实施供应链合作关系的过程中,市场需求将不断变化,可以根据实际情况的需要及时修改合作伙伴评价标准,或重新开始合作伙伴评价选择。在重新选择合作伙伴的时候,应给予旧合作伙伴以足够的时间适应变化。

4.3.3 建立供应链合作伙伴关系需要注意的问题

信任是供应链节点企业实现合作的前提,有效的信息共享是实现供应链节点企业实现合作的保证,权责分明是维持供应链节点企业实现合作的基础,而供应链节点企业之间统一、高效的解决问题的态度和方法是保证供应链有效运作的核心。因此,建立供应链合作伙伴关系需要重点关注以下几个方面的问题。

1. 相互信任

供应链合作伙伴之间信任关系的建立可以避免供应链管理中的冲突,降低合作伙伴之间的交易成本。在供应链节点各个企业的组织结构和文化背景等方面都存在着较大的差异的情况下,信任关系的建立可以大大降低伙伴之间的协调工作量,从而有利于形成稳定的供应链合作伙伴关系,降低供应链的协调成本。为了实现互相的信任,供应链合作伙伴之间要经常沟通,互相了解,求同存异。

2. 信息共享

信息充分有效的共享,可以促进供应链的协调,使供应链保持高效的运作。供应链节点企业可以借助 Internet/EDI 等先进技术构建供应链信息系统和信息共享机制。通过信息共享,供应链上下游企业及时有效地共享生产计划、销售计划和市场信息等方面的信息,以了解顾客的需求变化,协调各自的生产和经营计划,更好地满足顾客的需求,实现供应链盈利的最大化。

3. 权责明确

供应链合作伙伴关系中各合作伙伴需要明确各自的责任和义务。供应链伙伴之间在权责明确的基础上各负其责,以有效地保证供应链的协同运作,进一步提升供应链的竞争能力。

4.3.4 解决合作伙伴之间问题的方法和态度

供应链节点企业由于工作目标不尽相同,其工作方法也会因组织管理方式、模式及组织文化等方面的差异而有所不同,同时,在日程安排、成本的分摊及利益的分配等方面也可能存在分歧。这些问题如果得不到及时、圆满的解决,整条供应链的运作效率就将大打折扣。因此,供应链合作伙伴之间需要成立专门的领导小组,及时协调、解决可能发生的各种问题,以促进供应链整体目标的实现。

目前供应链中企业间的连接手段主要是合同,并由核心企业充当事实上的链管中心。这种运作方式虽然表现得很好,但是在实际运作中仍然存在许多问题。首先是在法律上存在许多问题使得供应链的信任和合作缺乏有力的保障,其次是由于对信任和合作没有良好的保障,不免损失了供应链的功效。具体地讲,供应链企业间合作关系中存在以下几个方面的问题。

1. 合同问题

供应链企业间的合同有两种:一种为长期合同,即原则性合同,确立两个企业间的长期合作;另一种是短期合同,如订货合同,这种合同几乎每天都会发生。这两类合同从根本上规范了供应链企业间的行为。但是,由于这两类合同仍然存在一些设计上的缺陷,所以有时会让合作双方都对对方不满,而同时双方又都感到很委屈。这是需要进一步研究解决的问题。

2. 知识产权问题

由于供应链和知识产权各自的特点,知识产权问题是供应链中所涉及的一个重要法律问题。供应链中的知识产权包括商标权的使用、专利权的使用和专属知识产权等。

在供应链上,当一项专利被分解成产品在几个企业之间生产时,如何保护专利所有人的利益?因为一个企业使用某专利的一部分进行生产的产品不只提供给一家企业,也同时提供给许多家企业。这种利用某部分专利的专利使用费如何分担总的专利使用费值得研究。如果不考虑以上这种情况,单纯的一个生产流的几个共同使用某专利的企业也存在如何分割专利使用费问题。除了专利使用费问题外,一些企业也存在没有申报专利的核心技术(如可口可乐的配方至今没有申请专利)在供应链中使用的问题。在这种情况下,核心技术需要严格保密。在保护机密时,如何做到信息充分共享而不致损害合作关系、降低供应链的功效?

商标共用现象在供应链中普遍存在。产品到用户手中时只会有一个商标品牌。这个品牌在名义上属于整个供应链,需要所有参与生产该产品的企业共同去维护。这种情况下由谁真正承担商标的保证?如何承担?当外侵出现时,对商标的保护比较容易——一致对外;当出现内扰时如何控制?特别在保护策略不同时;如果商标具体属于某个企业时,如何去要求其他企业共同维护这一资源?

在如今的电子产品和软件产品中,企业往往拥有自己的专属知识产权。专属知识产权在这些企业中相当于核心能力。但是由于要和其他企业实现信息共享,专属知识产权必须在供应链企业间公开,特别在电子产品和软件产品的制造与开发中,如何保护?如果企业间不了解信息,共享不充分,将有损于合作,降低供应链的功效。

3. 利益协调问题

供应链上的合作企业之间的产品传递时必须有一个合理的价格。目前商品定价有两种原则:一是成本价,即以成本为基础制订价格;二是市场价,即依市场竞争结果而形成价格。供应链从根本上说也是一个市场,供应链上产品传递价格理应以市场价为准。但供应链上产品成本构成清晰,交易双方相互间极为了解,隐藏成本价也常常被使用。而成本定价对一些优势企业是极为不利的,特别掌握了某些稀缺资源(核心技术)的企业,想获得一些超额利润很可能不被供应链认可。

供应链定价反映共同利润在企业间的合理分配。在供应链环境下,各个企业在战略上是相互合作关系,但是各个企业的利益不能被忽视。供应链获得一个总的利润需要在供应链中各个企业间进行合理的分配,这种合理的分配主要体现在价格上。产品传递价格的高低实质反映了企业分配利润的多少,这个原则是什么?

在供应链上,有时会出现以下两种情况:(1)为了积极配合,一个企业总是为另一个企业提供无偿服务,总是付出而得不到任何回报;(2)因供应链优化的需要使得某些企业承担额外支出,而另一些企业得到额外收益。例如,物流优化时将本应放在 B 仓库的产品放在 A 仓库较为有利,这种优化的结果使 B 节省了库存费用,而 A 却额外支出。如果实际情况只是如此简单的话,将 B 节省的费用补给 A 即可解决问题。事实上发生的情况比这个要复杂得多,首先一般涉及多个企业,其次支出与收益的对象、数量均不易辨别。这两种情况实质上反映了供应链在运行过程中出现利益需要进一步协调的问题。

在涉及相互间利益协调问题时,相互间利益如何界分?由谁或何机构去界分?虽然法律是社会规范,是法庭上的武器,但法律不总是受到欢迎的。例如,对于足球联赛中出现的纠纷,足协就明确要求先在足协内了结,而且尽可能在足协了结,不去法庭。事实上,也有一些问题确实不在法律调解范围内。供应链调解利益时是否需要其他类似足协的机构?

4. 供应链自身的定位问题

供应链在认识上是作为一种生产组织模式,或者是一种管理方式,但在运作时却表现出很多的如同一个企业的实体特性,比如作为一个整体与其他供应链竞争、有统一的计划、与外界的边界等。有些学者曾经将供应链归结为经济实体。这一思想在许多文献中表露出来,但没有形成广泛的共识,因此接受它还有待时日。但不论如何,供应链作为一个许多企业的集合体或联盟是公认的。

我们知道,关于企业的法律非常多,主要有国有企业法、集体企业法、公司法、独资企业法和合伙企业法等。与此相同,供应链也需要得到法律的承认,需要法律来规范,即供应链存在法律定位问题。

在一个法治社会,任何活动没有法律的规范是不可想象的。但是到如今仍然没有关于供应链的法律。在解决供应链的问题时更多的是借用关于企业的法律,或是将企业法延伸至供应链层次。但是这种做法毕竟有许多局限性,因此,必须解决供应链的法律定位问题,并使供应链得到法律的认可。

4.3.5 供应链合作伙伴的评价与管理

1. 综合评价指标体系的设置原则

1）全面系统原则

评价指标体系不仅要全面反映供应商目前的综合水平，反映供应商的实际情况，而且要做到动态指标与静态指标相结合，设计能够体现企业未来发展前景的各方面指标。

2）科学实用原则

评价指标体系的大小必须能够反映供应商的实际情况，指标体系的设置应有一定的科学性。指标体系层次过多，指标过细，势必将评价者的注意力吸引到细小的问题上；指标体系过小，层次过少，又不能反映供应商的实际情况。因此在指标体系的设计上必须坚持科学实用的原则。

3）兼容性原则

评价指标体系的设置应与国内其他指标体系兼容，与国际指标接轨，并在一定条件变化下能适应环境的变化。

4）灵活可操作原则

评价指标体系应具有足够的灵活性，使企业能够根据自己的特点和实际情况加以运用。

2. 综合评价指标体系的一般结构

根据企业调查研究，影响合作伙伴选择的主要因素可以归纳为 4 类：企业业绩、业务结构与生产能力、质量系统和企业环境。为了有效地评价和选择合作伙伴，可以构建 3 个层次的综合评价指标体系（如图 4-7 所示，其中第三层略）：第一层是目标层，包含以上 4 个主要因素；影响合作伙伴选择的具体因素建立在指标体系的第二层；与评价相关的细分因素建立在第三层。

除了上述指标体系外，不同的学者从多个方面给出了不同的指标体系。其中较有代表性的是包括战略价值、商业价值、合作意愿和综合能力 4 个维度的供应链战略合作伙伴的评价指标体系。

1）战略价值

战略价值指与可能的合作伙伴的有价值的合作项目及其产品和服务对于企业的短期、中期或者长期战略的积极的、正面的影响。主要指标包括战略一致性与适应性、增长的潜能、品牌影响力、产品与服务的可获得性和可靠性、替代产品与服务的可获得性、与现存供应商关系的兼容性和协同性、对核心能力的影响以及新产品与服务进入市场的速度等。

2）商业价值

商业价值指能从有价值的合作项目涉及的产品与服务中所能获取的商业利润。主要指标包括产品或服务定价、总成本减少程度、单位成本减少程度、运营成本与花费减少程度等。

3）合作意愿

合作意愿指可能的合作伙伴正在实行或者准备实行合作的积极程度。主要指标包括

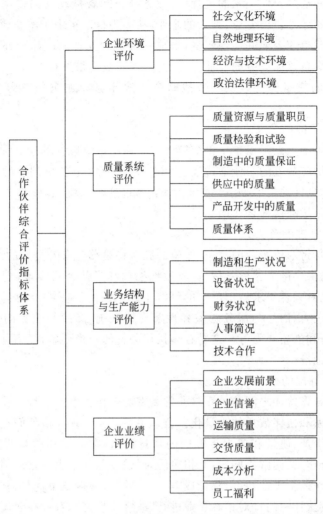

图 4-7　供应链战略合作伙伴的评价指标体系

可依赖的程度、与合作方组织共事的意愿、信息共享的质量与水平、信息的开放性与透明性、影响核心能力的意愿、共担风险的意愿、增强合作与联盟原则的意愿以及对合作关系各个层次上的支持等。

4）综合能力

综合能力指合作伙伴的能力以及一起合作共同完成有价值合作项目的实力。主要指标包括技术能力、财力、研发能力、产品与服务的差异性及支持系统、产品与服务的生命周期管理能力、以前合作与联盟的经验、风险管理能力和创新能力等。

3.建立评价指标体系的意义

1）战略价值标准的意义

供应链模型以企业价值链为基础上下延伸,在供应链管理中,企业价值的创造和分配必须考虑和上下游之间的认知一致、活动协同、价值共创,形成一个长期的价值体系。在供应链上的企业间形成合作关系的过程中，业务外包起着推动器的作用。业务外包是指将企业非优势的业务外包给专业、高效的企业，从而为自己集中于本企业核心业务释放资源、分散风险，同时也使企业间实现双赢，形成一种优势互补的战略合作关系。接受外包业务的企业必须具备该项业务的专业竞争优势，才能成为被选择的战略合作伙伴，合作才能产生双方共有的战略优势。供应链战略合作伙伴选择须充分考虑合作伙伴的战略价值。

2）商业价值标准的意义

现在企业竞争的重点是沿整个供应链改进提供给最终顾客的产品和服务的质量和价格等商业价值。供应链上的企业通过建立合作伙伴关系，把各自创造的商业价值紧密联系起来，形成一个良性的价值创造与传递系统，通过这个系统，合作各方和顾客都能从中受益。商业价值是战略伙伴合作的立足点。

3）企业能力标准的意义

供应链的竞争将取代企业的竞争，竞争的胜者将是那些有着更好的组织结构，能够在内部相互合作，在供应链上彼此支持，更有效地控制和降低经营成本，更快速地创新产品和服务，更灵活地对顾客需求做出反应的经济组织。因此供应链上的企业必须具备技术能力、财力、研发能力、产品与服务的差异性及支持系统、产品与服务的生命周期管理能力、风险管理能力和创新能力等。这是合作伙伴必备的资格要素，能力标准是战略合作伙伴选择的最基本标准。

4）合作意愿标准的意义

供应链战略合作伙伴之间的关系是非常紧密的合作关系。这种合作关系首先体现在伙伴间的长期关系和伙伴数目的少量化。合作关系具体体现为伙伴间在产品开发上的早期参与，在计划、生产、质量和成本等方面的信息沟通；在成本和质量改进上的互相支持等；通过协调与合作，共同解决问题，共担风险，增强信息共享水平，改善相互之间的交流，保持相互之间操作的一贯性，从而降低成本、提高效率，获得竞争优势；甚至双方在资金上的互相支持，上游伙伴专门针对顾客企业进行"顾客化投资"，双方在各层次人员上的互相交流等。而这些都要以合作企业具有合作意愿为前提。

供应链系统运行业绩的好坏主要取决于合作伙伴关系是否协调，只有和谐而稳定的关系才能发挥最佳效能。在建立供应链战略合作伙伴关系的实质阶段，需要进行期望和需求分析，供应链中的企业之间需要密切合作，加强信息沟通，相互提供技术交流和设计支持。在实施阶段，相互之间的信任最为重要，良好愿望、柔性、解决矛盾冲突的技能、业绩评价、有效的技术方法和资源支持等都很重要。加强信息交流与知识共享问题，建立相应的激励措施，树立供应链全局观念，才能最终实现供应链企业之间合作的互惠双赢关系。

1）建立信任监督机制

信任和信息共享是供应链协同管理不可回避的话题和难题。从信息经济学中的博弈论可知，拥有私人信息的代理方会因为信息的不对称诱发机会主义倾向，导致对非拥有私人信息的委托方的逆向选择，当供应商不能提供制造商需要的产品品质和规格，而利用信息不对称欺骗制造商时，就产生了逆向选择。如何共享信息和避免逆向选择是供应链合作伙伴关系管理的重点。

为了解决信息不对称问题，Spence(1972)首先提出了"信号传递"的概念，探讨解决逆向选择问题的方法。在劳动市场上，信息是不对称的。经济学家通常所称的"信号传递"方式还包括信誉、产品质量保证书等。从这一角度解决逆向选择问题，关键在于全面、深入地了解情况。

(1) 考察供应商过去的业绩和商誉。首先，核心企业应该对潜在的合作供应商过去的业绩做详细考察，这包括该供应商在财务、产品质量、成本和按时送货水平等诸多方面的历史情况。其次，通过供应商在市场上的商誉也可以获得供应商是否合格的信息。最后，具有良好口碑和数十年乃至更长时间良好业绩的供应商，相对来讲，其行为具有一定的稳定性。

(2) 供应商通过第三方认证。核心企业在挑选供应商合作伙伴时，要求供应商出示国际权威性机构颁发的认证书，如国际标准化组织(ISO)的 ISO 9000 认证，该认证标准给出了企业在设计、开发、生产、安装和服务方面管理的可靠性和质量标准。

(3) 建立长期战略合作关系。核心企业一开始就对潜在的合作伙伴(供应商)表明要建立长期业务关系，对表现优秀的供应商将给予奖励，如获得更多业务机会和财务、技术支持等。核心企业一旦发现有欺骗动机和行为的供应商，就立即取消与其的合作计划，并将供应商名单公布于众。

(4) 企业经营理念的转变。企业高层管理者经营思想的更新是减小供应商逆向选择的根本途径。供应链节点企业是独立的市场主体，属于理性的"经济人"，为实现自身利益最大化无可厚非；但是企业经理人应当明白，要想获得自身利益，首先要为他人提供有用的产品或服务。供应商企业领导人的观念改变比受外界压力迫使其放弃机会主义行动更为有效，企业责任感和使命感的增强无疑是消除供应链逆向选择的重要途径。

(5) 政府积极参与并创造良好的经济环境。政府及其法律机构在保障公平竞争、促进信息共享等方面能够发挥其不可替代的作用。对企业违法、违规行为给予严厉打击和惩罚，对机会主义行为有很大威慑作用。要建立和完善"企业不良行为警示系统"，逐步完善信用体系建设，搞好对供货商、制造商、批发商和零售商的企业资质、资信情况的咨询服务，对有违法经营和商业失信行为的企业通过企业信用信息系统予以公示。

2) 合作伙伴的激励机制

要保持长期的双赢关系，对供应商的激励是非常重要的。没有有效的激励机制，就不可能维持良好的供应关系。在激励机制的设计上要体现公平、一致的原则。给予供应商价格折扣和柔性合同，以及采用赠送股权等，使供应商和制造商分享成功，同时也使供应商从合作中体会到双赢机制的好处。

关系营销理论是基于互联网的供应链关系管理理论。国内外学者对关系营销的定义并不统一，Morgan 和 Hunt(1994)认为，尽管有多种定义，但没有一个定义能够适用于所有的领域，不过这些定义有一个共同之处，即将"关系"作为营销的中心。Morgan 和 Hunt 将关系营销定义为"指直接与建立、发展、保持成功的关系交换相关的所有营销活动"。这一理论与传统的营销理论的不同在于：传统营销理论的建立是以"交易"为基础，强调竞争和短期行为;而关系营销是以"关系"为基础,强调了竞争中的合作和长期行为。关系营销的范畴包括供应商市场、内部市场、竞争者市场、分销商市场、顾客市场和影响者市场6个方面,供应链关系的管理也可以视为关系营销的一部分。

互联网为企业发展提供了前所未有的空间,同时也增加了商业环境的复杂程度。只有正确地使用互联网并构建长期可靠的供应链关系,创造一个符合企业战略定位又使客户满意的供应链,企业才能在利润和客户满意两方面获得长期的竞争优势。

供应链合作伙伴的选择和管理是一个动态的过程,在当今市场瞬息万变的形式下,基于互联网的管理是高效的。合作伙伴的选择和管理只有结合实际,真正采用双方长远双赢的利益模式,才能使供应链管理的作用发挥出来。

案例分析:北电网络与供应商的战略合作伙伴关系

作为一个大的基本设备制造商,北电网络给合约制造商类似生产集成电路板这类长期任务,但是它与这些供应商关系的性质是远距离的、战术上的,对于这种新的工作程序,北电网络与供应商的沟通就必须更加频繁和更加公开。

1. 建立实效联盟

随着北电网络大部分制造能力卖给了像 Sanmina 这些合约公司,北电网络保留在内部生产的只有那些自己特有的部分,如半导体激光。这些合约制造商使公司的生产能够在无须大规模的开支或新的建设的前提下呈指数增长。

全过程均由北电网络全球营运副总裁查兰姆·保洛利为首的领导团队来执行。保洛利说:"我们的供应链必须以客户为中心,如何提高容量和吞吐量是必须考虑到的第一个因素。不能依据库存来做决定。"在北电网络的新的客户中心模式里,每个大客户拥有自己专用的供应链管理团队,北电网络称之为订货室。订货室的团队成员在地理上均匀分布,而没有工厂。订货室积极地为用户服务,了解用户现在和将来的需要,并把这些信息实时地传递给关键的供应商。北电网络现在提供给供应商的客户数据是每分钟刷新的,并且高级经理至少每个季度会与所有的供应商见面。"过去,像 AT&T 这样的客户,必须与 5 个不同的订货室沟通。"供应链运营总裁达夫·格兰特说,"相互买卖操作要花费双方大量的时间。现在我们取消了这一切,我们把所有的订货管理人员与产品挂钩,并让他们去为客户工作。""我们的重点是服务网络而不是产品。"保洛利说,"我们外购制造业,却不外购供应管理。合约制造商负责采购,现在我们以非常不同的方式利用我们的供应管理人,他们的工作是了解供应商之间在相互衔接上的障碍。"

2. 供应链的智能化

大的供应商已经注意到他们与北电网络的关系发生了快速和巨大的变化。JDS Uniphase 公司总裁大卫·金说:"北电网络想在供应链中注入智能元素,这对我们预测他们的需要并随之进行自我调整来说是非常有价值的。"以前,"北电网络是 DWDM 组件的超级大客户,除非我们预先了解到他们的需要,我们甚至没有足够的生产能力。"在其他供应商的记忆中,北电网络是官僚的、反应迟钝的。Sanmina 公司是北电网络的主要合约制造商,该公司主席兼 CEO 朱丽·索拉说:"以前,是单向的关系,他们会谈论伙伴关系与长期承诺,但都是空的。现在情况彻底不同了,他们会精确地告诉你他们要做什么,他们对你的希望是什么,你应该朝什么方向走。"由于接收数据更加及时,Sanmina 把与北电网络的前投标阶段从 6～8 个月的时间缩短为 4～6 个星期。这使 Sanmina 可以给其供应商提前列出他们所需的关键零件。长期以来,合约制造商想要提供像早期产品开发咨询这类价值附加服务,但是通常北电网络只适用纯粹的产品。供应商们说,新的北电网络开始倾听并采纳他们的建议。"过去他们习惯于闭门造车,你无法知道他们在干什么,但接着他们就会教你做这做那。"索拉说,"现在他们在设计的早期就让你参与,你就可以立即投入生产,因为所有的问题都已经解决了。"

3. 诠释战略伙伴的概念

事实上,北电网络正在扮演着发展电子商务和提供服务的活跃角色,还在与供应商交互联络的过程中使用了各种各样的电子商务工具包,包括 Ariba、I2 和 Cisco 的软件。北电网络与客户及供应商的每日实时交互联络还使用了一些由北电网络自己的软件工程师开发的软件。在长期的策略沟通方面,北电网络举办两年一次的供应商研讨会,介绍公司的高级管理层以及产品开发团队。外来的出席者布莱得利说,研讨会是供应商直接接受北电网络的 CEO 约翰·罗斯的指导的机会,也是给北电网络提供反馈,了解自己作为客户的表现如何的机会,甚至是彼此作为对手的供应商之间建立联络的机会。布莱得利说:"过去,北电网络为供应商搞活动总是不成功,多数供应商不参加,因为他们觉得与竞争对手在一起感到很紧张。现在,他们特别喜欢这样在非竞争的研讨会相互见面的机会。"供应商说,研讨会的重要价值在于使他们了解北电网络的计划,这就给了他们达到北电网络所需的生产能力的信心。"他们告诉我们,他们的独特的市场将在哪里,他们的策略是什么。"北电网络的记忆芯片供应商 Advanced Micro Devices 公司总经理沃利得·麦格利贝说,"过去,供应商只与采购经理接触。现在,你要听业务负责人的。因此,当他提出业务计划时,你可以自己决定是否相信他。"研讨会还是北电网络向供应商解释他们所面临的挑战的地方。保洛利说:"我们可以让供应商明白,我们不是在要求不可能的东西。不是我们,而是市场。"

4. 评价成功

北电网络使用了多种指标来测评其新的供应链管理流程。例如,从收到购货订单到确定一个发货日期,过去常常是两星期,而现在只需 48 小时,供应商的数量也从 1996 年的 4 万个减少到 90% 的采购购买来自少于 200 个供应商;负责供应链管理的人员也从 2000 人减少到 950～1000 人。

在旧模式里,供应链通常意味着商品管理,为不同的原材料讨价还价。如今,北电网络供应链管理人员成了公司的消费者与其供应商的信息链。北电网络没有降低保留大约两个月的存货水准,而把一半的库存从仓库里转移到分布于全球的 41 个后勤中心,通过与客户更有效的沟通,公司得以迅速地对不规则的需要做出反应。

问题讨论:供应链合作伙伴关系在案例中如何体现,试阐述供应链合作伙伴关系的重要性。

📚 思考题

1. 供应链合作关系的理论基础是什么？
2. 供应链合作关系形成的驱动力是什么？
3. 什么是供应链合作关系？为什么说合作关系管理在供应链管理中非常重要？
4. 讨论供应链合作关系与传统供应商关系的区别，并讨论供应链战略合作关系对企业的益处。
5. 分析建立供应链合作伙伴关系的步骤。
6. 如何建立合作伙伴关系选择的评价指标体系？常用的方法有哪些？

第 5 章 库存控制

核心要点

- 库存的概念和分类
- 库存管理目标和决策内容
- ABC 分类系统
- 定量和定期盘点库存控制模型
- 牛鞭效应
- 供应商管理库存
- 联合库存管理

5.1 库存概述

5.1.1 库存的概念

在所有类型的企业组织中，都可以看到库存的存在。所谓库存(inventory)，是指企业存储的、以备将来使用的物料与商品，即所有资源的储备。例如，零售商店从批发商手中采购商品，并对这些商品进行存储，直到商店最终把商品卖到消费者手中；为了生产计划的顺利实施和及时满足顾客的需求，工厂需要提前采购并储备原材料；银行等金融机构保持适当的现金储备，以应付每天的金融交易。在这些例子中，库存以具体的形态展现。但有些情况下，库存并不这样显而易见。例如，篮球队的可用的替补队员、影剧院中的可用座位等。从更广义的角度来看，库存还可以包括一些无形的东西，比如科研机构的知识信息储备、咨询人员积累的经验等。总而言之，不管在什么时候，只要企业拥有的资源没有立刻被消费掉，而是处于闲置状态，则这些资源就都属于库存的范畴。

供应链中的库存是指供应链中的所有原材料、在制品和成品。这些暂时闲置的储备资源分布在整个供应链中，包括供应商、制造商、分销商和零售商。统计数字表明，一般库存费用占企业总费用的 20%～40%。因此，对供应链库存进行有效的控制是供应链管理的重要组成部分，良好的供应链企业之间的协作可使供应链总体库存水平降低 25% 左右。通用汽车公司就是一个明显的例子。通用汽车公司是拥有全球最大的生产和配送网络的公司之一。在 1984 年，该公司的配送网络由 2 万个供应商、133 个零部件制造厂、31 个装配厂和 11 000 个经销商组成。运输成本大约为 41 亿美元，其中 60% 为原材料的运输。另外，该公司的库存价值为 74 亿美元，70% 是在制品，剩下的都是成品车。该公司采用了一个决策工具结合库存和运输降低公司的总成本。事实上，通过调整运输量（如库存策略）和路线（如运输策略），成本每年能降低26%。

5.1.2 库存的作用与弊端

1. 库存的作用

库存对一个企业有双重的影响：一是影响企业的成本，也就是影响物流的效率；二是影响对企业的生产和销售的服务水平。库存是物流总成本的重要方面，库存越多，成本越高；同时库存水平越高，则保障供应的水平也越高，生产和销售的连续性越强。在企业物流活动的各个环节中，合理的库存起着一定的缓冲作用，并可以缩短物流活动的实现时间，加快企业对市场的反应速度。具体来说，库存在供应链中的作用包括以下几方面。

1）防止中断现象出现

在生产过程中维持一定量的在制品库存，可以防止生产中断。显然，当某道工序的加工设备发生故障时，如果工序间有在制品库存，其后续工序就不会中断。同样，在运输途中维持一定量的库存，可以保证供应，使生产正常进行。

2）满足需求的变化

顾客需求总是难以预测的，并且随着环境的变化，其不确定性也在不断增加。因此企业必须通过保有库存使得产品或服务保持一定的可得率。例如，一家生产滑雪设备的企业会在冬季到来时面临销售量的急剧增加，但为应付高峰期的需求建立相应的生产能力的成本是巨大的。此外，如果企业根据需求而生产，那么会产生大量的闲置生产能力和劳动力需求的剧烈波动。若企业维持相对稳定的职工总数，在全年内以某种基本不变的水平生产产品，会在淡季造成巨大的库存累积。但是，对于企业来说，这样做的总成本是相对比较低的。

3）增强生产计划的柔性

库存储备能减轻生产系统要尽早生产出产品的压力，也就是说，生产提前期宽松了，在制定生产计划时，就可以通过加大生产批量使生产流程更加有条不紊，并降低生产成本。

4）克服原料交货时间的波动

在向供应商订购原材料时，会发生种种意外情况，如装运时间的变化，供应商工厂中原材料短缺而导致订单积压，供应商工厂或运输公司发生工人罢工，订单丢失及材料误送或送达的材料有缺陷等，这些意外事件都可能导致交货时间的延误，而保存有一定的库存则可以在一定程度上降低这种风险。

5）分摊订货费用

签订一份订单的成本包括人员工资、电话费、打印费和邮费等。所以，每张订单的订货量越大，在一定时间内所要签订的订单数则越少。同时，大订单对降低运输费用也有好处——运送的数量越多，单位运输成本越少。如果企业只根据需求进行采购，则可以不需要库存，但由于订货费用的存在，则不一定经济。如果采取批量采购，则分摊在每件物品上的订购费用就大大减少，但此时企业需要持有库存。因此库存有分摊订货费的作用。

总体而言,库存可以使企业的整体运作变得更为有效,生产率更高;库存有利于缩短订货至交货周期,提高物料的可得性,从而提高对顾客的服务水平;库存还可以通过规模效应实现降低运作成本的效果。但是,库存也具有两面性。在强调库存的种种功用的同时,也不可忽略它所带来的种种问题。持有库存需要付出代价,而且高库存一般没有必要。高容量的库存还会引起过长的生产周期。因此企业对待库存的心理一直十分矛盾,一方面库存是财产,必须拥有;另一方面库存又是成本和累赘,占用资金,发生库存维持费用,并存在库存积压而产生损失的可能。因此,既要利用库存加快企业物流各环节的快速实现,又要防止库存过量,占用大量不必要的库存资金。供应链库存管理的关键并不在于决定是否需要持有库存,而是需要借助于库存管理的模型与方法,通过供应链管理的手段在产品的现货供应能力(或客户服务水平)与实现该现货供应能力的成本之间权衡,从而取得有效的库存管理效果。

2. 库存的弊端

　　企业需要持有一定量的库存以维持生产,满足需求的变化,但企业需要将库存维持在合理的水平,库存过多或过少都将对企业的正常运营产生影响。客观来说,任何企业都不希望存在任何形式的库存,无论原材料、在制品还是成品,企业都会想方设法降低库存。

　　库存的成本在企业总成本当中占了相当大的比例,因此作为企业物流的关键问题之一,库存的管理和控制在企业运作中扮演了重要的角色。从市场营销的角度来看,存货作为企业物流的重要成分,其成本降低的潜力比任何市场营销环节都大得多,如企业物流成本占营销成本的 50%,其中存货费用大约要占 35%,而物流成本又会占产品全部成本的 30%～50%。在美国,直接劳动成本不足生产成本的 10%,并且还在不断下降,全部生产过程只有 5%的时间用于加工制造,余下的 95%时间都用于储存和运输。

　　库存的弊端主要表现在以下几个方面。

　　(1)占用企业大量资金。持有库存占用了企业的资金,而资金是有成本的。如果企业持有大量的库存,就会占用企业大量的资金,增加了企业的资金压力和资金成本。

　　(2)增加了企业的产品成本与管理成本。库存材料的成本增加直接增加了产品成本,而相关库存设备和管理人员的增加也加大了企业的管理成本。

　　(3)掩盖了企业众多的管理问题,如计划不周、采购不利、生产不均衡、产品质量不稳定及市场销售不力。用比较形象化的比喻来说,这就好像高海水位掩盖了海水下的礁石,但如果海水退去,这些礁石就暴露出来了,容易造成触礁事故。

5.1.3　库存的分类

1. 按照库存物资存在的状态分类

　1)原材料库存

　　原材料库存是指企业通过采购和其他方式取得的用于制造产品并构成产品实体的物品,以及供生产消耗但不构成产品实体的辅助材料、修理用备件、燃料及外购半成品等的库存,是用于支持企业内制造或装配过程的库存。这部分库存是符合生产者自己标准的特殊商品,它存在于企业的供应物流阶段中。

2）在制品库存

在制品库存是指已经经过一定生产过程,但尚未全部完工,在销售以前还要进一步加工的中间产品和正在加工中的产品的库存,包括在产品生产的不同阶段的半成品库存。它存在于企业的生产物流阶段中。

3）维护/维修库存

维护/维修库存是指用于维修与养护所需的经常消耗的物品或部件的库存,如石油润滑脂和机器零件的库存,但不包括产成品的维护活动所用的物品或部件的库存。它也存在于企业的生产物流阶段中。

4）产成品库存

产成品库存是指准备运送给消费者的完整的或最终产品的库存。这种库存通常由不同于原材料库存的职能部门来控制,如销售部门或物流部门。它存在于企业的销售物流阶段中。

2．按照经营过程的角度分类

1）周期库存

周期库存是指企业在正常的经营环境下为满足日常的需要而建立的一种经常性的库存。这种库存在很大程度上取决于生产批的规模、经济运输批量、储存空间的限制、补货提前期和供应商的数量折扣等。例如,某仓库每周销售 3 个单位的货品,但是它可能会选择每月进一次货,每次订购 12 个,来满足一定周期的产品需求。通过对经常库存的管理,可以降低运输成本和采购费用,获得供应商的数量折扣。

2）在途库存

在途库存是指从一个点到另一个点的路途上的货物。即使它们在到达目的地之前不能销售或使用,但它们是库存的一部分,这部分库存对于企业而言十分重要,它们的地点、状态以及预计到达时间等将对企业的订货计划与库存控制工作造成重要的影响。

3）安全库存

安全库存也称缓冲库存,是指为了防止不确定因素而准备的安全或缓冲库存。例如,为了防止供应商可能发生的事故、原材料运输不能按期到达等意外情况造成原材料供应短缺,需要设立安全库存。这种库存在企业的库存总量中占有很大的比例,据有关资料统计,安全库存在零售业总库存中所占的比例高达二分之一左右。

4）投机库存

投机库存是指为满足正常需求之外的某种原因而准备的库存。比如为了避免因货物价格上涨造成损失或为了从商品价格上涨中获利而建立的库存。

5）季节性库存

季节性库存是投机库存的一种形式,是指某季节开始前进行积累的库存,这种情况经常发生在农产品和季节性产品中,如冬天人们对电暖器的需要。

6）促销库存

促销库存是指为了使企业的促销活动产生预期的销售收益而建立的库存。

7）呆滞库存

呆滞库存是指那些已储存一段时间且没有需求的商品库存。包括因货物损坏而失效的库存或者因货物没有销路而积压的库存。

3. 按照经济用途分类

1）制造业库存

制造业库存是指购进后直接用于生产制造的货物。其特点是在销售前需要经过生产加工过程，改变其原有的实物形态或使用功能。包括用于生产制造的原料、在制品、半成品和成品。

2）商业库存

商业库存是指企业购进后或生产后供转售的货物。其特点是在转售前保持其原有的实物形态。

3）其他库存

这是指除了以上库存外，供企业一般消耗的物品及为生产经营服务的辅助性物品。这些物品的特点是满足企业的各种消耗性需要，而不是为了直接转售或加工成制成品后再出售。

4. 按照用户对库存的需求特性分类

1）独立需求库存

独立需求库存是指用户对某种库存物品的需求与其他种类的库存无关，表现出对这种库存需求的独立性。从库存管理的角度来说，是指那些随机的、企业自身不能控制而是由市场所决定的需求。这种需求与企业对其他库存产品所作的生产决策没有关系，如用户对最终产品和维修备件等的需求。独立需求库存无论在数量上还是时间上都有很大的不确定性，但可以通过预测方法估算。

2）相关需求库存

相关需求库存是指与其他库存需求有内在相关性的需求，根据这种相关性，企业可以精确地计算出它的需求量和需求时间。相关需求库存是一种确定性需求，如用户对企业完成品的需求一旦确定，与该产品有关的零部件和原材料的需求就随之确定，对这些零部件和原材料的需求就是相关需求。

5. 按库存周期类型分类

1）单周期库存

单周期库存也叫一次性订货，这种需求的特征是偶发性和物品生命周期短，很少重复订货。

2）多周期库存

多周期库存需求是在长时间内需求重复发生，库存需求不断补充。

5.2　库存管理的目标与决策内容

库存管理（inventory management）又称库存控制（inventory control），是对制造业或服务业生产、经营全过程的各种物品，产成品以及其他资源进行管理和控制，使其储备保持在经济合理的水平上。我国国家标准 GB/T 18354—2006《物流术语》中指出，库存控制是在保障供应的前提下,使库存物品的数量合理所进行的有效管理的技术经济措施。

库存管理的重点在于确定如何订货、订购多少、何时订货等问题。传统的观念认为仓库里的商品多表明企业兴隆,现在则认为零库存是最好的库存管理。库存多,占用资金多,利息负担加重。但是如果过分降低库存,则会加大短缺成本,造成货源短缺。

当库存管理不当时会导致库存的不足或过剩,前者将会错过销货机会,降低销售额,甚至失去客户,商誉下降;后者会加大库存的持有成本。

5.2.1 库存管理的目标

为了保证企业正常的经营活动,库存是必要的,但库存同时又占用了大量的资金。怎样既能保证经营活动的正常进行,又能使流动资金的占用达最小,即在期望的顾客服务水平和相关的库存成本之间寻找平衡,是库存管理人员最关注的问题。若对库存不进行控制,可能既满足不了经营的需要,同时还造成大量商品的积压,占用大量的库存资金。

库存管理涉及各个方面的管理,库存管理的目标就是防止超储和缺货,在企业现有资源的约束下,以最合理的成本为用户提供满意的服务。

对任何一种商品的仓储来说,这两者之间往往是矛盾的,存在着效益背反现象。为了提高服务水平,需要保持相当多的库存以满足需求的不确定性,这反过来又需要增加库存成本。最佳的库存管理就是平衡库存成本与库存收益的关系,从而确定一个合适的库存水平,使库存占用的资金带来的收益比投入其他领域的收益要高。

从成本核算的角度看,库存成本又是一个财务上的目标,它将随着经济和企业财务状况的变化而变化。例如,如果企业的流动资金紧缺,那么企业就可能需要对库存成本进行严格的控制。

尽管企业库存会带来一系列的耗费,但是也不能因此无条件地降低库存,在平衡库存成本与顾客服务水平时,应该注意的是顾客所期望的服务水平。库存控制应实现以下目标。

(1) 保障生产供应。库存的基本功能是保证生产活动的正常进行,保证企业经常维持适度的库存,避免因供应不足而出现非计划性的生产间断。这是传统库存控制的主要目标之一。现代的库存控制理论虽然对此提出了一些不同的看法,但保障生产供应仍然是库存控制的主要任务。

(2) 控制生产系统的工作状态。一个精心设计的生产系统均存在一个正常的工作状态,此时,生产按部就班地有序进行。生产系统中的库存情况,特别是在制品的数量,与该系统所设定的在制品定额相近。反之,如果一个生产系统的库存失控,该生产系统也很难处于正常的工作状态。因此,现代库存管理理论将库存控制与生产控制结合为一体,通过对库存情况的监控,达到生产系统整体控制的目的。

(3) 降低生产成本。控制生产成本是生产管理的重要工作之一。无论是生产过程中的物资消耗,还是生产过程中的流动资金占用,均与生产系统的库存控制有关。在工业生产中,库存资金常占企业流动资金的 $60\% \sim 80\%$,物资的消耗常占产品总成本的 $50\% \sim 70\%$。因此,必须通过有效的库存控制方法,使企业在保障生产的同时,减少库存量,提高库存物资的周转率。

5.2.2　库存成本的构成

对库存决策起重要作用的成本有 4 类：订购成本、生产成本、库存持有成本和缺货成本。随着订货量的增加，库存持有成本会增加，采购成本会减少。因此，需要找到它们之间的平衡来确定最优的库存水平。

1. 订购成本

订购成本是向外采购物资的费用。其构成有两类：一类是订购费用，是指与订单处理相关的费用，如订单准备、订单传送及修改订单等费用，这部分费用与订货的多少无关。另一类是物资进货费用，指从购买商品到商品入库这一过程发生的全部费用，包括商品的购置费、包装费、装卸搬运费和商品损耗等。订购成本与购进商品的品种、规格、购买地点、运输方式和运输路线等直接有关。对于送货上门的采购来说，订购成本与商品的单价相当。

2. 生产成本

生产成本是自行生产所需产品的费用。其构成有两类：一类是装配费用，如组织或调整生产线的有关费用，它同组织生产的次数有关，而和每次生产的数量无关；另一类是与生产的数量有关的费用，如原材料和零配件成本、直接加工费用。

3. 库存持有成本

库存持有成本是因一段时期内持有商品而导致的，它由保管费用和库存持有费用组成。保管费用是与存储空间、供电和供暖等有关的费用。库存持有费用是与存货利息有关的费用。通常情况下，保管费用相对于库存持有费用而言要低得多，为方便计算，往往忽略不计。有关的计算公式如下：

库存持有成本＝保管费用＋库存持有费用

保管费用＝单位保管成本×平均库存量

库存持有费用＝贷款利率×单位产品价格×平均库存量

当需求均匀时，平均库存量＝（期初库存量＋期末库存量）/2。

4. 缺货成本

当客户下达订单，但无法正常供货时，就产生了缺货成本。缺货成本有两种：失销成本和延期交货成本。当出现缺货时，如果客户选择收回购买要求，就产生了失销成本；如果客户愿意等待订单履行，就会产生延期交货成本。两者的计算公式如下：

失销成本＝每产品单位的利润和信誉成本×销售损失的产品单位

延期交货成本＝延期成本/（单位×时间）×延期的产品单位×延期时间长度

5.2.3　库存管理的决策内容

1. 影响库存控制需求控制决策的因素

（1）需求特性因素。对于确定需求，库存控制相对容易；而对于非确定需求，库存控制较为复杂，要考虑一定的安全库存储备。非确定需求有规律变化需求和随机变化需求两大类,前者有规律可循,后者无法准确地预测,应进一步建议额外的安全库存,应付突然出现的需求变化。需求还可分为独立性需求与相关性需求,对于后者,应考虑其关联性和是否可有可替代性。

（2）订货提前期。订货提前期有些是确定的,有些是不确定的,在进行何时订货的决策时,该物资的订货提前期是一项必须考虑的重要因素。

（3）服务水平。如果要想百分之百地满足客户的需求,即服务水平为百分之百,则需要增加库存。库存存量越多,及时满足客户需求的可能性越大,同时也意味着企业要占用更多的资金,付出更高的库存成本。

2. 库存管理决策的内容

（1）确定相邻两次订货的间隔时间。企业在对库存进行管理时,需要确定库存补给的间隔时间。如果两次订货的间隔时间过长,可能产生缺货;反之,可能带来较高的订购成本。因此,需要在订货间隔时间和库存水平之间进行权衡。

（2）确定每次订货的订货批量。企业单次订货批量的大小与库存管理和优化直接相关。如果订购批量过大,存货周转率可能下降,企业将保有较高的库存水平,库存成本较高。反之,如果订购批量过小,重复订购的次数上升,订购成本将明显上升。因此,需要在订货批量和库存水平之间进行权衡。

（3）确定每次订货的提前期。订货的提前期与企业提前期面临的风险直接相关。如果提前期较短,企业面临的外界环境变化不大,补货速度较快,企业可以持有较少的周转库存和安全库存水平,存货控制较好。反之,企业为了应对提前期不确定性,需要持有较高的循环库存和安全库存水平。因此,需要在订货提前期和库存水平之间进行权衡。

（4）确定库存满足需求的服务率。需求的服务率直接和企业的库存管理水平相关。企业设定的需求服务率上升,为了满足更多的顾客需求,企业需要持有较高的库存水平;反之,服务率下降,企业只需要相对较少的库存即能满足。因此,需要在顾客服务水平和库存水平之间进行权衡。

5.2.4　库存的主要评价指标

库存管理的目的就是要确定一个资金占用少、费用省,既是足够又是最低限度的物资最优储备量,使库存系统有效地保证生产消费的需求并获得最好的经济效益。衡量库存管理的指标应该反映这一基本要求,体现出库存管理的水平。库存的主要评价指标有以下三个。

1. 库存周转率

库存周转率对于企业的库存管理来说具有非常重要的意义,不同的企业对于库存周转的视角不同。一般来说,企业大多从资金方面理解库存周转率,用每年的出库金额除以平均每期的库存占用资金来表示,计算公式如下:

库存周转率＝期内出库总金额/期内平均库存金额

期内平均库存金额＝（期初库存金额＋期末库存金额）/2

为了提高库存资金周转率,要正确地掌握供求规律,确定合理的储备金额,处理积压和提高服务水平。库存周转率越大,说明企业在投入的资金和库存量不便的情况下每年赚取的利润就越高,资金利用率越高。所以,企业的仓库管理人员应当充分利用管理技术,提高企业的库存周转率。随着人们对库存周转率的重视,库存周转率也在随时间的变化而升高。

2. 服务水平

服务水平一般用供应量占需求量的百分比大小来衡量,即

$$服务水平 = (供应量/需求量) \times 100\%$$

对于一个库存系统来说,为了保证供应,提高服务水平,必须设置一定的安全库存量(保险储备),以防止由于某些突发性事故而造成生产和供应系统的中断,防止因缺货造成的损失。对于某些因受季节性波动影响的生产和供应,则更应该确定合理的库存量,从而保证生产和供应的均衡性和连续性。因此,提高服务水平是库存系统追求的又一个重要指标。

3. 缺货率

缺货率是从另一个角度衡量服务水平的一个指标,分别用对所供应的企业数和物资数的缺货程度来反映这个指标。

5.2.5 库存管理问题的分类

不同类型的企业会有不同类型的库存问题。为确定各类企业所涉及的库存问题,可以将企业划分为零售企业、批发企业和制造企业。

为消费者提供商品的零售企业所遇到的是与消耗品和成品有关的库存问题。零售企业从批发企业或直接从生产厂家得到其所经营的商品,这些商品形成了零售企业的产成品库存;同时零售企业为了进行正常的经营活动所需的消耗品则构成了消耗品的库存。零售企业的库存风险可以说很广,但不深。库存占用大量资金,主要强调周转时间和周转速度,加快零售库存的周转就可以获得更多的商业利润。

批发企业从制造企业买入大批的商品并把它分销给零售企业,这些商品就构成产成品库存。这种库存风险较狭窄,但具有更深层次和更长的时间。当产品具有季节性因素时,批发企业也会被迫在出售前就采取库存措施,因而增加风险和风险持续的时间。批发企业在经营活动中也会产生多余消耗品的需求,从而涉及有关消耗品的库存问题。

对于制造企业来说,库存从原材料和零部件开始,其中包括处于生产过程中尚未完工的在制品直至产品,以产成品告终。制造企业的库存负担较大的风险。制造企业涉及全部4类库存类型,其库存种类和数量较多,库存问题也最复杂。

库存问题还可以根据订货的重复性、物品来源、对未来需求和订货提前期的知晓程度进行分类。

(1) 根据订货的重复性,可以把库存问题划分为一次性订货和重复性订货。一次性订货是指物品一次性订齐,在一定时期内不会重复订货。比如月饼、年历、鲜花和报纸等,这些物品的共同特性是市场寿命很短,或商品寿命很短。如果订货太少,就会失去销售机会;如果订货太多,就会降价销售,造成浪费。重复性订货是指一次又一次地订购同一品

种物品,消耗的库存要不断得到补充。比如饮料和家电等,大多数物品都属于重复性订货。

(2) 根据物品来源,可以把库存分为外购件库存和自制品库存。外购件因为来源于企业的外部,其库存特征是瞬时补充、急促消耗;自制品库存的特征是均衡补充或分批补充,自制品库存要与企业的生产计划相协调。

(3) 根据对未来需求和订货提前期的知晓程度,可以把库存系统划分为确定型库存和概率型库存。确定型库存的特点是物品的需求量和订货提前期不变且已知;如果物品的需求量和订货提前期可变,但知道它们的概率分布,该库存系统称为概率型库存。

5.3　库存控制的基本模型

在库存理论中,一般根据物品需求的重复程度分为单周期需求和多周期需求。单周期需求也叫一次性订货,这种需求的特征是偶发性和物品生命周期短,因而很少重复订货,如报纸。多周期需求是在长时间内需求反复发生,库存需要不断补充,在实际生活中,这种需求现象较为多见。

1965 年美国的 J. A. 奥列基博士提出独立需求和相关需求的概念,并指出订货点法只适用于独立需求物资。多周期需求又分为独立需求库存与相关需求库存两种属性。所谓独立需求是指需求变化独立于人们的主观控制能力之外,因而其数量与出现的概率是随机的、不确定的、模糊的。相关需求的需求数量和需求时间与其他的变量存在一定的相互关系,可以通过一定的数学关系推算得出。对于一个相对独立的企业而言,其产品是独立的需求变量,因为其需求的数量与需求时间对于作为系统控制主体——企业管理者而言,一般是无法预先精确确定的,只能通过一定的预测方法得出。而生产过程中的在制品以及需要的原材料则可以通过产品的结构关系和一定的生产比例关系准确确定。

独立需求的库存控制与相关需求的库存控制原理是不相同的。独立需求对一定的库存控制系统来说是一种外生变量,相关需求则是控制系统的内生变量。不管是独立需求库存控制还是相关需求库存控制,都要回答以下问题:(1)如何优化库存成本?(2)怎样平衡生产与销售计划,来满足一定的交货要求?(3)怎样避免浪费,避免不必要的库存?(4)怎样避免需求损失和利润损失?归根到底,库存控制要解决 3 个主要问题:(1)确定库存检查周期;(2)确定订货量;(3)确定订货点(何时订货)。

5.3.1　ABC 分类系统

1. ABC 管理法简介

ABC 分类法又称帕累托分析法或 ABC 管理法、ABC 管理,它是根据事物在技术或经济方面的主要特征进行分类排队,分清重点和一般,从而有区别地确定管理方式的一种分析方法。由于它把被分析的对象分成 A、B、C 三类,所以称为 ABC 分类法。

ABC 分类法是由意大利经济学家维尔弗雷多·帕累托首创的。1879 年,帕累托在研究个人收入的分布状态时,发现少数人的收入占全部人收入的大部分,而多数人的收入却只占一小部分,他将这一关系用图表示出来,就是著名的帕累托图。该分析方法的核心思想是在决定一个事物的众多因素中分清主次,识别出少数的但对事物起决定作用的关键因素和多数的但对事物影响较少的次要因素。后来,帕累托法被不断应用于管理的各个方面。1951 年,管理学家戴克(H. F. Dickle)将其应用于库存管理,命名为 ABC 法。1951—1956 年,约瑟夫·朱兰将 ABC 法引入质量管理,用于质量问题的分析,被称为排列图。1963 年,彼得·德鲁克(P. F. Drucker)将这一方法推广到全部社会现象,使 ABC 法成为企业提高效益的普遍应用的管理方法。

ABC 法则是帕累托 80/20 法则衍生出来的一种法则。所不同的是,80/20 法则强调的是抓住关键,ABC 法则强调的是分清主次,并将管理对象划分为 A、B、C 三类。

2. 如何进行 ABC 分类

ABC 分类法的标准是:

A 类:品种数目占总品种数目的 10% 左右,资金额占总库存资金额的 70% 左右;

B 类:品种数目占总品种数目的 20% 左右,资金额占总库存资金额的 20% 左右;

C 类:品种数目占总品种数目的 70% 左右,资金额占总库存资金额的 10% 左右。

如果用累计品种百分比曲线表示(又称帕累托曲线),可以清楚地看到 ABC 三类物料在品种和库存资金占用额上的比例关系,如图 5-1 所示。

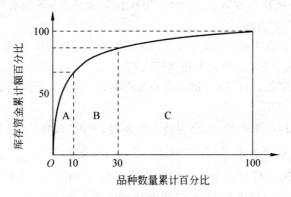

图 5-1　ABC 分类法曲线示意图

由图 5-1 可以看到,A 类物料的品种数量很少,但占用了大部分库存资金额,因此,物料品种数量增加时,库存资金累计额百分比增长很快,曲线很陡;B 类物料的品种数量累计百分比与库存资金累计额百分比基本相等,因此曲线较平缓;C 类物料品种数量很多,但是库存资金累计额百分比很小,因此曲线十分平缓,基本呈水平状。

3. ABC 分类实施的步骤

(1) 收集库存物料在某一段时间的品种数、购买单价和需求量等资料;

(2) 将库存物料按占用资金的大小顺序排列,编制 ABC 分类汇总表;

(3) 计算库存物料品种数的百分比和累计百分比;

(4) 计算库存物料占用资金的百分比和累计百分比;

(5) 按照分类标准编制 ABC 分析表进行分类,确定 A、B、C 各类物料。

4. ABC 分类管理的措施

对库存物料进行 ABC 分类后,仓库管理人员应根据企业的经营策略和 ABC 三类物料各自不同的特点对其实施相应的管理和控制。ABC 分类管理的措施如下：

（1）A 类。A 类物料品种数量少，但占用库存资金额多，是企业非常重要的物料，要重点管理。

① 在满足用户对物料需求的前提下，尽可能降低物料库存数量，增加订货次数，减少订货批量和安全库存量，避免浪费大量的保管费与积压大量资金。

② 与供应商建立良好的合作伙伴关系，尽可能缩短订货提前期和交货期，力求供应商供货平稳，降低物料供应变动，保证物料及时供给。

③ 严格执行物料盘点制度，定期检查，严密监控，尽可能提高库存物料精度。

④ 与用户勤联系，多沟通，了解物料需求的动向，尽可能正确地预测物料需求量。

⑤ 加强物料维护和保管，保证物料的使用质量。

（2）B 类。B 类物料品种数量和占用库存资金额都处于 A 类与 C 类之间，是企业一般重要的物料，可以采取比 A 类物料相对简单而比 C 类物料相对复杂的管理方法，即常规管理方法。B 类物料中占用库存资金额比较高的品种要采用定期订货方式或定期定量相结合的方式。另外，对物料需求量的预测精度要求不高，只需每天对物料的增减加以记录，到达订货点时以经济订货批量加以订货。

（3）C 类。C 类物料品种数量多，但占用库存资金额少，是企业不太重要的物料，可以采取简单方便的管理方法。

① 减少物料的盘点次数，对部分数量很大、价值很低的物料不纳入日常盘点范围，并规定物料最少出库的数量，以减少物料出库次数。

② 为避免缺货现象，可以适当提高物料库存数量，减少订货次数，增加订货批量和安全库存量，减少订货费用。

③ 尽量简化物料出库手续，方便领料人员领料，采取"双堆法"控制库存。

5. ABC 分类管理的注意事项

ABC 分类控制的目标是把重要的物料与不重要的物料区分开来并且区别对待，企业在对 ABC 三类物料进行分类控制时，还需要注意以下几个方面。

（1）ABC 分类与物料单价无关。A 类物料占用库存资金额很高，可能是单价不高但需求量极大的组合，也可能是单价很高但需求量不大的组合。与此相类似，C 类物料可能是单价很低，也可能是需求量很小。通常对于单价很高的物料，在管理控制上要比单价较低的物料更严格，并且可以取较低的安全系数，同时加强控制，降低因安全库存量减少而引起的风险。

（2）有时仅依据物料占用库存资金额的大小进行 ABC 分类是不够的，还需以物料的重要性作为补充。物料的重要性主要体现在缺货会造成停产或严重影响正常生产、缺货会危及安全和缺货后不易补充 3 个方面。对于重要物料，可以取较高的安全系数，一般为普通物料安全系数的 1.2～1.5 倍，提高可靠性，同时加强控制，降低缺货损失。

（3）进行 ABC 分类时，还要对诸如采购困难问题、可能发生的偷窃、预测困难问题、物料的变质或陈旧、仓容、需求量大小和物料在经营上的急需情况等因素加以认真考虑，做出适当的分类。

（4）可以根据企业的实际情况，将库存物料分为适当的类别，并不要求局限于 ABC

三类。

（5）分类情况不反映物料的需求程度，也不揭示物料的获利能力。

5.3.2 定量订货法

定量库存控制模型控制库存物品的数量。当库存数量下降到某个库存值时，立即采取补充库存的方法来保证库存的供应。这种控制方法必须连续不断地检查库存物品的库存数量，所以有时又称为连续库存检查控制法。假设每次订货的订货批量是相同的，采购的提前也是固定的，并且物料的消耗是稳定的，那么它的模型如图 5-2 所示。

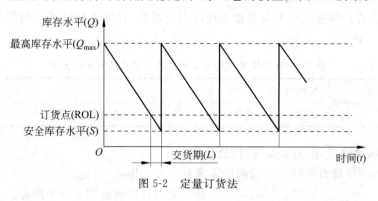

图 5-2 定量订货法

其基本原理是：预先确定一个订货点 ROL 和订货批量 Q^*（一般取经济批量 EOQ），在销售过程中，随时检查库存，当库存下降到 ROL 时，就发出一个订货批量 Q^*，如图 5-2 所示。该方法主要靠控制订货点 ROL 和订货批量 Q^* 两个参数来控制订货，达到既最好地满足库存需求，又能使总费用最低的目的。

1. 订货点的确定

在定量订货法中，发出订货时仓库里该品种保有的实际库存量叫做订货点。它是直接控制库存水平的关键。

（1）在需求量和订货提前期都确定的情况下，不需要设置安全库存，可直接求出订货点。公式如下：

$$订货点＝订货提前期的平均需求量$$
$$＝每个订货提前期的需求量$$
$$＝每天需求量×订货提前期（天）$$
$$＝（全年需求量/360）×订货提前期（天）$$

即

$$\text{ROL} = R_d \times L$$

式中，R_d 为需求或使用速度；

  L 为订货提前期。

（2）需求量变化，提前期固定时，公式如下：

$$订货点＝订货提前期的平均需求量＋安全库存$$
$$＝单位时间的平均需求量×订货提前期＋安全库存$$

即

$$\text{ROL} = \bar{R}_\text{d} \times L + S$$

式中，$\bar{R}_\text{d}$ 为单位时间的平均需求量；

S 为安全库存量。

在这种情况下，安全库存量的计算公式为

$$S = zQ_\text{d}\sqrt{L}$$

式中，Q_d 为提前期内的需求量的标准差；

L 为订货提前期（月/天/周）；

z 为预定客户服务水平下需求量变化的安全系数，它可以根据预定的服务水平，由正态分布表 5-1 查出。

表 5-1　客户服务水平与安全系数对应关系的常用数据

服务水平	0.9998	0.99	0.98	0.95	0.90	0.80	0.70
安全系数	3.50	2.33	2.05	1.65	1.29	0.84	0.53

（3）需求量固定，提前期变化时，公式如下：

订货点＝订货提前期的需求量＋安全库存

　　　＝单位时间的需求量×平均订货提前期＋安全库存

即

$$\text{ROL} = R_\text{d} \times \bar{L} + S$$

式中，$\bar{L}$ 为平均订货提前期。

在这种情况下，安全库存量的计算公式为

$$S = zR_\text{d}Q_t$$

式中，Q_t 为提前期的标准差。

（4）需求量和提前期都随机变化时，公式如下：

订货点＝订货提前期的需求量＋安全库存

　　　＝单位时间的平均需求量×平均订货提前期＋安全库存

即

$$\text{ROL} = \bar{R}_\text{d} \times \bar{L} + S$$

在这种情况下，安全库存量的计算公式为

$$S = z\sqrt{Q_\text{d}^2\bar{L} + \bar{R}_t^2 Q_t^2}$$

2. 订货批量的确定

经济订货批量（Economic Order Quantity，EOQ）是通过平衡采购进货成本和保管仓储成本核算，以实现总库存成本最低的最佳订货量（国家标准 GB/T 18354—2006《物流术语》）。

订货批量就是一次订货的数量。它直接影响库存量的高低，同时也直接影响物资供应的满足程度。在定量订货中，对每一个具体的品种而言，每次订货批量都是相同的，通常是以经济批量作为订货批量。

为便于讨论,模型假设如下:

(1) 需求量确定并已知,整个周期内的需求是均衡的。

(2) 供货周期固定并已知。

(3) 集中到货,而不是陆续入库。

(4) 不允许缺货,能满足所有需求。

(5) 购买价格或运输费率等是固定的,并与订购的数量和时间无关。

(6) 没有在途库存。

(7) 只有一项商品库存,或虽有多种库存,但各不相关。

(8) 资金可用性无限制。

在以上假设前提下,简单模型只考虑两类成本,即库存持有成本与采购订货成本。总库存成本与订货量的关系如图5-3所示。

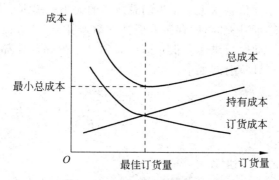

图 5-3 库存总成本与订货量的关系

基于上述假设,年总库存成本可由下面的公式表示:

$$\text{TC} = DP + \frac{DC}{Q} + \frac{QK}{2}$$

式中,TC 为年总成本;

　　D 为年需求量;

　　P 为单位产品价格;

　　C 为每次订货成本;

　　Q 为订货批量;

　　K 为单位产品持有成本。

为了获得使总成本达到最小的 Q,即经济订货批量 EOQ,将 TC 函数对 Q 微分:

$$\text{EOQ} = \sqrt{\frac{2CD}{K}} \quad \text{或} \quad \text{EOQ} = \sqrt{\frac{2CD}{PF}}$$

式中,F 为年持有成本率。

【例 5-1】 甲仓库 A 商品年需求量为 30 000 个,单位商品的购买价格为 20 元,每次订货成本为 240 元,单位商品的年保管费为 10 元,求该商品的经济订购批量、最低年总库存成本、每年的订货次数及平均订货间隔周期。

　　解:由题意,$D = 30\,000$,$P = 20$,$C = 240$,$K = 10$,代入公式:

经济批量：$\mathrm{EOQ} = \sqrt{\dfrac{2CD}{K}} = \sqrt{\dfrac{2 \times 240 \times 30000}{10}} = 1200$（个）

每年的订货次数：$N = 30000/1200 = 25$（次）

平均订货间隔周期：$T = 365/25 = 14.6$（天）

最低年总库存成本：$\mathrm{TC} = DP + \dfrac{DC}{\mathrm{EOQ}} + \dfrac{QK}{2}$

$$= 30000 \times 20 + \frac{30000 \times 240}{1200} + \frac{1200 \times 10}{2} = 606600（元）$$

上述模型是较理想的假设，而在实际订货过程中，会涉及很复杂的情况，这样的假设条件也会越来越少。如在订货的过程中会有一定的价格折扣，补货的速度会有一定的变化等，对于不同的企业和不同的商品都会有一定的差别。

对于订购商品价格随批量不同有折扣时，有必要确定在各种减价水平的持有成本和订货成本。通过比较不同价格水平下发生的总成本的大小来确定批量。

对于库存被连续逐渐补充时，库存一方面被逐渐地补充，一方面又在逐渐地被提取，以满足企业生产需求。此时要求库存供应速度必须高于内部及外部用户的需求速度，否则易造成供应中断。其计算公式如下：

$$\mathrm{EOQ} = \sqrt{\frac{2CD}{PF\left(1 - \dfrac{R_\mathrm{d}}{R_\mathrm{s}}\right)}}$$

式中，R_d 为需求速度；

R_s 为合约约定的供应速度。

【例 5-2】 甲仓库 A 商品年需求量为 30 000 个，单位商品的购买价格为 20 元，每次订货成本为 240 元，单位商品的年保管费为 10 元。该仓库在采购中发现，A 商品供应商为了促销，采取以下折扣策略：一次购买 1000 个以上打 9 折；一次购买 1500 个以上打 8 折。若单位商品的仓储保管成本为单价的一半，求在保证供应的条件下，甲仓库的最佳经济订货批量应为多少？

解：根据题意列出多重折扣价格表，见表 5-2。

表 5-2 多重折扣价格表

折扣区间	0	1	2
折扣点（个）	0	1000	1500
折扣价格（元/个）	20	18	16

（1）计算折扣区间 1 的经济批量：

$$\mathrm{EOQ}_1^* = \sqrt{\frac{2CD}{K}} = \sqrt{\frac{2 \times 240 \times 30000}{18 \times 0.5}} = 1265（个）$$

因为 $1000 < 1265 < 1500$

所以取 1265 个。

（2）计算折扣区间 2 的经济批量：

$$\mathrm{EOQ}_2^* = \sqrt{\frac{2CD}{K}} = \sqrt{\frac{2 \times 240 \times 30000}{16 \times 0.5}} = 1342（个）$$

因为 $1342 < 1500$

所以取 1500 个

（3）计算 TC_1 和 TC_2 对应的年总库存成本：

$$TC_1 = DP_1 + DC/Q_1^* + Q_1^* K/2 = 30000 \times 18 + 30000 \times 240/1265 + 1265 \times 10/2$$
$$= 552016.7（元）$$

$$TC_2 = DP_2 + DC/Q_2^* + Q_2^* K/2 = 30000 \times 16 + 30000 \times 240/1500 + 1500 \times 10/2$$
$$= 492300（元）$$

由于 $TC_2 < TC_1$，所以在批量折扣的条件下，最佳订货批量 EOQ^* 为 1500 个。

5.3.3 定期盘点库存控制模型

定期订货法是按预先确定的订货时间间隔按期进行订货，以补充库存的一种库存控制方法。其决策思路是：每隔一个固定的时间周期检查库存项目的储备量。根据盘点结果与预定的目标库存水平的差额确定每次订购批量。这里假设需求为随机变化，因此，每次盘点时的储备量都是不相等的，为达到目标库存水平 Q_0 而需要补充的数量也随着变化。这样，这类系统的决策变量应是：检查时间周期 T 和目标库存水平 Q_0。这种库存控制系统的储备量变化情况如下图 5-4 所示。

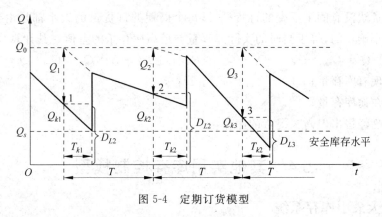

图 5-4　定期订货模型

定期订货法的实施主要取决于以下 3 个控制参数。

1. 订购周期

定期订货法中，订货周期决定了订货时机，它也就是定期订货法的订货点。订货间隔期的长短直接决定了最高库存量的大小，也就是决定了仓库的库存水平的高低，因而决定了库存费用的大小。所以订货周期不能太大，否则就会使库存水平过高；也不能太小，否则订货批次太多，会增加订货费用。其计算公式为

$$T = \frac{EOQ}{D} = \sqrt{\frac{2C}{KD}}$$

式中，T 为订货周期；

　　D 为年需求量；

　　C 为每次订货成本；

K 为单位产品持有成本。

2. 最高库存量

定期订货法的最高库存量(Q_{max})应该以满足订货时间间隔期间的需求量为依据。最高库存量的确定应满足 3 个方面的要求,即订货周期的要求、交货期或订货提前期的要求和安全库存。其计算公式为

$$Q_{max} = R_d(T + L) + S$$

式中,R_d 为需求速度;

L 为平均订购时间;

S 为安全库存量。

其中 S 的计算方法同前,如表 5-3 所示。

表 5-3 安全库存量(S)计算公式

变化情况	需求量变化,提前期固定时	需求量固定,提前期变化时	需求量和提前期都随机变化时
安全库存量(S)	$S = zQ_d \sqrt{L + T}$	$S = zR_dQ_t$	$s = z \sqrt{Q_d^2(L+T) + \bar{R}_t^2Q_t^2}$

3. 订货量

定期订货法没有固定不变的订货批量,每个周期的订货量的大小都是由当时的实际库存量的大小确定的,等于当时的实际库存量与最高库存量的差值。其计算公式为

$$Q = Q_{max} - Q_0 - Q_1 + Q_2 = R_d(T + L) + S - Q_0 - Q_1 + Q_2$$

式中,Q_0 为现有库存量;

Q_1 为在途库存量;

Q_2 为已经售出但尚未提货的库存量。

5.4 其他实用库存控制模型

5.4.1 最大最小库存系统

最大最小系统又称为非强制补充供货系统,是连续系统和定期系统的混合物。最大最小系统的运行过程可描述为:每隔固定的时间就检查库存并确定库存余额,当库存余额小于或等于订货点时就发出订货,订货量等于最高库存水平和库存余额的差。

如图 5-5 所示,当经过固定间隔时间 t 之后,库存量降到 $L_1,L_1 < R$,发出订货,订货量为 $S - L_1$;经过一段时间(LT)到货,库存量增加 $S - L_1$。再经过固定间隔期 t 后,库存量降至 $L_2,L_2 > R$,不发出订货。再经过时间 t,库存量降至 $L_3,L_3 < R$,发出订货,订货量为 $S - L_3$;经过一段时间(LT)到货,库存量增加 $S - L_3$。如此循环。

和定期系统相比,最大最小系统由于不一定在每次检查时都订货,故订货次数较少,从而可节省订货费。但若检查期很长时,最大最小系统和定期系统没有区别。

最大最小系统可能需要相当大的安全库存,若在检查时的库存水平稍高于订货点,则安全库存期需要两个订货间隔期再加上前置时间。可按类似于定期系统的方法确定检查

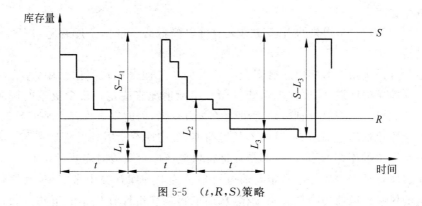

图 5-5 (t,R,S)策略

期,订货点由安全库存量加整个前置时间与检查期内的期望需求量组成,安全库存则通过分析在包括前置时间和检查周期的时期内发生的需求量的偏差来确定。

5.4.2　库存合并

在库存管理中,分散决策与集中决策是经常用到的两种库存决策方法。一些企业拥有遍布全国各地的独立库存系统,一些企业则采取大型的分销中心进行集中库存决策。通过集中库存决策,需求汇集在一起,会提高预测的准确性,降低供应链需求的不确定性,从而影响安全库存水平。凭借供应链的这种风险防控与缓解,可以实现安全库存水平的降低,这种效应称为供应链库存集聚效应。

分散决策与集中决策如图 5-6 所示。

(a) 分散库存决策　　　　　　　　　　　　　　(b) 集中库存决策

图 5-6　分散库存决策和集中库存决策

假设某公司产品在 k 个地区的周需求量为 R_i,需求标准差为 $\sigma_i(i=1,2,\cdots,k)$,那么,在 k 个地区单独设仓库的条件下,总的安全库存量为

$$\mathrm{ss} = F_s^{-1}(\mathrm{CSL}) \times \sum_{i=1}^{k}\sigma_i, \quad i=1,2,\cdots,k$$

如果将 k 个地区的仓库合并为一个大的仓库,总的安全库存量为

$$\mathrm{ss} = F_s^{-1}(\mathrm{CSL}) \times \sqrt{\sum_{i=1}^{k}\sigma_i^2 + \sum_{i\neq j}\mathrm{cov}(i,j)}, \quad i=1,2,\cdots,k$$

式中

$$\mathrm{cov}\,(i,j) = \rho_{ij}\sigma_i\sigma_j$$

ρ_{ij} 为相关系数。

可知,当 $\rho_{ij}=1$ 时,上述两种方案的 ss 值是相等的。其他情况下,集中库存方案的 ss

小于分散库存方案。

由此得出结论：非相关的需求量的集中可以降低必备的安全库存量，同时又不损害产品的供给水平。

集中与分散决策会影响供应链安全库存的大小。但是在现实生活中，库存决策的选择不是一个简单的问题，需要根据经营目标和实际情况来决定。集中决策的同时也集中了风险，意味着库存越集中，抵御缺货风险的能力越强，因此安全库存水平就越低；而分散决策使得仓库更加靠近需求点，可以缩短提前期；集中库存所需要的管理费用一般会低于分散决策所发生的库存费用，这些都是在进行供应链库存决策时需要考虑的。

供应链库存集聚效应并不一定要通过地理位置上的库存集中来实现，其原理在于通过供应链的风险汇减能力降低安全库存，从而取得供应链库存成本的节约。获得供应链库存集聚效应的途径一般有以下几种。

1. 信息集中化

信息集中化是指将各仓库的库存记录统一建立一个信息系统。它的优点是大多数的订单从距离顾客最近的仓库调出并满足顾客需求，从而使运输成本维持低水平。在库存缺货的情况下，可由其他距离较近的仓库来完成订单，从而提高了产品的供给水平。

2. 合理化储存

合理化储存是指当供应链向顾客提供多种产品时，根据产品需求情况将各种产品用合适的方式存储在合适的地点。一般地，可以将产品储存在具有一定市场需求的地点；将变异系数低的产品（多为畅销产品）分散存储，将变异系数高的产品（多为滞销产品）集中储存；将顾客急需的产品分散存储；将储存成本高的产品（通常为高价的产品）集中存储，将储存成本低的产品（通常为低价的产品）分散存储。

3. 产品替代

产品替代是指用一种产品来满足顾客对另一种不同产品的需求。需求的不确定性以及各种替代品的需求量之间的相关性影响供应链从替代品供货中获得的收益。需求不确定性越高，供应链获得的替代收益就越大；产品的需求量之间的相关性越弱，供应链从产品替代中获得的收益就越多。重视产品的替代并对替代产品进行联合管理，有助于供应链减少必备的安全库存，同时还确保较高的产品供给水平。

5.4.3 供应链上的"牛鞭效应"

在供应链的运作过程中，发现有些商品的顾客需求较稳定，变动不大，但是上游供应商往往比下游供应商维持更高的库存水平。这种现象是由宝洁公司在调查其产品"尿不湿"的订货情况时发现的。该产品的零售数量较稳定，波动不大；而分销商向宝洁公司订货时，其订单的波动程度比零售数量的波动要大得多；宝洁公司向其供应商订货时，订单的变化量更大了。这种越往供应链上游走需求的波动程度越大的现象称为"牛鞭效应"（Bullwhip Effect），如图 5-7 所示。

一般情况下，零售商按照自己对顾客需求的预测向批发商订货，由于存在订货提前期，零售商在考虑平均需求的基础上，增加了一个安全库存，这样使得零售商订单的变动

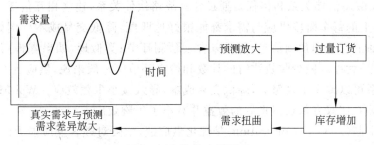

图 5-7　牛鞭效应的图示

性比顾客需求的变动性要大。批发商接到零售商订单再向制造商订货,如果批发商不能获知顾客需求的实际数据,它只能利用零售商已发出的订单进行预测,这样批发商在零售商平均订货量的基础上,又增加了一个风险库存,由于零售商订单的变动明显大于顾客需求变动,为了满足与零售商同样的服务水平,批发商被迫持有比零售商更多的安全库存。以此类推,到制造商或供应商处波动幅度就越来越大。虽然最终产品的顾客需求较稳定,但是,零售商、批发商、制造商和供应商的订购量变动性却越来越大,造成过大的库存,增加了供应链的库存成本,使供应与需求很难匹配,没有实现供应链管理降低库存的目标。

"牛鞭效应"是供应链下库存管理的特点,采用传统的库存管理方法也不能很好地解决这一问题,只有采用创新的供应链库存管理办法才能解决。可以通过以下 4 个措施来减小牛鞭效应。

(1) 实现信息共享。由于牛鞭效应主要是供应链各阶段按订单而不是按顾客需求进行预测造成的,而供应链的唯一需求是满足最终客户的需求,如果零售商与其他供应链成员共享 POS 数据,就能使各成员对实际顾客要求的变化做出响应。因此,在供应链上实行销售时点数据(POS)信息共享,使供应链每个阶段都能按照顾客要求进行更加准确的预测,从而减少需求预测变动性,减小牛鞭效应。同时,实行共同预测和共同计划,保证供应链各阶段的协调;从供应链整体出发,设计零售商的库存补充控制策略,由于零售商与最终顾客的购买有关,关键在于补充零售商的库存,常用 VMI 策略和连续补充策略。

(2) 改善操作作业。改善操作作业,缩短提前期和减少订购批量来减小牛鞭效应。通过实行先进的通信技术缩短订单处理和信息传输的信息提前期,通过直接转运缩短运输提前期,通过柔性制造缩短制造提前期,通过实行事先送货预告(Advance Shipment Notice,ASN)缩短订货提前期。提前期缩短了,需求的变动性相对减少了。要减少订购批量就要减少与固定订购费用有关的运输、订购和验收的费用,利用电子订货系统(CAD)和 EDI 减少订购费用,订购批量减少可以降低供应链上相邻两阶段积累起来的变动量,从而减小牛鞭效应。

(3) 稳定价格。制定相应的价格策略,鼓励零售商进行小批量订购并减少提前购买行为以减小牛鞭效应。如,把基于批量的折扣策略改为基于总量的折扣策略,即在一个特定时期内(如一年内),按总的采购量来制定折扣政策,它可以使得每次的批量减少;实行天天平价政策和限制促销时采购量等方法,使价格稳定,减少预先购买行动,从而减小牛鞭效应。

（4）建立战略伙伴关系和信任。通过建立战略伙伴关系，建立相互信任，实现信息共享，使供应链上的每个阶段供应与需求都能很好地匹配，降低交易成本。例如，供应商如果信任零售商的订单和预测信息，就可以省去预测环节；类似地，如果零售商信任供应商的质量和配送，就可以减少收货物时的计数和检查环节。一般来说，供应链上各阶段的信任和良好关系可以减少重复努力，降低交易成本，导致减小牛鞭效应。Wal-Mart 和 P&G 的战略伙伴关系使双方都获得良好的效益并减小了牛鞭效应。

大规模定制（mass customization）是优化供应链，增强对顾客反应能力的一种有意义的方式，它给传统的生产、流通和消费模式带来冲击。大规模按顾客订单定制不仅仅是一个制造过程、物流系统或营销战略，还可能成为 21 世纪公司的组织原则，就像大批量生产是 21 世纪的组织原则一样。大规模定制是供应链管理挑战品牌经营的有力手段，这种方法正在许多产业应用，以为顾客更好地服务。在提高服务质量的同时，简化了整个需求判断的过程，并且使人认识到只有提供那些能够反映顾客特定需求的产品才是最好的服务。

Internet 与电子商务的进一步普及，为定制业务的开展创造了良好的基础环境。传统的生产模式使制造商与顾客隔离开来，是一种一对多的关系，这种体系意味着顾客的需求和公司提供给市场的标准化产品只能是近似的吻合，要做到顾客完全满意根本不可能。工厂把产品推向市场，实际上对需求仍缺乏真正的了解，而品牌经营试图通过形象来弥补这个缺陷。大规模定制能够充分了解、捕捉与满足顾客的真正需求，因为它是根据顾客的实际选择，按订单制造、交货的，没有生产效率的损失，且实现了一对一的直接联系。按订单制造更有把握获利，因为库存与仓容减少，且顾客满意。现在，它正促使某些传统的以大量生产为核心的公司开展大规模定制来满足市场需求，增进与顾客的关系。

5.4.4 供应商管理库存

1. 基本内涵和思想

长期以来，流通中的库存是部门各自为政的。流通环节中的每一个部门都是各自管理自己的库存，零售商、批发商和供应商都有各自的库存，各个供应链环节都有自己的库存控制策略。由于各自的库存控制策略不同，因此不可避免地产生需求的扭曲现象，即所谓的需求放大现象，无法使供应商快速地响应用户的需求。在供应链管理环境下，供应链的各个环节的活动都应该是同步进行的，而传统的库存控制方法无法满足这一要求。近年来，在国外，出现了一种新的供应链库存管理方法——供应商管理用户库存（Vendor Managed Inventory，VMI），这种库存管理策略打破了传统的各自为政的库存管理模式，体现了供应链的集成化管理思想，适应市场变化的要求，是一种新的有代表性库存管理思想。

从传统意义上讲，库存是由库存拥有者管理的。因为无法确切知道用户需求与供应的匹配状态，所以需要库存，库存设置与管理是由同一组织完成的。这种库存管理模式并不总是最优的。例如，一个供应商用库存来应付不可预测的或某一用户（这里的用户不是指最终用户，而是分销商或批发商）不稳定的需求，用户也设立库存来应付不稳定的内部需求或供应链的不确定性。虽然供应链中每一个组织独立地寻求保护其各自在供应链的利益不受意外干扰是可以理解的，但不可取，因为这样做的结果影响了供应链的优化运行。供应链的各个不同组织根据各自的需要独立运作,导致重复建立库存,因而无法达到供应链全局的最低成本,整个供应链系统的库存会随着供应链长度的增加而发生需求扭曲。VMI库存管理系统就能够突破传统的条块分割的库存管理模式,以系统的、集成的管理思想进行库存管理,使供应链系统能够获得同步化的运作。

VMI是一种很好的供应链库存管理策略。关于VMI的定义,国外有学者认为:"VMI是一种在用户和供应商之间的合作性策略,以对双方来说都是最低的成本优化产品的可获性,在一个相互同意的目标框架下由供应商管理库存,这样的目标框架被经常性地监督和修正,以产生一种连续改进的环境。"

关于VMI也有其他的不同定义,但归纳起来,该策略的关键措施主要体现在以下几个原则中:

(1) 合作精神(合作性原则)。在实施该策略时,相互信任与信息透明是很重要的,供应商和用户(零售商)都要有较好的合作精神,才能够相互保持较好的合作。

(2) 使双方成本最小(互惠原则)。VMI不是关于成本如何分配或谁来支付的问题,而是关于减少成本的问题。通过该策略使双方的成本都能够减少。

(3) 框架协议(目标一致性原则)。双方都明白各自的责任,在观念上达成一致的目标。如库存放在哪里,什么时候支付,是否要管理费,要花费多少等问题都要回答,并且体现在框架协议中。

(4) 连续改进原则。使供需双方能共享利益和消除浪费。

VMI的主要思想是供应商在用户的允许下设立库存,确定库存水平和补给策略,拥有库存控制权。精心设计与开发的VMI系统,不仅可以降低供应链的库存水平,降低成本。而且,用户外还可获得高水平的服务,改善资金流,与供应商共享需求变化的透明性和获得更高的用户信任度。

2. VMI的实施方法

实施VMI策略,首先要改变订单的处理方式,建立基于标准的托付订单处理模式。首先,供应商和批发商一起确定供应商的订单业务处理过程所需要的信息和库存控制参数,然后建立一种订单的处理标准模式,如EDI标准报文,最后把订货、交货和票据处理各个业务功能集成在供应商一边。

库存状态透明性(对供应商)是实施供应商管理用户库存的关键。供应商能够随时跟踪和检查到销售商的库存状态,从而快速地响应市场的需求变化,对企业的生产(供应)状态做出相应的调整。为此需要建立一种能够使供应商和用户(分销商、批发商)的库存信息系统透明连接的方法。

供应商管理库存的策略可以分如下几个步骤实施:

(1) 建立顾客情报信息系统。要有效地管理销售库存,供应商必须能够获得顾客的有关信息。通过建立顾客的信息库,供应商能够掌握需求变化的有关情况,把由批发商(分销商)进行的需求预测与分析功能集成到供应商的系统中来。

(2) 建立销售网络管理系统。供应商要很好地管理库存,必须建立起完善的销售网络管理系统,保证自己的产品需求信息和物流畅通。为此,必须做到:①保证自己产品条码的可读性和唯一性;②解决产品分类、编码的标准化问题;③解决商品存储运输过程中的识别问题。目前已有许多企业开始采用 MRP Ⅱ 或 ERP 系统,这些软件系统都集成了销售管理的功能。通过对这些功能的扩展,可以建立完善的销售网络管理系统。

(3) 建立供应商与分销商(批发商)的合作框架协议。供应商和销售商(批发商)一起通过协商,确定处理订单的业务流程以及控制库存的有关参数(如再订货点、最低库存水平等)、库存信息的传递方式(如 EDI 或 Internet)等。

(4) 组织机构的变革。这一点也很重要,因为 VMI 策略改变了供应商的组织模式。过去一般由会计经理处理与用户有关的事情,引入 VMI 策略后,在订货部门产生了一个新的职能负责用户库存的控制、库存补给和服务水平。

一般来说,在以下的情况下适合实施 VMI 策略:零售商或批发商没有 IT 系统或基础设施来有效管理他们的库存;制造商实力雄厚并且比零售商的市场信息量大;有较高的直接存储交货水平,因而制造商能够有效地规划运输。

5.4.5 联合库存管理

1. 基本思想

VMI 是一种供应链集成化运作的决策代理模式,它把用户的库存决策权代理给供应商,由供应商代理分销商或批发商行使库存决策的权力。联合库存管理则是一种风险分担的库存管理模式。联合库存管理的思想可以从分销中心的联合库存功能谈起。

地区分销中心体现了一种简单的联合库存管理思想。传统的分销模式是分销商根据市场需求直接向工厂订货,比如汽车分销商(或批发商)根据用户对车型、款式、颜色和价格等的不同需求向汽车制造厂订的货,需要经过一段较长时间才能到达,因为顾客不想等待这么久的时间,因此各个推销商不得不进行库存备货,这样大量的库存使推销商难以承受,以至于破产。

据估计,在美国,通用汽车公司每年销售 500 万辆轿车和卡车,平均价格是 18 500 美元,推销商维持 60 天的库存,库存费是车价值的 22%,一年总的库存费用达到 3.4 亿美元。而采用地区分销中心,就大大减缓了库存浪费的现象。图 5-8 为传统的分销模式,每个销售商直接向工厂订货,每个销售商都有自己的库存,而图 5-9 为采用分销中心后的销售方式,各个销售商只需要少量的库存,大量的库存由地区分销中心储备,也就是各个销售商把其库存的一部分交给地区分销中心负责,从而减轻了各个销售商的库存压力。分销中心就起到了联合库存管理的功能,分销中心既是一个商品的联合库存中心,同时也是需求信息的交流与传递枢纽。

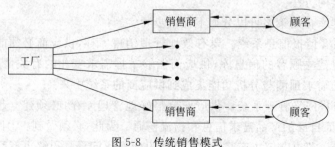

图 5-8 传统销售模式

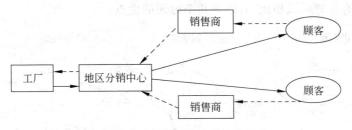

图 5-9　有地区分销中心的销售模式

　　分销中心的功能使我们得到启发,我们对现有的供应链库存管理模式进行了新的拓展和重构,提出了联合库存管理新模式——基于协调中心的联合库存管理系统。

　　近年来,在供应链企业之间的合作关系中,更加强调双方的互利合作关系,联合库存管理就体现了战略供应商联盟的新型企业合作关系。

　　传统的库存管理把库存分为独立需求和相关需求两种库存模式来进行管理。相关需求库存问题采用物料需求计划(MRP)处理,独立需求问题采用订货点办法处理。一般来说,产成品库存管理为独立需求库存问题,而在制品和零部件以及原材料的库存控制问题为相关需求库存问题。如图 5-10 所示为传统的供应链活动过程模型,在整个供应链过程中,从供应商、制造商到分销商,各个供应链节点企业都有自己的库存。供应商作为独立的企业,其库存(即其产品库存)为独立需求库存。制造商的材料和半成品库存为相关需求库存,而产品库存为独立的需求库存。分销商为了应付顾客需求的不确定性也需要库存,其库存也为独立需求库存。

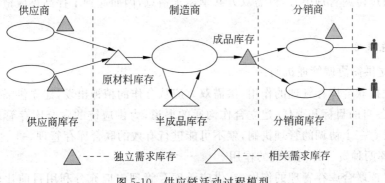

图 5-10　供应链活动过程模型

　　联合库存管理是解决供应链系统中由于各节点企业的相互独立库存运作模式导致的需求放大现象,提高供应链的同步化程度的一种有效方法。联合库存管理和供应商管理用户库存不同,它强调双方同时参与,共同制定库存计划,使供应链过程中的每个库存管理者(供应商、制造商和分销商)都从相互之间的协调性考虑,保持供应链相邻的两个节点之间的库存管理者对需求的预期保持一致,从而消除了需求变异放大现象。任何相邻节点需求的确定都是供需双方协调的结果,库存管理不再是各自为政的独立运作过程,而是供需连接的纽带和协调中心。

　　图 5-11 为基于协调中心联合库存管理的供应链系统模型。基于协调中心的库存管

理和传统的库存管理模式相比,有以下几个方面的优点。

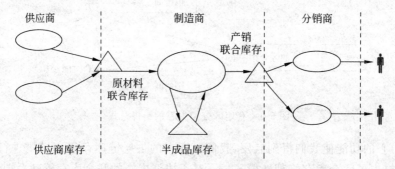

图 5-11　基于协调中心联合库存管理的供应链系统模型

(1)为实现供应链的同步化运作提供了条件和保证。

(2)减少了供应链中的需求扭曲现象,降低了库存的不确定性,提高了供应链的稳定性。

(3)库存作为供需双方的信息交流和协调的纽带,可以暴露供应链管理中的缺陷,为改进供应链管理水平提供依据。

(4)为实现零库存管理、准时采购以及精细供应链管理创造了条件。

(5)进一步体现了供应链管理的资源共享和风险分担的原则。

联合库存管理系统把供应链系统管理进一步集成为上游和下游两个协调管理中心,从而部分消除了由于供应链环节之间的不确定性和需求信息扭曲现象导致的供应链的库存波动。通过协调管理中心,供需双方共享需求信息,因而起到了提高供应链的运作稳定性的作用。

2. 实施策略

1)建立供需协调管理机制

为了发挥联合库存管理的作用,供需双方应从合作的精神出发,建立供需协调管理的机制,明确各自的目标和责任,建立合作沟通的渠道,为供应链的联合库存管理提供有效的机制。没有一个协调的管理机制,就不可能进行有效的联合库存管理。

2)发挥两种资源计划系统的作用

为了发挥联合库存管理的作用,在供应链库存管理中应充分利用目前比较成熟的两种资源管理系统:MRP Ⅱ和 DRP。原材料库存协调管理中心应采用制造资源计划系统 MRP Ⅱ,而在产品联合库存协调管理中心则应采用物资资源配送计划 DRP。这样在供应链系统中把两种资源计划系统很好地结合起来。

3)建立快速响应系统

快速响应系统是在 20 世纪 80 年代末由美国服装行业发展起来的一种供应链管理策略,目的在于减少供应链中从原材料到用户过程的时间和库存,最大限度地提高供应链的运作效率。

快速响应系统在美国等西方国家的供应链管理中被认为是一种有效的管理策略,经历了 3 个发展阶段。第一阶段为商品条码化,通过对商品的标准化识别处理加快订单的传输速度;第二阶段是内部业务处理的自动化,采用自动补库与 EDI 数据交换系统提高业务自动化水平;第三阶段是采用更有效的企业间的合作,消除供应链组织之间的障碍,提高供应链的整体效率,如通过供需双方合作,确定库存水平和销售策略等。

4) 发挥第三方物流系统的作用

第三方物流系统为用户提供各种服务,如产品运输、订单选择和库存管理等。第三方物流系统的产生是由一些大的公共仓储公司通过提供更多的附加服务演变而来的,另外一种产生形式是由一些制造企业的运输和分销部门演变而来的。把库存管理的部分功能代理给第三方物流系统管理,可以使企业更加集中精力于自己的核心业务,第三方物流系统起到了供应商和用户之间联系的桥梁作用,为企业获得诸多好处。面向协调中心的第三方物流系统使供应与需求双方都取消了各自独立的库存,增加了供应链的敏捷性和协调性,并且能够大大改善供应链的用户服务水平和运作效率。

5.4.6 多级库存管理

1. 多级库存系统

传统的单一库存点下的存储决策模型侧重于优化单一的库存成本,从存储成本和订货成本出发确定经济订货批量和订货点。从单一的库存角度看,这种库存管理方法有一定的适用性,但是从供应链整体的角度,单一企业库存管理的方法是不够的。

供应链管理把供应链中的所有节点看成一个整体,供应链管理涵盖整个物流的、从供应商到最终用户的采购、制造、分销和零售等职能领域过程。供应链管理环境下的库存问题和传统的企业库存问题有许多不同之处,这些不同点体现出供应链管理思想对库存的影响。

供应链中各库存点通过供需关系连接起来,比如,一个大型的零售商会集中采购货物,将货物存放在某个中心仓库,并且从该仓库供应其他的几个商店。或者一个生产商可能需要多种原材料,将它们制成各种部件,然后由部件装配成最终产品。

2. 多级库存管理模型

传统的单级库存管理方式是对物流系统的局部优化管理,而要进行系统的全局优化与管理,必须考虑多级库存系统。因此多级库存优化与管理是系统资源的全局优化。

多级库存的优化和控制是在单级库存控制的基础上形成的,它可以达到对供应链库存资源进行整体优化的目的。多级库存的控制方法有两种:一种是分布式控制,另一种是集中式控制。

1) 分布式的库存策略

分布式的库存策略是把供应链的库存管理分为 3 个成本归结中心,即供应商成本中心、配送中心成本中心和零售商成本中心,各自根据其库存成本做出优化的管理策略,如图 5-12 所示。分布式的库存管理要取得整体的物流系统优化效果,需要增加系统的信息共享程度,使系统的各个部门都共享统一的市场信息。分布式多级库存管理策略能够使企业根据自己的实际情况独立做出快速决策,有利于发挥企业的独立自主性和灵活机动性。但在实际工作中,常常因为需求企业之间缺乏协调,导致各自为政的局面,造成各级需求逐渐地变异放大,产生牛鞭效应。

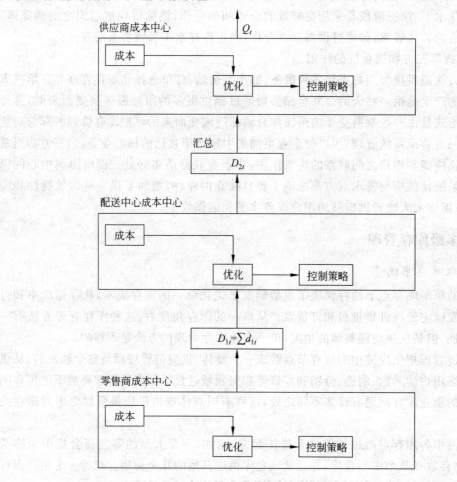

图 5-12 分布式多级库存控制模式

2)集中式库存管理

集中式库存管理是将控制中心放在核心企业上,由核心企业对系统库存进行管理,协调上游与下游企业的库存活动。这样核心企业也成了物流系统上的信息控制中心,担负着信息的集成和协调功能,如图 5-13 所示。

总之,分布式控制管理较简单,各个库存点独立地进行各自的库存控制,但是这样无法保证供应链库存的整体优化,如果信息共享程度较低,多数情况下产生的是次优的结果。采用集中式控制方法,所有库存控制参数是同时决定的,考虑各个库存点的相互联系,通过相互的协调来达到优化的目的,然而其对信息交互的要求更高,所需信息量也更大,这必然增加了供应链管理的难度和复杂度,尤其是多层次、网状供应链。

5.4.7 虚拟库存

1. 虚拟库存的概念

虚拟库存是虚拟经济的一种形式。虚拟仓库是指建立在计算机和网络通信技术基础

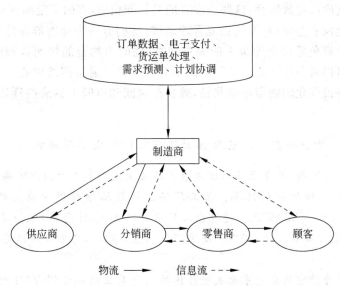

图 5-13　供应链信息集中式库存管理结构

上,将地理上分散的、属于不同所有者的物品储存、保管和远程控制的物流设施进行整合,形成具有统一目标、统一任务和统一流程的暂时性物资存储与控制组织,可以实现不同状态、空间和时间的物资进行有效的调度和统一管理。虚拟库存通过某种方式形成所需要的资源,而仓库中不一定保有,这种社会资源就相当于一个庞大的仓库所具有的库存储备,由于它具有虚拟性,所以也被称为虚拟仓库和虚拟库存。

2. 虚拟库存的特点

由于基于互联网的产品目录和强大的搜索引擎功能,虚拟库存在管理和运作上注定有着很大的优势:

(1) 虚拟库存的覆盖区域非常广,可以实现不同时间和空间上的跨越。

(2) 虚拟库存灵活性好,仓库的利用效率高。

(3) 虚拟库存数据查询非常方便。物流公司登录到系统后,可对本公司所有仓库的商品存货和预留量等参数进行查询。仓库需求者登录系统后,网络中心可根据需求者对仓库的各种要求,用最短的时间选择一个最适宜的仓库。

(4) 虚拟库存实现了物流与资金流的统一,各个部门业务的协同运作,以及数据的一次录入、全程共享。

3. 虚拟库存的作用

电子商务网络化的虚拟企业将散置在各地、分属不同所有者的库存通过网络系统连接起来,使之成为"虚拟库存",进行统一管理和调配使用,服务半径和货物集散空间都放大了,这样的企业在组织资源的速度、规模、效率和资源的合理配置方面都是传统的物流配送企业不可比拟的。

虚拟库存降低了企业的仓储成本。虚拟库存可以将物资以信息的形式存储在自动化指挥系统之中,一个企业可以根据货物要求、进货与配送地点分布,在不同地方以契约的方式临时租用仓库以存放库存,这些仓库有的是长期租用,有的是定期定时租用。从传统角度看这些企业没有仓库;从现代物流管理来讲,他们有一个仓库群存储着不同的商品。这样企业就可以避免建设仓库带来的成本增加,同时为物资的快速合理调拨提供条件。建立虚拟库存可以避免物资流动过程中的不合理运输。通过网络中心,可以根据需求者的各种要求选择最优化的物资流动路径,减少在时间和空间上造成的迂回物流和仓储费用的增加。

案例分析:外包库存管理与控制的成功实施案例

为了解决库存难题,越来越多的制造企业将目光投向第三方物流服务商。去年,联想集团成功完成了一项供应链改革:在工厂供应链前端推行供应商管理库存(Vendor Managed Inventory,VMI)模式。通过在工厂附近建立 VMI 仓库,联想集团外包了自己的库存,大大降低了库存压力,实现了随需随取的生产模式,其库存周转天数也从 14 天迅速缩减到 5 天。

中外运敦豪丹沙空运公司东北太平洋区域副总裁王梅林谈到 VMI 时认为,自从"零库存"概念被丰田汽车公司提出以后,30 年来制造企业绞尽脑汁考虑如何将库存降到最低。现在 VMI 模式逐渐被国内企业接受,正是制造企业出于降低库存、提高供应链效率的考虑所作出的选择。

伯灵顿全球有限公司参与了联想集团的这次供应链改革,作为联想 VMI 项目的第三方物流合作伙伴。伯灵顿公司同时也长期为戴尔公司(Dell)和惠普公司(HP)等企业的中国工厂提供 VMI 项目服务,而此前,凭借先进的供应链管理模式和低价竞争优势,戴尔公司已经严重威胁到了联想公司在中国个人计算机(PC)市场老大的地位。

明基逐鹿软件有限公司咨询顾问秦进指出,库存已经成为企业供应链环节的突出问题,表现在库存周转速度慢、缺乏有效管理造成库存损失、库存物流环节繁杂等方面。落后的库存管理方式正使企业库存变得臃肿不堪。随着越来越多的制造企业采用精益生产模式,这些企业的商业科技领导者都在考虑一个现实的问题:库存如何"瘦身"?

1. 库存外包

为了解决库存难题,越来越多的制造企业将目光投向第三方物流服务商。美国物流外包协会的调查数据显示,仓储、运输和报关是经常被外包的物流业务。实施 VMI 模式后,联想集团将大约 90%的库存管理外包给了第三方物流服务商,通过在北京、上海和惠阳三地工厂附近的 VMI 仓库,联想集团只需要根据生产要求定期向第三方物流服务商发送发货指令,由其完成对生产线的配送。联想集团不再需要考虑如何管理庞大的库存,而把这个问题留给了第三方物流服务商。

第三方物流服务商需要代替客户考虑许多复杂的问题。VMI 仓库不仅需要管理数以百计的供应商的库存,而且经常会面临复杂的库存状况。伯灵顿公司北亚区高级区域 IT 经理郑永强举了一个例子,在原材料价格较低时,很多制造企业会购买一部分放在仓库中,如果根据库存管理先进先出的原则,这部分原材料很可能会优先使用。但是,"在原材料价格较低时,客户总是希望优先使用供应商的存货,而把自己的低价格存货留到日后使用。"因此,他强调,"VMI 并不仅仅是一个物流平台,更是一个商业平台。"

处理 VMI 的商业难题,仅靠人工或一般的信息系统显然不够,企业、VMI 仓库和供应商之间需要建立统一的信息处理平台,作为供需两方的商业合作伙伴,第三方物流服务商必须承担建立这一平台的任务。因此,在一般企业中,IT 部门只是企业商业决策的后续支持部门,郑永强和他的中国区同事却是伯灵顿公司与客户 VMI 项目前期谈判中不可缺少的人物。"每个 VMI 项目的情况都不同,信息系统也不可能完全一致。"郑永强透露。因此,在开展项目之前,伯灵顿公司会反复与客户沟通搭建 VMI 信息系统的每一个细节。

2. 管理可视化

落后的库存管理曾经是沪士电子(昆山)有限公司(下称"沪士电子公司")的心头之痛。尽管这家印刷电路板制造企业早已实施企业资源计划(ERP)系统,但内部系统缺乏有效整合,当物料控制部门不断扩大库存时,却无法及时了解生产计划的调整,这导致其库存总量控制失控,一些存货可能会躺在仓库一个月甚至数月,一些特殊采购材料甚至可能由于所属产品停产而变成死库存。

为此,沪士电子公司痛定思痛,实施了供应链协同管理平台。在这个开放的平台上,自己和供应商可以很清楚地知道供应商在沪士电子公司的库存有多少、具体物料的数量、什么时候需要补货等。同时,供应商能够实时了解沪士电子公司的需求状况并进行生产调整和及时交付。经过这番努力,沪士电子公司的交货期从 8 周大幅缩短到 3 周以内,其库存降低了 20% 左右。

过去,联想集团的情况与沪士电子公司十分相似。从前,联想集团的国际采购由联想香港国际采购中心对外订购货物,供应商在香港交货,货物再根据生产计划调拨到北京、上海和惠阳等地的工厂。在这种模式下,由于联想集团工厂的生产管理系统与联想国际采购中心的仓储系统没有连接,工厂只能被动生产,无法实现拉动式的精益生产。

实施 VMI 模式后,联想集团终于得偿所愿,实现了对库存的可视化管理。伯灵顿公司在联想集团三地的 VMI 仓库中部署了一套适合其业务特点的仓储管理系统,这套系统与客户的生产管理系统对接。借助这套系统,客户可以及时地获得到货通知、收货上架数据、库存报告分析等不同环节的库存信息,从而判断和分析库存状况,将库存损失降到最低限度。客户与其核心供应商之间每天通过两次数据交换来调整真实需求和库存之间的误差,双方可以通过可视化库存管理共同监测仓库中物料的存量状况。供应商一旦发现物料消耗到达警戒线,就会通过第三方物流补货。

3. 技术即效率

大型制造企业十分在意物流服务商的服务能力。对于物流企业而言,仅仅保管好客户的库存显然是不够的。沪士电子公司采用了寄售(consignment)的库存管理方式。寄售与 VMI 的不同之处在于,货物存放在制造商自己的仓库中,而不是第三方的 VMI 仓库。"我们的生产线 24 小时运转,常常半夜要求供货,如果第三方物流企业能够配合得十分好,采用 VMI 的方式当然没问题,但实际上很少有物流企业能够满足我们的要求。"沪士电子公司 IT 经理王翔表示。

戴尔公司厦门工厂最初推行 VMI 时,向伯灵顿公司提出了两小时送货的要求,也就是说伯灵顿需要在两个小时内完成从接单、分拣、装运、报关到运输的复杂环节。而现在,只需要一个半小时,伯灵顿公司就可以把货物从 VMI 仓库直接送上戴尔的生产线。这得益于伯灵顿公司使用了先进的 EDI、RosettaNet 等技术手段。而且随着技术的不断改进,现在送货的时间最短已经能够压缩到 45 分钟。

通过这些技术手段,伯灵顿公司可以快速与客户及海关进行数据交换并处理电子商务往来业务。伯灵顿公司中国区 IT 经理朱力透露,现在很多一级城市的中国海关在技术方面已经达到了先进的水平,这是伯灵顿公司能够完成快速通关的前提条件之一。伯灵顿公司在新加坡还开始测试并采用无线射频识别技术(RFID),RFID 的应用可以大大提高物流的速度。

联想集团原来的国际采购物流模式需要经过 11 个物流环节,涉及多达 18 个内外部单位,运作流程十分复杂。现在,VMI 仓库省却了这些中间环节。联想集团的工厂下单后,伯灵顿公司的信息系统使用虚拟实时 FTP 技术与联想集团完成数据交换,经过 EDI 电子报关,快速完成货物递送。"不同的客户会有不同的需求,我们可能会采用不同的技术,可以是 EDI,也可以是 FTP 或者 XML,一切都以客户的需求和实际情况为导向。"朱力说。

在联想集团发布的 2005 财年三大战略中,打造柔性企业的战略目标令人耳目一新。尽管柔性概念和精益生产已经成为国际先进制造企业的共识,但是,目前国内鲜有企业能够真正实现。现在,联想集团的库存外包至少已经使其向柔性企业的目标迈出了一大步。

4. 供应商管理库存

供应商管理库存(VMI)是以掌控销售资料和库存量作为市场需求预测和库存补货的解决方法,通过销售资料得到消费需求信息,供应商可以更有效地计划,更快速地对市场变化和消费者的需求作出反应。因此,VMI 可以用来降低库存量,降低库存存置成本,增加资金周转,增加库存周转,降低因塞货造成的退货等,进而维持库存量的最佳化。

郑永强说:"VMI 不仅仅是一个物流平台,更是一个商业平台。"

思考题

1. 什么是库存?什么是库存管理?
2. 库存如何分类?库存产生的原因是什么?
3. 定期订货和定量订货方法有什么不同?
4. 供应链环境下信息共享对库存管理有什么影响?
5. 供应链中不确定性对库存管理有什么影响?如何克服这些问题?
6. 什么是 VMI?如何实施 VMI?
7. 什么是联合库存计划?如何实施联合库存计划?
8. 供应链的运行机制有哪些?分别有什么特点?
9. 思考为什么传统的推动式运行机制将向牵引式运行机制转型。
10. 结合我国企业的现状,讨论 VMI 实施中潜在的难题及解决办法。

第 6 章 物流配送

- 物流配送模式的选择
- 物流配送中心的设计步骤
- 物流配送中心的选址方法

6.1 物流配送概述

6.1.1 物流配送的含义

从商品流通的经营方式看,物流配送是一种商品流通方式,是一种现代的流通方式。我国发布的国家标准《物流术语》中关于配送的解释为:在经济合理区域范围内,根据用户的要求,对物品进行拣选、加工、包装、分割、组配等作业,并按时送达指定地点的物流活动。关于配送的较为科学、全面的界定是:配送是整个物流过程的一部分,包括输送、送达和验货等以送货上门为目的的商业活动,它是商流与物流紧密结合的一种综合的、特殊的环节,同时也是物流过程中的关键环节。

配送的概念反映出以下几个含义:

(1) 配送不仅仅是送货,它是配货、分货和送货等活动的有机结合体。

(2) 配送是一种"中转"形式。

(3) 配送的产生和发展既是社会化分工进一步细化的结果,又是社会化大生产发展的要求。

(4) 配送是最终的资源配置,属于经济体制的一种形式,最接近顾客。

(5) 配送以客户要求为出发点。

6.1.2 物流配送的特点

配送的概念既不同于运输,也不同于送货,从美国及日本等较早开展配送业务的国家看,配送有以下 4 个特点。

(1) 配送是一种专业化的分工方式。

配送根据客户的订货要求准确及时地为其提供物资保证,在提高服务质量的同时,可以通过专业化的规模经营获得较低的成本。

（2）配送是一种特殊的送货形式。

通常配送的特殊性表现在其主体是专门经营物流的企业，而不是生产企业。配送是用户需要什么送什么，而不是有什么送什么，生产什么送什么。配送进行的是中转送货，而不是直接送货。

（3）配送以现代化的技术和装备作为保证。

在配送过程中，由于大量采用先进的信息技术和各种传输设备及拣选机电设备，使得配送作业像工业生产中广泛应用的流水线，使得流通工作工厂化，从而大大提高了商品流转的速度，使物流创造"第三利润"变成了现实。

（4）配送是一种综合服务。

配送为客户提供的是一种综合服务，它是许多业务活动有机结合的整体，集送理货、分货和配货等功能于一体，同时还需要强大的信息系统作支持，使其成为一种现代化的作业系统，从而适应发达的商品经济和现代化的管理水平。

6.1.3 电子商务对传统物流配送的冲击和影响

电子商务对传统物流配送的冲击和影响主要表现在以下几个方面。

（1）网络对物流配送的实时控制代替了传统的配送管理程序。

传统的物流配送过程是由多个业务流程组成的，因此受人为因素影响和时间影响很大。网络的应用可以实现整个过程的实时监控和实时决策。

（2）给传统物流配送观念带来深刻的革命。

传统的物流配送企业需要置备大面积的仓库，而电子商务系统网络化的虚拟企业将散置在各地的分属不同所有者的仓库通过网络系统链接起来，使之成为"虚拟仓库"，实行统一的管理和调配使用，这样服务半径和货物集散距离都扩大了。

（3）对物流配送速度提出了更高的要求。

由于信息交流的限制，在传统的物流管理中，完成一个配送过程的时间比较长。而这个时间随着网络系统的介入会变得越来越短，任何一个有关配送的信息和资源都会通过网络管理在几秒钟内传到有关环节。

（4）简化了物流配送过程。

传统物流配送的整个环节极为烦琐，在网络化的新型物流配送中心里可以大大缩短这一过程。随着物流配送业的普及和发展，行业竞争的范围和残酷性大大增加，信息的掌握、信息的有效传播和其易得性，使得用传统的方法获得超额利润的时间和数量变得越来越少。网络的介入使人的潜能得到充分发挥，同时使得自我实现的需求成为多数员工的工作动力。

6.1.4 电子商务环境下的物流配送

1. 电子商务下物流配送的含义

电子商务下物流配送是指物流配送企业采用网络化的计算机技术和现代化的硬件设备、软件系统及先进管理手段，针对社会要求，严格地、守信用地按用户的订货要求，进行一系列分类、整理、分工、编配和配货等理货工作，定时、定点、定量地分送给没有范围限度的各类用户,满足其对商品的需求。

2. 电子商务环境下物流配送的特点

新型物流配送除具有传统物流配送的特点外,还具备以下基本特点。

(1)信息化。表现为物流信息的商品化、物流信息收集的数据库化和代码化、物流信息处理的电子化、物流信息传递的标准化和实时化、物流信息存储的文字化等。信息技术在物流领域中的应用将会彻底改变世界物流业的面貌。

(2)自动化。物流自动化的基础是信息化,其核心是机电一体化,自动化的外在表现是无人化,自动化的效果是省力化,另外还可以扩大物流作业能力,减少物流作业的差错,提高劳动生产率等。

(3)网络化。物流领域网络化的基础也是信息化,当今世界 Internet 等全球网络资源的可用性及网络技术的普及为物流的网络化提供了良好的外部环境。

(4)网络智能化。物流作业过程大量的运筹和决策,如库存水平的确定、运输(搬运)路径的选择、自动导向车的运行轨迹及作业控制、自动分拣机的运行、物流配送中心经营管理的决策支持等问题都需要借助于大量的知识才能解决。在物流自动化的进程中,物流智能化是不可能回避的技术难题,在现代社会,物流的智能化已成为电子商务环境下物流业发展的一个新趋势。

(5)社会化。社会化程度的高低是区别新型物流配送和传统物流配送的一个重要特征。很多传统的物流配送中心往往是某一企业为给本企业或本系统提供物流配送服务而建立起来的,有些配送中心虽然也有为社会服务的,但同电子商务下的新型物流配送所具备的真正社会性相比较而言,还具有很大的局限性。

(6)柔性化。指根据消费者需求的变化来灵活调节生产工艺。柔性化的物流是适应生产、流通与消费的需求而发展起来的一种新型物流模式,它要求物流配送中心根据"多品种、小批量、多批次、短周期"的消费特色,灵活组织和实施物流作业。

6.2　物流配送模式及其选择

6.2.1　物流配送模式的种类

根据国内外的发展经验以及我国的配送理论与实践,目前主要形成了以下几种配送模式。

1. 按集散程度划分

(1)集货型配送模式。这种模式主要针对上家的采购物流过程进行创新而形成。上家生产具有相互关联性,下家互相独立;上家对配送中心的依存度明显大于下家;上家相对集中,而下家分散,上家对配送中心具有相当的要求。同时这类配送中心也强调其加工功能,此类配送模式适于成品或半成品物资配送,如汽车配送中心。

(2)散货型配送模式,这种模式主要是对下家的供货物流进行优化而形成的。上家对配送中心的依存度小于下家,而且配送中心的下家相对集中或有利益共享(如连锁业)。采用此类模式的流通企业,其上家竞争激烈,且下家需求以多品种、小批量为主要特征,适于原材料或半成品配送,如机电产品配送中心。

(3)混合型配送模式。这种模式综合了上述两种配送模式的优点,并对商品流通的全过程进行有效控制,有效地克服了传统物流的弊端。采用这种模式的流通企业规模较大,具有相当的设备投资,如区域性配送中心;在实际流通中多采用多样化经营,降低了经营风险。这种运作模式特别符合电子商务物流配送的要求。

2. 按配送主体划分

(1)自营配送模式。企业通过独立组建配送中心,实现对内部的物品供应和配送,这种配送中心的各种物流设施和设备归一家企业所拥有。一般而言,采取自营性配送模式的企业大都是规模较大的集团公司。最具代表性的是连锁业的配送业务,包括对企业内部各场、店的配送和对企业外部顾客的配送。

(2)第三方配送模式。第三方配送方式是利用专业化的配送机构提供配送服务。随着电子商务的飞速发展,第三方配送机构逐渐发展起来。这些机构利用 Internet 等先进技术手段,组建了专业的电子商务物流信息系统。例如,阳光网达公司就是一家典型的第三方配送机构,它为电子商务公司提供专业的物流服务,对采购、仓储、包装、分拣和配送等实行一体化管理,形成一个全国性的快速的、以信息技术为基础的物流体系。

(3)互用配送模式。互用配送模式是几个企业为了各自的利益,以契约的方式达成某种协议,互用对方配送系统的配送模式。其优点在于企业不需要投入较大的资金和人力,就可以扩大自己的配送规模和范围,但需要企业具有较高的管理水平以及与相关企业的组织协调能力。互用配送模式比较适合电子商务下的 B2B 交易方式。在电子商务环境下,企业与消费者之间可直接通过网络进行信息交流与订货,此时,互用配送模式的形式就转换成以网络控制为主的配送形式。互用配送模式如图 6-1 所示。

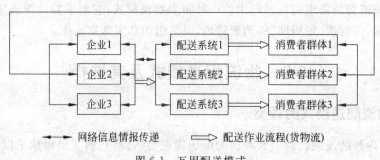

图 6-1　互用配送模式

(4)共同配送模式。共同配送是物流配送企业之间为了提高配送效率以及实现配送合理化所建立的一种功能互补的配送联合体。进行共同配送的核心在于充实和强化配送的功能。共同配送的优势在于有利于实现配送资源的有效配置,弥补配送企业功能的不足,促进企业配送能力的提高和配送规模的扩大,更好地满足客户需求,提高配送效率,降低配送成本。在实际运作过程中,由于共同配送联合体的合作形式、所处环境、条件以及客户要求的服务存在差异,因此,共同配送的运作过程也存在着较大的差异,互不相同。在电子商务下,共同配送的运作过程如图 6-2 所示。

(5)邮政邮寄模式。邮政邮寄是指通过邮政部门的寄递渠道为企业、消费者提供送

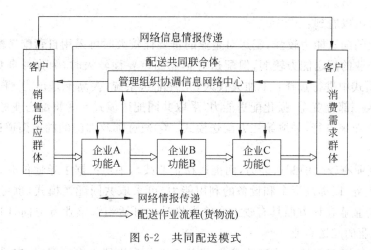

图 6-2　共同配送模式

货业务。消费者通过电话、传真和网络等方式进行订货,卖方以邮政包裹的形式向消费者发送商品,通过邮政汇款和信用卡的方式结算,或者在送货上门时收取货款。我国邮政部门提供的邮寄方式具体包括邮政直递业务、特快专递和邮政速递货运业务。从目前国内的情况来看,邮政部门具有全国最大的物流配送网络,很多网站的异地商品配送选择邮递方式。从提供邮递的机构来看,可以选择的邮政机构主要有中国邮政、敦豪国际航空快件有限公司(DHL)、联邦快递有限公司(FedEx)、天地快件有限公司(T1VC)和联合包裹服务公司(UPS)等。

6.2.2　物流配送模式的选择

企业在运用电子商务时,选择何种配送方式取决于以下几方面的因素:配送对企业的重要性,企业的配送能力,市场规模与地理范围,保证的服务以及配送成本等。一般来说,企业配送模式的选择方法主要有以下几种。

1. 矩阵图决策法

矩阵图决策法是通过两个不同因素的组合,利用矩阵图来选择配送模式的一种决策方法。其基本思路是选择决策因素,然后通过其组合形成不同区域或象限再进行决策。下面主要围绕配送对企业的重要性和企业配送能力来进行分析,如图 6-3 所示。

图 6-3　矩阵图决策法

从图 6-3 可以看到：

（1）企业的配送能力较强，配送对企业的重要性较大时可采用自营配送模式。

（2）当企业的配送能力较弱，但配送对企业的重要性较大时，为弥补自身的不足，企业可从以下模式中进行选择：①加大投入，完善配送系统，提高配送能力，采取自营配送模式。②投入一部分资金，强化配送能力，采取共同配送模式。③将配送业务完全委托专业性的配送企业来进行，采取第三方配送模式。④通过邮政部门的邮递渠道进行，采取邮政邮寄模式。

（3）当企业有较强的配送能力，而配送在企业战略中不占据主导地位时，企业可以向外拓展配送业务，以提高资金和设备的利用能力，可采取共同配送模式，也可以采取互用配送模式。若企业在该方面具有较大竞争优势时也可适当调整业务方向，向社会化方向发展，成为专业的配送企业。

（4）当企业不存在较大的配送需求，而且企业的配送能力也较弱时，宜采取第三方配送模式和邮政邮寄模式。企业本身将主要精力放在企业最为擅长的生产经营方面，精益求精，以获得更大的收益。

2. 比较选择法

比较选择法是企业对配送活动的成本和收益等进行比较而选择配送模式的一种方法。一般有确定型决策、非确定型决策和风险性决策等。

1) 确定型决策

确定型决策是指一个配送模式只有一种确定的结果，只要比较各个方案的结果，即可做出选择配送模式的决策。例如，某企业为扩大生产销售，现有 3 种配送模式可供选择，各配送模式所需的配送成本与可能实现的销售额如表 6-1 所示。

表 6-1　不同配送模式的配送成本与销售额的比较

配送模式	成本费用/万元	销售额预计数/万元
自营配送模式	10	220
互用配送模式	8	180
第三方配送模式	5	140

这类问题一般为单目标决策，此时企业可以运用价值分析来进行选择，即直接利用公式 $V = F/C$ 来计算各种配送模式的价值系数，式中 V 为价值系数，F 为功能（此例为销售额计数），C 为成本费用。根据计算结果，某一种配送模式的价值系数越大，则说明该种模式的配送价值就越大，这种配送模式是企业的最佳配送模式或满意模式。上例中，自营、互用和第三方配送模式的价值系数分别为 22、22.5 和 28，企业应采取第三方配送的模式。

2) 非确定型决策

非确定型决策是一种配送模式可能出现几种结果，而又无法得知其概率时所进行的决策。这种决策方法虽带有较大的主观随意性，但也有一些公认的决策准则可供企业在选择模式时参考。下面通过事例来说明非确定型决策的不同决策准则以及企业对配送模式的选择方法。

例如,某企业计划通过提高配送效率,满足顾客对配送的需求来扩大经营规模。现可供选择的模式有 3 种,企业对未来几年内顾客配送要求的程度无法做出准确的预测,只能大体估计为 3 种情况,且估算出 3 种模式在未来几年内 3 种情况下的成本费用,如表 6-2 所示,但不知道这 3 种情况的发生概率,问如何决策?

表 6-2 配送模式

配送要求情况	各配送模式的成本/万元		
	自营	互用	第三方
配送要求程度高	90	70	65
配送要求程度一般	50	35	45
配送要求程度低	10	13	30

(1) 按乐观准则决策。首先从每种模式中选择一个最小成本看做必然发生的自然状态。然后从最小成本的模式中再选择一个最小成本的模式作为满意方案。本例中,3 种模式的最小成本分别为 10 万元、13 万元和 30 万元。在这几种最小成本中,自营配送模式的成本最低,可作为企业满意的模式。这种决策方法一般适用于把握较大和风险较少的情况。

(2) 按悲观准则决策。与乐观准则相反,此种模式首先从每种模式中选择一个最大成本作为必然发生的自然状态,然后再从最大成本的模式中选择成本最小的模式。本例中,最大成本中的第三方配送模式成本最小,可作为企业满意的模式。这种决策方法一般适合于把握性小和风险较大的情况。

(3) 按折中准则或赫维斯准则决策。赫维斯认为决策者不应极端行事,而应该在两种极端情况中求得平衡。具体的方案是根据决策者的估计,确定一个乐观系数 $a(0<a<1)$,为最好的结果和最坏的结果分别赋予相应的权数 a 和 $(1-a)$,其公式为

$$折中成本值 = a \times 最小成本值 + (1-a) \times 最大成本值$$

在本例中,决策者估计乐观系数为 0.4,此时 3 种模式的折中成本分别为 58 万元、47.2 万元和 51 万元。由此看出互用配送模式成本最低,企业可选择此模式。

3) 风险性决策

风险性决策是根据几种不同的自然状态可能发生的概率来进行决策的。自然状态的概率值一般是对历史资料进行统计分析求得的,或者来自决策者主观经验的判断。

6.3 物流配送中心

新型物流配送中心是一种全新的流通模式和运作结构,其管理水平要求达到科学化和现代化。通过合理的科学管理制度、现代化的管理方法和手段,物流配送中心可以充分发挥其基本功能,从而保障相关企业和用户整体效益的实现。

从物流配送的发展过程来看,在企业经历了以自我服务为目的的企业内部配送中心的发展阶段后,政府、社会、零售业、批发业以及生产厂商都积极投身于物流配送中心的建设。专业化、社会化和国际化的物流配送中心显示了巨大优势,有着强大的生命力,代表

了现代物流配送的发展方向,新型物流配送中心将是未来物流配送中心发展的必然趋势。

6.3.1 物流配送中心的概念

配送中心是物流系统中一种现代化的物流结点,尤其是城市物流领域,配送中心对于实行城市和区域范围的配送,优化城市和区域范围的物流系统起到很大的作用。配送中心是指专业从事货物配送活动的物流场所或经济组织,它是集加工、理货和送货等多种职能于一体的物流结点,也可以说,配送中心是集货中心、分货中心和加工中心的综合体。

因此,配送中心具有以下一些功能。

1. 备货功能

备货是配送中心根据客户的需要,为配送业务的顺利实施所从事的组织商品货源的活动。它是配送的准备工作或基础工作。备货工作包括采购订货、集货进货、合理配货及有关的质量检查、结算和交接等活动。配送的优势之一就是可以集中用户的需求进行一定规模的备货。备货是决定配送成败的初期工作,如果备货成本太高,会大大降低配送的效益。

2. 储存功能

配送中心的储存有储备及暂存两种形态。储备是按一定时期的配送经营要求形成的对配送的资源保证。这种类型的储备数量较大,储备结构也较完善,视货源到货情况,可以有计划地确定周转设备以及保险储备结构和数量。配送的储备保证有时在配送中心附近单独设库解决。暂存是具体执行日配送时按分拣配货要求在理货场地所作的少量储存准备。由于总体储存效益取决于储存总量,所以,这部分暂存数量只会对工作方便与否造成影响,而不会影响储存的综合效益,因而在数量上控制并不严格。还有另一种形式的暂存,即分拣和配货之后形成的发送货物的暂存,这个暂存主要是调节配货与送货的节奏,暂存时间不长。

3. 分拣功能

分拣是依据顾客的订货要求或配送中心的送货计划,迅速、准确地将商品从其储位或其他区域拣取出来,并按一定的方式进行分类和集中,等待配装送货的作业过程。在配送作业的各环节中,分拣作业是非常重要的环节,是配送中心不同于其他物流形式的功能要素。分拣是完善送货、支持送货的准备性工作,也是配送成败的一项重要支持性工作。同时,分拣技术水平的高低也是决定整个配送系统水平的关键要素。

4. 集散功能

在一个大的物流系统中,配送中心凭借其特殊的地位和拥有的各种先进设备、完善的物流管理信息系统,能够将分散在各个生产企业的产品集中在一起,通过分拣和配货等环节向多个用户进行发送。同时,配送中心也可以把各个用户所需要的多种货物有效地组合或配装在一起,形成经济、合理的批量,来实现高效率、低成本的商品流通。配送中心在流通实践中所表现出的这种功能就称为货物的集散功能。

5. 加工功能

配送加工虽不是普遍的,但往往是有着重要作用的功能要素,它可以大大提高客户的满意程度。国内外许多配送中心都很重视提升自己的配送加工能力,通过按照客户的要求开展配送加工可以使配送的效率和客户的满意程度提高。配送加工有别于一般的流通加工,它一般取决于客户的要求,销售性配送中心有时也根据市场要求进行简单的配送加工。

6. 信息处理

配送中心有相当完整的信息处理系统,能有效地为整个流通过程的控制、决策和运转提供依据。无论在集货、储存、拣选、流通加工和配送等一系列环节的控制,还是在物流管理和费用、成本、结算方面,均可实现信息共享。而且,配送中心与销售商店建立信息直接交流平台,可及时得到商店的销售信息,有利于合理组织货源,控制最佳库存。同时,还可将销售和库存信息迅速、及时地反馈给制造商,以指导商品生产计划的安排。配送中心成了这个流通过程的信息中枢。

6.3.2 物流配送中心的类型

配送中心是专门从事货物配送活动的经济实体。随着商品流通规模日益扩大,配送中心的数量也在不断增加。为满足不同产品、不同企业以及不同流通环境的要求,可以采用各种形式的配送中心,大致有以下几种。

1. 按配送中心的职能分类

1) 供应型配送中心

供应型配送中心是向用户提供货物,行使供应职能的配送中心。它的服务对象一般有两类:一类是组装、配装型生产企业,由配送中心为这类企业提供零部件、原材料或半成品;另一类是大型商业机构和连锁企业等。供应型配送中心的特点是:用户比较稳定,用户的要求也比较明确、固定。

所以,这种配送中心一般专门为固定用户,如连锁商店和便利店等提供配送服务,一般是定期、定时向连锁店和便利店配送原材料、食品或零配件。由于供应型配送中心担负着向多家用户供应商品的任务,因此,为了保证生产和经营活动能正常进行,该类配送中心一般都建有大型的现代化仓库并能储存一定数量的商品,所以其占地面积一般都比较大。

2) 销售型配送中心

销售型配送中心是执行销售的职能,以销售经营为目的,以配送为手段的配送中心。销售型配送中心大体有两种类型:一种是生产企业将本身产品直接销售给消费者的配送中心,在国外,这种类型的配送中心很多;另一种是流通企业作为本身经营的一种方式,建立配送中心以扩大销售,我国目前拟建的配送中心大多属于这种类型,国外的例证也很多。

销售型配送中心的用户一般是不确定的,而且用户的数量很大,每一个用户购买的数量又较少,属于消费者型用户。这种配送中心很难像供应型配送中心一样实行计划配送,计划性较差。这类配送中心一般由立体自动化仓库、货架仓库、分类机械、分拣设备、传送辊道、识别装置、无线数据传输、无人搬运小车、托盘堆码机以及计算机控制操作系统构成。而且销售型配送中心往往采用共同配送方法才能够取得比较好的经营效果。

3）储存型配送中心

储存型配送中心是为了保障生产和流通得以正常进行而出现的。这种配送中心具有较强的储存功能，它主要是为了满足 3 个方面的需要：一是企业在销售产品时，或多或少地出现生产滞后现象，若要满足市场的需求，客观上需要一定的产品储备；二是在生产过程中，生产企业也需要储备一定数量的生产资料，以保证生产系统的连续性和应付急需之用；三是如果配送的范围较大、距离较远时，或要满足即时配送的需要，在客观上也要求储存一定数量的物质资料。

储存型配送中心的特点是：储存仓库规模大、库型多、储存量大。我国目前拟建的一些配送中心都采用集中库存形式，库存量较大，多为储存型。瑞士 GIBA-GEIGY 公司的配送中心拥有世界上规模居于前列的储存库，可储存 4 万个托盘；美国赫马克配送中心拥有一个有 163 000 个货位的储存区，可见其存储能力之大。

4）流通型配送中心

流通型配送中心是基本上没有长期储存功能，仅以暂存或随进随出方式进行配货和送货的配送中心。这种配送中心的典型方式是，大量货物整进并按一定批量零出，采用大型分货机，进货时直接进入分货机传送带，分送到各用户货位或直接分送到配送汽车上，货物在配送中心仅做少许停滞。例如，日本的阪神配送中心内只能暂存货物，大量储存则依靠一个大型补给仓库。

5）加工型配送中心

加工型配送中心是具有加工职能，根据用户的需要或者市场竞争的需要，对配送物进行加工之后进行配送的配送中心。在这种配送中心内，有分装、包装、初级加工、集中下料和组装产品等加工活动。世界著名连锁服务店肯德基和麦当劳的配送中心就属于这种类型；在工业、建筑领域，生混凝土搅拌的配送中心也是属于这种类型的配送中心。

2. 按照配送中心领域的广泛程度分类

1）城市配送中心

城市配送中心是配送范围限于一座城市以内的配送中心，由于城市范围内一般处于汽车运输的经济里程，这种配送中心可直接配送到最终用户，且采用汽车进行配送。这种配送中心往往和零售经营相结合，由于运距短，反应能力强，因而从事多品种、少批量、多用户的配送较有优势。城市配送中心一般采用"日配"方式，在网络经济时代，为了配合和执行电子商务的配送，也会采取"时配"方式。

2）区域配送中心

区域配送中心是以较强的辐射能力和库存准备，向省（州）际乃至全国范围的用户配送的配送中心。这种配送中心的配送规模较大，一般而言，用户也较多，配送批量也较大，而且往往是配送给下一级的城市配送中心和大型商业企业，也配送给商店、批发商和企业用户，虽然也从事零星的配送，但不是主体形式。一般而言，区域型配送中心的区域范围是有限的，往往是采用"日配"和"隔日配"可以覆盖的地区。如果地域范围太广阔，往往建立物流中心来衔接城市配送中心，进行分层次的分销和配送，而不由一个区域配送中心作大范围的覆盖。

3）国际配送中心

国际配送中心是一种向国际范围内的用户提供配送服务的配送中心。其主要特征是：经营规模大、辐射范围广，配送设施和设备的机械化、自动化程度高；配送方式采用大批量、少批次和集装单元；配送对象主要是超大型用户，如区域配送中心和跨国工商企业集团；存储吞吐能力强。

3. 按配送中心的拥有者分类

1）生产企业配送中心

大型生产企业为了促进销售，加强客户服务，一般都构筑了自己的销售网络和配送网络。中小型企业因资金有限，自行投资构筑配送网络不经济，更不符合社会分工细化的趋势，所以大都委托给第三方物流公司或专业物流企业进行配送。而大型生产企业特别是超大型生产企业的做法是：在生产厂集中的地区建一个物流基地，在消费者集中的地区建若干个配送中心。各工厂生产的商品大批量、少批次、低频度地先运给物流基地，然后再根据各个消费地区的用量把商品从物流基地运至配送中心，配送中心再一次分拣、组装、加工和配齐后，用小型卡车，多品种、小批量、高频度地送达最终用户。这类配送中心能反映企业的销售状况和市场需求状况，所以企业能够通过对配送过程中各种数据的分析制订生产计划，采购原材料，安排生产，以避免盲目生产造成的浪费。生产企业自己建设配送中心有一定的投资风险，季节性波动和销售波动问题难以自行解决。

2）流通企业配送中心

流通企业建设配送中心的一般是大型第三方物流企业、仓储企业、批发商和经销商。流通企业为社会各行业提供服务，项目多、范围广，但由于客户不固定、变动性大，所以配送中心的规模不宜过大，不宜过分专用化。我国仓储企业的配送中心不少是由原来的保管型仓库演变而成的，建设成本小，地理位置优越，但需要加强设施、设备改造和提高服务意识。流通企业的配送中心应该进一步向生产领域延伸，与生产企业融合，提供全方位的服务；同时，必须树立良好的企业形象，重合同、守信誉。

6.3.3 物流配送中心作业流程

1. 接受并汇总订单

客户订单是配送中心开展配送业务的依据，配送中心接到客户订单以后需要对订单加以处理，以此来安排分拣、补货、配货和送货等作业环节。配送活动以客户发出的订货信息作为其驱动源。在配送活动开始前，配送中心根据订单信息，对客户的分布、所订商品的品名、商品特性和订货数量、送货频率及要求等资料进行汇总和分析，以此确定要配送的货物种类、规格、数量和配送时间，最后由调度部门发出配送信息（如拣货单、出货单）。订单处理是调度、组织配送活动的前提和依据，是其他各项作业的基础。

2. 进货作业

进货作业就是配送中心根据客户的需要，为配送业务的顺利实施而从事的组织商品货源和进行商品存储的一系列活动。进货是配送的准备工作或基础性工作，通常包括制订进货计划、组织货源和储存保管等基本业务。

3. 拣货作业

拣货作业是将货物按品名、规格和出入库先后顺序进行分门别类的作业过程。由于多品种、少批量物流的影响,使得配送中心的品种不断增加,拣选难度越来越大,所以配送中心对拣选作业的机械化投入了大量的人力、物力和财力。拣选设备大多采用货架拣选式叉车系统和拣选重力货架系统等。

商品拣选方法一般有两种,即摘果法和播种法。摘果法是让拣货搬运巡回于储存场所,按要货单位的订单挑选出每一种商品,巡回完毕也就完成了一次拣选作业,将配齐的商品放置到发货场所指定的货位,然后再进行下一个要货单位的商品拣选。播种法是将每批订货单上的同种商品各自累加起来,从储存仓位上取出,集中搬运到理货场,然后将每一种商品所需的数量取出,分放到要货单位商品暂储处,在运货位处放置直至拣选完毕。为了提高拣选效率,可以根据具体情况将两种方法有机地结合起来使用。

4. 补货作业

补货作业是库存管理中的一项重要内容,根据以往的经验和相关的统计技术方法或者计算机系统的帮助确定最优库存水平和最优订购量,并根据所确定的最优库存水平和最优订购量,在库存低于最优库存水平时发出存货再订购指令,以确保存货中的每一种产品都在目标服务水平下达到最优库存水平。

5. 配货作业

配货作业是配送中心为了顺利、有序、方便地向客户发送商品,对组织来的各种货物进行整理,并依据订单要求进行组合的过程。配货使用各种拣选设备和传输装置,将存放的货物按客户的要求分拣出来,配备齐全,送入指定发货区。配货作业与拣货作业不可分割,两者一起构成了一项完整的作业。通过分拣配货可达到按客户要求进行高水平送货的目的。

6. 送货作业

配送业务中的送货作业包括将货物装车并实际配送,而这些作业需要事先规划配送区域或安排配送线路,由配送线路选用的先后次序来决订货物装车顺序,并在配送途中对货物进行跟踪和控制,制订配送途中意外情况及送货后文件的处理办法。

物流配送中心的作业流程如图6-4所示。

6.3.4 物流配送中心的作用

1. 促进社会物流的有序化发展

物流配送是经济社会健康发展的必然产物。整个社会经济循环是由无限个较小的经济循环构成的,每个较小的经济循环都是由生产与消费的支链构成的,这些支链互为因果,相互交织,构成了宏伟的蜂窝循环结构。在这些循环中,上游经济组织的产品是下游消费者的输入,下游消费者的产品又会是另外的下游消费者的输入,同时往往还会有部分的产品成为上游以及上游的输入,这些社会产品的输入、转化和输出过程中当然伴生出大量的社会物流配送中心规划与经营物流。从微观上看,这些物流根据行业和产品特征会

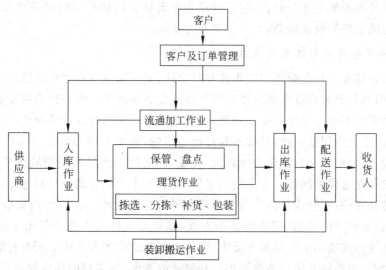

图 6-4 物流配送中心作业流程

有一定的规律;但在宏观上却是无序的,从产品的上游到产品的下游,或从产品的下游到上游以及横向同一层次之间的物流随机地、无序地交织在一起。在传统经济和社会条件下,物流都是由各种各样的经济组织根据各自的需求进行组织,由于条块分割,各自的目的不同,形成了低效率的、散乱的物流体系。物流配送则是以经济学的思维,从整个经济社会着眼,在具体的经济组织上着手,按照不同的行业或者地区整合相应的物流需求,组成新的物流经济组织,为社会经济组织服务,因此,整合以后的物流是有序的和健康的,对促进整个社会或者地区以及行业的经济发展起到了重要的推动作用。

2. 增加全社会的经济效益

物流配送对社会经济的贡献体现在两个方面。

(1) 物流配送减少了社会资源的浪费。社会物资或产品在从生产者到使用者的时空转移过程中,也就是物资流通过程中,要消耗资源,这是客观存在的。但是不同的流通方式消耗的资源的数量却是不同的。产品流通过程中消耗的资源主要体现在搬运过程的运费、仓储的费用、人力资源的费用、消耗材料以及产品的耗损等诸多方面,流通过程中消耗的资源取决于物料的搬运路径、搬运距离、搬运手段、搬运规模和仓储条件等一系列问题。在传统经济条件下,物流无序化问题导致了物流过程消耗资源巨大。资源消耗的增加意味着产品成本的提高,从而对企业的效益产生直接的影响。物流配送正是针对这些问题应运而生的,物流配送以科学的物流理论为指导,以先进的物流技术为支撑,推动物流向科学化、有序化、规模化发展,从而在全社会范围内大幅度降低了物流过程的资源消耗,降低了物流成本,进而带来的是企业经济效益的提高。

(2) 物流配送促进了物流配送产业的出现,成为第三产业中新的经济增长点。物流配送中心具有完整的组织机构,有严谨的运作管理制度,有相当规模的作业设施和装备,有必要的人力资源队伍,因而它具备现代企业的所有特征要素,物流配送中心是服务型的企业。物流配送通过促进其上游产品销售成本的降低和其下游产品的使用者进货成本的降低来获得共赢的那一部分效益,它必然成为今天社会经济的新的经济增长点。同时它还向社会提供了新的就业机会。

3. 推动了仓储业的进步与发展

仓库及仓储源于社会财富的积聚性和时空性,无论物流事业如何发达,仓储业也不大可能消失,但是其形式和效能却应该随着经济的发展而进步。根据经济的发展,物资的流通形式和功能在不断地发生变化。例如,我国在供不应求的计划经济时代,流通功能比较单纯,仓库的主要作用是贮藏,贮藏的物品流通缓慢,甚至有的商品在仓库中一"住"就是数年。因此,这种贮藏在物流学中也称为"死藏"。无论是商品流通领域还是制造企业都不同程度地存在这样的问题。仓库的类型较多,有为生产储存的原材料仓库;有保管零部件的零部件仓库;有保管成品的成品仓库等各种各样的仓库。在生产商和批发商的仓库中,储存着很多种类的货物,随着经济的发展,顾客对这些仓库逐步提出了接受订货、集货、配货、发货和流通加工等的服务要求,而这正好就是物流配送中心所具有的服务功能,因而,物流配送中心的发展自然就要推动仓储业的发展,最主要的体现就是仓库由保管型向动管型的发展。相对于重视保管效率的保管型仓库,动管型的配送中心不仅仅重视保管效率,更重视顾客服务,缩短订、发货周期等,特别是作业效率被配送中心视为管理的重点。

4. 推动了现代化的物流据点的健康发展

物流系统分为物流路线和物流据点。物流路线主要指运输路线;物流据点包括车站、码头、物流中心和配送中心等,其中配送中心是现代化的物流据点。配送中心是从事配送业务的物流场所或组织,是从供应者手中接受多种大量的货物,进行倒装、分类、保管、流通加工和信息处理等作业,然后按照众多订货者的要求备齐货物,以令人满意的服务质量进行配送的设施。配送中心对庞大的商品种类实行严格的管理,为了防止脱销或缺货,而不间断地进行订货、进货和配送作业。对于食品类商品,特别是生、鲜食品要求存货区保持一定的温、湿度,使食品保持良好的新鲜度及良好的食用品质。配送中心是连结生产与消费的流通部门,是产生时间和空间效用的物流设施,在流通中发挥着如下作用:①生产和消费之间的时间、场所错位性的调整;②提高库存集约化及包括保管、装卸搬运在内的作业管理效率化;③为提高对顾客服务水平,在需求地就近保管,并具有保证满足顾客需求的安全库存;④配送中心是降低运输成本的大批量运输和提高服务质量的末端运输的连结点;⑤为了提高物流效率,在消费地进行组装、加工等作业,并根据用户的要求,实现多样化的流通加工。

6.4 物流配送中心的规划与设计

物流配送中心的规划是指以物流学原理为依据,运用系统分析的观点,采用定量与定性相结合的方法对拟建的配送中心进行的总体、长远发展计划的过程。配送中心的规划既包括对拟建的单个配送中心和由多个配送中心组成的配送网络的新建规划,也包括对现有物流系统向配送中心转型的改造规划,但不同类型的规划侧重点不同。对新建单个配送中心而言,配送中心的选址问题是整个规划的关键所在;对新建由多个配送中心组成的配送网络而言,系统构造和网点布局则是整个规划的核心问题;至于对现有物流系统的改造,如何充分利用现有设施,通过流程改造和企业重组实现向现代配送中心的转变,无疑是整个规划的重点问题。

6.4.1　物流配送中心的设计原则

在对配送中心进行规划的过程中要遵循以下几个原则。

1. 系统工程原则

要把配送中心看作一个开放的系统,通过分析和预测物流量,把握物流的最合理流程以及合理地确定配送中心的选址,使配送中心的各种职能及其与供应商、客户的连接均衡、协调地运转。

2. 价值工程原则

要以尽可能低的物流成本满足客户对配送的准确性、及时性和低缺货率等方面的高质量的服务需求。由于配送中心建设需要的投资额巨大,所以必须对其进行可行性研究,通过对多个方案的比较筛选,选择获得最大企业效益和社会效益的方案。

3. 科学化原则

通过合理选择、组织和使用各种先进的物流机械化、自动化设备,以及采用计算机进行物流管理和信息处理,实现工艺、设备和管理的科学化,以充分发挥配送中心多功能、高效率的特点,大大加速商品的流转,提高经济效益和现代化管理水平。

4. 发展原则

建筑物的规划、信息处理系统的设计以及机械设备的选用要具备一定的扩展能力,以适应未来物流量扩大和经营范围拓展的需要。在规划设计第一期工程时,应将第二期工程纳入总体规划,并充分考虑到扩建时业务工作的需要。

6.4.2　物流配送中心的规划目标

在物流配送中心经营定位及物流策略明确以后,就需要制定配送中心的具体规划目标。一般企业设立物流配送中心常见的规划执行目标有:降低物流成本;降低库存水平;提高顾客服务水平;缩短物流作业周期;支持零售通路据点;降低物流作业错误率;提升物流服务竞争力;集中分散的处理量以产生规模经济效益;迅速掌握分销分配信息等。

6.4.3　物流配送中心规划与设计的一般步骤

配送中心的规划是一个十分复杂的过程,通常包括以下几个步骤。

(1) 前期准备。通过一系列的调研,收集相关的资料数据,其中包括当前和未来的配送服务需求,配送中心建设的内部资源和外部条件约束,配送中心功能定位及作业流程,潜在用户的数量、规模与分布等。

(2) 确定系统目标。根据对调研结果的分析,确定配送中心在近期、中期和长期不同阶段的发展目标。

（3）功能规划。依据系统目标对配送中心的功能要素加以分析,结合配送需求的形式确定配送中心的功能定位,选择配送中心所应具备的功能。

（4）选址规划。根据客户需求、用地条件、运输条件、公用设施及相关法规等约束条件,按照一定的标准,采用定性与定量相结合的方法,对配送中心的地址作出选择。

（5）作业流程规划。这是配送中心规划的重要步骤,决定了配送中心作业的详细要求,如设施配备、场所分区等,对持续的建设具有重要影响。对传统物流企业作业流程进行重组,提高物流作业效率,降低物流成本,是传统物流配送中心向电子商务物流配送中心转变的重要途径。不同类型的配送中心,其作业流程有着较大的差别,因此,在实际的规划过程中应结合具体的配送中心类型及客户的需求进行。

（6）信息系统规划。这是物流配送中心规划的核心环节,是关系到配送中心今后作业效率与功能实现的前提保证。配送中心的信息系统规划既要考虑到中心内部作业的要求,以提高物流作业效率,也要考虑到与外部信息系统的衔接,方便实现配送中心及时获取和处理各种经营信息。一般来讲,信息系统规划主要包括:①配送中心的网络平台架构;②配送中心内部的管理信息系统分析与设计。

（7）设施设备规划。设施设备是保证配送中心正常运转的硬件支撑,设施设备规划涉及建筑模式、空间布局和设备安置等多方面问题,需要运用系统分析的方法以获得整体效果最优。在进行设施设备规划时应当注意尽量减少货物在中心内部的搬运,简化操作流程,减少不必要的成本发生。配送中心的设施设备规划一般包括:①原有设施设备分析;②配送中心的功能划分;③设施的内部布局;④设备规划;⑤公用设施规划。

6.5　物流配送中心选址布局方法

在物流系统中,配送中心居于重要的枢纽地位。物流配送中心的选址,是指在一个具有若干供应点及若干需求点的经济区域内选择一个或多个地址设置配送中心的规划过程。较佳的物流配送中心选址方案可以有效地节约费用,促进生产和消费的协调与配合,保证物流系统的平衡发展。因此,物流配送中心的合理选址就显得十分重要。

当一个物流系统中需要设置多个配送中心时,不仅要确定配送中心的位置,而且要对配送中心的数量、规模和服务范围等进行决策,建立一个服务好、效率高、费用低的物流网络系统。这个决策常称为网点布局。一个物流系统只设置一个配送中心,称单中心选址问题;如果设置多个配送中心,则称多中心选址问题。图 6-5 和图 6-6 分别为单中心和多中心配送网络示意图。

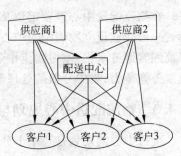

图 6-5　单中心配送网络示意图

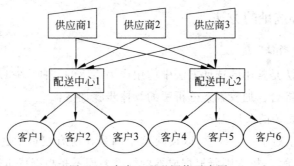

图 6-6　多中心配送网络示意图

6.5.1　物流配送中心选址的影响因素

1. 货物分布和数量

货物是配送中心配送的对象。货物分布包括货物来源和去向的分布情况、历史和现在以及将来的预测和发展等。配送中心应该尽可能地与生产地和配送区域形成短距离优化。货物数量是随配送规模的增长而不断增长的。货物增长率越高,对配送中心选址的合理性要求越高,从而减少输送过程中不必要的浪费。

2. 运输条件

物流配送中心的选址应接近交通运输枢纽,使配送中心形成物流过程中的一个恰当的结点。在有条件的情况下,配送中心应尽可能靠近铁路货运站、港口及公路。

3. 用地条件

物流配送中心的占地问题在土地日益昂贵的今天显得越来越重要。是利用现有的土地,还是重新征地？地价如何？是否符合政府规划要求？等等,在建设配送中心时都要进行综合考虑。

4. 商品流动

企业生产的消费品随着人口的转移而变化,应据此更好地为企业的配送系统定位。同时,工业产品市场也会转移变化,为了确定原材料和半成品等商品的流动变化情况,在进行物流配送中心的选址时,应考虑有关商品流动的具体情况。

5. 其他因素

其他因素包括劳动力、运输与服务的方便程度、投资额的限制等。

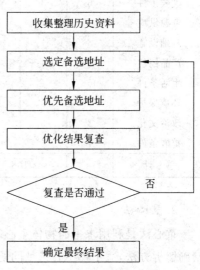

图 6-7　配送中心选址一般程序图

6.5.2　配送中心选址的一般程序

物流配送中心选址的一般程序如图 6-7 所示。

6.5.3 配送中心选址的方法

1. 加权因素分析法

加权因素分析法是常用的选址方法中使用最为广泛的一种。它以简单易懂的模式将各种不同因素加以综合。加权因素分析法的具体步骤如下：

（1）决定一组相关的选址因素。

（2）对每一因素赋予一个权重，以反映这个因素在所有权重中的重要性。每一因素的分值根据权重来确定，权重则要根据成本的标准差而不是根据成本值来确定，这是一种满足数理统计上 Newman 比例的科学分配方法。

（3）对所有因素的打分设定一个共同的取值范围，一般是 1～10 或 1～100。

（4）对每一个备选地址，根据所有因素按设定范围打分。

（5）用各个因素的得分与相应的权重相乘得到加权值，并把所有的因素的加权值相加，得到每一个备选地址的最终得分值。

（6）选择具有最高总分得分值的地址作为最佳的选址。

例如，某厂有 4 个候选地址（A、B、C、D），影响因素有 10 个，各因素的权重如表 6-3 所示，求最优方案。

解：在表 6-3 中方案 C 得分最高，选为最优方案。

表 6-3　加权因素评价表

影响因素	权重	候选方案 A		候选方案 B		候选方案 C		候选方案 D	
		评分	得分	评分	得分	评分	得分	评分	得分
劳动条件	7	2	14	3	21	4	28	1	7
地理条件	5	4	20	2	10	2	10	1	5
气候条件	6	3	18	4	24	3	18	2	12
资源供应	4	4	16	4	16	2	8	4	16
基础设施	3	1	3	1	3	3	9	4	12
产品销售	2	2	2	4		3	6	4	8
生活条件	6	1	6	1	6	2	12	4	24
环境保护	5	2	10	3	15	4	20	1	5
政治文化	3	3	9	3	9	3	9	3	9
扩展条件	1	4	4	4	4	2	2	1	1
总　计			108		112		122		99

2. 重心法

重心法是利用求平面物体重心的原理求物流系统中配送重心的设置位置。它是一种精确解析方法，适于单中心选址问题。在单中心选址问题中，存储费用与运输费用相比已不是主要因素，运输费用是主要考虑的因素。由配送中心向多个用户配送货物，仅考虑发货的配送费用时适于采用重心法。配送中心到客户的运输费用等于货物运输量与两点之间运输距离以及运输费率的乘积。

1）重心法的基本原理

如图 6-8 所示，有 n 个用户$(C_1, C_2, \cdots, C_n)$的系统需要设置一个配送中心(B_0)，每个用户的需求量和所在位置的坐标已知，求配送中心的规模和设置位置。由于只设置一个配送中心，所以配送中心的规模等于所以有用户的需求量之和即可。

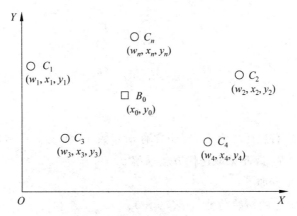

图 6-8　配送中心与客户的坐标

图中 C_1、C_2、$\cdots$、C_n 旁括号内的变量分别表示需求量、横坐标和纵坐标，B_0 旁括号内的变量分别表示横坐标和纵坐标。

设配送中心到用户 i 的运输费用率为 c_i，费用为 F_i，则

$$F_i = c_i w_i h_i \tag{6-1}$$

式中 h_i 为配送中心到用户 i 的距离，可写成以下形式：

$$h_i = \left[(x_0 - x_i)^2 + (y_0 - y_i)^2 \right]^{\frac{1}{2}} \tag{6-2}$$

设配送中心到各用户的运输费用之和为 F，则

$$F = \sum_{i=1}^{n} c_i w_i h_i = \sum_{i=1}^{n} c_i w_i \left[(x_0 - x_i)^2 + (y_0 - y_i)^2 \right]^{\frac{1}{2}} \tag{6-3}$$

为使 F 最小，分别对 x_0 和 y_0 求偏导数，并令其等于 0，得

$$\frac{\partial F}{\partial x_0} = \sum_{i=1}^{n} c_i w_i (x_0 - x_i) / h_i = 0 \tag{6-4}$$

$$\frac{\partial F}{\partial y_0} = \sum_{i=1}^{n} c_i w_i (y_0 - y_i) / h_i = 0 \tag{6-5}$$

整理以上两式得

$$x_0 = \frac{\sum\limits_{i=1}^{n} c_i w_i x_i / h_i}{\sum\limits_{i=1}^{n} c_i w_i / h_i} \tag{6-6}$$

$$y_0 = \frac{\sum_{i=1}^{n} c_i w_i y_i / h_i}{\sum_{i=1}^{n} c_i w_i / h_i} \tag{6-7}$$

解以上两式，可得配送中心最佳位置的坐标为

$$x_0^* = \frac{\sum_{i=1}^{n} c_i w_i x_i / h_i}{\sum_{i=1}^{n} c_i w_i / h_i} \tag{6-8}$$

$$y_0^* = \frac{\sum_{i=1}^{n} c_i w_i y_i / h_i}{\sum_{i=1}^{n} c_i w_i / h_i} \tag{6-9}$$

但是上两等式的右边还含有 h_i，即还含有未知数 x_0 和 y_0。要从两式中完全消除 x_0 和 y_0，计算工作很复杂，因此采取迭代方法求解。

迭代方法计算步骤如下：

(1) 给出配送中心的初始地址 $(x_{0(0)}, y_{0(0)})$；

(2) 利用式(6-3)，计算 $(x_{0(0)}, y_{0(0)})$ 对应的总发货费用 F_0；

(3) 把 $(x_{0(0)}, y_{0(0)})$ 分别代入式(6-2)、式(6-8)和式(6-9)，计算配送中心的改善地址 $(x_{0(1)}, y_{0(1)})$；

(4) 利用式(6-3)，计算与 $(x_{0(1)}, y_{0(1)})$ 对应的总发送费用 F_1；

(5) 将 F_1 与 F_0 进行比较，如果 $F_1 < F_0$，则返回步骤(3)，将 $(x_{0(1)}, y_{0(1)})$ 分别代入式(6-2)、式(6-8)和式(6-9)，如此反复进行步骤(3)~(5)的计算，直至 $F_k \geq F_{k-1}$ 时停止，即得到 $(x_{0(k-1)}, y_{0(k-1)})$ 为最优解。

2) 重心法的优缺点

优点：计算简单，数据容易搜集，易于理解。由于通常不需要对物流系统进行整体评估，所以在单一设施定位时应用解析方法简便易行。

缺点：该方法假设运费随距离呈线性变化，而实际生活中运费常常是随距离增大而递减。另外，它没有考虑现实的地理条件，例如，选出的最佳配送中心地点可能正好坐落在一个湖的中央。所以解析方法更多地不是用于确定最佳位置，而是用于剔除一些不合适的备选方案。

3. CFLP 方法

1) CFLP 方法的特点

CFLP(Capacitated Facility Location Problem)方法是一种启发式方法。启发式方法与最优化方法的最大不同是它不是精确式算法，不能保证给出的解决方案是最优的，但只要处理得当，获得的可行解与最优解是非常接近的。而且启发式算法相对于最优化方法而言，计算简单、求解速度快。所以在实际应用中，启发式方法是仅次于最优化规划技术

的选址方法。

2）CFLP方法的应用环境

当配送中心的能力有限制，而且用户的地址和需求量以及设置多个配送中心的数目均已确定的情况下，可采用CFLP法，从配送中心的备选地址中选出总费用最小的由多个配送中心（假设有 m 个）组成的物流系统。

3）CFLP方法的工作步骤

（1）初选配送中心地点。通过定性分析，根据配送中心的配送能力和用户需求分布情况，合理地确定配送中心的数目及其设置地点，以此作为初始方案。这一步骤非常重要，因为它将直接影响整个计算的收敛速度。

（2）确定各暂定物流中心的供应范围。设需求用户有 n 个；暂定的物流配送中心有 k 个，分别为 $S_1,S_2,\cdots,S_k$；从物流中心 S_i 到用户 j 的单位运输费用为 $h_{S_i,j}$；以总运输费用 U 为最低目标，则构成的运输问题模型如下：

$$\min U = \sum_{j=1}^{k}\sum_{i=1}^{k} h_{S_i,j} X_{S_i,j}$$

$$\sum_{j=1}^{n} X_{S_i,j} \leqslant M_{S_i}, i=1,2,\cdots,k$$

$$\sum_{i=1}^{k} X_{S_i,j} \geqslant D, j=1,2,\cdots,n$$

$$\sum_{i=1}^{k} X_{S_i,j} \geqslant D, j=1,2,\cdots,n$$

$$X_{S_i,j} \geqslant 0, i=1,2,\cdots,k, j=1,2,\cdots,n$$

式中，$X_{S_i,j}$ 为配送中心 S_i 到用户 j 的运输量；

D_j 为用户 j 的需求；

M_{S_i} 为物流中心 S_i 的容量。

将上述问题进行求解，就可以求得各暂定物流配送中心的供应范围，这可以表述为如下用户集合：

$$N_i = \{j: X_{S_i,j} \neq 0\}, i=1,2,\cdots,n$$

（3）在上述各配送范围内，将暂定的物流配送中心移动到其他备选地点，寻求可能的改进方案，从而使总费用最低。设在原定物流配送中心 S_i 的配送范围为 N_i，除 S_i 之外，还有 l_i 个可作为物流配送中心的备选地点，在这些地点设置物流配送中心的固定费用分别为 F_{t_l}，则 $t_l(l=1,2,\cdots,l_i)$ 为新的物流配送中心时（其中 $l_i \in N_i$）的总费用为

$$U_{t_l} = \sum_{j=1}^{N_i} h_{t_l j} X_{t_l j} + F_{t_l}$$

（4）再令 $U_{t_l}=\min\{U_{t_l}\}$，如果步骤（3）求出的目标函数值是步骤（2）求出的第 i 个物流配送中心目标函数值的一部分，在此情况下令 $S_i'=t_i'$，否则令 $S_i'=S_i$。对所有备选地点重复上述过程，得到新的物流配送中心的集合 $\{S_i'\}_i^k=1$。

（5）将新的物流配送中心与旧的物流配送中心的总费用进行比较。如果前者大于或

等于后者，说明总费用已经不能再下降，计算可停止。如果前者小于后者，说明新的物流配送中心地点可使总费用下降，通过重复上述步骤，总费用还有进一步降低的可能性。为了使总费用降低，从物流配送中心地址代替原有物流配送中心地址，重复上述步骤，直到总费用不能再下降为止。

物流中心配送选址优化是一个复杂的系统工程。通过重心法等建立模型分析可以得到理论上的物流中心选址，但重心法作为单一配送中心选址方法是不妥当的。在考虑最终选址过程中还需要考虑诸如配送中心所处地理位置的地价、城市交通状况、需求状况和政策法规因素等。再次，该模型中配送中心与供应点之间的实际距离是用直线表示的，这与实际不符合，虽然在距离的计算公式中增加了一个系数加以修正，但系数的合理性还需要进一步研究。

案例分析：麦当劳公司物流配送

在麦当劳公司的物流中，质量永远是权重最大、被考虑最多的因素。麦当劳公司重视品质的精神在每一家餐厅开业之前便可见一斑。餐厅选址完成之后，首要工作是在当地建立生产、供应和运输等一系列的网络系统，以确保餐厅得到高品质的原料供应。无论何种产品，只要进入麦当劳公司的采购和物流链，必须经过一系列严格的质量检查。麦当劳公司对土豆、面包和鸡块都有特殊的、严格的要求。比如，在面包生产过程中，麦当劳公司要求供应商在每个环节加强管理。比如，装面粉的桶必须有盖子，而且要有颜色，不能是白色的，以免意外破损时碎屑混入面粉，而不易分辨；各工序间运输一律使用不锈钢筐，以防杂物碎片进入食品中。

谈到麦当劳公司的物流，不能不说到夏晖公司，这家几乎是麦当劳公司"御用第三方物流"（该公司客户还有必胜客和星巴克等）的物流公司与麦当劳公司的合作，至今在很多人眼中还是一个谜。麦当劳公司没有把物流业务分包给其他的供应商，夏晖公司也从未移情别恋，这种独特的合作关系不只是建立在忠诚的基础上，麦当劳公司之所以选择夏晖公司，在于后者为其提供了优质的服务。

而麦当劳公司对物流服务的要求是比较严格的。在食品供应中，除了基本的食品运输之外，麦当劳公司要求物流服务商提供其他服务，比如信息处理、存货控制、贴标签、生产和质量控制等诸多方面，这些"额外"的服务虽然成本比较高，但它使麦当劳公司在竞争中获得了优势。"如果你提供的物流服务仅仅是运输，运价是一吨4角，而我的价格是一吨5角，但我提供的物流服务中包括了信息处理、贴标签等工作，麦当劳公司也会选择我做物流供应商的。"为麦当劳公司服务的一位物流经理说。

另外，麦当劳公司要求夏晖公司提供一条龙式物流服务，包括生产和质量控制在内。这样，在夏晖公司设在台湾的面包厂中，就全部采用了统一的自动化生产线，制造区与熟食区加以区隔，厂区装设空调与天花板，以隔离落尘，易于清洁，应用严格的食品与作业安全标准。所有设备由美国 SASIB 专业设计，生产能力为每小时 24 000 个面包。在专门设立的加工中心，物流服务商为麦当劳公司提供所需的切丝、切片生菜及混合蔬菜，拥有生产区域全程温度自动控制、连续式杀菌及水温自动控制功能的生产线，生产能力为每小时

1500 kg。此外,夏晖公司还负责为麦当劳公司上游的蔬果供应商提供咨询服务。

麦当劳公司利用夏晖公司设立的物流中心为其各个餐厅完成订货、储存、运输及分发等一系列工作,使得整个麦当劳公司系统得以正常运作,通过它的协调与连接,使每一个供应商与每一家餐厅达到畅通与和谐,为麦当劳公司餐厅的食品供应提供最佳的保证。目前,夏晖公司在北京、上海和广州都设立了食品分发中心,同时在沈阳、武汉、成都、厦门建立了卫星分发中心和配送站,与设在香港和台湾的分发中心一起,斥巨资建立起全国性的服务网络。

例如,为了满足麦当劳公司冷链物流的要求,夏晖公司在北京地区投资 5500 多万元人民币,建立了一个占地面积达 $12\ 000\ m^2$、拥有世界领先的多温度食品分发物流中心,在该物流中心配有先进的装卸、储存和冷藏设施,5～20 吨多种温度控制运输车 40 余辆。中心还配有电脑调控设施用以控制所规定的温度,检查每一批进货的温度。

“物流中的浪费很多,不论是人的浪费、时间的浪费还是产品的浪费都很多。而我们是靠信息系统的管理来创造价值。”夏晖食品公司大中华区总裁白雪李很自豪地表示,夏晖公司的平均库存远远低于竞争对手,麦当劳公司物流产品的损耗率也仅有万分之一。

“全国真正能够在快餐食品达到冷链物流要求的只有麦当劳公司。”白雪李称,“国内不少公司很重视盖库买车,其实谁都可以买设备盖库。但谁能像我们这样有效率地计划一星期每家餐厅送几次货,怎么控制餐厅和分发中心的存货量,同时培养出很多具有管理思想的人呢?”与其合作多年的麦当劳中国发展公司北方区董事总经理赖林胜拥有同样的自信:“我们麦当劳公司的物流过去是领先者,今天还是领导者,而且我们还在不断地学习和改进。”

赖林胜说,麦当劳公司全国终端复制的成功,与其说是各个麦当劳公司快餐店的成功,不如说是麦当劳公司对自己运营的商业环境复制的成功,而尤其重要的是其供应链的成功复制。离开供应链的支持,规模扩张只能是盲目的超契约的合作关系。

很让人感兴趣的是,麦当劳公司与夏晖公司长达 30 余年的合作为何能形成如此亲密无间的“共生”关系?甚至两者间的合作竟然没有一纸合同?

“夏晖与麦当劳的合作没有签订合同,而且麦当劳公司与很多大供应商之间也没有合同。”的确有些难以置信!在投资建设北京配送中心时,调研投资项目的投资公司负责人向夏晖公司提出想看一下他们与麦当劳公司的合作合同。白雪李如实相告,令对方几乎不敢相信,不过仔细了解原因后,对方还是决定投资。

这种合作关系看起来不符合现代的商业理念,但却从麦当劳公司的创始人与夏晖公司及供应商的创始人开始一路传承下来。

“这种合作关系很古老,不像现代管理,但比现代管理还现代,形成超供应链的力量。”白雪李说,在夏晖公司的 10 年工作经历让自己充分感受到了麦当劳公司体系的力量。夏晖公司北方区营运总监林乐杰则认为,这种长期互信的关系使两者的合作支付了最低的信任成本。

多年来,麦当劳公司没有亏待他的合作伙伴,夏晖公司对麦当劳公司也始终忠心耿耿,白雪李说,有时长期不赚钱,夏晖公司也会毫不犹豫地投入。因为市场需要双方来共同培育,而且在其他市场上这点损失也会被补回来。有一年,麦当劳公司打算开发东南亚某国市场,夏晖公司很快跟进在该国投巨资建配送中心。结果天有不测风云,该国发生骚乱,夏晖公司巨大的投入打了水漂。最后夏晖公司这笔损失是由麦当劳公司给付的。

思考题

1. 简述物流配送的特点。
2. 比较物流配送模式的选择方法。
3. 简述物流配送中心的作业流程。
4. 简述物流配送中心规划与设计的一般步骤。
5. 举例说明配送中心选址的各种定量方法在现实中的应用。

第7章 物流运输管理

核心要点

- 物流运输方式的选择
- 物流运输成本的控制

7.1 物流运输及运输方式

7.1.1 物流运输

1. 运输的含义

运输是指运用多种设备和工具,将物品在不同地域范围间进行运送的活动,以改变"物"的空间位置。运输过程中包含四大要素:运输工具、运输动力、运输通道以及通信设备。运输工具与具体的运输方式有关,如在公路运输中的普通货车、厢式货车、专用车辆、自卸车、牵引车和挂车等;铁路运输中的铁路机车、铁路车辆等;水路运输中的集装箱船、散装船、油船、液化气船、滚装船、载驳船和冷藏船等。在运输过程中,通过提供集货、分配、搬运、中转、装入、卸下和分散等活动,使得物品能够实现其效用。运输过程并不生产有形的产品。各种运输方式的选择依赖于已有的运输线路的构建,如铁路运输必须要有铁轨,公路运输要有公路,而铁路和公路的建设对自然条件的依赖性很大,一些山地丘陵多的地带在选择运输条件时就受到了限制,从而导致了运输成本也比较高。

2. 运输的作用

(1) 运输是社会物质生产的必要条件之一。

古典经济学家威廉·配第曾提出:"发达的运输是一个国家经济繁荣的重要特征,运输工具改良是提高运输生产力的重要手段,有利于运输业的发展。"并指出,"运输发展有利于资源的更好利用。"亚当·斯密也提出了"运输通过影响市场、分工从而推动生产力和经济发展"的重要思想,他指出:"劳动生产力的最大改良产生于劳动分工,而劳动分工的扩大又依赖于运输发展和运输费用的降低。""分工起因于交换能力,因此分工的程度要受到交换能力大小的限制。"即要受市场广狭的限制。由于良好的道路、运河或者可通航的河流可减少运输费用,开拓更大的市场,推动劳动分工,于是一切改良中以交通改良最为有效。李斯特也指出:"运输是社会经济发展的重要因素。""运输发展既是工业的结果,又是工业的原因。"罗雪尔也指出:"运输发展使得分工变得更加容易,因此生产更为完善,产品价格更为低廉,市场扩大,整个国家被更紧密地联系在一起,运输发展将会对经济的各个方面产生影响。"马克思也指出:"运输是社会进步的一般条件,商品生产中社会劳动的物质变换是在资本循环这个循环的一个阶段的商品形态变化中完成的,这种物质变换要求产品发生场所的变换,即产品由一个地方到另一个地方的实际运输。"马歇尔也指出:"运输业是经济发展的重要内容,运输影响生产力布局,运输便利和运费低廉影响商品供求范围的因素。"运输是生产过程在流通领域内的继续,社会生产与生产之间、市场与市场之间、生产与消费之间都需要运输体系来维系,因此,运输是生产过程在流通领域内的继续,它使得社会生产得以延续,是加速社会再生产和促进社会再生产连续不断进行的前提条件。

(2)运输是物流的主要要素之一。

物流是指为满足客户的要求,通过运输、仓储、搬运装卸、流通加工等方式,将原材料、半成品、成品或者相关信息进行由商品的产地到商品的消费地的计划、实施和管理的全过程,从而达到降低成本的目的。物流的构成要素包括运输、配送、仓储、包装、搬运装卸、流通加工以及相关的物流信息等环节。因此,运输是物流的主要要素之一,是物流发展中的一个关键环节。合理运输能降低物流费用,提高物流速度,是发挥物流系统整体功能的中心环节。

(3)运输是第三个利润的主要源泉。

管理学家 P.F.德鲁克曾经指出"物流是经济领域里的黑暗大陆",日本的西泽修教授也指出"物流冰山说"。运输是第三个利润的主要源泉,主要通过 3 个方面得到体现:首先,运输过程依赖于大量的动力消耗,运输承担大跨度空间转移的任务,因此运输活动的时间长、距离远、消耗大,其节约的潜力也就大;其次,在运输过程中,运费占了物流总成本近 50%的比例,有些产品运费高于其生产成本,因此节约的潜力非常大;再次,由于运输总里程长,运输总量大,通过体制改革和运输合理化可大大减少运输吨公里数,从而获得比较大的节约。

(4)运输具有保值作用。

在货物运输过程中,任何产品从生产出来到最终消费,都需要经过一定的时间和距离,而这段时间和距离过程中,需要经过运输、保管、包装和装卸搬运等多个环节,在这个过程中,货物可能会发生受潮、水浸、生锈、破损以及丢失等现象,货物运输工具对于保证产品从生产者到消费者转移过程中的质量和数量起到了重要的保值作用。运输对物品在运输期间是将运输工具(车辆、船舶、飞机和管道)等作为临时存储设施进行短时储存,即在途库存。

(5)运输具有场所效应。

运输的主要目的是以最短的时间、最低的成本将物品转移到规定地点,运输的主要功能就是产品在价值链中实现位移,运输可以创造空间效用和时间效用。良好的运输方式,可以简化商品的包装,节省大量包装用纸和木材,实现机械化装卸作业,如集装箱运输。通过运输,可以实现场所效用,可以把物资送到空间效用最高的地区,从而可以实现最大的利益,在宏观上也起到了资源配置的作用,有助于实现资源的优化配置。

3. 运输的指导原则

运输过程中的两大指导原则是规模经济和距离经济。

1) 规模经济

规模经济(economy of scale)是指随着装运规模的增长,使单位重量的运输成本降低。另外,通过规模运输还可以获得运价折扣,从而使单位货物的运输成本下降。如整车运输中每单位运输成本低于零担运输;铁路或者水路的运输能力较公路运输、航空运输能力大,因此其运输成本低于汽车和飞机。

2) 距离经济

距离经济是指每单位距离的运输成本随着距离的增加而减少。如800km的一次装运成本要低于400km的二次装运。运输的距离经济也指递减原理,这是因为费率或费用随距离的增加而减少。运输工具装卸所发生的固定费用必须分摊到每单位距离的变动费用,距离越长,每单位支付的费用越低。

7.1.2 物流运输方式

1. 公路运输

1) 公路运输的定义及特点

公路运输是指使用各种车辆,包括汽车、人力和畜力车等运输工具在公路上进行客货运输的方式。公路运输是影响面最广的运输方式,其优势是可靠性高,对产品损伤较少,机动性高,可以选择不同的行车路线,全过程速度快,营运灵活,可以提供门到门服务,市场覆盖率高,投资少,经济效益高,操作人员容易培训。

2) 公路运输的分类

按照货物运输组织方法的不同可将公路运输划分为整车运输和零担运输。整车运输是指凡一批货物的重量、性质、体积和形状需要以1辆或者1辆以上货车装运的运输;零担运输是指当一批货物的重量或容积不满一辆货车时,可与其他几批甚至上百批货物共用一辆货车装运时的运输。

按照运送速度的不同可将公路运输划分为一般货物运输和快件运输。

按照经营方式的不同可将公路运输划分为公共运输业、契约运输业、自用运输业和汽车货运代理。公共运输业是指企业专业经营汽车货物运输业务并以整个社会为服务对象;契约运输业是指按照承托双方签订的运输契约运送货物;自用运输业是指工厂、企业或机关自置汽车,专为运送自己的物资和产品,一般不对外营业;汽车货运代理是指中间商自己没有运输工具,把委托者委托的货物从一地运往另外一地的过程。

按照货物类别的不同可将公路运输分为普通货物运输和特种货物运输。特种货物运输是指在运输过程中,除了应当符合普通货物运输的规定外,应当同时遵守如下的特殊要求:托运人要求急运的货物,经承运人同意,可以办理急件运输,并按照规定收取急件运费;凡对人体、动植物有害的菌种、带菌培养基等微生物制品,非经民航总局特殊批准不得承运;凡经人工制造、提炼,进行无菌处理的疫苗、菌苗、抗菌素、血清等生物制品,如托运人提供无菌、无毒证明，可按普货承运；微生物及有害生物制品的仓储、运输应当远离食品；植物和植物产品运输须凭托运人所在地县级（含）以上的植物检疫部门出具的有效"植物检疫证书"；骨灰应当装在封闭的塑料袋或其他密封容器内，外加木盒，最外层用布包装。

3）公路运输不足及适用性

公路运输的不足之处在于运载量较小，效率低，长途运输成本较高，能耗大，污染环境比其他运输方式严重，易发生事故，因此，公路运输一般适合于近距离、小批量的货运。

2. 铁路运输

1）铁路运输的定义

铁路运输是指使用铁路列车运送客货的一种运输方式，铁路能提供长距离范围内的大宗商品的低成本、低能源运输，其优点是运载量较大，速度快，连续性强，远距离运输费用低，一般不会受到气候因素影响，准时性强，安全系数大，是最可靠的运输方式。

2）铁路运输的分类

铁路运输按照运输条件的不同可以分为按照普通运输条件办理的货物运输和按照特殊运输条件办理的货物运输两种。普通货物指在铁路运送过程中按照一般条件办理的货物，如煤、粮食、木材、钢材和矿建材料。按特殊条件运送的货物指由于货物的性质、体积、状态等需要在运输过程中使用特别的车辆装运或者需要采取特殊运输条件和措施才能保证货物完整和行车安全的货物，如超长、超重、超限、危险和鲜活易腐等货物。

按照运输速度的不同可将铁路运输分为按照普通货物列车办理的货物运输、按照快运货物列车办理的货物运输和按照班列办理的货物运输 3 种。

按照一批货物的重量、体积、性质和形状可将铁路运输分为整车运输、零担运输和集装箱运输 3 种。需要整车货物运输的商品包括：需要冷藏、保温或者加温运输的货物；规定限按整车办理的危险货物；易于污染其他货物的污秽品；蜜蜂；不易计算件数的货物；未装容器的活动物；一件货物重量超过 2t，体积超过 $3m^3$ 或者长度超过 9m 的货物。零担运输是货主需要运送的货物不足一车，承运部门将不同货主的货物按照同一到站凑整一车后再发运的服务形式。集装箱运输用于贵重、怕湿、易碎的货物，而对于易于污染、易于损坏箱体的货物、鲜活货物和危险货物禁止使用集装箱。

按照运输组织方法的种类可将铁路运输分为直通运输和联合运输。直通运输是指铁路按照整车托运的货物，为了方便托运人或者收货人，免去途中换装作业站或者不同产权归属的交接站办理运输手续，使用一份运输票据完成货物运输任务的方式。联合运输是指铁路与其他运输工具共同参加，并以一份运输票据完成货物全程运输服务的运输组织方法。下文将重点介绍多式联运方式。

3）铁路运输的不足及适用性

铁路运输的主要缺点是投资太高，设备和站台等限制使得铁路运输的固定成本高，建设周期长，占地也多。单线铁路每公里造价为 100～300 万元之间，复线造价在 400～500 万元之间；一条干线要建设 5～10 年。另外，铁路运输的营运缺乏弹性，由于设计能力一定,当市场运量在某一阶段急剧增加时,难以及时得到运输机会。因此,铁路运输一般适合于大宗低值货物的中长距离运输,也适合于散装货物、罐装货物,适合于大量货物一次高效率运输,以及运费负担能力小、货物批量大、运输距离长的货物运输。

3. 水路运输

1)水路运输的定义及特点

水路运输是指使用船舶在通航水道进行客货运输的运输方式。水路运输包括沿海运输、近海运输、远洋运输及内河运输。其特点是运输能力大,通过能力强,与其他几种运输方式相比,在长江干线上,一支拖驳或者顶推驳船队的运载能力已经超过万吨,国外最大的顶推驳船队的运载能力达到 3~4 万吨,世界上最大的油船已经超过了 50 万吨。水路运输的能源消耗低,航道投资少,除必须投资构造船舶、建设港口外,沿海航道几乎不需要投资,整治航道也仅仅只有铁路运输费用的 1/3~1/5。水路运输节约土地资源,能以最低的单位运输成本提供最大的运量。

2)水路运输的分类

水路运输按其航行的区域,可分为远洋运输、沿海运输和内河运输 3 种形式。远洋运输通常是指除沿海运输以外所有的海上运输;沿海运输是指利用船舶在我国沿海区域各地之间的运输;内河运输是指利用船舶、排筏和其他浮运工具,在江、河、湖泊、水库及人工水道上从事的运输。

按照运输方式的差异,水路运输可以分为班轮运输、不定期船运输和船舶代理。班轮运输是指船舶按照固定的航线和预先公布的船期表在固定港口间运送旅客和货物的运输;一般适用于货流稳定、货种多、批量小的杂货运输;不定期船运输是无固定航线、无挂靠港口和班期的一种船舶营运方式,常用于大宗货物,特别是干散货和液体散货的运输;船舶代理是根据船舶经营人的委托办理船舶有关营运业务和进出口港口手续的工作。

3)水路运输的不足及适用性

水路运输受到自然条件影响较大,船舶平均航速较低,所以货物运输速度慢,港口的装卸搬运费用较高,不适合于短距离运输。因此,其适合于承担大批量货物,特别是集装箱运输,承担原料半成品等散装货物的运输,承担国贸运输,即远距离,运量大,不要求快速抵达目的地的客货运输。

4. 航空运输

1)航空运输的定义及特点

航空运输是指使用飞机、直升机及其他航空器运送人员、货物和邮件的一种运输方式。航空运输以其突出的高速直达性在交通运输系统中具有特殊的地位,并且拥有最大的发展潜力,具有高速直达性、安全性、经济特性良好、对运输货物包装要求较低等特点。航空运输对于加速信息传递、促进国际间技术和经济合作等方面具有重要的作用。

2)航空运输的分类

按照运输方式的差异,航空运输可以分为班机运输、包机运输和集中托运。

班机运输类似于班轮运输,是在固定的航线上定期航行的航班,即具有固定始发站、目的站和途经站。因此,班机运输具有准确迅速、方便货主、舱位有限等特点。包机运输一般运用于货物批量较大的情况下,包括整包机和部分包机,整包机即航空公司或者包机代理公司,按照与租机人约定的条件和费用将整架飞机租给租机人,从一个或者几个航空港装运货物到指定目的港的运输方式;部分包机是由几家航空公司或者发货人联合包租一架飞机,或者由航空公司把一架飞机的仓位分别包给几家航空货运公司的货物运输方式。集中托运是指集中托运人将若干批单独发运的货物组成一整批,向航空公司办理托运、采用一批航空总运单集中发运到同一目的港,由集中托运人在目的港指定的代理人收货,再根据集中货运人签发的航空分运单分拨给各实际收货人的一种运输方式。

3) 航空运输的不足及适用性

航空运输的不足之处是受气候条件限制,在一定程度上影响了运输的准确性和正常性,需要对航空港进行管制,所以可达性差,维护费用高,运输能力小,运输能耗高,运输技术要求高,培训费用高。航空运输是国际贸易中的贵重物品、鲜活货物和精密仪器运输的重要运输工具。

5. 管道运输

1) 管道运输的定义及特点

管道运输是指用管道作为运输工具的一种长距离输送液体和气体物资的运输方式,是一种专门由生产地向市场输送石油、煤和化学产品的运输方式。由于管道运输的口径不断增大,运输能力大幅度提高,管道的运距迅速增加,运输物资由石油、天然气、化工产品等流体逐渐扩展到煤炭、矿石等非流体。近年来,管道运输也被进一步研究用于解决散装物料、成件货物、集装物料的运输,以及发展容器式管道输送系统。管道运输具有运载量大、占地面积小、建设周期短、建设费用低、运营费用低、安全可靠、连续性强、效益好等优点。

2) 管道运输的不足及适用性

管道运输灵活性差,当运输量降低较多并超出其合理运行范围时,其优越性难以发挥,我国现有干线管道运力不足,管道网络化程度仍然较低,与管道配套的天然气设施建设落后,成品油管道运输比例低,部分油气管道老化,安全隐患突出,政府监管体制和法规体系尚不健全。因此,管道运输适用于长期定向、定点输送的运输模式。

6. 集装箱运输

1) 集装箱运输的定义及特点

集装箱是一种大型的标准化载货容器,具有足够强度、便于反复使用的特点。集装箱运输(container transportation)是 20 世纪后半叶出现的一种新型的运输方式,由于国际间的市场竞争日趋激烈,企业不得不采用大规模的专业化生产,达到降低成本、提高技术水平和生产效率的目的,以争取在国际市场竞争中处于更加有利的地位。集装箱运输是以集装箱作为一个货物集合单元,进行装卸、运输(船、铁、公、航及联运)的运输工艺和运输组织形式。集装箱运输是一种"门到门"运输方式,目前,集装箱运输已经进入到以国际远洋船舶运输为主,结合铁路运输、公路运输和航空运输等多种运输方式的国际多式联运为特征的新阶段。集装箱运输量出现持续增长,据国际货币基金组织统计,全球 GDP 每增长 1%,世界集装箱贸易量将会增加 2.8%;中国 GDP 每增长 1%,中国集装箱贸易量将会增加 3.5%。集装箱大型化、高速化的趋势已经越来越明显,这使得单位的运输成本进一步降低。由于集装箱船舶的大型化发展趋势,船东对船舶停靠码头的操作作业要求效率进一步提高,时间进一步缩短;从而使得集装箱码头现代化程度提高,中转作用日益明显。

由于集装箱是一种具有标准规格和尺寸的大型运输单元,以集装箱为基本单元进行运输,从根本上改变和解决了原来的货物品种繁多、单件货物重量差别很大、形状千差万别、外包装尺寸不一,而不能使用大型专业装卸机械的不利情况。在运输过程中,由于集装箱本身具有密封、坚固的特点,货物不易发生受潮、损害或者被盗等风险。集装箱运输扩大了成组单元,提高了装卸效率,降低了劳动强度,减少了货损、货差,提高了货物运输的安全和质量水平,缩短了货物在途时间,降低了物流成本,节省了货物运输包装费用,简化了理货工作,减少了货物运输费用。

2) 集装箱运输的分类

目前集装箱运输分为整箱和拼箱两种,在交接方式上有所不同,纵观当前国际上的做法,大致可以分为 4 类:

(1) 整箱交,整箱接(FCL/FCL)。

货主在工厂或仓库把装满货后的整箱交给承运人,收货人在目的地以同样的整箱接货,换言之,承运人以整箱为单位负责交接。货物的装箱和拆箱均由货方负责。这种方式货物相对安全,可减少丢货及破损几率。

(2) 拼箱交,拆箱接(LCL/LCL)。

货主将不足整箱的小票托运货物在集装箱货运站或内陆转运站交给承运人,由承运人负责拼箱和装箱(stuffing,vanning)运到目的地货站或内陆转运站,由承运人负责拆箱(unstuffing,devantting),拆箱后,收货人凭单接货。货物的装箱和拆箱均由承运人负责。

(3) 整箱交,拆箱接(FCL/LCL)。

货主在工厂或仓库把装满货后的整箱交给承运人,在目的地的集装箱货运站或内陆转运站由承运人负责拆箱后,各收货人凭单接货。

(4) 拼箱交,整箱接(LCL/FCL)。

货主将不足整箱的小票托运货物在集装箱货运站或内陆转运站交给承运人,由承运人分类调整,把同一收货人的货集中拼装成整箱。运到目的地后,承运人以整箱交,收货人以整箱接。

上述各种交接方式中,以整箱交、整箱接效果最好,也最能发挥集装箱的优越性。

3) 集装箱运输的不足及适用性

集装箱运输需要大量的初始投资。在每次卸货拆箱后,承运人所属箱子必须收回。在装货港和卸货港货物流量不平衡的情况下,班轮公司不得不将所属空箱调回,从而大大增加了成本。如果集装箱的调度不当的话,也会造成集装箱在某些地方的积压,产生大量的堆存费。

7. 多式联运

1) 多式联运的定义及特点

多式联运是联合运输的一种现代形式,是在集装箱运输的基础上产生和发展起来的现代运输方式。多式联运是一种以实现货物整体运输的最优化效益为目标的联运组织形式,它是通过一次托运、一次计费、一份单证、一次保险,由各运输区段的承运人共同完成货物的全程运输,即将货物的全程运输作为一个完整的单一运输过程来安排。其具有如下特点:

(1) 必须具有一份多式联运合同。该运输合同是多式联运经营人与托运人之间权利、义务、责任与豁免的合同关系和运输性质的确定,也是区别多式联运与一般货物运输方式的主要依据。

(2) 多式联运的货物主要是集装箱货物或集装化的货物。

(3) 必须是至少使用两种不同运输方式的连续货物运输。

(4) 实行运输全程一次托运、一单到底、一次收费、统一理赔和全程负责,实行全程单一费率。

(5) 必须由一个多式联运经营人对货物运输全程负责。该多式联运经营人不仅是订立多式联运合同的当事人,也是多式联运单证的签发人。

2) 多式联运的组织形式

目前,有代表性的国际多式联运主要有远东/欧洲、远东/北美等海陆空联运,其具体的组织形式包括:

(1) 海陆联运

海陆联运是国际多式联运的主要组织形式,也是远东/欧洲多式联运的主要组织形式之一。这种组织形式以航空公司为主体,签发联运提单,与航线两端的内陆运输部门开展联运业务,与陆桥运输展开竞争。

(2) 陆桥运输

陆桥运输是指采用集装箱专用列车或者卡车,把横贯大陆的铁路或者公路作为中间"桥梁",使得大陆两端的集装箱海运航线与专用列车或者卡车连续起来的一种连贯运输方式。目前主要的线路包括西伯利亚大陆桥和北美大陆桥。

西伯利亚大陆桥是指使用国际标准化集装箱,将货物由远东运到俄罗斯东部港口,再经跨越欧亚大陆的西伯利亚铁路运至波罗的海沿岸港口,然后再采用铁路、公路或者海运运到欧洲各地的国际多式联运的运输线路。

北美大陆桥是指利用北美的大铁路从远东到欧洲的"海陆海"联运,该运输线路包括美国大陆桥运输和加拿大大陆桥运输。

8. 各种运输方式的比较

从以上分析中可以看出,各种运输方式均有其优缺点,在发展过程中,应结合每种运输方式的特点选择适宜的运输方式。各种运输方式的比较如表7-1所示。

表 7-1 各种运输方式的比较

运输方式	公路	铁路	水运	航空	管道
运载工具	汽车	火车	船舶、海轮	飞机	管道
运速	较快	较快	最慢	最快	—
运量	较小	较大	大	最小	大
运价	较低	较低	最低	最高	—
技术经济特点	机动灵活,适应性强,短途运输速度快;能源消耗大,成本高,空气污染严重,占用的土地多	初始投资大,运输容量大,成本低廉,连续性强,可靠性好;占用的土地多	成本低廉,能源消耗及土地占用都较少;运输能力大,速度慢,连续性差	速度快;成本高,空气和噪声污染重	运输能力大,占用土地少,成本低廉,连续输送
运输对象	适于短途、零担运输,门到门的运输	适于大宗货物、散件杂货等的中长途运输	适于中长途大宗货物运输和国际货物运输	适于中长途及贵重货物、保鲜货物运输	适于长期稳定的流体、气体及浆化固体物运输
服务区域	点到点	站到站	站到站	站到站	站到站

多式联运是今后运输发展的方向。开展集装箱多式联运具有许多优点。在多式联运下,不管路程有多远,有几种运输方式参与,经过多少次周转,所有的一切运输事项都是由多式联运经营人负责办理,只办理一次托运,订立一份合同,一次性支付费用和保险,因此手续统一化、简单化。同时,在多式联运中减少了中间环节,缩短了运输时间,降低了货损、货差事故,提高了货运质量,货主将货物交给第一承运人后即可取得货运单证,并据以结算,大大降低了运输成本,提高了运输组织水平,实现了合理化运输。对于政府而言,多式联运具有以下优点:有利于加强政府部门对整个货物运输链的监督与管理;保证本国在整个货物运输过程中获得较大的运费收入分配比例;有助于引进新的先进技术;减少外汇支出;改善本国基础设施的利用情况;通过国家的宏观调控与指导职能,保证使用对环境破坏最小的运输方式,达到保护本国生态环境的目的。

7.2 物流运输管理概述

7.2.1 物流运输管理的概念

物流运输管理是以系统理论为出发点,考虑到运输过程中的各方面因素,对物流运输活动所进行的计划、组织、领导、控制及协调等活动的总称,以期达到物流运输过程中资源的最优化配置,包括最适当的运输工具、最小的仓储、最合理的联合运输、最合理的包装、最近的运输距离、最少的时间、最快的信息以及最好的服务,以实现成本的最小化和利润的最大化。

物流运输管理包括物流运输的宏观管理和微观管理,物流运输的宏观管理是指政府主管部门对运输行业的管理,以达到建立一个公开、公平和公正的市场制度;物流运输的微观管理是指企业对物品运输过程的管理,包括物品的发送、接运、中转和安全运输的管理,达到提高运输效率、降低运输成本的目的。

7.2.2 物流运输管理的原则

1. 及时性

及时性是指能够按照产、供、销等实际需要,及时将物品送达指定地点,尽量缩短物品在途时间。这主要是由于物品在途时间也会占用库存、占用成本,缩短在途时间可以减少这部分的库存成本。

2. 准确性

准确性是指在运输过程中,能够防止各种差错事故的发生,准确无误地将物品送交给指定的收货人。准确性也是降低物流运输成本的基本要求,如果运输的货物多了,将会增加多余的运输成本;反之,如果运输的货物少了,不能满足客户的需求,可能会因此影响到企业与客户的关系,进一步威胁到企业未来的发展。

3. 经济性

经济性是指通过选择合理的运输方式和运输路线,有效地利用各种运输工具和设备,运用规模经济的原理实施配货方案,节约人力、物力和运力,提高运输经济效益。

4. 安全性

安全性是指在运输过程中,能够做到防止物品的霉烂、残损及危险事故的发生,进而保证物品的完好无损。

7.2.3 物流运输管理的相关理论

1. 运输方式选择相关理论

物流运输管理过程中的一个重要决策是对于运输方式的选择。在运输方式选择过程中,应该综合考虑物流运输的成本和客户对运输的要求,在具体的运输方式选择时,可以考虑一种运输方式或者综合运用多种运输方式。

2. 运输效率分析相关理论

影响运输效率的因素包括:社会物流基础设施不健全,物流运输管理在体制上和制度上不完善,物流运输企业服务和竞争观念还比较薄弱,物流人才匮乏,物流运输信息化建设水平不高。可以通过转变物流运输行业市场管理体制、统筹运用物流运输方式、物流运输信息化建设等手段来提高物流运输效率。

3. 资源整合相关理论

资源整合是为了提高物流运输企业的竞争力,在合理整合利用运输资源和科学管理下,利用先进的物流信息管理技术,将物流运输企业有限的物流资源与社会分散的物流资源进行有效链接的一种动态管理运作体系。通常情况下,影响物流运输资源整合的因素包括物流运输企业的规模、管理模式和信息化建设等。物流企业规模越大,越有利于规模效益,促进物流资源的整合;物流企业资源规范与制度安排越合理,管理越健全,越有利于资源的整合;企业内部信息系统越完善,越有利于物流运输资源的有效整合。

7.3 物流运输管理决策

7.3.1 物流运输合理化

1. 物流运输合理化的含义

物流运输合理化是指货物运输过程中遵守货物流通规律、按照经济区域和货物自然流向组织调运,充分和合理利用运输工具,从而提高运输设备的利用效率。运输合理化可以充分利用运输能力,使得货物走最合理的路线,经最少的环节,提高运输效率,促进各种运输方式的合理分工,以最小的社会运输劳动消耗及时满足国民经济的运输需要,消除运输中的种种浪费,提高商品运输质量,充分发挥运输工具的效能,节约运力和动力。

在运输合理化中包含着"五要素":运输距离、运输环节、运输工具、运输时间以及运输费用。

在运输过程中,运输时间、运输货损、运输费用、车辆或者船舶周转等若干技术经济指标都与运输距离有一定的比例关系,运输距离的长短是运输是否合理的一个最基本的因素。在运输过程中,每增加一个运输环节,不但会增加运费,还会增加运输的附属活动,如装卸和包装等,各项技术经济指标也会因此发生变化,所以,减少运输环节,尤其是同类运输工具的环节,可以减少货损货差,对合理运输有一定的促进作用。以上分析到各种运输工具都有其使用的优势领域,对运输工具进行优化选择,按照运输工具的特点进行运输作业,最大限度地发挥运输工具的作用,是运输合理化的重要一环。运输是物流过程中需要花费较多时间的环节,尤其是远程运输,在全部物流时间中,运输时间占了绝大部分,所以,运输时间的缩短对整个流通时间的缩短有着决定的作用;此外,运输时间缩短,还有利于运输工具的周转,充分发挥运力的作用,加速货主资金的周转,提高运输线路的通过能力。运费在全部物流费用中占很大比例,运费高低在很大程度决定整个物流系统的竞争能力。因此,在运输中,应坚持从运输的"三原理"综合思考:一是规模原理,即随着一次运载量的增大,使得每单位重量的运输成本下降;二是距离原理,即随着一次运输距离的增加,运输费用的增加会变得越来越缓慢,或者说单位运输距离的费用减少,运输成本与一次运输的距离有关;三是速度原理,指完成特定的运输所需的时间越短,其效用价值越高。

物流运输的合理化对企业的生产运作有着重要的意义。合理运输,有利于加速再生产进程,促进国民经济持续、稳定、协调发展;能节约运输费用,降低物流成本;能缩短运输时间,加快物流速度;可以节约运力,缓解运力紧张的状况,还能节约能源。

2. 不合理运输的含义

不合理运输指在组织货物运输过程中,违反货物流通规律,不按经济区域和货物自然流向组织货物调运,忽视运输工具的充分利用和合理分工,装载量低,流转环节多,从而造成了运力浪费、运输时间增加、运费超支等问题的运输形式。

不合理运输具体的表现类型如下:

1）返程或者启程空驶

返程或者启程空驶是不合理运输最严重的形式，其主要原因包括：对于可以利用的社会化的运输体系不加利用，却依靠自备车送货，出现单程实车、单程空驶的不合理运输；由于工作失误或者计划不周，造成货源不实，车辆空去空回，形成双程空驶；车辆过分专用，无法搭运回程货物，只能单程实车、单程空驶周转。

2）对流运输

对流运输也称为相向运输或交错运输，指属同一种货物或者彼此间可以相互代用而又不影响管理、技术及效益的货物，在同一线路上或者平行线路上作相对方向的运送，而与对方运程的全部或者一部分发生重叠交错的运输。货物对流运输的示意如图7-1所示。

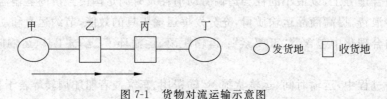

图 7-1 货物对流运输示意图

对流运输有两种形式：

（1）明显的对流运输：即在同一运输路线上的对流，如一方面把甲地的物资运往乙地，另一方面又把乙地的同样物资运往甲地，产生这种情况大都是由于货主所属的地区不同、企业不同所造成的。

（2）隐含的对流运输：即把同种物资采用不同的运输方式在平行的两条路线上朝着相反的方向运输。例如不同时间的相向运输，从发生运输的那个时间看并没有出现对流现象，所以要注意隐蔽的对流运输。

3）迂回运输

迂回运输是舍近求远的一种运输，指货物绕道而行的运输现象（如图7-2所示）。迂回运输有一定的复杂性，只有因为计划不周、地理不熟、组织不当而发生的迂回才属于不合理的运输，如果最短距离有交通阻塞、道路情况不好或者道路沿线对噪音、排气等特殊限制而不能使用时所发生的迂回则不能称为不合理运输。

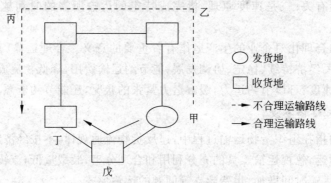

图 7-2 货物迂回运输示意图

4）重复运输

重复运输是指一种货物本可直达目的地,但由于某种原因而在中途停卸、重复装运的不合理运输现象(如图 7-3 所示)。重复运输的最大弊病是增加了非必要的中间环节,延缓了流通速度,增加了费用,增加了货损。

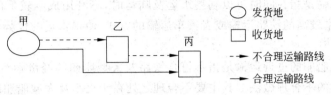

图 7-3　货物重复运输示意图

5）倒流运输

倒流运输是指货物从销地或者中转地向产地或者起运地回流的一种运输现象。其原因在于往返双程的运输都是不必要的,形成了双程的浪费。倒流运输有两种形式,一种是同一物资由销地运往产地或者运转地,如图 7-4 所示,当产品从产地甲运往运转地丁和销地乙的时候,由于产品质量出现问题,而从乙地运往丁地或甲地的现象。二是由乙地将甲地能够生产且已消费的同种物资运往甲地,而甲地的同种物资又运往丙地。

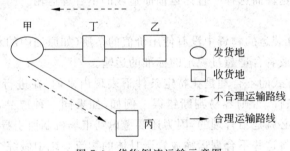

图 7-4　货物倒流运输示意图

6）过远运输

过远运输是调运物资舍近求远的运输现象。即近处有资源不调运而从远处调运,从而拉长了货物运距而导致了浪费的现象,如图 7-5 所示。过远运输占用运力时间长,运输工具周转慢,物资占压资金时间长,远距离自然条件相差大,又易出现货损,增加了费用开支。

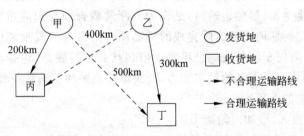

图 7-5　货物过远运输示意图

7）运力选择不当

运力选择不当是指未根据各种运输工具的优势进行选择,而不正确地利用运输工具造成的不合理现象,如弃水走陆、铁路和大型船舶的过近运输、运输工具运载能力选择不当等。

弃水走陆运输是指在同时可以利用水运及陆运时,不利用成本较低的水运或者水陆联运,而选择成本较高的铁路运输或者汽车运输的方式,使得水运的优势难以得到充分的发挥。

铁路和大型船舶的过近运输是指不符合铁路及大型船舶的经济运行里程,却利用这些运力进行运输的不合理做法。其主要不合理之处在于火车及大型船舶起运及到达目的地的准备和装卸时间长,且机动灵活性不足,将其应用于过近距离运输,发挥不了其运速快的优势;相反,由于装卸时间长,反而会延长运输时间。另外,和小型运输设备比较,火车及大型船舶装卸难度大,费用也较高。

运输工具运载能力选择不当是指不根据承运货物数量及重量选择,而盲目决定运输工具,造成过分超载、损坏车辆及货物不满载、浪费运力的现象。

8）托运方式选择不当

托运方式选择不当是指货主本应选择整车运输而采取零担托运,应当直达而选择了中转运输,应当中转运输而选择了直达运输而造成的不合理运输。

9）无效运输

无效运输是指凡装运的物资中没有使用价值的杂质(如原油中的水分、矿石中的泥土和沙石等)含量过多或者含量超过规定的标准的运输。

上述 9 种运输方式的不合理是在特定条件下表现出来的,在进行判断的时候必须注意其不合理的前提条件,否则容易判断错误。例如,如果同一种产品,商标不同,价格不同,所发生的对流未必就是不合理的,因为还要考虑到市场机制所引导的竞争和优胜劣汰等。在实践中,应该将这些不合理运输放置于具体的物流系统中做综合判断,这样才能有效地避免"利益背反"原则,从而优化物流系统。

3. 运输合理化的途径

各种不合理运输形式均是在特定条件下的表现,在进行判断时必须注意其存在的不合理的前提条件。对于运输合理化具体的实施路径如下:

(1) 提高运输工具的实载率。

实载率有两个含义,一是指单车实际载重与运距的乘积和标定载重与行驶里程之乘积的比率,这在安排单车、单船运输时,是作为判断装载合理与否的重要指标。二是车船的统计指标,即一定时期内车船实际完成的货物周转量占车船载重吨位与行驶公里的乘积的百分比。在计算时车辆行驶的公里数不但包括载货行驶,也包括空驶。提高实载率的意义在于充分利用运输工具的额定能力,减少车船空驶和不满载行驶的时间,减少运力浪费,从而取得运输的合理化。

(2) 减少动力投入,增加运输能力。

运输的投入主要是能耗和基础设施的建设,在设施建设已定型和完成的情况下,尽量减少能源投入,是少投入的核心,这样可以大大节约运费,降低单位货物的运输成本，达到合理化的目标。通常采取的有效方式包括：铁路运输的"满载超轴"，即在机车能力允许的情况下多加挂车皮，在不增加机车的情况下增加运输量；公路运输的汽车挂车，其原理和火车加挂、船舶拖带基本相同，都是在充分利用动力能力的基础上增加运输能力。

（3）发展社会化的运输体系。

运输社会化是发展运输的大生产优势，实现专业化分工，打破一家一户自成运输体系的状况。一家一户的运输小生产，车辆自有，自我服务，不能形成规模，且一家一户运量需求有限，难以自我调剂，因而经常容易出现空驶、运力选择不当、不能满载等浪费现象。实行运输社会化，可以统一安排运输工具，避免对流、倒流、空驶和运力不当等多种不合理形式的出现。不但可以追求组织效益，而且可以追求规模效益，所以发展社会化的运输体系是运输合理化的重要措施。

（4）开展中短距离铁路公路分流、以公带铁的运输。

这一措施的重点在于在公路运输经济里程范围内，或者经过论证，超出通常平均经济里程范围，也尽量利用公路，这种运输合理化的表现主要包括：一是对于比较紧张的铁路运输，用公路分流后，可以得到一定程度的缓解，从而加大这一区段的运输通过能力，二是充分利用公路从"门到门"和在中途运输中速度快且灵活机动的优势，实现铁路运输服务难以达到的水平。

（5）发展直达运输。

直达运输是追求运输合理化的重要形式，通过减少中转过载换载，从而提高运输速度，省却装卸费用，降低中转货损，通过直达，可以建立稳定的产销关系和运输系统，有利于提高运输的计划水平，用最有效的技术来实现这种稳定运输，从而大大提高运输效率。

（6）配载运输。

配载运输是充分利用运输工具的载重量和容积，合理安排装载的货物及装载方法，以求得合理化的一种运输方式。配载运输也是提高运输工具实载率的一种有效形式，配载运输往往是轻重商品的混合配载，即在以质量重的货物运输为主的情况下，同时搭载一些轻泡货物，在基本不增加运力投入，不减少重质量货物运输的情况下，解决了轻泡货物的搭运。

（7）"四就"直拨运输。

"四就"直拨是减少中转运输环节，力求以最少的中转次数完成运输任务的一种形式，一般批量到站或者到港的货物，首先要进分配部门或者批发部门的仓库，然后再按照程序分拨或者销售给用户，这样一来，往往出现不合理的运输。"四就"直拨，首先是由管理机构预先筹划，然后就厂或者就站（码头）、就库、就车（船）将货物分送给用户，而无须入库后再发运。

（8）发展特殊运输技术和运输工具。

依靠科技进步是运输合理化的重要途径。如专用散装车及罐车解决了粉状、液状物运输损耗大、安全性差等问题，滚装船解决了车载货的运输问题，集装箱船比一般船能容纳更多的箱体，集装箱高速直达车加快了运输速度等，都是通过采用先进的科学技术来实现合理化。

（9）加强宏观战略规划，发展综合运输。

交通运输在长期的发展过程中已经形成了公路、铁路、航空、管道和水运 5 种运输方式，而合理运输方式的选择是一个复杂的系统工程，应该加强宏观战略的规划，实现交通运输的可持续发展，打破部门分割，对现有的交通运输系统进行战略调整，按照经济区划制定交通运输发展战略，通过优化配置不同运输方式，使得各种运输方式得到充分、合理的运用，大力发展综合运输。

7.3.2 运输方式的选择

在运输方式选择中最经常用到的是综合评价法和成本比较法，其中，综合评价法是指运用多个指标对多个参评单位进行评价的方法，具体包括对各种运输方式经济性、迅速性、便利性和安全性的综合评价；成本比较法是指对每一种运输方式的成本进行分析。

运输方式的选择受到多种因素的影响，包括货物的种类、运输量、运输距离、运输时间、运输成本和货物安全等。在运输的货物种类方面，货物的形状、单件重量、单件容积和货物特性等都是制约选择运输方式的因素。在运量方面，一次运输的批量不同，则所选择的运输方式也会不同。在运输距离方面，运输距离的长短也直接影响到运输方式的选择。由于运输货物的种类、运输量和运输距离这 3 个因素是由货物自身的性质和存放地点决定的，在基本条件既定的情况下，对运输方式选择影响较小，而运输时间与运输成本及货物运输的安全性是不同运输方式相互竞争的重要条件。

1. 运输时间

运输时间是指货物从起点运输到终点所耗费的平均时间。运输时间长短与交货期有关，所以应根据交货期来选择适当的运输方式。但是，运输时间的长短也影响运输的费用，一是货物价值由于其适用期有限（水果、蔬菜等）或因为其时间价值的适用期有限（报纸、时装等），若超过规定运输时间，就会造成损失；二是货物在运输中由其价值产生的资本占用费用，对高价值货物或货运量很大的货物，在运输时间较长的情况下，就会影响资金的周转。因此，对运输时间有较高服务要求的货物，运输费用也会增加。不同运输方式提供的货物平均运输时间是不同的，而且有些能够提供起止点之间的直接运输服务，有些则不能。如果要对不同运输服务进行对比，无论是一种或一种以上的运输方式，都要用门到门的运送时间来进行衡量。在考虑运输时间时，还要注意运输时间的变化。运输时间的变化指各种运输方式下多次运输间出现的时间变化。虽然起止点相同，但使用同样运输方式的每一次运输的在途时间不一定相同，因为天气、交通拥挤、中途暂停次数、合并运输所用的时间不同等都会影响在途时间。一般来说，铁路的运输时间变化最大，航空运输最小，道路运输介于前两者之间。因此，对于一批需要多次运输的货物，运输时间的变化也是运输方式选择时需要考虑的因素。

2. 运输成本

运输成本实际上是将货物运送到消费者手中而支付的总费用。它的高低一方面取决于选择的运输方式，另一方面取决于不同承运人的报价。一般根据运输价格来选择其所能负担运费的能力的运输方式。虽然运输费用的高低是选择运输方式时要重点考虑的因素,但在考虑运输费用时,不能仅从运输费用本身出发,而必须从物流总成本的角度,并联系物流的其他费用综合考虑。物流总成本除运输费用外,还有包装费用、保管费用、库存费用、装卸费用以及保险费用等。运输费用与其他费用之间存在着相互作用的效益背反关系。根据这一原则,在选择最为适宜的运输方式时,所选用的运输价格应保证物流总成本为最低。

3. 运输安全

货物在运输过程中发生灭失与损坏,是运输的安全性问题。货物运输安全性既与选择的运输方式有关,也与运输经营者的质量管理水平有关。为了保证运输安全,应对被运货物的特性,如重量、体积、贵重程度、内部结构以及物理化学性质,如是否易碎、易燃、危险性等,作深入了解和分析,从而结合各种情况进行正确决策,以避免选择不当而造成的损失。另外,运输安全还包括在运输过程中应保证准时准点到货,无差错事故,做到准确无误,不错发、不漏交。货物运输的安全准确很大程度上取决于发送和接收环节,与运输方式也有一定的关系。汽车运输可做到"门到门"运输,中转环节少,不易发生差错事故;铁路运输受客观环境因素影响小,容易做到准点准时到货。应该注意的是,如果运输的货物不能准点准时送达或送达的货物损坏,就会导致库存成本上升,并影响客户的经济效益,因此会引起索赔等经济纠纷。

除此之外,货物本身的特性、可选择的运输工具、环境等也会影响运输方式的选择,如表 7-2 所示。

表 7-2　影响运输方式选择的因素

影响因素	详述
货物的特性	货物的价值、形状、单件的重量、容积、危险性、变质性等都是影响运输方式选择的重要因素
可选择的运输工具	对于运输工具的选择,不仅要考虑运输费用,还要考虑仓储费用以及营运特性等
运输总成本	是指为两个地理位置间的运输所支付的费用以及与运输管理、维持运输中存货有关的总费用
运输时间	是指从货源地发货到目的地接收货物之间的时间。运输时间的度量是货物如何快速地实现发货人和收货人之间"门到门"的时间,而不仅仅是运输工具如何快速移动、货物从运输起点到终点的时间
运输的安全性	包括所运输货物的安全、运输人员的安全以及公共安全。对运输人员和公共安全的考虑也会影响到货物的安全措施,进而影响到运输方式的选择
其他因素	经济环境或社会环境的变化也制约着托运人对运输方式的选择

以下通过具体的例子来分析运输方式的选择。

【例 7-1】 某公司欲将产品从坐落位置 A 的工厂运往坐落位置 B 的公司自有的仓库,年运量 D 为 700 000 件,每件产品的价格 C 为 30 元,每年的存货成本 I 为产品价格的 30%。公司希望选择使总成本最小的运输方式。据统计,运输时间每减少一天,平均库存水平可以减少 1%。各种运输服务的有关参数如表 7-3 所示。

表 7-3　各运输服务的有关参数

运输方式	运输费率 R/元/件	运达时间 T/天	每年运输批次	平均存货量 $Q/2$/件
铁路	0.10	21	10	100 000
驮背运输	0.15	14	20	50 000×0.93
公路	0.20	5	20	50 000×0.84
航空	1.40	2	40	25 000×0.81

在途运输的年存货成本为 $ICDT/365$,两端储存点的存货成本各为 $ICQ/2$,但其中的 C 值有差别,工厂储存点的 C 为产品的价格,购买者储存点的 C 为产品价格与运费率之和。各种运输服务方案比选如表 7-4 所示。

表 7-4　运输服务方案比选表

成本类型	计算方法	运输服务方案			
		铁　路	驮背运输	公　路	航　空
运输	RD	0.10×700 000 =70 000	0.15×700 000 =105 000	0.20×700 000 =140 000	1.4×700 000 =980 000
在途存货	$ICDT$ /365	0.30×30×700 000× 21/365=363 465	0.30×30×700 000 ×14/365=241 644	0.30×30×700 000 ×5/365=86 301	0.30×30×700 000 ×2/365=34 521
工厂存货	ICQ /2	0.30×30×10 000 =900 000	0.30×30×50 000 ×0.93=418 500	0.30×30×50 000 ×0.84=378 000	0.30×30×25 000 ×0.81=182 250
仓库存货	ICQ /2	0.30×30.1×100 000 =903 000	0.30×30.15×50 000 ×0.93=420 593	0.30×30.2×50 000 ×0.84=380 520	0.30×31.4×25 000 ×0.81=190 755
总成本		2 235 465	1 185 737	984 821	1 387 526

由表中的数据计算可知,在 4 种运输服务方案中,公路运输的总成本最低,因此应选择卡车运输。

【例 7-2】　某制造商分别从两个供应商购买了共 3000 个配件,每个配件单价 100 元。目前这 3000 个配件是由两个供应商平均提供的。如供应商缩短运达时间,则可以多得到交易份额,每缩短一天,可从总交易量中多得 5% 的份额,即 150 个配件。供应商从每个配件可赚得占配件价格(不包括运输费用)20% 的利润,于是供应商 A 考虑,如将运输方式从铁路转到卡车运输或航空运输是否有利可图,各种运输方式的运费率和运达时间如表 7-5 所示。

表 7-5　各种运输方式的运费率和运达时间

运输方式	运费率/元/件	运达时间/天
铁路	2.5	7
公路	6.0	4
航空	10.35	2

显然,供应商 A 只是根据他可能获得的潜在利润来对运输方式进行选择决策,表 7-6 是供应商 A 使用不同的运输方式可能获得的预期利润。

表 7-6　供应商 A 使用不同运输方式的利润比较表

运输方式	配件销售量/件	毛利/元	运输成本核算/元	净利润/元
铁路	1500	30 000	3750	26 250
公路	1950	39 000	11 700	27 300
航空	2250	45 000	23 287.5	21 712.5

如果制造商对能提供更好的运输服务的供应商给予更多份额的交易的承诺实现,则供应商 A 应当选择公路运输,当然,与此同时,供应商 A 要密切关注供应商 B 可能做出的竞争反应行为,如果出现这种情况,则可能削弱供应商 A 可能获得的利益。

7.3.3　运输路线的选择

运输路线的选择影响到运输设备和人员的利用,正确地确定合理的运输路线可以降低运输成本。运输线路选择的影响因素包括:①成本因素:运输成本、营运成本、运输线路建设成本和土地成本、固定成本;②非成本因素:交通因素、环保因素和政策法规因素。

运输路线决策就是找到运输网络中的最佳路线,以尽可能缩短运输时间或者运输距离,达到降低运输成本、改善运输服务的目标。在运输线路规划中主要坚持以下 8 个原则:

(1) 将相互接近的停留点的货物装在一辆车上运送,以便使停留点之间的运行距离最小化。

(2) 将集聚在一起的停留点安排在同一天送货,要避免不是同一天送货的停留点在运行线路上重叠。

(3) 一辆运货车顺次途经各停车点的路线要呈凸状,或泪滴形,各条线路之间是不交叉的。

(4) 运行线路从仓库最远的停留点开始,送货车辆一次装载邻近这个关键停留点的一些停留点的货物,这辆运货车装载满后,再安排另一辆运货车装载另一个最远的停留点的货物。

(5) 有多种规格的车型,应优先使用载重量最大的送货车,将路线上所有要求运送的货物都装载。

(6) 提货应混在送货过程中进行,而不要在运行线路结束后再运行。

(7) 对偏离集聚停车点路线远的单独的停车点,可以使用小载重量的车辆专门为这些停车点单独送货。另一个可供选择的方案是租用车辆或采用公共服务(如邮政服务)为这些停车点送货。

(8) 应当避免停车点工作时间太短的约束。

运输路线选择的基本类型包括起点和终点不同的单一路径规划、多个起点和终点的路径规划、起点和终点相同的路径规划。

1) 起点和终点不同的单一路径规划

即在一个已知交通运输网络中寻找从出发地到目的地的最佳路线,最佳指的是距离最短、时间最省或者是费用最少。

此模式中运用到的数学模型是求网络图中二点之间的最短路径问题,因此,可以采用网络规划中求最短路径 Dijkstra 算法(标号算法),除了距离之外,还需要考虑通过交通网络的时间长短。

2) 多个起点和终点的路径规划

多个起点和终点的路径优化需要确定各供求地点之间的最佳供应关系。运用线性规划,数学模型可以描述为:有 m 个产地 A_i,$i=1,2,\cdots,m$,可供应量分别为 a_i,$i=1,2,\cdots,m$;有 n 个销地 B_j,$j=1,2,\cdots,n$,需要量分别为 b_j,$j=1,2,\cdots,n$;产销平衡,从 A_i 到 B_j 运输单位货物的运价(也可以是时间或距离)为 c_{ij}。问如何调运这些货物,使得运费(或时间、吨公里数)最少?

常见的方法有单纯形法、图表作业法、表上作业法、图上作业法和供求不平衡运输模型。

3) 起点和终点相同的路径规划

起点和终点相同的路径规划问题是物流配送业务中的常见问题。由于要求车辆必须返回起点,问题的难度提高了。解决这类问题的目标是找出途中经过的点的顺序,使运输工具依次经过所有送货点并满足各点对送货时间的要求,且总出行时间或总距离最短。随着问题中包含节点个数和约束条件的增加,求解问题的复杂程度增加,要找到最优路径非常困难。即使用最快的计算机进行计算,求最优解的时间也非常长。启发式求解法是求解这类问题的好方法。

7.3.4 运输服务商的选择

运输服务商包括两种,一种是运输承包公司,一种是运输代理人。运输承包公司是以办理货运业务为主的专业运输业务企业;运输代理人主要代理国际货物运输业务,接受委托人的委托,代办各种运输业务并按劳务收取报酬。客户在选择运输服务商时会将其运输质量作为一个重要的因素来考虑,客户通常从以下几个方面来考虑:

(1) 运输企业所使用的运输工具的数量、性能、先进程度、技术状态和现代化水平;

(2) 运输企业所提供的装卸服务的质量;

(3) 运输企业员工的工作责任心、知识技能水平和工作经验;

(4) 运输企业货物运输控制流程的科学性和合理性;

(5) 运输企业的管理制度和服务理念;

(6) 运输风险防范机制和措施;

(7) 运输企业的资本和资金实力;

(8) 运输企业的服务网络的规模和完善程度。

随着各服务商运输质量的提高,客户对服务的要求也就越来越高,于是客户在选择不同的运输服务商时还会考虑到其他方面的服务水平,如表 7-7 所示。

表 7-7　客户需要考虑的其他方面的服务水平

考虑因素	详　　述
运输企业的业务历史和客户口碑	运输企业在业界的声誉及口碑对客户的选择有着重要的影响
运输完成的准时率	较高的准时率可以方便客户对货物的库存和发运进行控制,当然也为安排其接运等提供了便利
运输的时间间隔、发班密度	合理的间隔同样也将方便客户选择托运的时间及发货的密度等
运输服务的可靠性	通过查阅其历史业绩,了解运输企业完成运输合同的稳定性和可靠性
单证处理的准确率	包括品种、规格、数量、价格、起止时间和地址等的填写和打印的准确性
信息查询的方便程度	不同的服务商除了提供运输以外,还在附加服务上进行投入,如价格查询、班次查询以及货物跟踪等服务,这是现代货主选择运输服务商时重点考虑的因素
货运纠纷的处理	无论服务商如何提高运输质量,改进服务水平,货运纠纷都难免会发生,发生纠纷后如何及时圆满地处理是客户所关心的

7.4　物流运输成本管理

7.4.1　运输成本

1. 运输成本的含义及构成

成本是企业为生产商品和提供劳务等所耗费的物化劳动和活劳动中必要劳动的价值的货币表现,是商品价值的重要组成部分。运输成本是承运人为完成特订货物位移而消耗的物化劳动和活劳动的总和,一般以单位运输产品的营运支出来表示。任何种类的运输方式,其运输成本均包括固定设施成本、移动设备成本和运营成本。

物流运输成本是为了完成货物运输而支出的各种成本,一般以单位运输产品的营运支出表示。在现代物流企业中,运输在其经营业务中占有主导地位。因此物流运输费用在整个物流业务中占有较大比例。一般综合分析计算,运输费在社会物流费用中约占50%左右。运输合理与否直接影响着运输费用的高低,进而影响着物流成本的高低。

根据成本与运量变化的关系进行分类,可以将成本分为变动成本和固定成本。变动成本是指会随着客货运量的增加和减少相应发生变化的支出,如劳动力成本、燃料费用和维修保养费用等。固定成本是指在一定时期内,在一定的运量范围内相对稳定的支出,它不会受到装运量的影响,主要包括运输工具、通道和端点站等费用。在修理费用中大部分也是相对固定的。

根据资本的构成进行分类,可以分为固定设施成本、移动运载工具的拥有成本和运营成本。固定设施成本是指:每种运输方式都有其对应的固定设施,除了包括开始的建设投资外,还包括一部分与运量关系不大的养护和维修费用。例如,在公路中,不同等级公路的质量和成本存在显著不同,不同的公路路面使用寿命不同,一般沥青路面的使用寿命是 12 年,沥青混凝土使用年限为 15~20 年,水泥路面的使用寿命达到 25 年以上。铁路固定设施成本更加密集。航空公司的成本主要包括所属机队的维护并专门建立维护机库，以及为本公司的乘客提供候机场地等。水运固定设施主要包括内河运输和海运，对于内河运输来说主要是航道和港口码头，对于海运来说主要是港口，港口固定设施的开支主要包括码头设施、装卸设备和存储场地的费用。一般情况下，水运的固定设施成本比重低于铁路，但比公路和航空运输成本高。管道运输成本主要是建设管道的费用，其建设费用大体上可以分为管道材料、相关设备和劳动力成本三大类。管道运输是固定成本比例最高的运输方式。移动工具的拥有成本是指诸如铁路机车车辆、各类卡车、公共汽车、小汽车、各类客货船舶和飞机等的购买费用及其维修保养费用等。其中，维护费用中与运量直接相关的那部分费用归为运营成本，如燃油成本、更换轮胎成本，而与运量没有太大关系的成本归于移动运载工具的拥有成本，如汽车的年检费用、飞机发动机的定时更换带来的费用等。运营成本主要包括工作人员工资和运输工具消耗的燃料和电力两个部分，一般而言，消耗的燃料和电力基本上与运量成线性关系，这部分属于变动成本。

2. 影响运输成本的因素

影响运输成本的因素很多，尽管这些因素并不是运费表上的组成部分，但在承运人制订运输费率时，都必须对每一个因素加以考虑。这些因素主要有 3 方面：产品特征、运输特征和市场特征。

1）产品特征

（1）产品密度

产品密度把重量和空间方面的因素结合起来考虑。这类因素之所以重要，是因为运输成本通常表示为每单位重量所花费的数额，例如每吨金额数等。在重量和空间方面，单独的一辆运输卡车更多的是受到空间限制，而不是重量限制。即使该产品的重量很轻，车辆一旦装满，就不可能再增加装运数量。既然运输车辆实际消耗的劳动成本和燃料成本主要不受重量的影响，那么，提高货物的密度，相对地可以把固定运输成本分摊到增加的重量上去，使这些产品所承担的每单位重量的运输成本相对较低。

一般来说，物流管理人员会设法增加产品密度，以便能更好地利用货车的容积，使货车能装载更多数量的货物。增加货物的包装密度，可以将更多单位的产品装载进具有固定体积的车辆中去。但是，如果车辆已经满载，即使再增加产品的密度，也无法再增加利益。例如，从容积的角度来看，像啤酒或汽水之类的液体货物在装入公路货车容量的一半时，重量就会达到满载程度。显然，这类货物在还没有充分利用容量时，就有可能受到重量的限制。尽管如此，努力增加货物的密度通常会使运输成本降低。

（2）产品的可靠性

对容易损坏或者容易被偷盗的、单位价值高的货物而言，可靠性是非常重要的一个指标。货物运输时，需要承运人提供的可靠性越大（例如，计算机、珠宝及家用娱乐产品等货物的运输），货物的运输成本就越高。因货物种类不同，其重要性也不同的其他因素包括：产品是否是危险品，是否需要牢固、严格的包装等，对化学行业和塑料行业的产品而言，这些因素尤其重要。承运人必须通过向保险公司投保来预防可能发生的索赔，否则有可能要承担任何可能损坏的赔偿责任。托运人可以通过改善保护性包装，或通过减少货物丢失损坏的可能性，降低其风险，最终降低运输成本。

（3）产品的装载性能

装载性能是指产品的具体尺寸及其对运输工具（如火车、货车或集装箱）的空间利用程度的影响。例如，谷物、矿石和散装石油具有良好的装载性能，因为这些货物可以完全填满运输工具（例如火车车厢、货车车厢和管道等），其他货物，如车辆、机械和牲畜，都不具有良好的装载性能。货物的装载性能由其大小、形状和弹性等物理特性所决定。具有复杂或不规则的尺寸和形状，以及超重或超长等特征的产品，通常不能很好地进行装载，因此会浪费运输工具的空间。尽管装载能力的性质与产品密度相似，但很可能存在这样的情况，即具有相同密度的产品，其装载差异很大。一般来说，长方体的产品要比形状复杂或不规则的产品更容易装载。例如，钢块与钢条具有相同的密度，但由于钢条的长度和形状，使其装载起来就更困难一些。装载能力还受到装运规模的影响：大批量的产品往往能够相互嵌套、便利装载；而小批量的产品则有可能难以装载。例如，整车的垃圾罐有可能实现相互嵌套，而单独一个垃圾罐装载起来就显得比较困难。

2）运输特征

（1）输送距离

输送距离是影响运输成本的主要因素，因为它直接对劳动、燃料和维修保养等变动成本发生作用。输送距离和成本的一般关系包括以下两个要点：第一，成本曲线不是从原点开始的，因为它与距离无关，但与货物的提取和交付活动所产生的固定费用有关。第二，成本曲线是随距离减少而增长的一个函数，这种特征被称作递减原则，即输送距离越长，城市间的输送距离所占的比例趋于更高，而不是使市内的公里数更大，于是，承运人可以使用更高的速度，使城市间每公里单位费用相对较低，并且有更多的距离使用相同的燃料和劳动费用；而市内输送通常会频繁地停车，因此要增加额外的装载成本。

（2）载货量

载货量之所以会影响运输成本，是因为与其他许多物流活动一样，大多数运输活动中存在着规模经济。它说明了每单位重量的运输成本随载货量的增加而减少。之所以会产生这种现象，是因为提取和交付活动的固定费用以及行政管理费用可以随载货量的增加而被分摊。但是，这种关系受到运输工具（如卡车）最大尺寸的限制，一旦该车辆满载，对下一辆车会重复这种关系。这种关系对管理部门产生的启示是，小批量的载货应整合成更大的载货量，以期利用规模经济。

（3）装卸搬运

卡车、火车或船舶等的运输可能需要特别的装卸搬运设备，运输成本通常较高，产品大小或形状一致的货物（如纸箱、罐头、筒）或可以用专门搬运设备（例如，用带子捆起来、装箱或装在托盘上等）处理的产品，搬运费用较低，因此，运输成本较低。

3）市场因素

（1）竞争性

不同运输模式间的竞争、同一运输模式的线路竞争以及同种运输方式之间的竞争会使运输费用产生波动。铁路、水路、航空以及海运之间长期以来都存在不同程度的竞争，有时为了赢得市场份额,会提供一些不同的价格策略。例如,相同起讫地的货物运输可采用两种不同的运输方式进行,运输速度较慢的那种运输方式只能实行较低的运价。

（2）流通的平衡性

运输通道流量和通道流量均衡等运输供需市场因素也会影响到运输成本。这里所谓的运输通道是指起运地与目的地之间的移动,显然运输车辆和驾驶员都必须返回到起运地,于是,对他们来说,要么找一票货物带回来（"回程运输"）,要么只能空车返回。当发生空车返回时,有关劳动、燃料和维修保养等费用仍然必须按照原先的"全程"运输支付。于是,理想的情况是"平衡"运输,即运输通道两端的流量相等。但由于制造地点与消费地点的需求不平衡,通道两端流量相等的情况很少见。例如,有许多货物是在美国东海岸加工制造的,然后装运到美国西部的消费市场,这样就会产生运往西部的流量要大于流向东部的流量。这种不平衡会使东行运输的费率大大降低。此外,这种平衡性也会受到季节性影响,类似于在销售旺季里运输水果和蔬菜的情况,这种需求的方向性和季节性会导致运输费率随方向和季节的变化而变化。

由以上公路运输成本的构成和影响因素可以看出,单位重量或单位体积的货物,在一定区域内的物流运输成本与运输的空间线路结构有着密不可分的联系,主要是道路等级和道路网结构对运输成本有着重要作用。

空间因素对物流的运输成本的影响主要体现在运输网络对运输成本的影响。在区域内物流的起讫点及其对应运量为定值的前提下,在途运输成本就直接决定了运输成本的大小,在途运输成本与运输距离成类似正比的关系。道路网络的结构和功能对运输成本有着至关重要的作用,主要体现不同的路网导致汽车产生不同的行驶时间和运输距离。道路网络的等级对汽车行驶的速度有直接影响,在流量相等的情况下,等级越高的道路会使汽车行驶的速度越快,且等级越高的城市道路所对应的交叉口的服务水平也相应较高,汽车在交叉口的延误时间就越小,因此,汽车在等级越高的道路上行驶所对应的平均速度越高,单位距离所消耗的时间越短。道路网络结构会对相同空间距离的起终点产生不同的道路里程,非直线系数越小的路网所对应的道路里程越小。

综上所述,路网结构的调整必然会导致运输成本的变化,路网结构优化后运输成本会明显降低。

7.4.2　运输成本控制

经济全球化的大背景下,物流成本已经成为影响投资环境和经济发展的重要因素,直接决定着一个国家、地区和企业的市场竞争实力。我国物流业发展落后,物流成本远高于欧美一些发达国家,其中的运输成本更是占据着较大的比例。

1. 合理选择运输工具

应根据不同货物的形状、价格、运输批量、交货日期和到达地点等情况选取适当的运输工具。因为运输工具的经济性和迅速性、安全性、便利性之间有相互制约的关系,所以,在控制运输成本时,必须对运输工具所具有的特性进行综合评价,才能做出合理选择运输工具的决策。

2. 拥有适当车辆

车辆的拥有台数要根据发货量的多少确定。拥有台数过少,发货量多时,会出现车辆不足的现象;相反,拥有台数过多,发货量少时,会出现车辆闲置的现象,造成浪费。所以,对运输部门来讲,拥有适当车辆是极为重要的。

3. 优化仓库布局

从运输成本控制角度看,成本的降低是由于使用了仓库以达到最大的集运而取得的。通过优化仓库布局,即优化仓库网络,达到运输成本最小化,仓库合理化的基本经济原则是集运。一个制造商通常在广泛的地理市场区域中出卖产品,如果客户的订货是小批量的,那么集运的潜力可以使一个仓库在经济上实现合理化。

4. 开展集运方式

运输成本控制的一个焦点是保持与大批量运输联系在一起的运输经济性。为了在以时间为基础的战略中维持运输成本,相当大的管理注意力被引导到为实现运输集运而开发独特的方法上。为计划集运,必须具有有关现今和计划中的库存情况的可靠的信息,为了将来集运装载,同样也需要保持或实行有计划的生产。实际上,集运必须在订货处理及选择前作出计划,避免延误。集运的所有方面都涉及计划活动的及时的、相关的信息。

5. 推行直运战略

任何一个物流系统都必须考虑服务水平与成本这两项重要因素。直接运送战略似乎在服务及成本上都处于不利地位。因为直接运送比由当地的仓库送货要慢;而且,由于通常顾客的订购量都很小,因此运送成本也较高。

案例分析:小案例两则

案例 1

2004 年 10 月 4 日,原告 A 公司作为买方与温州市 B 进出口公司签订了一份售货确认书,购买一批童装,数量为 500 箱,总价为 68 180 美元。2005 年 2 月 11 日,B 公司以托运人身份将该批童装于两个 20 尺标箱内,交由多式联运经营商 C 公司承运,C 公司签发了号码为 RS-95040 的一式三份正本全程多式联运提单。

2005 年 6 月 6 日,A 公司提货时箱子外观完好,打开箱子发现其中一个箱子是空的,另一个箱子被挤压而无法按照正常价值出售。

问:多式联运人是否承担赔偿责任?

案例 2

A 公司首次承揽到 3 个集装箱运输业务,时间较紧,从上海到大连铁路 1200km,公路 1500km,水路 1000km。该公司自有 10 辆 10 吨普通卡车和一个自动化立体仓库。经联系附近一家联运公司,该联运公司虽无集装箱和卡车,但有专业人才和货运代理经验,只是要价比较高。至于零星集装箱安排、落实车皮和船舱,A 公司实在心中无底。你认为采取什么措施比较妥当?

思考题

1. 简述物流运输的含义及作用。
2. 基本的物流运输方式包括哪些？各自有何优缺点？
3. 不合理运输方式的表现形式包括哪些？
4. 运输合理化的有效途径包括哪些？
5. 运输成本控制的方法包括哪些？

第 8 章　第三方物流管理

核心要点

- 第三方物流的含义
- 第三方物流企业发展的运作模式
- 第三方物流企业组织的运作模式
- 第四方物流的概念
- 第四方物流的运作模式

8.1　第三方物流概论

8.1.1　第三方物流产生的背景

早期对物流的研究主要集中于工商企业内部,即企业在纵向一体化思潮的影响下,既重视生产又不放弃物流,但此时的物流主要集中于运输和仓储两个环节,而对装卸、包装、配送、流通加工和信息技术等很少涉及。

20 世纪 90 年代以来,全球经济一体化的发展,科技水平的提高,企业竞争的日益激烈,使得纵向一体化的弊端逐步显露出来,这时,企业如再坚持全盘式一体化生产,势必影响到其在市场上的竞争力,因此,这些企业逐步集中资源于核心业务,而把一些非核心的业务外包给其他企业来完成,这里的非核心业务主要是物流业务,从而促进了第三方物流的产生。可以说,第三方物流是社会分工的必然结果,是为了适应从纵向一体化到横向一体化转变的必然要求,是改善物流与强化竞争力相结合的意识的萌芽。第三方物流是供应链管理和虚拟经营创新管理模式从生产领域延伸到流通领域而形成的一体化概念后出现的,供应链管理和虚拟经营是第三方物流得以产生的重要基础。

1. 虚拟经营

经济的迅速发展,使得企业间的竞争日趋激烈,单个公司要具备支持竞争优势的所有要素变得越来越不可能,只有让有限的资源发挥最大的效用,才能获得竞争优势。虚拟经营是企业为了适应多变的需求与竞争环境,在组织上突破有形的界限,虽有生产、行销、设计、财会等功能,但企业却没有完整地执行这些功能的组织。即企业在有限的资源下,为了取得竞争中的最大优势,仅保留企业中最关键的功能,而将其他功能虚拟化——通过各种方式借助外力进行整合弥补,把企业的供应商、生产商、顾客或者竞争对手等联合起来建立动态合作网络模式。虚拟经营的形式包括业务外包、特许经营和战略联盟。据邓百氏研究报告显示,全球营业额在 5000 万美元以上的公司在虚拟经营上的开支上升了27％,达到了 3250 亿美元。耐克公司就是采取业务外包的方式,其专管产品的设计与营销,发挥知识密集、掌握市场、擅长创新和管理的优势,而通过定牌生产、委托加工等方式把产品的生产虚拟化。

2. 供应链管理

供应链是指以完成从采购原材料到制成中间产品及最终产品,最后将最终产品交付用户为功能的,由一系列设施和分布选择所形成的网络。供应链管理是一种集成的管理思想和方法,在供应链管理环境下,企业成功与否不再由纵向一体化程度的高低来衡量,而是由企业集聚和使用的知识为产品或者服务增值的程度来衡量。企业在集中资源于自己的核心业务的同时,通过利用其他企业的资源来弥补自身的不足,从而变得更具有竞争优势。传统的企业组织中的采购、加工制造、销售等看似整体,但却是缺乏系统性和综合性的企业运作模式,已经无法适应新的制造模式发展的需要,而那种“大而全,小而全”的企业自我封闭的管理体制更无法适应网络竞争的社会发展需要。因此,作为物流供应链组织者——第三方物流企业应运而生,并得到了很大的发展空间。

8.1.2　第三方物流的定义

第三方物流的概念最早是由美国物流管理协会提出的,其英文为 Third Party Logistics,简称 3PL 或者 TPL,第三方物流概念是在第一方物流以及第二方物流的基础上产生的。

第一方物流(First Party Logistics,1PL)是指由物资提供者自己承担向物资需求者送货,以实现物资的空间位移。这种企业本身是大而全或小而全的,一般需要投资建设一些仓库、运输车辆、站台甚至是铁路专用线等物流基础设施,不依靠社会化的物流服务,生产企业既有车队又有仓库。随着市场竞争的日益激烈,第一方物流的弊端逐步凸显出来,企业难以把全部精力集中到核心专长的生产经营活动中来;与此同时,企业越来越重视从物流过程中追求“第三方利润”,因此,这种物流分工开始发生重大的变革。

第二方物流(Second Party Logistics,2PL)指由物资的需求者自己解决所需物资的物流问题,以实现物资的空间位移。这种企业往往为社会提供运输、仓储等单一服务。这种物流模式同样存在如下问题:一是自备运输工具和仓库已经使得物资需求者的经营成本过高,在微利的商业经营时代,这种成本的支出是商业企业难以承受的;二是由于商品的市场需求在时间上的不平衡。商业企业难以合理地配置物流设施的能力,无论怎样配置都可能造成物流能力的浪费或者紧张;三是商业企业的核心竞争能力在于商品的销售能力,而从事物流业却非其核心竞争能力的业务。

广义的第三方物流(Third Party Logistics,3PL)是相对于“第一方”发货人和“第二方”收货人而言的,即凡是由社会化的专业物流企业按照货主的要求所从事的物流活动都可以包含在第三方物流范围之内,至于第三方物流企业所从事的是哪一个阶段的物流,物流服务的深度和服务水平的高低,与货主的要求有密切关系。常见的第三方物流服务包括设计物流系统、EDI 能力、报表管理、货物集散、选择承运人、货运代理人、海关代理、信息管理、仓储、咨询、运费支付和运费谈判等。狭义的第三方物流是指社会化物流企业所提供的现代化和系统的物流服务活动。

第三方物流主要有以下几个方面的特征：

（1）第三方物流所提供的是专业化的物流服务，从物流设计、物流操作过程、物流技术工具、物流设施到物流管理都体现出了专业化水平。可以向货主提供包括供应链物流在内的全程物流服务和特定的、定制化服务的物流活动。

（2）第三方物流是通过契约形式来规范物流需求者与物流供给者之间的关系的，物流供给者根据契约规定提供多功能、全方位的一体化物流服务，并以契约的形式来管理所有提供的物流服务活动及其过程，因此第三方物流不是货主与物流服务提供商偶然的、一次性的物流服务活动，而是采取委托-承包形式的长期业务外包形式的物流活动。

（3）在第三方物流提供服务中，强调的是不同的物流需求者对不同的物流服务需求的差异性，因此，第三方物流是根据不同物流需求者在企业形象、业务流程、产品特征、顾客需求特征和竞争需要等方面的不同要求，提供针对性强的个性化物流服务和增值服务，以增强其在物流市场上的竞争能力。

（4）第三方物流是针对供方和需方而言的。第三方，非生产者自身或者顾客，也非最终用户，由供方与需方之外不持有商品所有权的外部企业承担物流职能。第三方物流不属于企业供应链的一部分，它只是为供应链提供管理服务，第三方物流是供应链的载体，没有第三方物流，企业的供应链不能发挥到最佳效果。

（5）第三方物流企业充分利用了现代电子信息技术。信息技术的发展是第三方物流企业发展的必要条件，信息技术实现了数据的快速、准确传递，提高了仓库管理、装卸运输、采购订货、配送发送和订单处理的自动化水平，使得订货、包装、保管、运输和流通加工实现了一体化，企业间可以方便地使用信息技术进行交流和协作。同时，计算机软件的飞速发展，使得混杂在其他业务中的物流活动的成本能够准确地被计算出来，还能有效管理物流渠道中的商流，这就使得企业有可能把原来在内部完成的作业交由独立的物流公司来运作。

（6）第三方物流体现了双赢原则。企业为了实现自身物流管理，采取了与外部企业合作的方式，这种合作方式不仅对企业自身有益，可以分担风险，降低成本，提高服务质量；同时对第三方物流企业的客户来说，外购业务越多，第三方物流的业务越兴旺，而且对第三方物流的发展也起到了积极促进的作用。第三方物流企业利润率的高低取决于其为客户节约的物流成本的多少，即"双赢"。

（7）第三方物流企业与相关企业是战略联盟的关系。面对市场经济的日益复杂多变和行业竞争的日趋残酷激烈，越来越多的企业通过战略联盟来获得竞争优势。对于第三方物流企业而言，不仅要进行横向联合，而且还要进行纵向联盟。如此综合化及一体化的战略联盟发展，可以使得第三方物流企业实现规模化经营，共享网络化信息，从而降低运作成本，提高客户服务能力，最终增强企业的综合竞争力。

8.1.3 第三方物流的类型

根据物流所提供的服务特性，第三方物流可以分为 4 种类型。

1. 传统转型第三方物流企业

在市场与政府的共同推进下,我国传统仓储、运输等第三方物流企业占我国物流市场的 50%左右。这类转型后的第三方物流企业主要包括以传统运输为基础的第三方物流企业、以传统仓储为基础的第三方物流企业、以货运代理为基础的第三方物流企业、以生产制造为基础的第三方物流企业和以邮政为基础的第三方物流企业。如中远物流和中铁物流,这些大型的国有企业所拥有的全国性的经营网络、各种运输工具和仓储资产发挥了重要作用,成为提供第三方物流服务的保证。这些转型的第三方物流企业可获得一定的政策倾斜和政府扶持,还可以利用以前的客户资源和良好的客户关系,为客户继续提供服务。基于这些优势,这种类型的企业占据了第三方物流市场的半壁江山。但是由于转型并不彻底,特别是最根本的内部组织结构和运作机制并没有根本性的转变,所以这些企业还存在很多的弊端。一般来说,这类第三方物流企业的效率比较低,冗余人员的比例较高;同时由于固有的经营理念没有及时更新,阻碍了企业的进一步发展。

2. 新兴第三方物流企业

除了转型中的第三方物流企业以外,近年来,在物流需求不断增大的大环境下,我国的物流市场上还涌现出一批新兴的第三方物流企业,如天津大田、北京宅急送、宝供物流企业集团公司等,此类物流公司大多是私有或者合资企业,其业务领域、服务和客户相对集中。作为新的市场进入者,这类物流企业大致占了我国物流市场的 25%,由于具有新型的组织结构、进取向上的企业文化和先进的管理理念,这类企业的效率较高。新兴的第三方物流企业要想在物流市场中占有一席之地并求得发展,就必须拥有相对于其他竞争者的优势。新兴的内资物流企业已经逐渐具备与大型的外资物流服务企业相互竞争的能力,这体现在设备投资、业务规模和服务价格等各个方面。这类企业为数不多,规模不大,但机制灵活,企业负担小,管理成本低,接受现代管理思想和先进技术快,具有很好的发展前景。

3. 企业内部物流公司

这类公司是由大型制造企业的物流部转变而来,如海尔物流、安得物流等。这些新办的国有或国有控股的新型物流企业是现代企业改革的产物。面对激烈的市场竞争,企业为了专注于提高其核心竞争力,通过资产重组和资产优化,将非主营业务的企业自有物流部分剥离出去成为一个独立核算、自主经营的公司。由于历史的原因,这种类型的物流公司主要为内部客户服务,经过长时间的合作,熟悉母公司业务,在为母公司提供物流服务方面具有专长。但是这些物流企业在刚被剥离后一段时间内难以适应市场激烈的竞争,除了为母公司提供物流服务外,往往难以与专业物流企业竞争。但是这些企业在不断的发展中,通过调整企业战略,利用母公司的客户资源来发展自己的客户网络,可以逐步扩大经营范围,提高企业竞争力。

4. 国际第三方物流企业

随着我国加入 WTO,流通业全面开放,跨国第三方物流企业纷纷进军中国物流市场。一方面,该类型第三方物流企业以原有的客户资源为基础,进一步为其客户提供在进入中国市场中所需物流服务的延伸服务;另一方面,充分利用其自身的成熟先进的经营理念、管理模式和优质服务,吸引中国本土企业成为其新客户,实现向中国物流市场逐步渗透。例如,马士基物流公司在中国有 9 家分公司和 6 个办事处,并在上海开设了首家配送中心,可为顾客提供专业的供应链管理;UPS 公司的业务重点已转向亚洲,并将中国视为公司长期发展的平台之一,UPS 公司借助在 2008 年北京奥运会物流服务中所发挥的巨大作用,现已将其势力范围扩大到了 40 个城市;此外,FedEx、DHL 和 Exel 等国际知名的物流公司都在积极进入中国物流市场并扩大市场份额。

8.1.4 第三方物流的优越性

第三方物流的优越性主要体现在其对物流服务需求者带来的促进作用以及对自身发展的促进作用。

1. 对物流服务需求者而言

(1) 使企业集中精力于核心业务。

横向一体化的发展使得业主能够集中于自身的核心业务,而把物流环节外包给其他的物流公司,因此,第三方物流的发展对物流需求者来说是一种合理配置资源的有效方式。

(2) 减少固定资产投资,加速资本周转。

企业自建物流需要投入大量的资金购买物流设备,建设仓库和信息网络等专业物流设备。这些资源对于缺乏资金的企业特别是中小企业是一个沉重的负担。而如果使用第三方物流公司,不仅减少了设施的投资,还解放了仓库和车队方面的资金占用,加速了资金周转。

(3) 提供灵活多样的顾客服务,为顾客创造更多的价值。

原材料供应商的客户需要迅速的货源补充,供应商就要有地区仓库。通过第三方物流的仓储服务,就可以满足客户需求,而不必因为建造新设施或长期租赁而调拨资金并在经营灵活性上受到限制。对于最终产品供应商,利用第三方物流还可以向最终客户提供更多样的服务品种(如提供本企业一时不能满足客户要求的暂时缺货、短时的仓储管理等服务),为顾客带来更多的附加价值,使顾客满意度提高。

2. 对物流服务提供者而言

第三方物流在发展过程中逐步拓宽其业务范围,并且随着科学技术的日益进步,这些物流服务提供商更强调灵活运用新的技术,以实现降低成本、降低库存的目标。

随着信息技术和计算机网络的发展,在物流行业中出现了一些凭借物流信息和知识的拥有而从事的物流服务行业,即第四方物流,这种物流企业不需要自己直接具备承担物资物理移动的能力,而是借助于自己所拥有的信息技术和实现物流的充分的需求和供给信息。

目前还出现了第五方物流的提法,它主要强调从事物流业务培训的一方。

8.2　第三方物流的发展现状及趋势

8.2.1　国外第三方物流的发展现状及趋势

1. 美国第三方物流市场发展现状

1975 年,美国出现了"第三方物流"公司,专门负责为企业提供其内部物流服务。在美国,第三方物流企业的服务领域广泛,企业按照市场化运作模式发展。那种简单把"仓储、运输、配送"等同于"物流"的概念已经过时,第三方物流的概念已经开始从供应链管理的高度和为企业创造经济附加值的角度入手。第三方物流企业综合利用自身及其他企业的物流资源,不但为客户提供仓储和运输配送的物流服务,还提供如物料管理、货物组配、库存管理和准时制方案等物流延伸服务,其经营职能包括生产作业、运营管理以及工程技术等,其领域涉及供应、制造、销售和回收等。服务产品、经营职能和涉及领域这 3 个方面的各个要素相互结合,构成多样化的第三方物流产品。据美国卡斯信息公司统计,1992年美国第三方物流市场的营业额为 350 亿美元,占物流市场总营业额的 2%~3%,据Armstrong & Armstrong 公司公布的一份美国最新数字,美国第三方物流 2006 年营业额达到 1037 亿美元,占物流市场总额的 15%~20%。同时,美国由第三方物流配送企业承担的物流业务量已经占全社会物流总量的 68%。

美国第三方物流的发展得益于美国政府大幅度地放宽了对物流业发展的限制、科学技术的高速发展、商业结构的重大变化以及个性化服务需求的出现。美国第三方物流的发展特别强调其时效性,即一经承诺就不能再更改,其服务质量是经过量化的,因此制造商愿意与之建立长期的合作关系。美国的第三方物流企业很重视提供物流增值服务,如为了扩大物流业务的服务范围,战略收购的风潮也开始席卷了美国的一些第三方物流企业。

2. 日本第三方物流市场发展现状

在日本,20 世纪 90 年代早期,日本的松下半导体公司在美国、英国、以色列和东南亚的 13 个地区设厂生产和组装芯片。产品被送往众多的顾客手中:IBM 公司、东芝公司、康柏公司、福特公司和西门子公司等,每个客户的工厂都分布在世界各地。松下公司的芯片运往客户的工厂总共有 2 万多条路线,一批货物常常要走 12 条航线,沿途在 10 个不同的仓库停靠。松下公司 95% 的芯片在订单发出后的第 45 天才能到达,而剩下的 5% 则要90 天才能到达。由于客户不知道会被延误的 5% 的货物有哪些,就常常在各个仓库里备足 90 天用的存货。松下公司的一位官员说:"到处都是陈旧的存货,整个物流系统都被存货淹没了。"在这种情况下,松下公司"雇用"了联邦快递公司(FedEx Logistics)来完成它的全球物流工作。结果是惊人的,在两年之内,松下公司的物流成本降低了 27%,销售额增加了 5.84 亿美元,顾客满意度大大提高。现在,松下公司平均可以在 4 天之内将产品送到顾客手中,并且正在向 3 天内到货的目标前进。因此,将物流工作转包给高效率的专业公司去完成,既降低了成本,又改善了顾客服务水平。1997 年,日本政府提出了《综合物流对策》,并拟定了一系列法规和法令以促进物流产业的发展。2002 年,日本政府提出通过具体的数字对物流的全过程进行衡量的数字化目标来推动物流业发展的一个五年计划。日本政府的主导作用概括如下：首先，倡导规划优先，由政府规划并贯彻"流通据点集中化"战略，促进"城市内最佳配送系统"的建设发展，以期实现混载配送，最终提高配送效率；其次，加大资金投入，政府制定《综合物流施政大纲》，在科学规划的基础上为主要的物流基础设施的落实建设提供强大的资金保障，并在大纲中提出了把物流生产全过程设定为一个整体系统过程进行综合管理的"综合物流管理"观点，推动了日本物流业的现代化进程的发展；此外，出台了许多提供政府援助、建立政府协调促进机构、放宽政府管制等可行的有益政策，推进日本现代物流产业发展。

3. 欧洲第三方物流市场发展现状

2002年，欧洲第三方物流占总体物流产业支出的比重为51%，而到了2005—2007年，这一比例就已经达到了74.1%。据2003年10月美国东北大学和埃森哲咨询公司对美国财富500强制造企业使用第三方物流服务情况的调查显示，这些大型制造企业对第三方物流使用的比率达到81%。英国在1996年有将近76%的企业使用第三方物流服务。由此可见第三方物流服务在海外获得了较快的发展。表8-1说明了欧洲第三方物流市场发展的状况。

表8-1 1999年第三方物流在欧洲市场状况表

国家	国内物流费用/百万欧元	第三方物流收入/百万欧元	物流总支出/百万欧元	第三方物流收入占物流总支出比例/%
德国	26 528	8074	34 602	23.3
法国	18 784	6911	25 695	26.9
英国	15 485	8150	23 635	34.5
意大利	12 102	1771	13 873	12.77
西班牙	5655	1241	6896	18.00
荷兰	4848	1620	6468	25.05
比利时	2914	971	3885	24.99
奥地利	2746	637	3383	18.83
瑞典	2610	737	3347	22.02

资料来源：《国际商业技术》(2001,5)

4. 国外第三方物流市场发展趋势

国外的第三方物流服务在发展过程中呈现出如下趋势：

(1) 物流服务的综合化。

国外物流服务提供商在提供物流服务时考虑了日益激烈的竞争环境以及多变的市场需求，他们更强调提供一站式一体化的综合物流服务。

(2) 强调对供应链的治理和优化。

随着物流服务综合化趋势的出现，更多的物流企业强调的是对客户供应链的治理和优化，它们更加重视客户物流体系整体运作效率的提高。因此，在供应链管理过程中，强调采用新技术、改造装备和提高管理水平。

（3）重视发展长期伙伴关系。

综合化趋势以及供应链的治理和优化确定了物流公司与客户的联系是长期和稳固的，与客户进行多层次的沟通、创新和主动提出建议方面需要加强。

（4）重视海外市场的开拓。

在发展过程中，这些国家的物流公司开始逐步重视其在海外市场的开拓。尤其是在我国第三方物流市场尚处于起步阶段，市场规模较小，高度分散的情况下，国外物流企业早已跃跃欲试。

8.2.2 我国第三方物流的发展现状及措施

1. 我国第三方物流的发展现状

我国第三方物流的发展可以追溯到 20 世纪 50 年代初期，其发展过程是曲折的，经历了"三起三落"。1953 年初，商业部提出成立仓储公司，集中管理仓库的要求，1955 年末，又提出了建立集中托运机构、统一办理运输的实施方案，并在 1956 年做出了在全国建立储运网的决定。1960 年在全国储运会议上又进一步推广了集中管理仓库，统一办理运输的经验，国务院也转发了商业部全面建立、健全商业储运网的报告，各地商业储运业也有了很大的发展。但由于缺乏经验，发展过快，统得过死，在不少地区出现了合而又分的现象。1964 年，随着国民经济的恢复和发展，各地又恢复和建立了储运企业，形成了集中办储运的第二次高潮。十年动乱期间，办理储运的专业机构被视作"多余的中间环节"，机构撤并，储运网被削弱。1978 年，商业部在全国储运工作会议上提出了"统一办理运输，集中库存，成立专业运输企业，逐步建立和健全商业储运网"的要求，储运企业又有了新的发展。但是，随着市场经济的发展，商业购销部门包括批发企业和超市又纷纷自行建立各自的物流中心和配送中心，形成了低水平的重复建设，同时也出现了第三方物流企业资源闲置的现象。1979 年 5 月，中国物资经济学会代表团赴日本专门考察物流、参加国际物流会议，才带回了物流的概念。1984 年 8 月，成立了中国物流研讨会。1989 年 4 月，中国物资经济学会在北京成功地承办了"第八届国际物流会议"，此后，物流专业书籍开始发行，物流培训班、录像和电视物流讲座等形式的物流启蒙、宣传和普及活动在全国开始盛行。1991 年 7 月，中国物资经济学会与中国物流研讨会合并，成立了中国物资流通学会，1992 年 5 月，该学会在江苏召开首届年会和物流研讨会，物流理念和物流在国民经济发展中的重要意义开始在全国传播。1993 年，中国共产党十四届三中全会通过了《关于建立社会主义市场经济体制的若干问题的决议》，我国掀起了改革开放后的又一个经济建设热潮，经济形势的发展要求推动了物流事业的发展。到了 20 世纪 90 年代中期，我国真正意义上的第三方物流开始从东南沿海城市悄然兴起（如宝供物流企业集团有限公司、中国海运集团），而且逐步发展壮大，蔓延到全国，直到形成现在的"第三方物流"浪潮。

改革开放的深入、国内经济的发展和国际制造业的涌入，使得物流市场的需求越来越广，物流外包的理念被广泛地应用，物流服务也从单一模式下的运输、仓储和货运代理转向供应链管理服务以及更多的增值物流服务。为了鼓励和发展物流业，国家和各地区相继出台了一系列的政策，鼓励发展现代物流服务业。2009 年，国务院下发了关于物流业调整和振兴规划的通知，制造业与物流业联动发展大会召开。随着国家政策的扶持以及国际制造业的内移,中国的物流服务也必将在未来得到长足的发展。

2. 我国第三方物流发展存在的问题

我国第三方物流尚处于起步阶段,目前绝大多数物流企业存在的主要问题是"多、小、散、乱"。表面上中国的运力、仓储能力过剩,供过于求,但这种供给能力主要是相对过剩,物流企业的规模较小,规模化程度低,物流市场货源不稳定且结构单一,网络分散,经营秩序不规范。物流服务不健全,增值服务薄弱。我国的物流服务商的收益中85%来自基础性的服务,大多数第三方物流企业只能提供单项或者分段的物流服务,物流功能主要停留在储存、运输和城市配送上,相关的包装、加工和配货等增值服务不多。大多数物流企业不能根据用户和经济发展的客观需要进行运营,不能为客户提供高水准、系列化、全流程的一体化增值服务,不能形成完整的物流供应链。

(1) 规模小,效益低下。

我国第三方物流的规模普遍较小,企业平均员工为259人,从事公路运输企业平均运营车辆为1.43辆,超过百辆的极少。根据规模经济理论,企业规模越小,运营成本越高,进而会影响到企业的经济效益以及长远的发展。另外,随着大型跨国公司的不断涌入,其生产经营的国际化要求物流代理商拥有全球化的运作网络为其提供物流支持,如果第三方物流企业的规模不能满足其国际化经营的目标,那么自营物流就会成为跨国公司考虑的方式。

(2) 利用现代技术程度低。

我国物流业在信息化方面起步较晚,信息化程度低,普遍存在对信息的获取、处理和运用能力不足等问题,大部分物流企业尚未应用计算机管理系统、自动识别和条形码技术,GPS(全球定位系统)等先进的信息技术在第三方物流企业的应用更是处于学习和起步阶段,因而其所提供的物流服务在及时性、准确性、可靠性和多样性等方面都处于较低水平。低水平的物流服务进一步影响了我国第三方物流的发展。

(3) 专业物流人才缺乏,企业经营管理水平低。

我国物流人才短缺,真正懂得物流科学的高层次管理人才少之又少。由于总体物流从业人员素质较低,大多数物流企业管理缺乏科学的运作和决策过程,导致物流企业内部管理混乱,从而造成了物流企业运作成本过高等问题。

(4) 制度不健全。

我国第三方物流市场秩序还不规范,行业道德低下,人们的平等竞争、公平交易意识薄弱,目前我国第三方物流企业的竞争是一种无序的、近似无差别的低水平竞争,有效的竞争格局远未形成。另外,条块分割的物流管理和流通体制制约着物流业的发展,物流市场管理与行业管理还没有理顺,仍沿用计划经济时期的部分分割、条块管理体制,国家许多部门、局各承担了一部分的物流管理职能,形成了自上而下的纵向隶属和管理格局;从各地看,地区经济发展不平衡,地区保护主义依然存在。

3. 我国第三方物流的发展趋势

目前,理论界又出现了"第四方"、"第五方"物流服务的概念,当一个仓储公司与一个运输公司联合经营,向货主提供物流服务时,其业务范围和法律责任完成等同于第三方物流服务供应者。若他们是以合约的形式成为业务伙伴,而在营运过程中仍以自身公司的名义去执行物流活动,那么任何一方皆可与货主商定物流服务供应事宜,成为"合约物流供应者",而另一方则是"实际物流供应者",在这种情况下,他们的法律责任完全不同,因此,"合约物流供应者"便成为物流服务的"第四方"。"第五方"物流服务是指本身不是运输业或者仓储业的营运者,而是一个物流管理系统的顾问公司,因其对物流的流程比较了解,知道如何监督物流运作,货主便委托其提供并做出适当的物流服务,并协助管理物流系统内各个环节流程的建立和实施,顾问公司受到委托后,联系物流运输公司或者储运公司,订立合同。由于顾问公司是独立的个体,所以称为物流服务提供者的"第五方"。

1)全球化趋势

随着经济全球化进程日益加快,更多企业特别是大型跨国公司将原材料生产、加工和销售地点全球化分离以获得更可观的利润,这推动了原本主要从事本土化经营的物流企业服务网络覆盖范围在地理上向全球扩展来满足全球化客户的物流服务需求。同时,现代科学技术在交通运输、信息通信等领域应用广泛,既能满足全球一体化物流服务的需求以及大地理范围的作业需求,也促进了物流服务效率的进一步提高。

2)综合化与专业化趋势

面对激烈的市场竞争,第三方物流企业特别是大型物流企业为了向客户提供更为多样化的物流服务,加强建设客户物流服务体系和实现供应链整体运作效率和效益,为客户提供一体化综合物流服务,使客户方便直接或进一步"外包"综合化物流作业环节;同时,很多第三方物流企业特别是中小型物流企业,仍然突出主业物流以保持其专业化特点。这使得我国未来第三方物流将呈现出综合化与专业化相结合的良好物流服务特征。

3)并购与联盟趋势

在物流服务全球化、综合化的趋势下,第三方物流企业将在全球范围内进行一场并购与建立战略联盟的变革,以期拓展服务市场和开拓服务内容,优化整合物流网点网络,最终实现物流资源与作业能力优势互补。

4)绿色物流趋势

随着经济的发展,保护环境成为经济可持续发展中的一个迫切需要重视的问题。为此,许多国家已相继制定并颁布日益严厉及完善的环境保护政策法规,以期达到节约资源、保护环境的目的。针对物流系统而言,形成物流与经济、消费和环境和谐共生型的物流系统是物流系统促进社会经济可持续健康发展的必然趋势。

8.3 第三方物流企业发展与组织的运作模式

8.3.1 第三方物流企业发展的运作模式

第三方物流企业是独立于供方与需方的专业物流企业,它通过与第一方或第二方的合作提供专业化的物流服务。先进的物流运作模式决定了一个物流企业的发展模式和发展路线。运作模式已经成为影响企业经营成败的重要因素,成功的经营模式是企业获得盈利的基础,同时也是企业核心竞争力的体现。在众多学者的研究基础上,总结出以下几

供应链与物流管理

种常见的第三方物流企业运作模式。

1. 传统外包型运作模式

该模式是指生产制造业和商贸流通业分别以契约的形式把自己的部分或全部物流业务分包给一家或多家专项物流企业,各专项物流企业也同时承包多家客户企业的相关物流业务,如图 8-1 所示。

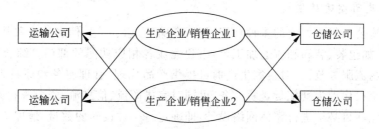

图 8-1 传统外包型运作模式

目前我国许多小型和传统的运输和仓储企业多采用这种模式,这种模式对第三方物流企业来说是一种比较低级的运作模式。这种模式以客户企业为中心,第三方物流通过契约外包专项物流业务,物流流程及方案由客户企业自己设计,第三方物流对整个物流过程的管理相对简单,当企业的业务量及产品品种发生变化时,企业可能需要寻找新的物流承包商。

2. 战略联盟型运作模式

这种模式是指第三方物流企业之间把包括运输、仓储和信息等资源进行整合,以契约形式结成物流企业战略联盟,实现内部信息共享和信息交流,相互间协作,构成第三方物流网络系统。该模式对以往模式的最大突破是对于信息问题的解决。信息处理通过共同租用某信息经营商的信息平台,由信息经营商负责处理信息,也可链接联盟内部各成员的共享数据库(技术上已可实现)实现信息共享和信息沟通。另一方面是业务能力的共享,在联盟体内部,当某一企业因为季节性或临时性业务量过大不能处理时,或由自己处理不经济时,可以把业务量转移给联盟体内部其他企业。目前我国的一些电子商务网站采用这种模式。具体运作模式如图 8-2 所示。

图 8-2 战略联盟运作模式

联盟包括纵向联盟和横向联盟。纵向联盟是在物流系统中,从事不同物流业务,不存在同类市场竞争的企业间的联盟合作;横向联盟是彼此间独立从事相同物流业务的物流企业间的联盟合作。前者如运输经营者和仓储经营者的资源租用,后者如不同运输企业之间或不同仓储经营者之间的业务调剂或资源租用。

传统外包模式和战略联盟模式都是物流企业还继续从事自己的原有业务,对其他业务不投入,或投入很少,只是通过合作完成物流综合业务。这样企业可以不必投入大量资金在自己不熟悉的业务上,仍致力于自己的核心业务,管理上也比较有经验。

3. 综合集团型运作模式

综合物流公司集成物流的多种功能,包括仓储、运输、配送、信息处理和其他一些物流的辅助功能,如包装、装卸和流通加工等,组建完成各相应功能的部门。综合第三方物流大大扩展了物流服务范围,对上家生产商可提供产品代理、管理服务和原材料供应,对下家经销商可全权代理为其配货送货业务,可同时完成商流、信息流、资金流和物流的传递。

综合物流项目必须进行整体网络设计,即确定每一种设施的数量、地理位置和各自承担的工作。其中信息中心的系统设计和功能设计以及配送中心的选址流程设计都是非常重要的问题。物流信息系统的基本功能应包括信息采集、信息处理、调控和管理,物流系统的信息交换目前主要利用 EDI、无线电和 Internet,Internet 因为其成本较低(相对于EDI 技术),信息量大,已成为物流信息平台的发展趋势。配送中心是综合物流的体现,地位非常重要,它衔接物流运输、仓储等各环节,综合物流是第三方物流发展的趋势,组建方式有多种渠道,目前我国正处在探索阶段,但一定要注意避免重复建设、资源浪费问题。

由于不同领域客户的物流需求千差万别,当一个物流企业能力有限时,他们就可以采取这种集中战略,力求在一个细分市场上做精做强。

4. 虚拟经营模式

这类公司的主要业务是为客户提供个性化的物流系统流程设计及管理方案,或为其定制物流管理软件,或通过发达的信息网络系统为客户及其他资产型物流企业提供及时有效的物流信息。这种模式以信息和高技术的物流管理软件开发设计为核心竞争力。

目前有以下两种虚拟经营模式:第一种模式是第三方物流企业与生产企业的虚拟经营。第三方物流企业凭借自身的人才、技术等优势与大型制造企业进行合作,利用制造企业的现有资源,如车队、仓库和人力资源等,由制造企业提供大部分营运资金,按照各自的资本额商定股份比例,双方组成虚拟企业。该企业由双方协商管理,除了完成部分或全部该制造企业本身的物流工作外,主要从事社会化服务。制造企业也可以完全将自己的物流资源租赁给其他物流公司运营,而自己不参加管理,只按期收取租金;第二种模式是第三方物流企业之间的虚拟经营。各成员企业放弃自己不擅长的业务。把资源集中到自己的核心业务上来。虚拟企业通过整合各成员的核心能力和资源,在一定区域形成较完善的多功能物流网络,满足客户需求。成员企业通过分享市场和顾客,实现共赢目标。

5. 综合物流代理模式

这种运作模式是指通过整合专业物流公司的资源为客户提供综合的物流代理服务。它以物流过程的管理为优势,不仅要完成对客户的服务,还要对物流服务供应商进行管理和组织。这种模式的合理性在于通过自己的组织和管理能力来整合优化传统的运力和仓储资源,避免了重复建设基础资源,大大提高了服务水平。

8.3.2　第三方物流企业组织的运作模式

第三方物流是一种专业化的物流运作形式,这种专业化的运作要求第三方物流具有专业化的物流管理人员和技术人员;要求充分利用专业化的物流设施设备,发挥专业化物流的管理经验,以求得整体最优的效果。随着第三方物流的充分发育和完善,第三方物流就是要形成物流一体化的运作。物流一体化就是利用物流管理,使产品在有效的供应链上迅速移动,使供应链各成员企业都能获益,并使整个社会获得明显的经济效益。第三方物流的这种物流一体化运作模式是 20 世纪末最有影响的物流运作方式,它的根本目的就是使不同职能部门之间以及不同企业之间在物流上的合作达到提高物流效率、降低物流成本的效果。这种运作形式分为垂直一体化运作、水平一体化运作和网络化运作。

1. 垂直一体化物流运作模式

垂直一体化物流运作是以战略管理为导向,要求企业物流管理人员从面向企业内部发展为面向企业同供货商以及用户的业务关系上,这正是第三方物流特征的体现。企业超越了现有的组织机构界限,将提供产品或运输服务等的供货商和用户纳入管理范围,作为物流管理的一项中心内容。这种运作的关键是力求从原材料到用户的每个过程都实现对物流的管理,利用企业的自身条件建立和发展与供货商和用户的合作关系,形成一种联合力量,以赢得竞争优势。垂直一体化物流运作的设想为解决复杂的物流问题提供了方便,而正是第三方物流雄厚的物质技术基础、先进的管理方法和通信技术使这一设想成为现实,并在此基础上继续深化和发展。

随着垂直一体化物流运作的深入发展,对物流研究的范围不断扩大,第三方物流在企业经营集团化和国际化的背景下形成了比较完整的供应链理论。供应链是涉及将产品或服务提供给最终消费者的所有环节的企业所构成的上、下游企业的一体化体系。供应链管理强调核心企业与相关企业的协作关系,通过信息共享、技术扩散(交流与合作)、资源优化配置和有效的价值链激励机制等方法体现经营一体化。供应链是对垂直一体化物流运作的延伸,是从系统化的观点出发,通过对从原料、半成品和成品的生产、供应、销售直到最终消费者的整个过程中物流、商流、资金流与信息流的协调,以此来满足客户的需要。

社会再生产过程是一个生产、流通和消费相互依存、相互渗透的过程。商品生产者与分销商之间在价值的产生和实现上是相互依存的,而在利益分配上又是相互矛盾的。在买方市场中,最终的竞争并不是表现为企业与企业之间的竞争,而是表现在供应链之间的竞争,于是便出现了跨组织的全面物流合作。垂直一体化物流运作不只是协调好制造商和上游供应商、制造商和下游的分销商之间的关系,更重要的是将整个供应链上的所有环节的市场、分销网络、制造过程和采购活动联系起来,以实现较低成本下的高水平客户服务,赢得竞争优势。所以这种第三方物流运作扩大了原有物流系统,延长了传统垂直一体化物流运作的长度,而且超越了物流本身,充分考虑了整个物流过程及影响此过程的各种环境因素,向着物流、信息流和商流等各个方向同时发展,形成了一套相对独立而完整的体系。

2. 水平一体化物流运作模式

水平一体化物流运作是通过同一行业中各企业之间物流方面的合作以获得整体上的

规模经济,从而提高了物流效率,这是第三方物流的第二种运作方式。实行第三方物流的运作,从企业经济效益上看,它降低了企业物流成本;从社会效益来看,它减少了社会物流过程的重复劳动。例如,不同的企业可以用同样的装运方式进行不同类型商品的共同运输,于是就有了一个企业根据需要装运本企业商品的同时,也装运其他企业商品的情况,而所产生的经济收益则通过其他方式来结算。因为不同商品的物流过程不仅在空间上是矛盾的,而且在时间上也是有差异的,这些矛盾和差异的解决就要靠掌握大量有关物流需求和物流供应能力信息来完成。另外现在开展的协同配送也是这种运作的例证。很明显,这种运作的重要条件就是要有大量的企业参与,并且有大量的商品存在,这时第三方物流与客户企业间的合作才能提高物流效益。这种运作需要的是产品配送方式的集成化和标准化。

3. 网络化物流模式

网络化物流运作模式是第三方物流运作的第三种形式,是垂直一体化物流与水平一体化物流的综合体。当一体化物流的某个环节同时又是其他一体化物流系统的组成部分时,以物流为联系的企业关系就会形成物流网络。这是一个开放的系统,企业可自由加入或退出,尤其在业务最忙的季节最有可能利用到这个系统。

物流网络能发挥规模经济作用的条件就是一体化、标准化和模块化。实现物流网络化首先就要有一批第三方物流优势企业率先与生产企业结成共享市场的同盟。把过去那种直接分享利润的联合发展成优势联盟,共享市场,进而分享更大份额的利润。同时,第三方物流企业要结成市场开拓的同盟,利用相对稳定和完整的营销体系,帮助生产企业开拓销售市场。这样,竞争对手成了同盟军,网络化物流就可能成为一个生产企业和第三方物流企业多方位、纵横交叉、互相渗透的协作有机体。而且由于现代信息技术和网络技术的应用,当加入物流网络的企业增多时,物流网络的规模效应就会显现出来,这也促使了社会分工的深化,这样第三方物流的发展也就有了动因,从而使整个社会的物流成本大幅度地下降。物流活动是一个社会化的活动,涉及行业面广,涉及地域范围更广,所以它必须形成一个网络才可能更好地发挥其效用。我国目前出现的物流公司大都由原有的运输企业和仓储企业改建而来,例如中外运、中远集团都组建了自己的物流公司,但是这些物流公司在服务功能上非常有限,离综合物流的要求还有距离。此外,还有一些民营的物流企业,例如广州宝供公司、东莞的腾骏公司和珠海的九川公司等,但其规模较小,只在一个固定的地区提供有限的物流服务,对整体的物流市场带动作用有限。

8.3.3 第三方物流企业运作的特点

第三方物流系统是一种实现物流供应链集成的有效方法和策略,它通过协调企业之间的物流运输和提供后勤服务,把企业的物流业务外包给专门的物流管理部门来承担,特别是一些特殊的物流运输业务。通过外包给第三方物流承包者,企业能够把时间和精力放在自己的核心业务上,提高了供应链管理和运作的效率。

第三方物流企业运作的特点如下。

(1) 第三方物流企业整合了多个物流功能。

与传统的物流运作方式相比,第三方物流公司不只是负责个别的运输业务,还负责包括订单处理、库存管理和配送在内的全部物流业务。它不仅提供物流操作,还提供包括设计、建议如何以最低的费用、最有效的运输与保管货物在内的物流系统的咨询。通过第三方物流企业提供的专业化物流服务,有利于促进基于电子商务的企业总体物流效率的提高和物流合理化。同时,第三方物流企业是面向社会众多企业提供物流服务,可以站在比单一企业更高的角度,在更大范围内发展壮大,不仅有利于其自身利益的提高,也有利于物流专业化水平的提高。

(2) 第三方物流企业拥有突出的核心竞争力。

第三方物流商拥有突出的核心竞争力。根据竞争战略专家迈克尔·波特的"价值链"理论,在一个企业的"价值活动"中,并不是每一个环节都创造价值。企业所创造的价值主要来自某些"战略环节",即企业能保持垄断优势的一些特殊环节。市场开放和高新科技的发展使得企业在整个价值链环节中必须、也只能专注于战略环节,同时放弃一些非核心环节,从而保持竞争优势。第三方物流商就是利用突出的物流管理能力作为自己的核心竞争力,为其他企业服务。主要表现为在该领域丰富的管理经验、庞大的运输队伍以及遍布各地的网络等有利条件。同时,第三方物流商的存在使被服务企业无须再进行大量的建设,实现资源优化配置,将有限的人力、物力和财力集中于核心业务。有利于制造商充分发挥其生产制造方面的核心优势,将资源集中配置在核心业务上,促进企业新产品的开发与产品质量的提高,可以说形成了一个良好的双赢关系。

(3) 第三方物流企业降低了整个供应链的运营成本。

专业的第三方物流商利用规模效应,降低供应链成本,从中获得高额利益;同时得到服务的企业也因为剥离了非核心环节,从分离费用结构中获益匪浅。通过物流外包,制造企业可以降低因拥有运输设备、仓库和其他物流过程中所必需的投资,从而改善公司的赢利状况,把更多的资金投在公司的核心业务上。比如,企业解散自有车队而代之以公共运输服务,可以减少固定投资,还节省了相应的车库设施、收发货设备以及相关的人工费用,变物流的不变成本为可变成本、使成本稳定和可见。第三方物流商借助科学严密的物流计划和适时运送手段,最大限度地减少库存,改善了企业的资金流动,提高了效率,实现了成本优势。

(4) 第三方物流企业拥有物流市场和网络优势。

通过专业化的发展,第三方物流商已经开发了信息网络并且积累了针对不同物流市场的专业知识,包括运输、仓储和其他增值服务。许多关键信息,比如可得卡车运量、国际清关文件、空运报价和其他信息,通常由第三方物流公司收集和处理。对于第三方物流公司来说,获得这些信息更为经济,因为他们的投资可以分摊到很多的客户头上。对于非物流专业公司来讲,获得这些专长的费用就会非常昂贵和不合算。例如,第三方物流公司可以从运输公司或者其他物流服务商那里得到比他的客户更为低廉的运输报价,可以从运输商那里大批量购买运输能力,然后集中配载很多客户的货物,大幅度地降低单位运输成本。物流活动是一个社会化的活动,涉及行业面广,涉及地域范围更广,所以它必须形成一个网络才可能更好地发挥其效用。

总之,第三方物流运作使第三方物流企业与客户制造商建立起密切的、长期的战略合作伙伴关系,并与整个制造商的供应链完全集成在一起。所以通过第三方物流运作,在于第三方物流公司为制造商设计、协调和实施供应链策略,通过提供增值信息服务来帮助客户更好地管理其核心业务,并能通过利用第三方物流来降低物流费用,实现双赢。

8.4　供应链管理下的第三方物流组织运作

8.4.1　供应链管理下的第三方物流组织的新特点

强有力的核心能力与规模经济效益将成为第三方物流公司生存的一个必需特点,在供应链中,第三方物流企业至少拥有一个关键环节展示出其强大的核心能力,它表明这家公司有超越其他公司为客户增加价值的能力。强大的核心能力可以给物流公司提供一个获利的战略平台,它可以在此之上开发或者收购相关的物流服务能力。供应链管理下的第三方物流出现了一些新的特点,这也反映了供应链管理思想的要求和企业竞争的新策略。

(1) 信息传递纵横交错,共享信息增加。

在传统的纵向一体化的物流系统中,需求信息与反馈信息都是逐级传递的。因此上级供应商不能及时掌握市场信息,因而对市场信息的反馈速度比较慢,从而导致需求信息的扭曲。而在供应链管理下的物流系统模型中,需求信息与反馈信息不是逐级传递,而是网络式传递的,信息流量大大增加,企业通过 EDI 或者 Internet 可以很快掌握供应链上不同环节的供求信息和市场信息。由于可以做到共享信息,供应链上任何节点企业都能及时地掌握市场的需求信息和整个供应链的运行情况,每个环节的物流信息都能与其他环节进行交流和共享,从而较好地避免需求信息的失真。

(2) 物流网络规划能力增强,物流系统的敏捷性提高。

供应链管理下的第三方物流系统、代理运输和联合库存管理等多种形式的管理手段降低了库存压力和安全库存水平。同时,供应链管理下作业流程的快速重组能力极大地提高了供应链物流系统的敏捷性。通过消除不增加价值的过程和时间,使供应链的物流系统进一步降低作业成本,为实现供应链的敏捷性和精细化运作提供了基础。

(3) 物流过程的实时控制。

供应链管理下信息跟踪能力的提高,使供应链物流过程更加透明化,为实时控制物流过程提供了条件。在传统的物流系统中,许多企业有能力跟踪企业内部的物流过程,但没有能力跟踪企业之外的物流过程,这是因为没有共享的信息系统和信息反馈机制。

(4) 物流系统的无缝连接。

合作性与协调性是供应链管理的一个重要特点,但没有物流系统的无缝连接,运输的货物逾期未到,顾客的需要得不到及时满足,采购的物资常常在途受阻,就会使供应链的合作性大打折扣。因此,无缝连接的供应链物流系统是使供应链获得协调运作的前提条件。

(5) 用户的满意度提高。

在供应链管理下,通过供应链节点之间的实时信息交换,及时把用户关于包装、运输和装饰等方面的要求反映给相关部门,提高了供应链物流系统对用户个性化需求的响应能力,提高了用户的满意度。

8.4.2　基于供应链管理的第三方物流组织运作

用供应链管理的思想管理企业物流时,与传统意义上的渠道成员之间的纵向联合是不同的。企业为了更多地、更好地发挥核心业务的优势,可以将物流管理外包给第三方物流公司。由于第三方物流公司能够提供专业化、高效、经济和准确的分销服务,其中包括订单处理、现货库存、在途混合、库存控制、运输安排、信息处理、产品整合和加工配送等,以及货主要求的其他物流服务,因此,企业可以实现降低物流总成本、提高对客户的服务水平、提高效益的经营目标。第三方物流在企业的供应链管理过程中发挥着重要的作用。一般来说,第三方物流在供应链中运作分为三类:

(1) 第三方物流向供应链企业提供基本仓储运输服务,帮助供应链企业完成供应链中的物流作业,以资产密集和标准化服务为基本特征。

(2) 第三方物流向供应链企业提供其他增值服务。有调查表明:2000年,企业外包物流的最主要的动机有三:①降低成本;②专注于其核心业务;③提高物流作业效率。但是,2010年的调查表明:企业更强调第三方物流公司提供的增值服务、创新方案和作业绩效,而不是成本控制。这也从物流产业发展的层面上说明当今市场竞争正在从价格或成本的竞争转向服务或物流的竞争。

(3) 第三方物流向供应链企业提供一体化物流和供应链管理服务,可为客户企业提供市场需求预测、自动订单处理、客户关系管理、存货控制和返回物流支持等,以高技术和高素质为基本特征。

供应链管理是在满足服务水平需要的同时,为了使得系统成本最小而采用的把供应商、制造商、仓库和商店有效地结合成一体来生产产品,并把正确数量的商品在正确的时间配送到正确地点的一套方法。供应链物流管理注重总的物流成本与客户服务水平之间的关系,利用系统理论和集成思想,把供应链成员内各职能部门以及成员间相关职能部门有机地结合在一起,从而最大限度地发挥出供应链的整体优势,增强供应链整体的竞争力,最终达到供应链成员整体获益的目的。

8.5　第四方物流的发展

8.5.1　第四方物流的概念及特征

1. 第四方物流的概念

第四方物流(Forth-Party Logistics,4PL)的定义表述方式有很多种,目前并没有一个非常明确和统一的定义,例如,有的定义是指"集成商利用分包商来控制与管理客户公司的点到点式供应链运用",也有的把第四方物流定义成"一个集中管理自身资源、能力和技术并提供互补服务的供应链综合解决方法的供应者"。美国著名的互助基金公司——摩根斯坦利公司认为,第四方物流就是将"供应链中附加值较低的服务通过合同外包出去后,剩余的物流服务部分",同时在第四方物流中引入"物流业务的管理咨询服务"。现在学术界比较认同埃森哲公司的约翰·盖特纳所给出的定义，"第四方物流提供商是一个供应链的集成商，它对公司内部和具有互补性的服务商所拥有的不同资源、能力和技术能进行整合和管理，并提供一整套供应链解决方案。"可以看出，对于第四方物流的概念还是有不同的认识，但是无论哪一种定义，基本上都包含如下的内涵。

（1）外包性质和第四方物流有所不同。

第四方物流既非委托企业全部物流和管理服务的外包，也非完全由企业自行管理和从事的物流，而是一种中间状态。由于物流业务的外包有一定的优势，例如它能减少委托企业在非核心业务或活动方面的精力和时间，改善对顾客服务，有效地降低某些业务活动的成本，以及简化相应的管理关系等。但是与此同时，企业内部的物流协调与管理也有它的好处，即它能够在组织内部培育物流管理的技能，对客户服务水准和相应的成本实施严格的控制，并且与关键顾客保持密切的关系和直接面对面的沟通。正是出于以上两方面考虑，将两种物流管理形态融为一体，在统一的指挥和调度下，将企业内部物流与外部物流整合在一起。

（2）第四方物流组织往往是主要委托客户企业与服务供应组织之间通过签订合资协议或长期合作协议而形成的组织机构。

在第四方物流中，主要委托客户企业反映了两重角色，一是它本身就是第四方物流的参与者，因为第四方物流运作的业务中包含了委托客户企业内部的物流管理和运作，这些活动需要企业直接参与，并且加以控制；二是主要委托客户企业同时也是第四方的重点客户，它构成了第四方物流生存发展的基础或市场。由于具有上述两重身份，因此，在第四方物流组织中，主要委托客户企业不仅有资本上的参与，而且它们也将内部的物流运作资产、人员和管理系统交付给第四方使用，第四方在使用这些资产和系统的同时，向主要委托客户企业交纳一定的费用。

（3）第四方物流经常是一个主要委托客户企业与众多物流服务提供商或 IT 服务提供商之间唯一的中介。

由于第四方物流要实现委托客户企业内外物流资源和管理的集成，提供全面的供应链解决方案，因此，仅仅是一个或少数几个企业的资源是无法应对这种要求的，它势必在很大程度上广泛整合各种管理资源，这样第四方物流内部可能在企业关系或业务关系的管理上非常复杂。但是尽管如此，对于委托客户企业而言，它将整个供应链运作管理的任务委托给的对象只是第四方物流。所以，任何因为供应链运作失误而产生的责任一定是由第四方承担，而不管实际的差错是哪个具体的参与方或企业造成的，这是第四方物流全程负责管理的典型特征。

（4）第四方物流大多是在第三方物流高度发达的基础上产生的。

根据前面的三点可以看出，第四方物流的管理能力应当是非常高的，它不仅要具备某个或某几个业务管理方面的核心能力，更要拥有全面的综合管理能力和协调能力，其原因是它要将不同参与企业的资源进行有机整合，并根据每个企业的具体情况进行合理安排和调度，从而形成第四方独特的服务技能和全方位、纵深化的经营诀窍，这显然不是一般的企业所能具备的。从发展的规律看，第四方物流的构成主体除了主要委托客户企业外，高度发达和具有强大竞争能力的第三方是第四方孕育的土壤，这些企业由于长期以来从事物流供应链管理,完全具有相应的管理能力和知识,并且目前优秀的第三方物流已经在从事各种高附加价值活动的提供和管理,具备了部分综合协调管理的经验。这里有必要强调的是,有些人将提供信息解决方案的 IT 服务供应商或企业软件供应商等同于第四方物流,这完全是错误的观点,虽然第四方物流中往往有 IT 方案供应商的参与,也需要建立大量的信息系统,但是,第四方物流如同前面探讨的那样,是一种全方位物流供应链管理和运作服务的提供商,而且它与委托客户是一种长期持续的关系,双方牢牢地捆在一起,并且具备集成各种管理资源的能力,这不是单一的 IT 服务商能涵盖的。

2. 第四方物流的特征

第四方物流是对整个物流业的整合和发展,具有明显的特征,具体体现在以下几个方面:

(1)集约化、信息化。第四方物流的经营集约化是指通过专业化和规模化运营使物流更快、更省,降低客户物流成本,提高产品的市场竞争力。这一特点已经成为第四方物流具有强大生命力的重要保障。

(2)综合性。第四方物流提供一个综合性供应链解决方案,以有效地适应多样化和复杂的需求,集中所有的资源为客户完善地解决问题。综合供应链解决方案包括供应链再造、功能转化以及业务流程再造。

(3)高利润、低成本。第四方物流通过影响整个供应链来获得价值,即其能够为整条供应链的客户带来增加利润、降低运营成本、降低工作成本和提高资产利用率等利益。

(4)规范化、标准化。物流管理的规范化和标准化可以大大方便各个物流企业之间和各个物流功能主体之间的相互协调配合。对于第四方物流,由于交易多重性,物流管理的规范化和标准化就有着更加重要的意义。第四方物流的发展加速了整个物流行业标准化和规范化的进程。

(5)国际化。第四方物流是在经济全球化的大趋势下出现的,因此其自身国际化将是不可避免的。第四方物流的国际化主要表现在以下几个方面:物流市场国际化;服务需求国际化;物流支持系统国际化;供应链管理国际化;营造企业文化的国际化。

8.5.2 第四方物流运作模式

1. 协同运作模式

第四方物流与第三方物流共同开发市场,第四方物流向第三方物流提供第三方物流缺少的技术和战略技能。

第四方物流往往会在第三方物流公司内工作,双方要么签有合同,要么结成战略联盟。由第四方物流为第三方物流提供其缺少的资源,如信息技术和管理技术,制订供应链策略和战略规划方案等,并与第三方物流方共同开发市场,而具体的物流业务实施则由第三方物流在第四方物流的指导下来完成,它们之间的关系一般是商业合同的方式或者战略联盟的合作方式(如图 8-3 所示)。

在这种模式中,第四方物流为实力雄厚的第三方物流服务商提供供应链战略方案、技术和专门项目管理等补充功能,并主要通过第三方物流为多个客户提供全面物流服务,其

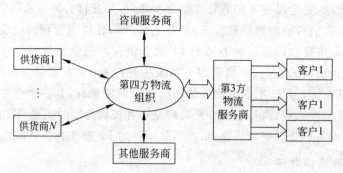

图 8-3　第四方物流协同运作模式

特点是：雄厚的物流配送实力与最优的解决方案组合，业务范围多集中在物流配送管理方面，针对性强、灵活性大。如中远货运公司依托中远集运，在美国西海岸至上海之间为通用公司提供汽车零配件的集装箱陆运、海运、仓储和配送等一条龙服务。

2. 方案集成模式

由第四方物流为客户提供运作和管理整个供应链的解决方案，并利用其成员的资源、能力和技术进行整合和管理，为客户提供全面的、集成的供应链管理服务。在这种方式中，通常由第四方物流和客户成立合资或合伙公司，客户在公司中占主要份额，第四方物流作为一个联盟的领导者和枢纽，集成多个服务供应商的资源，重点为一个主要客户服务（如图 8-4 所示）。如中外运公司在苏州与三星电子公司合资成立的中外运三星一体化物流公司，就主要是为三星电子公司服务的。这种模式的运作一般是在同一行业范围内，供应商和加工制造商等成员处于供应链的上下游和相关的业务范围内，彼此专业熟悉，业务联系紧密，有一定的依赖性。第四方物流以服务主要客户为龙头，带动其他成员企业的发展。执行该模式的好处是服务对象及范围明确、集中，客户的商业和技术秘密比较安全。第四方物流与客户的关系稳定、紧密而且具有长期性。但重要的前提条件是客户的业务量要足够大，使参与的服务商所得到的收益较为满意，否则大多数服务商不愿把全部资源集中在一个客户上。

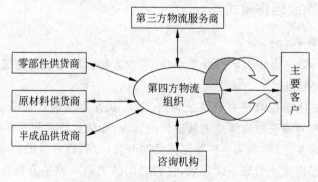

图 8-4　第四方物流方案集成模式

3. 行业创新模式

第四方物流通过与各个资源、技术和能力的服务商进行协作，为多个行业的客户提供供应链解决方案。它以整合供应链的职能为重点，以各个行业的特殊性为依据，领导整个行业供应链实现创新，给整个行业带来改革和最大利益（如图 8-5 所示）。这种模式是以第四方物流为主导，联合第三方物流公司等其他服务商，提供运输、仓储和配送等全方位的高端服务，给多个行业客户制作供应链解决方案。如美国卡特彼勒物流公司从起初的只负责总公司的货物运输，发展到后来为其他多个行业的客户如戴姆勒-克莱斯勒公司、标志公司、爱立信公司等大企业提供供应链解决方案。

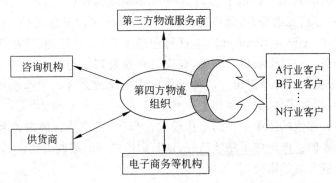

图 8-5　第四方物流行业创新模式

4. 动态联盟模式

动态联盟模式是一些相对独立的服务商（如第三方物流、咨询机构、供应商、制造商和分销商）以及客户等，由市场机会所驱动，通过信息技术相连接的、在某个时期内结成的供应链管理联盟，如图 8-6 所示。

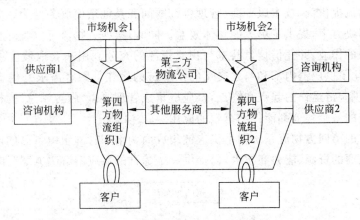

图 8-6　第四方物流动态联盟模式

它的组成与解散主要取决市场的机会存在与消失，以及原企业可利用的价值。这些企业在设计、供应、制造和分销等领域里分别为该联盟贡献出自己的核心能力，以实现利润共享和风险分担。它们除了具有一般企业的特征外，还具有基于公共网络环境的全球化伙伴关系和企业合作特征,以及面向经营过程优化的组织特征。可再构、重组与可变的敏捷特征等使联盟的组织与建立能以最快速度完成,优势集成,抓住机遇,响应市场,赢得竞争。

动态联盟也有其核心企业担任倡导和协调的作用,一般由咨询机构或第三方物流担任。参加动态联盟的各成员企业的组织、资源等内部特征都可由自己来决定。而其外部特征则需要达到动态联盟的要求。由于企业业务的拓展和市场竞争的加剧,企业对收益的渴望和对资源的需求日趋多元化,一个企业可以同时以不同的角色加入多个第四方物流联盟,在贡献资源的同时,得到自己所需要的、更多的资源(见图8-6)。如美国物流咨询公司埃森哲在欧洲和菲亚特的子公司 New Holland 合资成立 New Holland Logistics 第四方物流机构,专营配送服务,此外又和英国泰晤士水务的子公司 Connect2020 进行了第四方物流的合作,主要为 Connect2020 进行包括采购、订单管理、库存管理和分销管理等供应链管理服务。一旦市场机会消失,或成员企业发现参与某个第四方物流联盟的价值枯竭时,即可根据合约有序退出。这种运作模式是比较高级的运作模式。它所服务的行业和客户众多,其兼容性、灵活性和适应性更强。

以上是第四方物流的4种主要的运作模式。当然,供应链管理理论和实践活动是非常丰富和不断发展的。因此应不断地研究、创新和推广新的第四方物流运作模式,以适应物流业和社会经济发展的需要。

8.5.3 第四方物流对供应链协同运作的优化

在供应链管理时代的市场化运作过程中,第四方物流企业积极参与供应链的管理优化。第四方物流的一大主要功能就是能够实施供应链再造,通过供应链再造来构建一个依赖第四方物流的供应链优化模式,改变和弥补传统上以第三方物流为基础的供应链运作模式对供应链集成管理和整体盈利能力最大化方面的不足。第四方物流依靠业内最优秀的第三方物流提供商、技术服务商、管理咨询顾问和其他增值服务商为顾客提供广泛的供应链整体解决方案,提供了更大的整体效益。同时,第四方物流可以管理委托企业的所有供应链层面的作业,并凭借信息共享与物流资源的充分利用来获取最佳供应链整合能力,整合和强化了供应链内部和与之交叉的供应链的运作。顾客需求是供应链运作的唯一驱动力,是供应链运作的起点和终点,供应链集成管理要以"顾客满意"为核心。第四方物流在供应链的各个环节都能得到有效的应用。

一个基本的第四方物流系统则由供应链集成商调集和管理组织自己的以及具有互补性的服务提供商的资源、能力和技术,以提供一个综合的供应链解决方案,如图8-7所示。

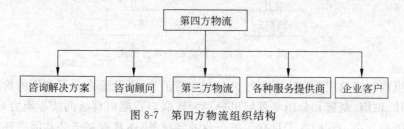

图 8-7　第四方物流组织结构

1. 第四方物流对供应链下游网络的优化

供应链的运作是以顾客需求为起点的,供应链的产出能否充分满足消费者的需求取决于两个关键:对消费者需求的准确把握能力,以及上游供应网络的供应质量。而第四方物流参与了供应链的集成管理以后就能够有效地解决这两个关键问题。首先,第四方物流能够综合协调第三方物流服务商、管理咨询公司以及供应链上的节点企业,尤其是靠近原始顾客的下游节点成员,再加上第四方物流所拥有的强大信息平台能够将供应链上的信息进行实时共享和监控,这样就使得第四方物流具备了准确理解和把握顾客需求的能力;其次,供应链的整体运作都委托给了唯一的一个第四方物流服务商,这就为第四方物流协调供应链的生产和服务能力提供了可能和便利。

2. 第四方物流对供应链上游网络的优化

供应链上游企业的原材料生产、部件加工或采购是供应链运作的输入和基础。供应链的采购与供应工作是具有从属性的,从属于核心企业以及下游企业的生产和消耗计划,并最终从属于顾客的需求。在第四方物流参与供应链集成管理之前,上游供应网络对顾客的需求和下游节点的生产和消耗计划缺乏了解或者是了解滞后。第四方物流的出现为此提供了一个解决的途径,第四方物流利用自己对顾客需求胜人一筹的理解指导上游供应网络的原材料生产和采购,利用实时监控技术,运行 ERP 准确地了解和监控节点企业的生产和消耗计划,从而指导与优化供应链的采购与供应工作,保证了供应链输入的质量。

3. 第四方物流对供应链整体的优化

核心企业是供应链整体运作的统帅,核心企业将供应链的物流需求及时准确地反映给第四方物流,第四方物流围绕核心企业所提出的供应链物流需求和运作的实际需要提供完整、系统的解决方案。第四方物流公司根据供应链上不同节点企业的需求提出一系列综合解决方案,同时借助第三方物流服务提供商集合,并综合利用第三方物流运输、第三方物流仓储等第三方物流功能来实施这些物流方案。此外,第四方物流还可以向第三方物流提供包括物流技术和供应链策略等一系列的服务,第四方物流可以与第三方物流结成战略联盟,共同开发一套市场策略、服务内容和客户服务方案,并决定共同进行市场的开发和实施工作,利用第四方物流提供跨行业的供应链解决方案,有效解决不同供应链的交叉问题。

具体来说,第四方物流对供应链解决方案共有 4 个层次:

(1) 执行。主要是指由第四方物流负责具体供应链职能和流程的正常运作。这一范畴超过了传统的第三方物流的运输管理和仓库管理,具体包括制造、采购、库存管理、供应链咨询技术、需求预测、网络管理、客户服务管理和行政管理等职能。

(2) 实施。第四方物流的实施包括流程的一体化、系统的结合和运作的衔接。第四方物流服务商可以帮助客户实施业务流程的强化、客户公司和服务供应商之间的系统结合等新的业务方案。

(3) 变革。主要是改善供应链中某一具体环节的职能,包括销售和运作计划、分销管理、采购策略和客户支援等。

（4）再造。是指供应链过程的合作和供应链过程的再设计，这是第四方物流的最高境界。再造过程是基于传统的供应链管理咨询技巧，使得公司的业务策略和供应策略协调一致。同时，技术在这一过程中又起到催化剂的作用，整合和强化了供应链内部和与之交叉的供应链的运作。

案例分析：TNT 物流公司

在当今时代，商界竞争激烈，与时间的赛跑几乎无处不在。要在此中胜出，最基本的要求就是在恰当的时间内将所需的产品以合理的价格送到需要的地点。为了满足这一要求，TNT 物流公司使用了一套先进的供应链与运输计划方案。正是由于使用了 CAPS/Baan 供应链优化软件工具，TNT 物流公司为其客户缩减的总物流成本达到了 33%。

TNT 物流公司成功地为其客户的产品组织和运输提供了完整、综合的方案。它在世界上 23 个国家提供的服务主要集中于运输、分销配给和仓储 3 方面。为顾客量身定制的物流方案则包括工厂供给及零部件的境内运输交付、向终端顾客境外交付成品，以及产品修理所需的备用零件的仓储和交付。此外，TNT 物流公司还提供 93 处仓储设备，总建筑面积达到 120 万平方米。

TNT 物流公司是 TNT 邮政集团（TNT Post Group）的分支机构，该集团在全球快递分发、物流及国际信件业务方面堪称欧洲的领头羊。TNT 集团是一家总部设在荷兰阿姆斯特丹的上市公司，来自 200 多个国家的雇员总数达 10 万人。

一条供应链系统是由电子信息交换支持的一套复杂而精密的物料和产品运输体系。随着 TNT 物流公司的客户们的业务拓展，他们的供应链和管理上的需求的复杂程度也深化了。客户要求的不仅是将货物从一处搬运到某个目的地的简单工作，而是已经意识到了多地提取和多式联运方案的必要性。

业务的扩大产生了日益复杂的供应链系统。TNT 物流公司的分析家们无法再以人工方式有效地分析供应链数据的多个来源。他们需要一个新系统，这个系统应能够将客户数据从多个信息源中提取出来并将其整合到一个分析工具中。TNT 物流公司物流规划部经理 Matt Terry 说："客户对供应链细节及其复杂性的高层次要求使我们必须应用供应链设计软件工具。没有这些工具，我们无法成功地为客户服务。"

为了满足客户的需求，并从返程业务中获利，TNT 物流公司的分析家们需要一套复杂、尖端、专业化的供应链与运输规划应用软件。现在的方案已无法应付 TNT 所要办理的多地点运输业务。公司已有了擅长于设计订单——目的地路线的内部软件，但尚无法处理多个目的地的或多时联运型的方案，Terry 认识到：公司需要新的工具来处理客户日益复杂的需求。

TNT 物流公司对 3 套不同的供应链运输规划软件进行了评估。他们选中了 CAPS/Baan 的一套方案——"供应链套餐及运输设计"。该方案的优胜之处在于它的运输工具安排与运输路线评估能力，以及它能够将政府对货物征收的关税计算进成本的功能。

从设计运送路线和境内运输方案的角度来看，公司很喜欢 CAPS/Baan 的路线设计和评估功能，尤其是将特定的关税加入定价系统的能力。

现在，TNT 物流公司正使用 CAPS/Baan 的软件工具为其绝大部分客户服务。对于那些由于供应链要求复杂而聘请 TNT 物流公司出任主要物流伙伴(LLP)的客户,公司都是用 CAPS/Baan 来提供服务,其中 60%~70%的客户已经将 TNT 物流公司当作了他们最主要的物流伙伴。

为了始终站在物流领域的最前沿,TNT 物流公司前瞻性地对其现存客户信息库内的方案进行分析,试图寻找出同一地区不同客户的货物运输可以结合的地方。通过使用 CAPS/Baan 软件工具,分析家们就能够覆盖现有的多个客户的供应链,并将数据组整合起来进行假定分析。这些假定分析包含通过对五六条供应链的分析评估来创建一条单一的供应链。

对于 TNT 物流公司来说,汽车工业是一个非常值得注意的领域。TNT 物流公司正密切关注着它们的顶级客户们,其中包括汽车工业的"三巨头"——福特汽车公司、戴姆勒-克莱斯勒公司和通用汽车公司,以及其他一些为汽车工业服务的零件供应商,以便对整合他们的货运业务的可能性做出评估。通过将多个企业的供应链数据汇总并模拟出新的供应链与运输规划模型,TNT 物流公司希望从中发现这些公司的协力优势并从中寻求平衡。Terry 解释说:"通过设计多重客户供应链,我们希望能够向我们的客户提供更为复杂、完整的解决方案。"

除了能简化客户业务外,使用 CAPS/Baan 也使 TNT 物流公司自身的业务实践更为顺畅。它不仅增强了 TNT 物流公司分析家们的分析能力,而且在开始一项优化模型设置项目之前就能够先决定从现存及潜在的客户处所应获得信息量的最低限度。Terry 说:"当我们开始为客户设计模型前,我们已经做好了周密的准备。我们终于了解了在开始项目之前需要什么样的信息。"

对于 TNT 物流公司的服务所能为客户提供的便利,它与一家汽车制造商目前正在进行的项目即是明证之一。在售后服务领域,该汽车公司拥有一整条专为备用零部件使用的供应链。TNT 物流公司对这条供应链进行了彻底的研究,涵盖了从供应商到零件分销中心再到包装商的全套境内零件流转过程。使用了 CAPS/Baan 工具,TNT 物流公司能够将少于一卡车容量(LTL)的需运货物整合起来并建立起一条运输路线将其运送到该汽车制造商位于东南部的包装商处。TNT 物流公司的物流专家 Ty Clark 说:"我们运用 CAPS/Baan 的软件工具来评价和指订货物运输模式,并在整个供应链过程创立了无危险的飞行任务,目的在于选择可能实现的最佳服务。"

该汽车制造商已明确地看到了使用 CAPS/Baan 软件工具所带来的效果——供应链设计的优化。Clark 介绍说:"TNT 物流公司不仅从该客户的回程业务中获利,还使用了 CAPS/Baan 工具来对境外运输策略设立模型并提出建议。"

TNT 物流公司在 CAPS/Baan 软件工具上的投资已经看到了巨大的收益。作为一家综合性的第三方物流伙伴,TNT 物流公司宣称其服务能够让客户的总物流成本降低 33%。而 Terry 则称:"要达到这样的效果,我们唯一的办法就是使用自动优化软件系统,如 CAPS/Baan 方案。"

业务目标:①对客户日益复杂的管理要求作出有效反应;②将多个来源的供应链数据整合成单一的分析工具;③提升客户的满意程度并从返程业务中获利;④简化客户业务操作,并使国内业务时间更为顺畅。

技术要求：①CAPS/Baan 供应链套餐；②CAPS/Baan 运输设计；③Windows 95 工作站；④Microsoft Access。

成效：①总物流费用削减 33%；②减少客户存货量；③降低客户运输成本；④减少不足一卡车货量的货物运输费用；⑤缩短运输时间；⑥客户操作简化，国内业务时间更流畅。

思考题：结合案例分析 TNT 物流公司在竞争中制胜的关键。

📚 思考题

1. 什么是第三方物流？
2. 第三方物流发展的优越性主要集中在哪里？
3. 我国第三方物流发展中存在的主要问题是什么？
4. 第三方物流企业发展的运作模式有哪几种？
5. 第三方物流企业组织的运作模式有哪几种？
6. 第四方物流的运作模式有哪几种？

第 9 章　物流信息技术及物流信息系统

核心要点

- 条形码技术
- EDI 技术
- GIS 与 GPS 技术
- 物流信息系统

　　物流信息技术是指现代信息技术在物流各个作业环节中的应用,是物流现代化的重要标志。物流信息技术也是物流技术中发展最快的领域,从数据采集的条形码系统到办公自动化系统中的微型计算机、互联网、各种终端设备等硬件以及计算机软件都在日新月异地发展。同时,随着物流信息技术的不断发展,产生了一系列新的物流理念和物流经营的方式,推进了物流的变革。

　　物流信息技术主要由通信、软件和面向行业的业务管理系统三大部分组成,包括基于各种通信方式基础上的移动通信手段、全球卫星定位技术、地理信息技术、计算机网络技术、自动化仓储管理技术、智能标签技术、条形码信息技术、射频技术和信息交换技术等现代尖端技术。在这些尖端技术的支撑下,形成以移动通信、资源管理、监控调度管理、自动化仓储管理、业务管理、客户服务管理和财务管理等各种信息技术集成的一体化现代物流管理体系。

　　物流信息技术通过直接切入物流企业的业务流程来实现对物流企业各生产要素(车辆、仓库等)进行合理组合与高效利用,降低经营成本,直接产生明显的经营效益。它有效地把各种零散数据变为商业智慧,赋予了物流企业新型的生产要素——信息,大大提高了物流企业的业务预测和管理能力。通过"点、线、面"的立体式综合管理,实现了物流企业内部一体化和外部供应链的统一管理,有效地帮助物流企业提高了服务素质和整体效益。

9.1　条形码技术及其应用

　　当今的物流信息系统要求及时捕捉作为信息源的每一商品在出库、入库、上架、分拣和运输等过程中的各种信息,迫切要求建立一种自动识别及数据自动录入采集的手段。条形码和射频技术正是实现物流信息系统中的数据自动采集与输入的重要技术。

9.1.1　条形码技术概述

　　条形码是指由一组规则排列的粗细不同的"条"和"空"相间组合而构成的标记。"条"

指对光线反射率较低的部分,"空"指对光线反射率较高的部分;这些条和空组成的数据表达一定的信息,并能够用指定的设备识读,转换成与计算机兼容的二进制和十进制信息。

条形码技术是研究如何把计算机所需要的数据用一种条形码来表示,以及如何将条形码表示的数据转变为计算机可以自动采集的数据的技术。条形码技术属于自动识别范畴,它是随着电子技术的进步,尤其是计算机技术在现代化生产和管理领域中的广泛应用而发展起来的,是集编码、光传感、条形码印刷以及计算机识别技术为一体的一门综合技术。

1. 条形码的产生及发展

条形码技术是随着电子技术与计算机技术的飞速进步,特别是随着计算机的普及应用而快速发展起来的。早在 20 世纪 40 年代后期,美国乔·伍德兰德(Joe WoodLand)和贝尼·西尔弗(Beny Silver)就开始研究如何使用代码来表示食品项目和相应的自动识别设备,最后于 1949 年获得了美国专利。他们研究出来的这种代码图案很像微型射箭靶,因此,被形象化地称为"公牛眼"代码。靶的同心环由圆和空白绘成。在原理上,"公牛眼"代码与后来的条形码符号很类似,但遗憾的是当时商品经济不是十分发达,而且工艺上还不具备印制这种代码的技术条件。经过多年的继续研究和开拓,20 年后乔·伍德兰德作为 IBM 公司的工程师成为北美地区统一代码——UPC 码的奠基人。1959 年又有一批人申请了一项专利,将数字 0~9 这 10 个数字分别用不同的 7 段平行条表示,其缺点是这种代码阅读起来十分不方便,但是这一伟大的构想促进了条形码码制的产生与发展。

中国最早是从 20 世纪 80 年代开始研究条形码技术,于 1991 年 4 月由中国物品编码中心代表中国加入了国际物品编码协会,并获得了 EAN(European Article Numbering,欧洲物品编码协会)指定中国产品的前缀码为 690(地区号),为我国使用条形码技术创造了有利的条件。

2. 条形码的识读原理及其结构

从外观上,条形码是一组黑白相间的条纹,这种条纹由若干个黑色的条和白色的空的单元所组成,黑色条对光的反射率较低,而白色的空对光的反射率较高,同时由于条和空的宽度不同,能使扫描光线产生不同的反射接收效果,光电转换设备能将这些不同的接收效果转换成不同的电脉冲,即形成了可以传输的电子信息。这就是条形码识读的基本原理。条形码是由一组宽度不同、平行相间的条和空按照预先规定的编码规则组合起来的,用于表示一组数据的符号,它可以表示数字、字母或一些特殊的符号。条形码的结构如图 9-1 所示。

左侧静区	开始符	数据符	校验符	终止符	右侧静区

图 9-1　条形码结构

(1)(左侧或右侧)静区:没有任何印刷符号或条形码信息,与条形码中空的反射率相同,位于条形码符号的两侧,其作用是提示阅读器(即扫描器)准备扫描条形码符号。

(2)开始符:即条形码的第一位字符。它的特殊条空组合结构用来提示扫描器识别一个条形码符号的开始,阅读器首先确定此字符存在后再去处理扫描器获得的一系列脉冲。

（3）数据符：开始符后的条形码字符，用于标志一个条形码代表的原始数据信息。

（4）校验符：是通过对数据符进行某种算术运算而确定的字符，当阅读器在对所识读的条形码进行解码时，会用同一种办法进行同一种算术运算，并将运算结果与所识读的校验字符比较，若两者一致，则判定此次阅读有效；否则不予读入，进行出错处理。

（5）终止符：条形码符号的最后一位字符，用于识别一个条形码符号的结束。

3. 条形码术语

（1）解释行（human readable character）：用 OCR 字体表达、人工可识读的条形码字符。解释行可位于条形码的上方或下方，靠左、靠右或居中。解释行的字体通常为 OCR-B 或 OCR-A。

（2）条形码高度（bar heights）：为条形码可扫描的范围和占用的空间，如图 9-2 所示。

图 9-2 条形码高度

（3）条（bar）和空（space）：符号中的黑、白条。

（4）X 尺寸（X dimension）：最窄条或最窄空的宽度。为了保证在开放系统中扫描和印刷识别的兼容性，条形码标准通常要标明一个 X 尺寸，如图 9-3 所示。

（5）静区（quiet zone）：开始符前面和终止符后面必须保留的面积。静区是条形码组成的一个不可分割的部分，是产生扫描信号的开始区域，如图 9-4 所示。最小静区宽度为 10 倍的 X 尺寸或 6.5mm。

图 9-3 条形码 X 尺寸

图 9-4 条形码静区

（6）开始符/终止符（start/stop characters）：用于表示条形码开始或结束的符号。

（7）分隔符（separator）：分隔条形码数据区域的符号，如图 9-5 所示。

（8）宽窄比（W/N ratio）：宽单元与窄单元的比例，如图 9-6 和图 9-7 所示。

图 9-5　EAN-13 条形码符号结构

图 9-6　条形码宽窄比为 3∶1

图 9-7　条形码宽窄比为 2.2∶1

宽窄比的范围由条形码标准规定,通常为 2.5∶1 到 3∶1。

宽窄比大:增加条形码的可靠性。

宽窄比小:减少条形码占用的空间。

(9) 密度(density):单位长度或单位面积内条形码所表达的字符数。

在一维条形码中,密度用字符数/英寸(cpi)来表示。改变 X 尺寸或宽窄比均可改变条形码的密度。如图 9-8 和图 9-9 所示。

图 9-8　条形码密度示例 1

图 9-9　条形码密度示例 2

(10) 对比度(print contrast signals):条和空的反射率之比。

背景反射率(background reflectance):空的反射率。

通用标准:最小背景反射率为 50%;最小对比度为 75%。

(11) 污点(spots)：在条形码符号的空内存在的不需要的深色面积，如图 9-10 所示。

脱墨(voids)：在条形码符号的条内未着墨的部分，如图 9-11 所示。

边缘光洁度(edge roughness)：条和空的边缘的曲折特性，如图 9-12 所示。

图 9-10　条形码污点

图 9-11　条形码脱墨

图 9-12　条形码边缘光洁度

(12) 径(aperture)：扫描器的开口，它决定了可视面积的大小。不同孔径的扫描器用于不同密度的条形码。条形码扫描器的分辨率精度至少应该是 X 尺寸的 0.7 倍。

9.1.2　常用的条形码码制

在应用中有许多种不同的条形码符号，每种符号都采用各自的字符集、印制要求以及校验方法。不同的条形码表示数据的方式和所编码的数据类型都不同：有些是只对数字编码，有些对数字、字母及各种特殊符号编码，现存的码制有 UPC 码、EAN 码、交叉 25 码、库德巴码、128 码等 200 多种。下面介绍几种目前广泛使用的码制。

1. EAN 码

EAN 码的全名为欧洲商品条形码(European Article Number)，是 1977 年欧洲经济共同体 12 个工业国家共同制定的一种物品编码码制标准。EAN 条形码系统是由国际商品条形码总会(International Article Numbering Association)管理的，主要负责各会员国的国家代表号码的分配与授权，各会员国的商品条形码负责机构再根据已分配的国家代码对其国内的制造商、批发商和零售商等授予厂商代表号码。我们日常购买的商品包装上所印的条形码一般就是 EAN 码。EAN 码常用的有两种类型：EAN-13 码和 EAN-8 码。标准码由 13 位数字代码及其相应的条形码符号组成，在较小的商品上也可采用 8 位缩短数字码及其相应的条形码符号。图 9-13 为一个 EAN-13 码的条形码实例。

图 9-13　EAN-13 码实例

2. 交叉 25 码

交叉 25 码是一种长度可变的连续型、带有自校验功能的数字式码制。采用两种元素宽度，每个条和空是宽或窄元素。编码字符个数为偶数，条形码符号从左到右，表示奇数位字符的条形码数据符由条组成，而表示偶数位字符的条形码数据符由空组成。如果组成数据的字符个数为奇数个，则需在数据最前面补一位 0，以使数据的字符个数为偶数个。

交叉 25 码的编码原理是宽度调节法，其条和空的表示方法相同，宽单元表示 1，窄单元表示 0。其字符集为数字 0～9，每个数据符由 5 个单元即 5 个二进制位组成，其中 2 个宽单元,3 个窄单元,宽单元的宽度一般为窄单元的 2~3 倍。

3. EAN-128 码

EAN-128 码出现于 1981 年,是一种长度可变的连续型数字式码制,它可以携带大量的信息,所以其应用领域非常广泛。它采用 4 种元素宽度,每个字符由 3 个条和 3 个空共11 个单元元素宽度组成,又称(11,3)码,而每个条和空由 1~4 个模块组成。EAN-28 码共有 106 个字符,而每个条形码字符有 3 种含义不同的字符集,分别为 A、B、C。它使用这 3 个交替的字符集可将 128 个 ASCII 码编码。

EAN-128 条形码由应用标识符和数据两部分组成,每个应用标识符由 2~4 位数字组成。条形码应用标识的数据长度取决于应用标识符。条形码应用标识采用 EAN-128码表示,并且多个条形码应用标识可由一个条形码符号表示。UCC/EAN-128 条形码是由双字符起始符号、数据符、校验符、终止符及左侧静区和右侧静区组成。

我国制定的 GB/T 15425—94《贸易单元 128 条形码》国家标准等效采用 UCC/EAN-128 条形码。UCC/EAN-128 是由国际物品编码协会、美国统一代码委员会和自动识别制造商协会共同设计而成的。EAN-128 码是物流条形码实施的关键,其样式如图 9-14所示。

图 9-14　EAN-128 码实例

9.1.3　条形码分类

条形码按照表示信息的空间可分成一维条形码、二维条形码和多维条形码 3 类。

1. 一维条形码

一维条形码是只在一维方向上通过条和空的排列组合来存储信息。表示信息的条形码符号由一个接一个的条和空按顺序排列组成。如 9.1.2 节中介绍的 3 种码制都属于一维条形码。普通的一维条形码自诞生以来很快得到了广泛应用。但由于一维条形码的信息容量小,如商品上的 EAN-13 条形码仅能容纳 13 位阿拉伯数字,商品的更多描述信息只能依赖数据库的支持,离开了预先建立的数据库,这种条形码就变成了无源之水、无本之木,这使得条形码的应用范围受到了一定的限制。

2. 二维条形码

一维条形码所携带的信息有限,基于这个原因,20 世纪 90 年代有人发明了二维条形码。所谓二维条形码,是用某种特定的几何图形按某种特定的规律用在平面(二维方向)

上分布的条和空相间的图形来记录数据符号信息,它具有条形码技术的共性,即每种码制有其特定的字符集,每个字符占有一定的宽度等。二维条形码从大类上可分为按层排列的二维条形码和按矩阵排列的二维条形码。除具有普通条形码的优点外,二维条形码的突出特点就是信息容量大、可靠性高、保密防伪性强、易于制作、成本低等。美国 Symbol 公司于 1991 年正式推出了名为 PDF417 的二维条形码,简称 PDF417 条形码,即"便携式数据文件"。PDF417 条形码是一种高密度、高信息含量的便携式数据文件,是实现证件及卡片等大容量、高可靠性的信息自动存储、携带并可用机器自动识读的理想手段。目前二维条形码主要有 PDF417 码、Codel6K 码、DataMatrix 码和 MaxiCode 码等。

3. 多维条形码

20 世纪 80 年代以来,人们围绕如何提高条形码符号的信息密度进行了大量的研究工作。多维条形码和集装箱条形码成为研究、发展与应用的方向。

9.1.4 物流条形码

物流条形码是供应链中用以标识物流领域中具体实物的一种特殊条形码,是整个供应链过程,包括生产厂家、配销业、运输业和消费者等环节的共享数据。它贯穿整个贸易过程,并通过物流条形码数据的采集和反馈来提高整个物流系统的经济效益。

如前所述,目前现存的条形码码制多种多样,但国际上通用的和公认的物流条形码码制只有 3 种:ITF-14 条形码、UCC/EAN-128 条形码和 EAN-13 条形码。选用条形码时,要根据货物的不同和商品包装的不同采用不同的条形码码制。单个大件商品,如电视机、电冰箱、洗衣机等商品的包装箱往往采用通用的商品条形码 EAN-13 条形码;储运包装箱常常采用 ITF-14 条形码或 UCC/EAN-128 应用标识的条形码,包装箱内可以是单一商品,也可以是不同的商品或多件商品小包装。

ITF 条形码是在交叉 25 码的基础上扩展形成的一种应用于储运包装箱上的,有固定长度、连续、定长、具有自校验功能且条、空都携带信息的双向条形码。ITF-14 条形码的条形码字符集、条形码字符的组成与交叉 25 码相同。它由矩形保护框、左侧静区、条形码字符和右侧静区组成。在物流配送过程中,如果需要将生产日期、有效日期、运输包装序号、重量、体积、尺寸、送出地址和送达地址等重要信息条形码化,以便扫描输入,这时可以应用 EAN-128 码。

9.1.5 条形码技术在物流中的应用

作业管理中对条形码的应用主要体现在条形码成为联系工作流各环节的工具。

1. 条形码在仓储管理中的应用

仓储管理无论在工业、商业还是物流配送业里都是非常重要的一个环节。现代仓储管理所要面对的产品数量、种类和进出仓频率都日益增加,维持原有的人工管理不仅成本昂贵,而且难以继续,尤其是对一些对保质期有较高要求的产品的库存管理,库存期不能超过保质期,必须在保质期内通过各种途径予以销售或进行加工生产,否则就有可能因其变质而遭受一定的经济损失。人工管理往往难以真正做到按进仓批次在保质期内先进先出。然而利用条形码技术，这一难题就迎刃而解了，只需在原材料、半成品和成品入仓前先进行编码，进出仓时读取物品上的条形码信息，同时建立仓储管理数据库，并提供保质期预警查询等功能，使管理者可以随时掌握各类产品进出仓和库存情况，及时、准确地为决策部门提供有力的参考依据。另外，验货、备货、分拣和上架等环节之间的联系也是相当复杂的。在传统的人工操作方式下，业务中心与仓储工作人员之间一般以纸面单据交流，完成工作流的交接。在应用条形码之后，可以借助无线局域网建立半自动化的作业管理方式。业务中心可通过无线网络将业务指令直接下达给仓储工作人员；仓储工作人员通过手持终端来接收指令，并扫描条形码确认工作准确无误地完成；仓储工作人员的工作完成情况又可即时传回业务中心得到确认。仓储管理实际上是条形码应用的传统领地，其应用已经贯穿出入库、盘点和库存管理等多方面。在出入库的过程中，条形码可以加快出入库的速度，也能减少出入库操作所产生的差错。

条形码在仓储管理中带来的最大的变化是在盘点业务上。传统的手工方式盘点一般是利用纸笔记录，效率不高，同时存在的更大危险是数据失真。而在利用了条形码后，就有可能采用自动化技术。例如，在某仓库中使用了手持式移动终端，现在的盘点方式只需要利用手持终端扫描箱体，所有盘点数据都会记录在手持终端中，手持终端的盘点数据也会很方便地传递到数据管理器中进行处理，同时手持终端也会自动处理盘点重复等错误。

条形码在仓储管理中的另外一个重要作用在于货位的保证。物流管理系统在作资源计划时，常常需要引用货位信息，但是在传统方式下的货架操作，难以避免货物与货位信息的脱节，往往出现的情况是：物流管理信息系统指示在货架上出库某样物品，但操作员将叉车开到该货位后却发现并不存在此种物品。条形码技术不仅可以标示所有物品，同样可以标示货位。因此，要求必须扫描了货位条形码和货物条形码后才能完成上下架过程，这样就可以确保货物的货位信息总是准确的。

2. 条形码在分拣运输中的应用

现代社会物品种类繁多，物流量庞大，分拣任务繁重，比如在邮电行业、批发行业和物流配送行业，人工操作越来越不能适应日益增加的分拣任务，利用条形码技术的自动化管理可以解决这一问题。运用条形码技术对邮件、包裹、批发和配送的物品等进行恰当的编码，通过条形码自动识别技术建立自动化的分拣系统，就可大大提高工作效率，降低成本。

如邮政运输局是我国最早配备自动分拣系统的单位之一，该系统的流程是：先在投递窗口将各类包裹的信息输入计算机，条形码打印机按照计算机的指令自动打印条形码标签，然后将打印好的标签贴在包裹上，通过输送线汇集到自动分拣机上，自动分拣机会通过全方位的条形码扫描器识读和鉴别包裹，并将它们分拣到相应的出口溜槽，这样可以大大提高工作效率，降低输出成本，减少差错。

在配送和仓库出货时采用分货、拣选的方式。如需要快速处理大量的货物，则利用条形码技术便可自动进行分货、拣选，并实现有关的管理。其过程如下：中心接到若干个配送订货任务后，将若干个订货信息汇总，每一品种汇总成批后，按批发出所在条形码的拣货标签，拣货人员到库中将标签贴在每件商品上，自动分拣。分货机始端的扫描器对处于运动中的分货机上的货物扫描，一方面是确认所拣出的货物是否正确，另一方面是识读条形码上的用户标记，指令商品在确定的分支分流，到达各用户的配送货位，完成分货、拣选作业。

在货物运输的具体环节中，条形码信息在货物受理、货票等单证填写时应该同时生成。在货主承运以后，可以使用一维条形码来表示货物运输作业过程中所需的数据，如始发站、中转站、终点站和发送件数等信息。在每一个关键的监控点，操作员扫描装箱单上的条形码标识，记录该货物在运输作业状态的变化信息，该操作信息及时传递给管理系统后，就可以在管理系统中获得该货物的运输路径和流通速度，从而方便物流的管理，提高物流效率，降低物流成本。

3. 条形码在配送中心的应用

在信息技术广泛应用的今天，配送中心的作业流程管理必须依靠信息流来控制物流。在美国、日本和欧盟国家的配送中心管理中，条形码技术早已得到了极为广泛的应用。在我国，条形码技术也日益被配送中心所重视和应用。如上海联华的现代化配送中心、宝供物流中心等都采用了一些国际上最新的条形码技术。在它们所用到的条形码中，除了商品的条形码外，还有货位条形码、装卸台条形码和运输车条形码等。配送中心在业务处理中的订货、收货、入库、理货、在库管理、配货和补货等许多作业流程中都大量使用了条形码技术，条形码应用几乎出现在整个配送中心作业流程中的所有环节。

在订货模块，配送中心向供应商订货时，可以根据订货簿或货架牌进行订货。操作人员先用条形码扫描仪将订货簿或货架牌上的条形码（其中包含有商品名称、品牌、产地和规格等信息）输入计算机，然后通过主机，利用网络通知供货商自己需要订哪类货、订多少等一系列信息，供应商可按要求及时发货。很明显，这种订货方式比传统的手工订货效率高出数倍。

在收货模块，当配送中心收到从供应商发来的商品时，接货员就会在商品包装箱上贴一个条形码，作为该种商品对应的仓库内相应货架记录。同时，对商品外包装上的条形码进行扫描，将信息传到后台管理系统中，并使包装箱条形码与商品条形码建立起一一对应关系。这种条形码扫描方式可以大大减少手工操作的出错率。

在入库模块，应用条形码进行商品入库管理，是指当商品到货后，操作员通过条形码输入设备将商品的基本信息输入计算机，告诉计算机系统哪种商品要入库、要入多少。计算机系统根据预先确定的入库原则和商品的库存数量确定该种商品的存放仓库货架位置。再根据商品的数量发出条形码标签，这种条形码标签包含着该种商品的存放位置信息。然后在货箱上贴上标签，并将其放到输送带上。输送带识别货箱上的条形码后，将货箱放在指定的库位区。采取这种入库方式，不仅可以大大减少作业人员的工作量，还可以使商品入库一步到位，实现商品快速入库。

在理货模块，传统的人工理货方式要求操作人员把收到的商品搬运到仓库的货架上，往往又费时又费力。应用条形码技术，则可以在搬运商品之前首先扫描包装箱上的条形码，计算机会提示作业人员将商品放到事先分配的货位，操作人员将商品运到指定的货位后，再扫描货位条形码，以确认所找到的货位是否正确。这样，在商品从入库、搬运到货位存放整个过程中，条形码起到了相当重要的作用。商品以托盘为单位入库时，把到货清单输入计算机，就会得到按照托盘数发出的条形码标签。将条形码贴于托盘面向叉车的一侧，叉车前面安装有激光扫描器，叉车将托盘提起，并将其放置于计算机所指引的位置上。

在各个托盘货位上装有传感器和发射显示装置、红外线发光装置和表明货区的发光图形牌。叉车驾驶员将托盘放置好后，通过叉车上安装的终端装置将作业完成的信息传送到计算机。这样，商品的货址就存入计算机中了。

在在库管理模块涉及 3 方面的管理。一是货物库存管理。仓库管理系统根据货物的品名、型号、规格、产地、牌名和包装等划分货物品种，并且分配唯一的编码，也就是"货号"。分"货号"管理货物库存和管理"货号"的单件集合，并且应用于仓库的各种操作。二是仓库库位管理。库位管理是对存货空间的管理，仓库分为若干个库房，每一个库房又分若干个库位。库房是仓库中独立和封闭的存货空间，库房内空间细划为库位，细分能够更加明确地定义存货空间。仓库管理系统是按仓库的库位记录仓库货物库存，在产品入库时将库位条形码号与产品条形码号一一对应，在出库时按照库位货物的库存时间可以实现先进先出或掌握批次管理的信息。三是条形码仓库管理，不仅管理货物品种的库存，而且管理货物库存的具体每一单件，采用产品标识条形码记录单件产品所经过的状态，从而实现了对单件产品的跟踪管理。传统情况下，货物的在库管理只能完成仓库运输差错处理（根据人机交互输入信息），而条形码仓库管理根据采集的信息建立仓库运输信息，直接处理实际运输差错，同时能够根据采集单件信息及时发现出入库的货物单件差错（如入库重号、出库无货等），并且提供差错处理。这样无疑大大提高了在库管理的工作效率。

在配货管理模块，配货过程中也可采用条形码管理。在传统的作业流程中，分拣和配货要占去全部所用劳力的 60%，且容易发生差错。在分拣和配货中应用条形码，能使拣货迅速、正确，并提高作业效率。配送中心在接到客户的送货要求后，将汇总各客户的货物需求信息，并分批发出印有条形码的拣货标签。这种条形码包含有这件货物要发送到哪一城市或街道的信息。分拣人员根据计算机打印出的拣货单，在仓库中进行拣货，并在商品上贴上拣货标签（在商品上已有包含商品基本信息的条形码标签）。将拣出的商品运到自动分类机，放置于感应输送机上。激光扫描器对商品上的两个条形码自动识别，检验拣货有无差错。如无差错，商品即分岔流向按分店分类的滑槽中。然后将不同分店的商品装入不同的货箱中，并在货箱上贴上印有条形码的送货地址卡，这种条形码包含有商品到达区域的信息。再将货箱送至自动分类机，在自动分类机的感应分类机上，激光扫描器对货箱上贴有的条形码进行扫描，然后将货箱输送到不同的发货区。当发现拣货有错时，商品流入特定的滑槽内。条形码配合计算机应用于作业流程管理中，不仅有助于提高作业的自动化水平和作业效率，也有利于提升配送中心的竞争力。

在补货管理模块，查找商品的库存，确定是否需要进货或者商品是否占用太多库存，同样需要利用条形码来实现管理。另外，由于商品条形码和货架是一一对应的，也可通过检查货架达到补货的目的。条形码不仅在配送中心业务处理中发挥作用，配送中心的数据采集和经营管理同样离不开条形码。通过计算机对条形码的管理，对商品运营和库存数据的采集，可及时了解货架上商品的存量，从而进行合理的库存控制，将商品的库存量降到最低点；也可以做到及时补货，减少由于缺货造成的经济损失。

4. 条形码技术与信息系统的接口

一般来说，条形码的生成及识读都有现成的软件包可以使用。若信息系统在规划实施时就已经考虑到了将来会引进条形码，那么所增加的工作量是微乎其微的。但若信息系统已经成型，并要求二次开发增加对条形码的支持，所牵涉的问题可能就比较麻烦。后一种情况一般来说要依靠信息系统自身的开放性。例如，在 ERP 软件的代表 SAP 系统中，就可以借助 SAP 提供的 RFC 接口或相应的 DCOM 组件来加入条形码支持。

9.2 电子数据交换技术及其应用

电子数据交换（EDI）是信息技术向流通领域渗透的产物，开始于 20 世纪 60 年代。EDI 技术在物流领域中的应用主要体现在利用计算机网络技术来传递物流领域内的相关信息。

9.2.1 EDI 简述

1. EDI 定义

EDI(Electronic Data Interchange，电子数据交换)是在公司之间通过计算机通信网络将行业信息数据以一种国际公认的标准格式在各公司之间进行交换传输，并完成以贸易为中心的全部处理过程。所传输的数据是指交易双方互相传递的具备法律效力的文件或资料，可以是各种商业的单证，如订单、订单回执、发货通知、装箱单、收据发票、报税单、保险单、进出口申报单、运单和缴款单等，也可以是各种凭证，如进出口许可证、配额证、信用证、检疫证和商检证等。

国际标准化组织（ISO）于 1994 年确认了电子数据交换的技术定义为："根据商定的交易或电文数据的结构标准实施商业或行政交易从计算机到计算机的电子传输。"这表明 EDI 应用有其特定的含义和条件，即：

（1）使用 EDI 的是交易的双方，EDI 是在企业之间，而非同一组织内的不同部门之间的文件传递。

（2）交易双方传递的文件是有特定的格式的，即采用报文标准。

（3）双方都有自己的计算机或对应的管理信息系统。

（4）双方的计算机（或计算机系统）均能发送、接收并处理符合约定标准的交易电文的数据信息。

（5）双方计算机之间有网络通信系统，信息传输是通过该网络通信系统来实现的。这里要说明的是，信息处理是由计算机自动进行的，无须人工介入。

2. EDI 的特点

由 EDI 的含义可知，它有如下特点：

（1）单证格式化。EDI 传输的是企业间已经格式化了的数据，这些数据都有固定的格式与行业通用性。而信件、公函等非格式化的文件不属于 EDI 处理的范畴。

（2）报文标准化。EDI 传输的报文必须符合国际标准或行业标准，这是计算机能自动处理的前提条件。目前最为广泛使用的 EDI 标准是 UN/EDIFACT(United Nations Rulers For Electronic Data Interchange For Administration，Commerce and Transport，适用于行政管理、商贸和交通运输的联合国标准 EDI 规则)和 ANSI X.12(美国国家标准局特命标准化委员会第 12 工作组制定)。

(3) 处理自动化。EDI 信息传递的途径是计算机到数据通信网络,再到商业伙伴的计算机,信息的终端用户是计算机应用系统,它会自动处理传递来的信息。因此,这种数据交换是机器—机器、应用—应用,不需要人工干预。这与传真或 E-mail(电子邮件)是有区别的,后者需要人工阅读判断处理后才能进入计算机系统,既浪费人力资源,又容易发生错误。

(4) 软件结构化。EDI 功能软件由 5 个模块组成:用户界面模块、内部 EDP(Electronic Data Processing)接口模块、标准报文格式转换模块、报文生成与处理模块和通信模块。这 5 个模块功能分明,结构清晰,形成了 EDI 较为成熟的商业化软件。

(5) 运作规范化。EDI 以报文的方式交换信息有其深刻的商贸背景,EDI 报文是目前商业化应用中最成熟的、最有效、最规范的电子凭证之一,EDI 单证报文具有法律效力已被普遍接受。任何一个成熟、成功的 EDI 系统,都必须有相应的规范化环境为基础,如EDI 存证系统、商贸伙伴协议、管理法规与相应的配套措施。例如,联合国国际贸易法委员会制定了《电子贸易示范法草案》,国际海事委员会制定了《电子提单规则》,上海市制定了《上海市国际经贸电子数据交换管理规定》等,都是其规范化的体现。

3. EDI 的组织结构

EDI 系统由 EDI 数据标准、EDI 软件及硬件和通信网络组成。

1) EDI 数据标准

EDI 数据标准是由各地区、各企业代表甚至国际组织(ISO)共同讨论并制定的电子数据交换共同标准,可以使各组织之间的不同文件格式,通过共同的标准,实现文件传输和交换。EDI 的数据标准是使 EDI 技术得以广泛应用的重要技术支撑。

2) EDI 软件及硬件

要想实现 EDI,需要配备相应的 EDI 软件和硬件。EDI 硬件设备包括计算机、调制解调器及通信线路。计算机可以是 PC、工作站、小型机和小主机等。由于使用 EDI 来进行电子数据交换需要通过通信网络,目前采用电话网络进行通信仍是很普遍的方法,因此,调制解调器是必备的硬件设备。通信线路一般最常用的是电话线路,如对传输时效及在资料传输量上有较高要求,可以考虑租用专线。

EDI 软件的主要功能是将用户数据库系统中的信息翻译成 EDI 的标准格式以供传输和交换,或者接收对方传来的 EDI 报文,将其转化成本地应用系统中可用的信息。EDI 软件分为转换软件、翻译软件和通信软件 3 类,其中,转换软件可以帮助用户将数据库中的数据或原有计算机系统中的文件转换成翻译软件能够理解的平面文件,或是将从翻译软件接收来的平面文件转成计算机系统中的文件。翻译软件的作用是将平面文件翻译成标准 EDI 报文格式,或将接收到的 EDI 标准报文格式翻译成平面文件。通信软件则是将 EDI 标准格式的文件外层加上通信信封再送到 EDI 系统交换中心的信箱,或在 EDI 系统交换中心内将接收到的文件取回。EDI 软件组成及相互之间的关系如图 9-15 所示。

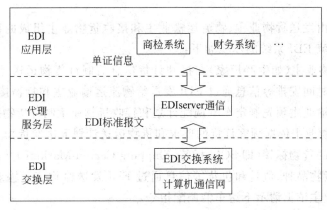

图 9-15　EDI 软件结构

4. EDI 的工作流程

EDI 的实现过程就是用户将相关数据从自己的计算机信息系统传送到有关交易方的计算机信息系统的过程,该过程因用户的应用系统以及外部通信环境的差异而不同。由于 EDI 服务方式不同,平面转换和 EDI 翻译可在不同位置(用户端、EDI 增值中心或其他网络服务点)进行,该过程可分为以下几个步骤(如图 9-16 所示):

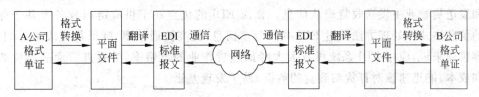

图 9-16　EDI 的工作流程

(1) 发送方将要发送的数据从信息系统数据库提出,转换成平面文件。

(2) 将平面文件翻译为标准 EDI 报文,并组成 EDI 信件发往接收方信箱。接收方从 EDI 信箱收取信件。

(3) 将 EDI 信件拆开并翻译成为平面文件。

(4) 将平面文件转换并送到接收方信息系统中进行处理。

9.2.2　物流 EDI

EDI 最初是由美国企业应用在企业间订货业务活动中的电子数据交换系统,随后 EDI 的应用范围从订货业务向其他业务扩展,如库存管理业务、POS 销售信息传送业务、发货送货信息和支付信息的传送业务等。近年 EDI 在物流中广泛应用,被称为物流 EDI。所谓物流 EDI 是指承运业主、货主以及其他相关的单位之间通过 EDI 系统进行物流数据交换,并以此为基础实施物流作业活动的方法。物流 EDI 的参与单位有发送货物业主(如生产厂家、批发商、贸易商和零售商等)、承运业主(如独立的物流承运企业等)、实际运送货物的交通运输企业(水运企业、航空企业、铁路企业和公路运输企业等)、协助单位(政府有关部门和金融企业等)和其他的物流相关单位(如仓库业者和专业报送业者等）。

下面是一个由发送货物业主、物流运输业主和接收货物业主组成的物流模型。这个物流模型应用物流 EDI 系统的步骤如下：

（1）发送货物业主（如生产厂家）在接到订货信息后制订货物运送计划，并把运送货物的清单及运送时间安排等信息通过 EDI 发送给物流运输业主和货物接收业主（如零售商），以便物流运输业主预先制定车辆调配计划和接收货物业主制订货物接收计划。

（2）发送货物业主依据顾客订货的要求和货物运送计划下达发货指令，分拣配货，打印出物流条形码的货物标签（即 SCM 标签，Shipping Carton Marking）并贴在货物包装箱上，同时把运送货物品种、数量和包装等信息通过 EDI 发送给物流运输业主和接收货物业主，物流运输业主依据请示下达车辆调配指令。

（3）物流运输业主在向发送货物业主取运货物时，利用车载扫描读数仪读取货物标签的物流条形码，并与先前收到的货物运输数据进行核对，确认运送货物。

（4）物流运输业主在物流中心对货物进行整理、集装、制作送货清单并通过 EDI 向收货业主发送发货信息。在货物运送的同时进行货物跟踪管理，并在货物交给收货业主之后，通过 EDI 向发送货物业主发送完成运送业务信息和运费请示信息。

（5）收货业主在货物到达时，利用扫描读数仪读取货物标签的条形码，并与先前收到的货物运输数据进行核对确认，开出收货发票，货物入库。同时，通过 EDI 向物流运输业主和发送货物业主发送收货确认信息。物流 EDI 的优点在于供应链组成各方基于标准化的信息格式和处理方法通过 EDI 共同分享信息，提高流通效率，降低物流成本。例如，对零售商来说，应用 EDI 系统可以大大降低进货作业的出错率，节省进货商品检验的时间和成本，能迅速核对订货与到货的数据，易于发现差错。

9.2.3 物流 EDI 的应用

1. EDI 在制造业的应用

在制造业，企业采用一种通用网络直接与客户通信，有效控制库存，加快产品的交货速度。EDI 每条信息只需 10 美分，这些公司因此节约了上百万美元。一些计算机公司，如 IBM 和得州仪器公司均要求供货商采用 EDI 系统；此外，包括食品业零售商、银行业、杂货、运输业及政府部门都提出了使用 EDI 的要求。

2. EDI 在航运业的应用

我国 EDI 应用已经起步。国家计划委员会早在几年前就发布文件，对国际集装箱 EDI 系统实行开发攻关，交通部具体执行，在上海、天津、青岛、宁波口岸和中国远洋运输（集团）总公司（以下简称中远集团）建设国际集装箱运输 EDI 系统示范工程；并在上述四港和中远集团建成了具有互联性和分块管理功能的 EDI 服务中心，利用国际通信增值网互联，实现港口、航运企业国际间集装箱运输单证的 UN/EDIFACT 标准报文传送；利用国内 CHINA-PAC 网，实现国内港口间、内陆集装箱运输及箱务管理信息交换电子化，并实现了与海关、商检、卫检、动植物检、银行和保险等部门的电子数据交换。整个示范工程在交通部的统一组织下基本建成。中远集装箱运输有限公司首先在远东—地中海—美东的航线上实行运费舱单无纸化,这是 EDI 应用在海运上的起步。之后其他方面也陆续实现无纸化运输。

国际集装箱运输 EDI 示范工程已实现的内容主要有以下几个方面:

(1) 货运单证的 EDI 传送。有货物舱单、运费舱单、提单、危险品清单、冷藏箱清单和集装箱装箱单等。在这些货运数据中包括了海运和港口的基本数据,如进出口主要数据、货物数据、箱子数据和运费数据等。这些数据都是用标准代码传送,主要有航线代码、货主代码、港口代码、船名代码、货物分类代码、集装箱尺寸代码、包装代码、运输条款代码和币制代码等。

(2) 海运船图 EDI 传送。国外部分直接使用 EDIFACT 标准报文,国内部分用 EDI 软件转换。这样港口提前做好装卸船准备,大大缩短了船舶在港口的停靠时间。

(3) 集装箱动态 EDI 传送。船公司、港口和内陆中转站之间取消了部分反映集装箱动态的纸面单证,而由电子单证代替。主要包括装箱指示、装箱单、场站进出门报告等。

9.3　GPS 技术与 GIS 技术及其在物流中的应用

9.3.1　GPS 在物流中的应用

1. GPS 的产生及其发展

GPS 是英文 Global Positioning System 的缩写,原名为“导航星”(NAVSTAR),是美国国防部于 1973 年 11 月授权开始研制的海陆空三军共用的美国第二代卫星导航系统,是美国继阿波罗登月飞船和航天飞机之后的第三大航天工程。1994 年全面建成,历时 20 年,耗资 300 亿美元。

GPS 全球定位系统是一个无线电空间定位系统,它利用导航卫星和地面站为全球提供全天候、高精度、连续、实时的三维坐标(纬度、经度、海拔)、三维速度和定位信息,地球表面上任何地点均可以用于定位和导航。

2. GPS 的组成与工作原理

GPS 系统共包括三大部分:空间部分——GPS 卫星星座;地面控制部分——地面监控系统;用户设备部分——GPS 信号接收机。

1) 空间部分——GPS 卫星星座

GPS 空间部分是使用 24 颗高度约 2.02×10^4 km 的卫星组成的卫星星座,其中由 21 颗工作卫星和 3 颗在轨备用卫星组成 GPS 卫星星座,记作(21+3)星座。24 颗卫星均匀分布在 6 个轨道平面内,轨道倾角为 55°,各个轨道平面间相距 60°,即轨道的升交点赤经各相差 60°。每个轨道平面内各颗卫星之间的升交角距相差 90°,同一轨道平面上的卫星比西边相邻轨道平面上的相应卫星超前 30°。卫星的分布使得在全球的任何地方、任何时间都可观测 4 颗以上的卫星,并能保持良好定位解算精度的几何图形(DOP)。这就提供了在时间上连续的全球导航能力。

2) 地面控制部分——地面监控系统

地面监控部分包括 4 个监控间、1 个上行注入站和 1 个主控站。监控站设有 GPS 用户接收机、原子钟、收集当地气象数据的传感器和进行数据初步处理的计算机。监控站的主要任务是取得卫星观测数据并将这些数据传送至主控站。主控站设在范登堡空军基地,对地面监控部实行全面控制。主控站的主要任务是收集各监控站对 GPS 卫星的全部观测数据,利用这些数据计算每颗 GPS 卫星的轨道和卫星钟改正值。上行注入站也设在范登堡空军基地,其任务主要是在每颗卫星运行至上空时把这类导航数据及主控站的指令注入到卫星。这种注入对每颗 GPS 卫星每天进行一次,并在卫星离开注入站作用范围之前进行最后的注入。

3) 用户设备部分——GPS 信号接收机

GPS 接收机可接收到可用于授时的准确至纳秒级的时间信息;用于预报未来几个月内卫星所处概略位置的预报星历;用于计算定位时所需卫星坐标的广播星历,精度为几米至几十米(各个卫星不同,随时变化);以及 GPS 系统信息,如卫星状况等。

GPS 接收机对码的量测就可得到卫星到接收机的距离,由于含有接收机卫星钟的误差及大气传播误差,故称为伪距。

GPS 接收机对收到的卫星信号进行解码,或采用其他技术将调制在载波上的信息去掉后,就可以恢复载波。严格而言,载波相位应被称为载波拍频相位,它是收到的受多普勒频移影响的卫星信号载波相位与接收机本机振荡产生信号相位之差。一般在接收机钟确定的历元时刻量测,保持对卫星信号的跟踪,就可记录下相位的变化值,但开始观测时的接收机和卫星振荡器的相位初值是不知道的,起始历元的相位整数也是不知道的,即整周模糊度只能在数据处理中作为参数解算。相位观测值的精度高至毫米,但前提是解出整周模糊度,因此,只有在相对定位并有一段连续观测值时,才能使用相位观测值,而要达到优于米级的定位精度也只能采用相位观测值。

GPS 工作原理:由于地球上任一点到卫星的距离不等,且都有一组相对应的比较确定的数据,在实际应用中在用手持接收器于测试点接收到这一组数据信号时,即可用这组数据到达的时间差来计算该相对卫星的距离,并以此来确定该点的相对位置,从而达到定位的目的。根据计算公式,定位有二维和三维之分,二维定位至少需要接收 3 颗卫星的星历;而三维定位至少要接收 4 颗卫星的星历。

3. GPS 在物流中的应用

随着经济全球化进程的加快和现代物流对经济发展的重要性逐步为国人所认识,我国的物流产业正处于一个高速发展的时期,未来的市场竞争给我国传统的物流企业带来了很大的机遇,同时也带来了挑战——只有最大限度地满足了客户对物流服务的需求,最大限度地降低物流服务的成本,才能获得企业的信任和利润,才能获得商机。因此,传统物流企业必须更新观念,充分利用现代物流技术手段来实现自己的经营目标。GPS 技术的应用对物流行业来说受益匪浅。

GPS 系统对物流业最大的贡献之一是实现了对物流运输过程的掌控。通过该系统,客户完全可以实时了解货物的在途情况,并推算到达目的地的时间,解决了传统物流"货物一发出,什么都不知"的情况。其次,GPS 系统解决了物流调度与管理的瓶颈问题。过去一直困扰着物流调度的问题通过该系统能很好地解决,GPS 不仅能提高工作效率,而且降低了油耗等成本。它能预设运输路线,对在途信息数据打包发回监控中心,客户坐在家中就能对自己的货物实时监控,在电子地图上如若发现偏移预设线路可紧急报警。它具有很强的防盗反劫功能。当遭遇劫匪时,司机只需按下报警开关,监控中心将会及时进入处警状态;同时,司机还可以通过手机对车辆进行断油、断电处理,迫使劫匪放弃抢劫计划,保证了人身及财产的安全。而且,通过 GPS 的限速提醒功能,可以有效地提高驾驶员的行车安全性,最大可能地减少车辆事故率、爆胎率,便于调度人员管理。它可以全程记录行程轨迹,避免了公车私用、拉私活等情况的发生,是物流企业管理司机的好帮手。同时,是否安装 GPS 定位系统目前也被正式纳入 ISO 9001 的认证要求之一。GPS 在物流运输行业中的作用是:①优化企业资源配置;②提高企业市场竞争力;③降低企业成本、提高其服务水平;④为现代物流管理提供了强大而有效的工具等。

9.3.2　GIS 在物流中的应用

1. GIS 的定义及其发展

GIS(Geographic Information System,地理信息系统)是处理地理信息的系统。地理信息是指直接或间接与地球上的空间位置有关的信息,又称为空间信息。一般来说,GIS 可定义为用于采集、存储、管理、处理、检索、分析和表达地理空间数据的计算机系统,是分析和处理海量地理数据的通用技术。从 GIS 系统应用角度可进一步定义为:GIS 由计算机系统、地理数据和用户组成,通过对地理数据的集成、存储、检索、操作和分析,生成并输出各种地理信息,从而为土地利用、资源评价与管理、环境监测、交通运输、经济建设、城市规划以及政府部门行政管理提供新的知识,为工程设计和规划、管理决策服务。

1) 基于 GIS 的物流信息系统构建

基于 GIS 的物流信息系统是一种可视化环境下的企业物流实时动态管理系统,其动态性可分为时间动态性和空间动态性两个方面。

时间动态性是指系统在 GIS 的辅助下对物流信息的采集、更新、加工和导出。系统能够及时地捕获整个物流过程中的关键数据,如订单信息、货物的数量及所在的位置、运输工具的状态信息等,并对现有数据进行实时更新;更新后的数据将被系统进行分析、聚类和统计等二次加工,处理后的结果将以屏幕显示或打印输出的形式被调用,真正实现了信息与时间的同步流动。

空间动态性是指系统能够利用 GIS 的地图或空间图形的显示和分析能力,通过专用的图形处理模块,建立动态的物流管理工作环境,该环境实现了地理空间信息与决策辅助系统的集成。在该环境下,地理空间信息被量化和规格化后输入系统数据库,并作为变量被决策辅助系统所调用。决策辅助系统依赖各种计算模式对物流流程的各个环节的管理计划进行调整。一套成熟可靠的基于 GIS 的物流信息系统应当是地图信息、数据库、图形界面和决策模型的紧密耦合。通过系统的分析,使用者可以从枯燥的数据和统计报表中解脱出来,物流管理工作将简化为对既有方案的比较和选择的过程,从而大大降低了物流管理工作的难度。

2) 地理信息系统的组成

(1) 硬件

硬件是指操作 GIS 所需的一切计算机资源。目前的 GIS 软件可以在很多类型的硬件上运行,从中央计算机服务器到桌面计算机,从单机到网络环境。一个典型的 GIS 硬件系统除计算机外,还包括数字化仪、扫描仪、绘图仪和磁带机等外部设备。根据硬件配置规模的不同可分为简单型、基本型和网络型。

这些模型对大量空间数据进行分析和综合来解决实际问题,如基于 GIS 的矿产资源评价模型、灾害评价模型等。

(2)软件

现阶段主要存在两种系统开发模式:一是利用国外成熟的商业 GIS 平台,如 Galiper 公司开发的 TransCAD 软件和 ESRI 公司开发的 ArcGIS 等,并在该平台的基础上进行系统的二次开发;二是直接针对具体应用中的空间问题开发与之相对应的、GIS 技术和配送环节相结合的一体化的综合管理信息系统。

从理论层面来说,第二种方式无论是在系统针对性和可操作性方面均胜过第一种方式;但该方式研发成本高,软件制作周期长,且在具体应用环境中还存在系统可靠性等风险因素,故实际应用较少,主流应用仍为第一种方式。

基于 ArcGISEngine 嵌入式 GIS 组件库在 Internet 环境下进行系统二次开发的可行性,将 GIS 配送系统的软件功能需求定位为订单管理、商品管理、配送管理、服务区管理、路网模型管理和仓库管理等几个方面。在系统架构关键技术上,通过对简单无拓扑的地理数据进行网络数据集处理,将配送路径进行抽象和分解,使其成为相互之间有拓扑关联的点要素和线要素的集合;选用 ArcGIS 作为系统的地图容器,并调用 ArcGIS 的 Network Analyst 中的 VRP 网络分析功能模块对要素信息进行加载和数据处理。

3)GIS 环境下的物流配送组织方式

对物流配送的具体行为进行抽象概括,可以将其表示为某一配送主体使用一定数量的交通工具,按照客户要求将货物由配送主体配送至客户指定地点的过程。这一过程包括了运输车辆路线安排问题(VRP)、定位-配给问题(LA)、定位-运输路线安排问题(LRP)等具体内容,其核心问题大多数可以归结为最短路径问题或其变种问题。然而,在实际环境中,物流企业面对的往往是同时存在着若干个供应点和若干个需求点的经济区域。因此,首先需要选择某一个具体地点作为配送中心,在此基础上进一步对由配送中心向外辐射的每一条配送路径实施规划,从而保证配送活动的适应性、协调性、经济性和战略性。GIS 技术与物流配送的结合为配送中心选址及配送路径规划提供了新的思路和解决方案。GIS 应用开发平台能够对经济区域内的空间实体及影响配送中心选址的各种环境因素加以量化,从而将抽象的选址问题转化为以真实空间数据为参考和依托的建模问题,提高了选址效率和选址方案的可行性。另外,目前主流的 GIS 应用开发平台大多集成了路径分析模块,利用该模块的功能,结合真实环境中所采集到的空间数据,可以便利地实现以费用最小或路径最短等目标为出发点的配送路径规划。

2. GIS 的主要功能

一个 G1S 软件系统应具备 5 项基本功能,即数据输入、数据编辑与处理数据编辑、数据存储与管理、空间查询与空间分析、可视化表达与输出。

1)数据输入

数据输入功能是建立地理数据库必需的过程。数据输入功能指将地图数据、遥感数据、统计数据和文字报告等输入、转换成计算机可处理的数字形式的各种功能。对多种形式、多种来源的信息,可实现多种方式的数据输入,如图形数据输入、栅格数据输入、GPS测量数据输入和属性数据输入等。地理信息系统空间数据采集的主要技术有两类,即使用数字化仪的手持跟踪数字化技术和使用扫描仪的扫描技术。手持跟踪数字化曾在相当长的时间内是空间数据采集的主要方式。扫描数据的自动化编辑与处理是空间数据采集技术研究的重点,随着扫描仪技术和性能的提高及扫描处理软件的完善,扫描数字化技术的使用越来越普遍。

2) 数据编辑与处理数据编辑

数据编辑与处理数据编辑主要包括属性编辑和图形编辑。属性编辑主要与数据库管理结合在一起完成,图形编辑主要包括拓扑关系建立、图形整饰、图幅拼接、图形编辑、图形变换、投影变换和误差校正等功能。

3) 数据的存储与管理

数据的有效组织与管理是 GIS 系统应用成功与否的关键,主要提供空间与非空间数据的存储、查询检索、修改和更新的能力。矢量数据结构、光栅数据结构和矢栅一体化数据结构是存储 GIS 的主要数据结构。数据结构的选择在相当程度上决定了系统所能执行的功能。数据结构确定后,在空间数据的存储与管理中,关键是确定应用系统空间与属性数据库的结构以及空间与属性数据的连接。目前广泛使用的 GIS 软件大多采用空间分区、专题分层的数据组织方法,用 GIS 管理空间数据,用关系数据库管理属性数据。

4) 空间查询与空间分析

空间查询与分析是 GIS 的核心,是 GIS 最重要的和最具有魅力的功能,也是 GIS 有别于其他信息系统的本质特征。GIS 的空间分析可分为 3 个层次的内容:①空间检索:包括从空间位置检索空间物体及其属性、从属性条件检索空间物体。②空间模型分析:如数字地形高程分析、BUFFER 分析、网络分析、图像分析、三维模型分析、多要素综合分析及面向专业应用的各种特殊模型分析等。③空间拓扑叠加分析:实现空间特征(点、线、面或图像)的相交、相减、合并等,以及特征属性在空间上的连接。

5) 可视化表达与输出

中间处理过程和最终结果的可视化表达是 GIS 的重要功能之一。通常以人机交互方式来选择显示的对象与形式,对于图形数据,根据要素的信息密集程度,可选择缩小或放大显示。GIS 不仅可以输出全要素地图,也可以根据用户需要,分层输出各种专题图、数据、各类统计图及图表等。

除上述五大功能外,还可以有用户接口模块,用于接收用户的指令、程序或数据,是用户和系统交互的工具,主要包括用户界面、程序接口与数据接口。由于地理信息系统功能复杂,且用户又往往为非计算机专业人员,用户界面是地理信息系统应用的重要组成部分,使地理信息系统成为人机交互的开放式系统。

3. GIS 在物流中的应用

近几年来,伴随着 GIS 技术的逐渐成熟,GIS 在物流管理领域中的应用水平也随之提升。将 GIS 与物流管理进行有效集成,已经成为现代物流发展的必然趋势。目前,GIS 在我国物流领域中的实际应用主要基于以下 6 个方面:

1) 第三方物流

目前我国第三方物流企业的服务水平与发达国家相比处在一个较低的层次上。为了改变这一现状,提升企业的快速响应能力和顾客满意度,应当建设基于 GIS/GPS 技术的物流公共信息平台,利用 GPS 的定位功能、GIS 的可视化环境对物流配送进行管理,并借助 GIS 的空间信息分析与加工功能为空间辅助决策提供可靠平台,从总体上提高第三方物流企业的运营效率。

我国第三方物流企业的配送系统在生成配送方案时多数采用通用的道路信息数据,存在重复计算、低准确度和低处理效率等缺陷。为了克服这些缺陷,应当对道路网进行建模,将交通法规、道路属性、交通枢纽和配送中心等元素作为建模影响因子,对经由 GIS 软件平台生成的道路地理数据集合进行筛选,从而抽象出道路网拓扑视图,然后应用 Dijkstra 算法将拓扑视图转化为最短路径视图存储于 DBMS(数据库管理系统) 中,为配送方案的形成提供数据支持。

2) 电子商务物流管理

将 GIS 引入电子商务环境下的物流管理符合 GIS 和电子商务各自的特点,也符合我国物流行业的发展要求。GIS 能够成为电子商务的基础平台和信息支持平台,能够在诸如交通路线选择、机构设施地理位置选择、辅助决策分析等方面为电子商务环境下的物流管理提供信息支持与服务。电子商务环境下的物流公共信息平台建设包括"三层平台"和"三大功能模块"。其中"三层平台"指的是物流公共信息服务平台、区域信息系统和物流企业终端信息系统;"三大功能模块"指的是数据交换处理系统模块、物流信息服务模块和物流决策支持系统模块。GIS 在整个公共信息平台中作为基础地理信息数据源,为物流信息服务系统及物流决策支持系统提供双向数据支持。

3) 港务管理

GIS 是构建航港信息管理系统的有效手段。通过将包含地形图、航道水深图和海图的图形库,以及包含航港设施、设备信息的属性库和符号图例库等空间数据库导入 GIS 软件平台中,可以建立航运网络的拓扑关系,从而构建出集成了港口查询、航线查询、综合查询演示、物流分析和信息输出等功能模块的航港设施地理信息系统。设计了基于 MapInfo 平台的港口物流配送系统,可以为客户提供货物跟踪查询、自动运输路径选择等标准化服务。

4) 供应链管理

传统的供应链模型存在灵活性差和信息失真等缺陷,利用 WebGIS 和 EDI 等信息技术对供应链模型实施重构,可以提高供应链成员企业之间的集成度,实现快速的信息查询和高效的决策分析。基于 GIS 的供应链管理模型与传统的供应链模型相比拥有更大的整体优势。通过增强信息透明度,有助于提高供应链成员企业间的相互了解和信任的程度,并可以使各企业所拥有的资源得到充分的共享和利用。

5) 特殊物流

GIS 在应急物流管理的各个阶段中均能够发挥巨大的作用。在风险评估与规划阶段,GIS 可以利用空间模型进行分析性模拟;在准备和响应阶段,GIS 可以通过对空间信息的综合与开发,帮助阐明和执行应急响应计划;在恢复阶段,GIS 可以根据空间模型进行损失评估和恢复分析。

通过在 Internet 上整合 GIS、GPS 和 RFID 技术，可以构建石化危险品运输公共监控平台。该平台通过 GSM 网络传送 GPS 定位信息及 RFID 识别信息，并在 GIS 可视化系统中进行信息集成，从而实现在途危险品运输车辆、物流监控中心和货主间的紧密联系。

6）军事物流

军事物流与 GIS 的结合是军事物流管理与运作的必然趋势。基于 GIS 的军事物流管理信息系统的基本架构由作业终端、军事物流枢纽、军事物流管理平台和军事物流决策平台等模块组成，能够满足部队平时、战时的各种军事物流需求，为作战指挥者进行预测、监测、规划管理和决策提供科学依据。

综上所述，GIS 技术与现代物流管理技术的结合，为我国物流行业的发展指明了新的方向。GIS 在物流管理中的巨大作用主要体现在物流信息系统架构、配送网络规划、配送中心选址和配送车辆调度等方面。继续完善这一交叉学科领域的理论和应用研究，对于现代物流企业提高管理水平、降低物流成本、增加经济效益和增强企业核心竞争力具有重要的现实意义，也是提升我国物流行业总体服务水平的必由之路。

9.4 物流信息系统概述

9.4.1 基本概念

物流信息系统处理的对象是信息。从广义的角度来讲，信息提供了有关现实世界事物的消息和知识；从狭义的角度讲，信息是经过加工的对人类有用的数据，这个"加工厂"就是信息系统。这里说的数据是一种广义的数据，它可以分为数值型数据和非数值型数据两种。数据和信息的关系可看做是原材料和产成品之间的关系。原材料和产成品之间的关系可以引申出这样一种概念：对某个人来说是信息，而对另外一个人来说可能只是一种原始数据，这正如某个加工部门的成品在另外一个部门看来只是一种原料。例如，车辆的运输信息对运输部来说是信息，而对统计部门来说只是一种原始数据。正是由于数据和信息之间存在着这种关系，所以这两个词有时可以通用，不作区分。

物流信息是反映物流各种活动内容的知识、资料、图像、数据和文件的总称。物流信息是物流活动中各个环节生成的信息，一般是随着从生产到消费的物流活动的产生而产生的信息流，与物流过程中的运输、保管、装卸和包装等各种职能有机结合在一起，是整个物流活动顺利进行所不可缺少的。

物流信息可以从狭义和广义两个方面来考察。从狭义范围来讲，物流信息是指与物流活动（如运输、包装、装卸和物通加工等）有关的信息。如运输工具的选择、运输路线的确定、每次运送批量的确定、在途货物的跟踪、仓库的有效利用、最佳库存数量的确定以及订单管理等，都需要详细和准确的物流信息。因此物流信息对运输管理、库存管理、订单管理和仓库作业管理等物流流动具有支持和保证的功能。从广义范围来看，物流信息不仅指与物流活动有关的信息，而且包含与其他流通活动有关的信息，如商品交易信息和市场信息等。商品交易信息是指与买卖双方的交易有关的信息，如销售和购买信息、订货和接受订货信息、发出货款信息和收到货款信息等。

9.4.2　物流信息系统的功能

物流信息系统作为整个物流系统的指挥和控制系统,可以有多种子系统或者多种基本功能,通常其基本功能可以归纳为以下几个方面:

(1) 数据的收集和输入物流数据的收集。首先是将数据通过收集子系统从系统内部或者外部收集到预处理系统中,并整理成为系统要求的格式和形式,然后再通过输入子系统输入到物流信息系统中。

(2) 信息的存储。物流数据进入到系统中之后,在其得到处理之前,必须在系统中存储下来;当得到处理之后,如果没有完全丧失信息价值,往往也要将结果保存下来,以供使用。物流信息系统的存储功能就是保证已得到的物流信息能够不丢失、不走样、不外泄、整理得当、随时可用。无论哪一种物流信息系统,在涉及信息的存储问题时,都要考虑存储量、信息格式、存储方式、使用方式、存储时间和安全保密等问题。数据的存储必须要考虑数据的组织,目的是为了数据的处理和检索。

(3) 信息的传输。物流数据和信息在物流系统中必须及时、准确地传输到各个职能环节,才能发挥其功效,这就需要物流信息系统具有克服空间障碍的功能。物流信息系统必须要充分考虑所要传递的信息种类、数量、频率和可靠性要求等因素。现代化的信息传输是以计算机为中心,通过通信线路与近程终端或远程终端相连,形成联机系统;或者通过通信线路将中、小、微型计算机连网,形成分布式系统。衡量数据传输的指标是传输速度和误码率。

(4) 信息的处理。物流信息系统的最基本目标就是将输入数据加工处理成物流信息。所谓物流数据是指不能直接满足物流作业系统某一环节的需要,但又与之密切相关,只要通过一系列的信息处理就可以满足需要的物流情报。而那些能够直接或者经过信息处理后能够在某一作业环节上发挥功能的物流情报就称为物流信息。信息处理可以是简单的查询和排序,也可以是复杂的模型求解和预测。信息处理能力是衡量物流信息系统能力的一个极其重要的方面。

(5) 信息的输出。信息输出必须采用便于人或计算机理解的形式,在输出形式上力求易读易懂,直观醒目,这是评价物流信息系统的主要标准之一。

当前物流信息系统正在向数据采集的在线化、数据存储的大型化、信息传输的网络化、信息处理的智能化以及信息输出的多媒体化方向发展。

9.5　常用的物流信息系统

9.5.1　入库系统

入库系统的主要功能包括接收系统、存放的指示、存放的确认、更新库存、入库确认、生成会计系统的传送信息。

(1) 接收系统。货车到达之后,为了顺利完成入库的接收作业,最好有计划地进行接收处理。因此需要事先掌握入库的数据,注意用尽可能少的处理完成入库。

（2）存放的指示。为了遵守先进先出的原则,考虑出库作业的效率而进行保管地点的指定,这就是存放商品的指示。因此,需要知道不同位置的保管情况,掌握不同货架和托盘的库存。

（3）存放的确认。在自动仓库的情况下,由于自动仓库系统自动进行存放确认,就没有必要进行人工的确认操作。在存放指示灯所指示的情况下,根据取消指示灯的操作进行存放的确认。在不是自动仓库,没有必要进行仓库内详细管理的情况下,不进行存放确认,也有与入库确认合并的做法。

（4）更新库存。在分散处理时,更新库存分为中央和分散两次更新库存。如果在入库的商品立即出库的系统中,在分散计算机中更新所掌握的不同保管位置的库存,然后连网更新在中央计算机系统中所掌握的不同仓库的库存。在入库的商品不需要立即出库的情况下,考虑计算机的负荷,在分散计算机系统中立即进行更新处理,中央计算机系统的更新库存可以在夜间进行处理。

（5）入库确认。到了更新库存的步骤,就完成了入库处理业务的大部分内容,确认从接收入库开始到更新库存期间是否进行了正确的处理,或出现了哪些错误,就是入库确认。从接收入库开始到存放指示阶段如果出现错误,在接收入库的屏幕上显示出错误的状况,确定下一步的处理。

（6）生成会计系统的传送信息。作为入库处理的最后步骤,要生成接收系统累计的会计信息,用以反馈会计系统的接收台账和入库存账。

9.5.2　出库系统

出库系统的主要功能包括汇总出库数据、拣货处理、分拣处理、配车处理、生成出库单据、包装和单据设置、确认出库、向会计系统传送数据。

（1）汇总出库数据。出库准备结束后,即制作商品分配结束之后的订单,从中央计算机系统得到出库数据,确认数据的内容,为了便于以后的作业处理,按照出库数据的顺序进行排列、替换并编辑有关内容。为进行单据拣货的仓库生成处理的单据,在进行配车处理的同时对配车处理传送出库数据。使用自动仓库时,向自动仓库控制器传送出库数据,分解订单并按照不同商品单位的订单生成出库数据。

（2）拣货处理。处理小件商品出库作业时,一般为了进行拣货需要输出拣货清单。汇总的拣货清单按照商品单位合计出库数据,与作业人员的作业单位匹配输出商品的分类。根据汇总出库数据的处理,以接收的信息为基础进行不同货架的库存分配,按照管理货架的单位汇总商品。单据拣货时,在汇总出库数据之后,考虑配送业务按照不同的方面排列替换出库单据,以单据为单位输出拣货清单并进行拣货处理。这种方法是在商品品种数少的情况下省去了分拣处理作业,可以有效地提高业务效率。

（3）分拣处理。是拣货的后处理作业。在以商品的总量为单位进行拣货后,需要再按照不同的订单分配商品,生成分拣货架和订单以及这些内容的商品所联系的分拣清单,按照拣货的顺序参考分拣清单,向分拣货架分配商品。

（4）配车处理。在利用专用班次情况下,按照不同方向限定车辆台数,这时需要根据出库量对各个车辆效率地进行货物分配。

（5）生成出库单据的形式要依据各个公司的不同需求，格式不统一。

（6）包装和单据设置。出库的最终作业就是包装。按照单一品种为单位进行包装存储时，拣货后贴货物标签就能够出库。集合包装时，根据拣货和分拣将集中的商品和到货单放入包装箱中，并贴货物标签出库。采用包装的商品，按照商品单据为单位进行集中并放置于出库区。

（7）确认出库处理。以接受订货单位检索出预定出库的出库数据，对出库单据和商品及数量等是否一致进行确认。

（8）向会计系统传送数据。在分散计算机系统中处理的完成出库数据要传送到中央计算机系统中，并在中央计算机系统中更新库存。最后要向会计系统传送支付信息、附加的销售信息和内部的交易信息等。

9.5.3 库存系统

库存系统的处理范围如下：从入库、出库各个业务的结果监视有关更新的库存是否是合理的库存；在不合理库存的情况下，判断如何进行处理；根据更新后的库内库存判断，进行预备货架的补充；根据盘点结果判断是否存在库存差额，存在则说明原因并进行相应的处理。库存系统的主要功能包括以下几个方面：

（1）设定库存指标。设定合理的库存量是非常复杂的问题。从理论上讲，库存量是变化的需求和供应能力的差。需求的变化作为独立的变量在公司中进行控制是很困难的。设定的指标要与库存实际业绩相比较，并把比较结果输入计算机中，这才能及时反映问题。

（2）检索库存。功能是让业务人员能够知道正确的库存量，目的是为了判断是否与订单相对应。

（3）对比实际库存和指标系统。设定的所有指标都应能够监视实际业绩的变化和发展，与企业的活动周期相适应，也能够周期地对比实际库存。与库存指标对比进行判断，并作为补充库存的手段。

（4）计算库存之间的补充库存。当存在多家地区配送的仓库时，需要从工厂仓库或公司向地区配送仓库补充库存。补充库存的关键问题是如何计算需补充的数量。

（5）补充库存。可以分为定期补充和紧急补充两种。定期补充是指按所确定的安全库存，根据库内存储的商品进行补充的汇总。紧急补充是指以出库预定的数据为基础，当进行商品的分配时，若拣货区商品不足，则由存储库区紧急补充。

（6）盘点整个库存系统的信息处理流程。

案例分析：小案例三则

案例 1

某超市是全国规模最大的国有连锁超市之一。该超市在 A 市范围内共有门店 100 多家，以 A 城市为中心开展配送业务，并建立了基于条形码技术应用的现代化的物流实时配送系统，实现了配送中心和门店之间的无纸化操作。具体的流程如下。

在每天工作结束前,各门店的订货需求通过调制解调器方式传递给总部。总部计算机对所有的订货需求进行汇总后,生成总的订货单并传送给配送中心。配送中心基于这些汇总数据和明细数据向供应商订货。

当供应商的货物到达时,先由收货员通过手持终端扫描商品条形码。手持终端将扫描数据通过无线通信网络传送给主机,主机便会承担所有的搜索、查询和显示工作。收货员可以从手持终端的屏幕上了解到有关该商品的所有信息和订货资料,在完成质检和数量清点后,通过手持终端向主机发送确认命令。

在发货过程中,配送人员首先扫描代表各个顾客的标志条形码。主机将针对该顾客做出的配送安排,显示于手持终端屏幕上。然后,操作员逐项扫描商品条形码,主机系统做出统筹安排,将该商品在仓库中的存放货位通知操作员。操作员根据系统安排的配送数量提取商品,完成配送。配送人员在完成所有的工作后,向主机提交打印请求。主机通过网络打印机,打印各个门店的配送单。

针对上述案例,请分析:(1)什么是条形码? (2)条形码技术的特点; (3)条形码技术在收货和发货过程中的作用。

案例 2

海尔集团的每台家电自开始生产都带有唯一可识别的条形码(SN 码),该条形码由产品型号、生产线、生产日期和流水号等信息组成,以此作为该产品的身份识别,从而跟踪单台产品的整个生命周期。

在物流运作的关键环节建立扫描点,将扫描的信息及时与后台数据库、ERP 以及LES(Logistics Execute System,物流执行系统)进行交互、自动校验,实现实时准确的信息采集。一线作业人员手中有带扫描头的 PDA 终端设备。

(1) 成品下线扫描。目前每条生产线末端安装有线扫描枪,实时地将下线产品条形码采集下来,同步传到 MES(制造执行系统)和 ERP 系统中。一方面,在系统中生成成品库存,并自动更新工位上的原材料库存;另一方面,实时记录产品下线情况,以便对生产节奏进行分析和控制,发现生产中存在的问题并解决。

(2) 工厂装车装箱条形码扫描。装货员扫描运输单据号→自动传到数据库,从 LES系统中提取单据信息→反馈到装货员 PDA 中→扫描成品的条形码(SN 码)→自动校验,自动检验商品是否与运输单一致→发货。

(3) 成品入库的条形码扫描。仓库管理员扫描运输单据号→自动传到数据库,从LES 系统中提取单据信息→反馈到装货员 PDA 中→扫描成品的条形码(SN 码)→自动校验,如果符号要求,可以入库→收货后系统自动增加库存,并记录每台产品的入库时间,准确提供产品精确的库龄。

(4) 成品出库的条形码扫描。仓库管理员扫描出库单→自动传到数据库,从 LES 系统中提取单据信息→反馈到装货员 PDA 中→扫描成品的条形码(SN 码)→自动校验,自动判断是否符合先进先出的原则,如果不符合,不允许出库。

针对上述案例,请分析条形码技术在入库和出库过程中的作用。

案例 3

在马士基物流公司,数据传送电子化与货运有着同等重要的地位。在过去的 5 年中,公司投入了上百万美元,实现了物流服务的计算机系统化,建立了适合公司业务发展的 M. Power 系统。M. Power 可以在多种操作平台上工作,如电子数据交换机和 Internet。M. Power 使各级别的客户都可以跟踪其业务过程。如果想了解客户的货物现在在哪里,什么时候货物能到配送中心,都可以通过 M. Power 系统查询。这样就避免了估计上的错误,不必不停地与各方面联系,M. Power 可以 24 小时不停地工作。

在信息处理上,马士基公司也与其他公司进行了合作。它的前竞争对手 Sea-Land 物流公司有其自己的客户协调系统和航运跟踪系统,现在这些系统并入了 M. Power 系统,为马士基公司的客户服务,跟踪货物运输的全过程,使 M. Power 工作得更加完美了。

针对上述案例,请分析:(1)马士基物流公司采取什么方式在实践中完善它的物流信息系统?(2)现代物流信息在物流活动中有怎样的作用与功能?

思考题

1. EDI 技术在物流链中的作用主要表现在哪些方面?
2. 什么是条形码?什么是条形码技术?
3. 在物流分析中运用 GIS 系统主要是为了解决什么样的问题?
4. 简述物流信息系统的基本功能。
5. 列出几个典型的物流信息系统。

第 10 章　信息时代下的供应链与物流管理

10.1　电子商务概述

电子商务是一种新兴的商务模式,它的高效率、低成本和跨时空的优势是传统商务无法比拟的。电子商务可帮助传统产业寻找新的发展机遇,实现由传统经济模式向网络经济模式的转变,实现我国的信息基础设施和商业交易方式从目前的基本层次向更高层次的转变,实现企业、政府和个人商务信息化的目标,为我国信息产业和国民经济的快速发展奠定坚实的基础,最终将会促使我国的信息网、物流网和金融网的融合,并使其成为整个社会的公共服务体系。

10.1.1　电子商务的定义

关于电子商务的定义,至今仍有不同的理解。各国政府、学者和企业界人士都根据自己所处的地位和对电子商务的参与程度给出了许多表述不同的定义。比较这些定义,有助于更全面地了解电子商务。

1. 政府界的定义

美国政府在其《全球电子商务概要》中比较笼统地指出:电子商务是指通过 Internet进行的各项商务活动,包括广告、交易、支付和服务等活动,全球电子商务将涉及世界各国。

加拿大电子商务协会给出了电子商务的比较严格的定义:电子商务是通过数字通信进行商品和服务的买卖以及资金的转移,它还包括公司间和公司内利用电子邮件(E-mail)、电子数据交换(electronic data interchange,EDI)文件传输、传真、电视会议和远程计算机联网所能实现的全部功能,如市场营销、金融结算、销售以及商务谈判。

1997 年 11 月,欧洲经济委员会在比利时首都布鲁塞尔举办了全球信息标准大会,明确提出了电子商务的定义:"电子商务是参与方之间以电子方式而不是以物理交换或直接物理接触方式而完成的业务交易活动",它将电子商务定义为整个事务活动和贸易活动的电子化,将事务活动和贸易活动中发生关系的各方面有机地联系起来,使得信息流、资金流和物质流迅速流动,从而提高企业生产效率,降低经营成本,优化资源配置,实现社会财富的最大化。

欧洲会议关于电子商务的定义是:电子商务是通过电子方式进行的商务活动。它通过电子方式处理和传递数据,包括文本、声音和图像。它涉及许多方面的活动,包括电子贸易和服务、在线数据传递、电子资金划拨、电子证券交易、电子货运单证、商业拍卖、合作设计、在线资料和公共产品获得。它包括了产品(如消费品、专门设备)和服务(如信息服务、金融和法律服务)、传统活动(如健身、体育)和新型活动(如虚拟购物、虚拟训练)。

2. 组织机构的定义

世界贸易组织(World Trade Organization,WTO)在其《电子商务》专题报告中也对电子商务这一概念做出了定义:电子商务就是通过电信网络进行的生产、营销、销售和流通活动。它不仅是指基于 Internet 上的交易活动,而且涉及所有利用电子信息技术来解决问题、降低成本、增加价值和创造商业和贸易机会的商业活动,包括通过网络实现从原材料查询、采购、产品展示、订购到出品、储运、电子支付等一系列的贸易活动。

联合国经济合作与发展组织(Organization for Economic Cooperation and Development,OECD)在有关电子商务的报告中对电子商务的定义是:电子商务是发生在开放网络上的,包含企业之间(business to business)、企业与消费者之间(business to consumer)的商业交易。

全球信息基础设施委员会电子商务工作组在报告草案中对电子商务的定义如下:电子商务是运用电子通信作为手段的经济活动,通过这种方式人们可以对带有经济价值的产品和服务进行宣传、购买和结算。这种交易的方式不受地理位置、资金多少或零售渠道的所有权影响,公有企业、私有企业、公司、政府组织、各种社会团体、一般公民和企业家都能自由地参加广泛的经济活动,其中包括农业、林业、渔业、工业、私营和政府的服务项目。电子商务能使产品在世界范围内交易并向消费者提供多种多样的选择。

上海市电子商务安全证书管理中心给电子商务下的定义是:电子商务是指采用数字化电子方式进行商务数据交换和开展商务业务活动。电子商务主要包括利用电子数据交换、电子邮件、电子资金转账(Electronic Finances Transfer,EFT)及 Internet 的主要技术在个人、企业和国家间进行物质化的业务信息的交换。

3. 学者的定义

1997 年 11 月 6—7 日在法国首都巴黎,国际商会举行了世界电子商务会议(The World Business Agenda for Electronic),对电子商务的概念阐述如下:电子商务指对整个贸易活动实现电子化。从涵盖范围方面可以定义为:交易各方以电子交易方式而不是通过当面交换或直接面谈方式进行的任何形式的商业交易;从技术方面可以定义为:电子商务是一种多技术的集合体,包括数据交换(如电子数据交换、电子邮件)、获得数据(共享数据库、电子公告牌)以及自动捕获数据(条形码)等。

美国学者瑞维和安德鲁在他们的专著《电子商务的前沿》中提出：广义地讲,电子商务是一种现代商业方法。这种方法通过改善产品和服务质量、提高服务传递速度,来满足政府组织、厂商和消费者低成本的需求。这一概念也用于通过计算机网络寻找信息以支持决策。一般来讲,今天的电子商务通过计算机网络将买方和卖方的信息、产品和服务联系起来,而未来的电子商务通过构成信息高速公路的无数计算机网络中的一条将买方和卖方联系起来。

中国学者王可研究员从过程角度将电子商务定义为：在计算机与通信网络基础上,利用电子工具实现商业交换和行政作业的过程。

4. 企业界的定义

IT行业是电子商务的直接设计者和设备的直接制造者。许多公司都根据自己的技术特点给出了电子商务的定义。

IBM公司一直是电子商务的积极倡导者,他对电子商务是这样描述的：电子商务是在Internet的广阔联系与传统信息技术系统的丰富资源相结合的背景下应运而生的一种相互关联的动态商务活动,电子商务＝Web＋企业业务。电子商务(E-business)概括为3个部分：企业内联网(Intranet)、外联网(Extranet)和电子商务。它强调的是在计算机网络环境下的商业化应用,而不仅仅是硬件和软件的结合。

Intel公司的定义是：电子商务＝电子化的市场＋电子化的交易＋电子化的服务。

HP公司把电子商务(E-commerce)、电子业务(E-business)、电子消费(E-consumer)和电子化世界(E-world)几个概念区别对待,其中把电子商务定义为：通过电子化手段来完成商业贸易活动的一种方式；将电子业务定义为：一种新型的业务开展手段,通过基于Internet的信息结构,使得公司、供应商、合作伙伴和客户之间利用电子业务共享信息；将电子消费定义为：人们使用信息技术进行娱乐、学习、工作和购物等一系列活动,使家庭的娱乐方式越来越多地从传统电视向Internet转变。

通用电气公司(General Electronic Company,GE)对电子商务的定义是：电子商务是通过电子方式进行商业交易,分为企业与企业间的电子商务和企业与消费者之间的电子商务。企业与企业间的电子商务以EDI为核心技术,增值网(Value-Added Network,VAN)和Internet为主要手段,实现企业间业务流程的电子化,配合企业内部的电子化生产管理系统,提高企业的生产、库存、流通(包括物资和资金)各个环节的效率。企业与消费者之间的电子商务以Internet为主要服务提供手段,实现公众消费、服务提供方式以及相关的付款方式的电子化。

中国企业家王新华从应用角度认为：电子商务从本质上讲是一组电子工具在商务过程中的应用。这些工具包括电子数据交换、电子邮件、电子公告系统、条形码、图像处理和智能卡等。而应用的前提和基础是完善的现代通信网络和人们的思想意识的提高以及管理体制的转变。

以上各种定义虽然差别很大,其基本思想是一致的,都认同电子商务是利用现有的计算机硬件设备、软件设备和网络基础设施,通过一定的协议连接起来的电子网络环境进行各种各样的商务活动的主体非直接接触,差别仅在于实现手段不同而已。广义地讲,电子商务可以借助电子通信方式来完成,如电话、传真和网络等。

5. 本书的定义

参考国内外一些专家学者的观点,本教材从广义和狭义两个方面阐述电子商务的含义。

1) 广义的电子商务

广义的电子商务定义为:使用各种电子工具从事商务或活动。这些工具包括从初级的电报、电话、广播、电视、传真到计算机和计算机网络,再到国家信息基础结构——信息高速公路(National Information Infrastructure, NII)、全球信息基础结构(Global Information Infrastructure, GII)和 Internet 等现代系统。

对于上述广义电子商务的定义,可以从以下 3 个方面来分析和理解。

(1) 电子商务采用现代信息技术提供交易平台,交易各方将自己的各类供求意愿通过交易平台发布或收集,一旦确定了交易对象,交易平台就会协助完成合同的签订、分类、传递、款项收付和结转等全套业务,为交易双方提供一种"双赢"的最佳选择。

(2) 电子商务的本质是商务,现代信息技术是手段。电子商务的目标是通过先进的信息技术支撑完成商务活动。所以信息技术要服务于商务,满足商务活动的要求,商务活动是电子商务永恒的主题。从另一个角度来看,商务也是在不断发展的,电子商务的广泛应用将给商务本身带来巨大的影响,从根本上改变人类社会原有的商务方式,给商务活动注入全新的理念。

(3) 对电子商务的全面理解应从"现代信息技术"和"商务"两方面考虑。一方面,电子商务所包含的"现代信息技术"应涵盖各种以电子技术为基础的现代通信方式;另一方面,对"商务"一词应作广义的理解,是指契约性的一切商务性质的关系所引起的种种事项。用集合论的观点来分析,电子商务是现代信息技术与商务两个集合的交集,三者的关系如图 10-1 所示。

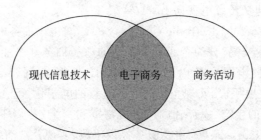

图 10-1 电子商务、现代信息技术和商务活动之间的关系

2) 狭义的电子商务

狭义的电子商务是指个人和企业之间、企业和企业之间、政府与企业之间及企业与金融业之间仅仅通过 Internet 进行的钱和物的交易活动。从这个角度讲,电子商务也可以称为电子交易或电子贸易。电子交易=网络+交易,是传统交易活动的电子化和网络化。

电子商务实现了整个贸易活动的电子化。从它涵盖的范围看,电子商务是交易的各方以贸易的方式,而不是通过当面交换或直接面谈方式进行的任何形式的商业交易活动;

从技术方面来看,电子商务是多种技术应用的集合体,包括交换数据和信息(如电子数据交换、电子邮件)、获得数据和信息(如共享数据库、电子公告牌)以及自动捕获数据和信息(如条形码、IC 卡应用等)。

电子商务是在网络环境下,多主体按照一定的协议,高效率、低成本地从事钱、商品和服务交换的各种活动的总称。现代电子商务一般是以 Internet 为交易平台,交易双方借助建立在 Internet 平台上的电子商务网站开展商务活动。电子商务的主体除了交易双方以外,还包括为完成交易而提供服务支持的参与方,如认证中心和银行等。电子商务协议是保障电子商务活动顺利进行的约定,它包括相关的法律、商务规则和安全措施等。电子商务中的"商务"与传统的商务概念内涵一致,主要指钱、商品(包括有形商品和无形商品)和服务的交易行为。

10.1.2 电子商务的特征

电子商务的特征可归结为高效率、低成本、便捷性、集成性、安全性和协同性。

1. 高效率

电子商务在时间和空间上的优势使得它具有比传统商务活动更高的效率。网上购物为消费者提供了一种方便、迅速的购物途径,为商家提供了一个遍布世界各地的、有巨大潜力的消费者群。因而,无论是对大规模的企业、中小型企业还是个体经营者来讲,电子商务都是一种机遇。

电子商务的高效率体现在许多方面,如电子商务可拓展市场、增加客户数量。企业通过信息网络记录下客户的每次访问、购物情况、购物动态和客户对产品的偏爱等,这样,企业统计这些数据,可以获知客户最想购买的产品,从而为产品的生产、开发提供有效的信息。网络营销还可以为企业节省大量的开销,如无需营业人员和店铺,并可以提供全天候的服务,增加销售量,提高客户满意度和企业知名度等。

电子商务作为一种高效率的新型交易方式已经在许多地方取得了成功。例如,当当网已经成为全球最大的中文网上商城,销售 60 万种图书音像,并有家居百货、化妆品和数码产品等几十个类别共计百万种商品,在全国 180 个大中城市可实现"货到付款",每天为成千上万的消费者提供安全、方便、快捷的服务。当当网提供繁多的商品、优惠的价格、快捷的搜索、灵活的付款方式、迅速的送货服务,只有电子商务的高效率才能保持当当网在全球中文书刊、音像以及百货等网上零售业务上的领先地位。瑞士一家覆盖全国的网上超市,全部经营管理人员只有 8 人,经营数千种商品,开业几个月就有数万客户,其商品的储存、运输及送货均由邮政部门承担。

2. 低成本

讨价还价是很多消费者购物时的习惯,然而,由于传统商务存在多个中间流通环节,每个环节的经营者都想尽可能地获取更高的利润,消费者最终不得不花费较高的价格购买到需要的商品。电子商务减少了商品的流通环节,因而交易成本大大降低。消费者甚至可以直接从商品的生产者处购得自己需要的商品。当然从营销角度看,不排除商品生产者为了获得更高的利润而采取专门的营销渠道,如经营商渠道等。

3. 便捷性

"足不出户即可获得所需商品"的梦想在电子商务时代变成了现实。在电子商务环境中,传统商务活动较易受时间和空间限制的局限性被打破,客户不再像以往那样因受地域的限制而只能在一定的地域内的有限几个商家中选择交易对象,寻找所需商品。他们不仅可以在更大的范围内,甚至在全球范围内寻找交易伙伴和选择商品,而且更重要的是,他们的目光不仅仅集中在商品的价格上,服务质量的好坏在某种意义上成为商务活动成功与否的关键因素。

企业将客户服务过程放在网络上后,过去客户要大费周折才能获得的服务,现在只要用一种非常便捷的方式就能获得。例如,将一笔资金从一个账户转移至另一个账户或支票户头,查看信用卡的收支情况,查询货物的收发情况,乃至寻找或购买稀有产品等,都能方便实时地完成。可见,电子商务提供给客户的是一种查询、购买和服务的便捷性。

4. 集成性

电子商务是一种新兴产物,其中用到了大量新技术,但并不是说新技术的出现就必然导致原有技术和设备的灭亡。Internet 的真实商业价值在于协调新旧技术,使用户能更加行之有效地利用他们已有的资源和技术,更加有效地完成他们的任务。电子商务的继承性还在于事物处理的整体性和统一性,它能规范事物处理的工作流程,将人工操作和电子信息处理集成为一个不可分割的整体,这样不仅能提高人力和物力的利用效率,也提高了系统运行的严密性。为了帮助企业分析、规划其电子商务发展战略,更好地继承新旧资源,充分地利用已有资源,IBM 公司建立了一种可伸缩的网络计算模型(Network Computing Framework,NCF),这种模型是开放的,并且是在现实产品和丰富的开发经验的基础上提出的。对 NCF 的概念和原理有兴趣的读者可以查阅相关资料。

5. 安全性

对于客户而言,无论网上的物品如何具有吸引力,如果他们对交易安全性缺乏把握,他们根本就不敢在网上进行买卖,企业和企业间的交易更是如此。电子商务安全包括3 个层次,即物理层安全、数据层安全和商务层安全。在电子商务中,安全性是必须考虑的核心问题。欺骗、窃听、抵赖、病毒和非法入侵都在威胁着电子商务,因此,在物理层和数据层上,要求网络能提供一种端到端的安全解决方案,包括加密机制、签名机制、分布式安全管理、存取控制、防火墙、安全万维网服务器和防病毒保护等。为了帮助企业创建和实现这些方案,国际上多家公司联合开展了安全地址交易的技术标准和方案研究,并发表了安全电子交易(Secure Electronic Transaction,SET)和安全套接层(Secure Socket Layer,SSL)等协议标准,使企业能建立一种安全的电子商务环境。

6. 协同性

商务活动是一种协同工作的过程,它需要员工和客户、生产方和供应商、企业内部和外部的协作。为提高效率,许多组织都提供了交互式的协议,电子商务活动可以在这些协议的基础上进行。传统的电子商务的解决方案能协调公司内部的工作,电子邮件就是其中的一种,但那只是协调员工工作的一小部分。利用 Internet 将供应商、客户连接至企业内部管理系统,使得采购、销售和生产等环节协调起来,为企业节省了时间,提高了效率,消除了信息孤岛,减少了纸张开支和库存带来的成本。

10.1.3　电子商务的内涵

电子商务的内涵主要体现在以下 4 个方面。

1）电子商务的前提是商务信息化

从人类文明史来看,以往的技术发明和工具创造主要用于自然界的物质和能源开发,而自然界的物质和能源是有限的,许多是不可再生的。而以计算机为代表的电子信息技术的发明和创造主要针对的是人类的知识获取和智力开发,它对自然信息和社会信息进行采集、储存、加工处理、分发和传输。在它的帮助下,人类可以不断地继承、加工处理和呈现信息。电子商务借助计算机和网络开展商务活动,因此,商务信息化是电子商务的前提。

2）电子商务的核心是人

电子商务是一个社会系统,它的核心必然是人。以往的定义中只强调了电子工具及其流水线,而没有明确提出人的作用和人的知识、技能的变化。电子商务的出发点和归宿是商务,商务的中心是人或人的集合。电子工具的系统化应用也只能是人,而从事电子商务的人就必然是既掌握现代信息技术,又掌握现代商务技能的复合型人才。

3）电子工具是先进的商务手段

电子工具的先进性体现在当代技术的成熟、高效、低成本、安全可靠和方便操作。如电话、电视、EDI、POS、电子货币和电子签名等。

4）交易对象是虚拟化的商品

传统的商务活动主要针对实物商品进行交易。电子商务则是将实物型的商品数字化,形成信息化的虚拟商品,进而对虚拟商品进行整理、储存和加工传输。除了数字化的商品外,物流则是将虚拟商品转化为实物商品的途径。

由此可见,电子商务的前提条件是商务信息化;其手段是先进的信息技术,特别是Internet 技术的产生与发展;电子商务的核心是掌握现代信息技术与商务理论及实务的复合型人才,他们是发展电子商务的主力军;电子商务的基础是综合运用各类系统化的电子工具;电子商务的对象是以虚拟商品交易为中心的各种商务活动;电子商务的目的是高效率、高效益、低成本地进行产品生产与产品服务,提高企业的整体竞争能力。

10.2　电子商务物流

电子商务物流主要研究物流在电子商务和现代科学技术条件下的运作和管理。电子商务物流的目标是:在电子商务条件下,通过现代科学技术的运用,实现物流的高效化和低成本化,促进物流产业的升级以及电子商务和国民经济的发展。电子商务物流的本质是实现物流的信息化和现代化。

10.2.1　电子商务物流的概念及特征

1.电子商务物流的概念

电子商务物流就是在电子商务条件下,依靠计算机技术、互联网技术、电子商务技术以及信息技术等所进行的物流活动。

2. 电子商务物流的特征

电子商务物流的特征主要表现为以下5点：

1）物流信息化

在电子商务时代，要提供最佳的物流服务，物流系统必须要有良好的信息处理和信息传输系统。计算机的普遍应用提供了更多的需求和库存信息，提高了信息管理的水平。电子数据交换技术与国际互联网的应用，使物流效率的提高更多地依赖于信息化管理技术，物流的信息化使企业对商品流动的管理更加方便、准确和迅速，从而保证了商品与生产要素在全球范围内以空前的速度流动。

在物流的信息化比较先进的美国，商品进出口的报关公司与码头、机场和海关信息联网，当货物从世界某地起运，客户便可以从该公司获得到达口岸的准确位置和时间，使收货人与各仓储、运输公司等做好准备，可以使商品在几乎不停留的情况下快速流动直达目的地。可以说，现代化的信息管理是现代化物流的基础和保证。

物流信息化既是电子商务的必然要求，也是物流现代化的基础。没有信息化，任何先进的技术设备都不可能应用于物流领域。在物流信息化过程中，将涉及许多信息技术的应用，如物流信息处理的电子化和计算机化、物流信息传递的标准化和实时化、物流信息存储的数字化等。因此，条码技术、数据库技术、电子订货系统、电子数据交换、快速反应及有效的客户反应、企业资源计划等技术与观念在我国现代物流发展中将会得到普遍的应用。

2）物流自动化

物流自动化以信息化为基础，以机电一体化为核心，以无人化为外在表现，以扩大物流作业能力、提高劳动生产率、减少物流作业差错和省力化为其效果的最终体现。物流自动化的设施非常多，如条形码/语音/射频自动识别系统、自动存取系统、自动导引车和货物自动跟踪系统等。这些设施在发达国家已普遍用于物流作业流程中，而在我国由于物流业起步晚、发展水平低，自动化技术的普及还需要相当长的时间。

3）物流网络化

物流网络化已成为电子商务下物流活动不可阻挡的趋势和重要特征之一，同时，互联网的发展及网络技术的普及也为物流网络化提供了良好的外部环境。物流网络化包括两层含义：一是物流配送系统的计算机通信网络，借助于增值网上的电子订货系统和电子数据交换技术来自动实现配送中心与供应商和下游顾客之间的通信联系；二是组织的网络化，即利用内部网（Intranet）采取外包的形式组织生产，再由统一的物流配送中心将商品迅速发给订户，这一过程离不开高效的物流网络的支持。例如，我国台湾地区的计算机业在20世纪90年代利用全球计算机资源，采取外包的形式将一台计算机的所有零部件、元器件和芯片发往同一个物流配送中心进行组装，由该物流配送中心将组装的计算机迅速发给预定的用户。

4）物流智能化

由于物流作业中大量的运筹和决策（如库存水平的确定、运输路径的选择、自动分拣机的运行等）都需要借助大量的专业知识才能解决，所以，物流智能化已成为电子商务物流发展的一个新趋势。同时,物流智能化作为自动化和信息化的一种高层次应用,还存在着一些技术难题,它的实现离不开专家系统和机器人等相关技术的支持。

5) 物流柔性化

柔性化本来是为实现"以顾客为中心"理念而在生产领域提出的,但要真正做到柔性化,即能真正地根据消费者的需求变化来灵活调节生产工艺,没有配套的柔性化物流系统是不可能达到目的的。柔性化物流是配合生产领域中的柔性制造而提出的一种新型物流模式。物流柔性化对配送中心的要求就是根据多品种、小批量、多批次、短周期的全新消费需求,灵活有效地组织和实施物流作业。

电子商务的发展对物流配送环节提出了更高的要求,从原材料的采购供应到产成品的销售运输以及最终顾客的配送活动,都需要一个完善的物流体系来支撑整个商务流程的交易活动,做到及时准确的物流服务、简洁快速的配送流程、尽可能低的成本费用和良好的顾客服务。在这样的需求下,要想与电子商务发展的要求相协调,物流必须向以下几个方面发展:第一,电子商务物流系统要求物流的运作方式信息化、网络化;第二,电子商务物流系统要求物流的作业流程标准化、自动化;第三,电子商务物流系统要求物流的快速反应能力高速度、系统化;第四,电子商务物流系统要求物流动态调配能力个性化、柔性化;第五,电子商务物流系统要求物流的经营形态社会化、全球化。

10.2.2 电子商务与物流的关系

电子商务是 20 世纪信息化、网络化的产物。电子商务作为在互联网上最大的应用领域,已引起了世界各国政府的支持以及企业界和民众的普遍关注并得到了快速的发展。

1. 电子商务对物流的作用与影响

电子商务是指在互联网上进行的商务活动。从广义上来讲,电子商务的内涵是十分丰富的,外延也是十分广泛的。它不仅可以进行无形商品的商务活动,也可以进行有形商品的商务活动。

电子商务活动对物流的基本作用主要表现为两个方面。一是电子商务这种交易方式对物流的影响。有形商品的网上商务活动作为电子商务的一个重要构成方面,在近几年中也得到了迅速的发展。如何在交易完成后,保证交易的对象——商品在消费者所需要的时间内送到消费者手中,不仅是电子商务的需要,而且是物流的职能,物流的职能要求它应完成这一运动。二是电子商务技术对物流所产生的影响。电子商务不仅是一种新的交易方式,而且是一种新工具、新技术的应用。对于物流来说,作为一种经济活动,它也需要新工具、新技术的支持,并将其应用于自身的活动之中,以提高物流的效率,降低物流的成本。

电子商务对物流的影响主要表现在以下几方面:

1) 电子商务将改变人们传统的物流观念

电子商务作为一种新兴的商务活动,为物流创造了一个虚拟性的运动空间。在电子商务的状态下,人们在进行物流活动时,物流的各种职能及功能可以通过虚拟化的方式表现出来,在这种虚拟化的过程中实现效率最高、费用最省、距离最短、时间最少的功能。

2）电子商务将改变物流的运作方式

首先，电子商务可使物流实现网络的实时控制。传统的物流活动在其运作过程中，无论其是以生产为中心，还是以成本或利润为中心，其实质都是以商流为中心，从属于商流活动，因而物流的运动方式是紧紧伴随着商流来运动的（尽管其他因素也可能影响商流的运动）。而在电子商务下，物流的运作是以信息为中心的，信息不仅决定了物流的运动方向，而且也决定了物流的运作方式。在实际运作过程中，通过网络上的信息传递，可以有效地实现对物流的实时控制，实现物流的合理化。其次，网络对物流的实时控制是以整体物流来进行的。在传统的物流活动中，虽然也采用计算机对物流实时控制，但这种控制都是以单个的运作方式来进行的。例如，在实施计算机管理的物流中心或仓储企业中，所实施的计算机管理信息系统，大都是以企业自身为中心来管理物流的，而在电子商务时代，借助网络全球化的特点，可使物流在全球范围内实施整体的实时控制。

3）电子商务将改变物流企业的经营形态

首先，电子商务将改变物流企业对物流的组织和管理。在传统条件下，物流往往是从某一企业出发来进行组织和管理的，而电子商务则要求物流以社会的角度来实行系统的组织和管理，以打破传统物流分散的状态。这就要求企业在组织物流的过程中，不仅要考虑企业的物流组织和管理，而且更重要的是要考虑全社会的整个系统。其次，电子商务将改变物流企业的竞争状态。在传统经济活动中，物流企业之间存在激烈的竞争，这种竞争往往是依靠本企业提供优质服务、降低物流费用等方面来进行的。在电子商务时代，这些竞争内容尽管依然存在，但有效性却大大降低了。其原因在于电子商务需要一个全球性的物流系统来保证商品实体的合理流动，对于一个企业来说，即使它的规模再大，也难以达到这一要求。这就要求物流企业应联合起来，在竞争中形成一种协同竞争的状态，实现物流高效化、合理化、系统化。

4）电子商务将促进物流基础设施的改善和物流管理水平的提高

首先，电子商务将促进物流基础设施的改善。电子商务高效率和全球性的特点，要求物流业必须达到这一目标。而物流要达到这一目标，良好的交通运输网络和通信网络等基础设施则是最基本的保证。其次，电子商务将促进物流技术的进步。物流技术主要包括物流硬技术和软技术。物流硬技术是指在组织物流过程中所需要的各种材料、机械和设施等；物流软技术是指组织高效率的物流所需要的计划、管理和评价等方面的技术和管理方法。从物流环节来考察，物流技术包括运输技术、保管技术、装卸技术和包装技术等。物流技术水平的高低是影响物流效率高低的一个重要因素，要建立一个适应电子商务的高效率的物流系统，加快提高物流技术水平有着重要的作用。再次，电子商务将促进物流管理水平的提高。物流管理水平的高低直接决定和影响着物流效率的高低，也影响着电子商务效率优势的实现问题。只有提高物流管理水平，建立科学合理的管理制度，将科学的管理手段和方法应用于物流管理当中，才能确保物流的畅通进行，实现物流的合理化和高效化，促进电子商务的发展。

5）电子商务对物流人才提出了更高的要求

电子商务要求物流管理人员不但具有较高的管理水平，而且要具有较高的电子商务知识,并在实际的工作中能有效地将两者有机结合在一起。

2. 物流在电子商务中的地位与作用

物流在电子商务中的地位主要表现在以下 3 个方面。

1) 物流是电子商务概念的重要组成部分

虽然对于电子商务的定义至今也没有最终的标准定论,但可以从物流的角度出发,将现有的电子商务定义为两大类。

第一类定义是由美国的一些 IT 厂商提出的,将电子商务定位于"无纸贸易"。下面是 4 个有代表性的定义。

(1) IBM 对于电子商务的定义包括企业内部网(Intranet)、企业外部网(Extranet)和电子商务(E-commerce)3 个部分。这个定义强调的是网络计算机环境下的商业应用,不仅是硬件和软件的结合,也不仅是通常所强调的交易意识的狭义的电子商务(E-commerce),而是把买方、卖方、厂商以及合作伙伴通过互联网、企业内部网和企业外部网结合起来的应用。

(2) 康柏在其电子商务解决方案中这样定义电子商务:"电子商务就是引领顾客、供应商和合作伙伴业务操作的流程连接。"

(3) 电子商务是通过电子方式在网络上实现物资与人员流程的协调,以实现商业交换活动的过程。

(4) 电子商务是一种商务活动的新形式,它通过采用现代信息技术手段,以数字化通信网络和计算机装置替代传统交易过程中纸介质信息载体的存储、传递、统计和发布等环节,从而实现商品和服务交易以及交易管理等活动的全过程无纸化,并达到高效率、低成本、数字化、网络化和全球化等目的。

无论从电子化工具还是从电子化对象来看,这类定义都没有将物流包含在内,其原因主要在于美国在电子商务概念推出之初,就拥有强大的现代物流作为支撑,只需将电子商务与其进行对接即可,而并非意味着电子商务不需要物流的电子化。事实上,如果电子商务不能涵盖物流,甚至将货物的送达过程排除在外,那么这样的电子商务就不是真正意义上的电子商务。

因此,国内一些专家在定义电子商务时,已经注意将国外的定义与中国的现状相结合,扩大了定义的范围,提出了包括物流电子化在内的第二类电子商务定义。下面是 4 个有代表性的定义。

(1) 电子商务是整个贸易活动的电子化。

(2) 电子商务是电子工具在商务活动中的应用。

(3) 电子商务是电子化的购物市场。

(4) 电子商务是从售前到售后支持的各个环节实现电子化和自动化。

在第二类电子商务定义中,电子化的对象是整个交易过程,不仅包括信息流、商流和资金流,而且还包括物流;电子化的工具不仅指计算机和网络通信技术,还包括叉车、自动导引车和机械手臂等自动化工具。可见,从根本上来说,物流电子化应是电子商务概念的组成部分,缺少了现代化的物流过程,电子商务过程就不完整。

2) 物流是电子商务的基本要素之一

可以将实际运作中的电子商务活动过程抽象描述成电子商务的概念模型,这个模型由电子商务实体、电子商场、交易事务以及商流、物流、信息流和资金流等基本要素构成,如图 10-2 所示。

在电子商务的概念模型中,企业、银行、商店、政府机构和个人等能够从事电子商务的客观对象被称为电子商务实体。电子市场是电子商务实体在网上从事商品和服务交换的场所,在电子市场中,各种商务活动的参与者利用各种通信装置,通过网络连接成一个统一的整体。交易事务是指电子商务实体间所从事的商务活动的内容,如询价、报价、转账支付、广告宣传和商品运输等。

电子商务的任何一笔交易都有商流、物流、信息流和资金流 4 个基本组成部分,在电子商务概念模型的建立过程中,强调商流、物流、信息流和资金流的整合。其中,信息流十分重要,它在一个更高的位置上实现流通过程的监控。

(1)"四流"构成流通系统。近年来,人们提到物流的话题时,常与商流、信息流和资金流联系在一起,这是因为从某种角度讲,商流、物流、信息流和资金流是流通过程中的 4 个相关部分,由这"四流"构成了一个完整的流通过程,如图 10-3 所示,将商流、物流、信息流和资金流作为一个整体来考虑和对待,会产生更大的能量,创造更大的经济效益。

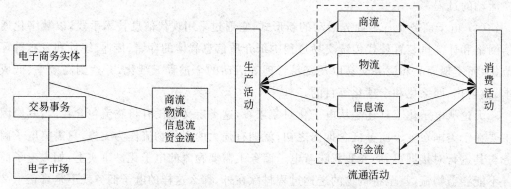

图 10-2　电子商务的概念模型　　　图 10-3　流通活动中的商流、物流、信息流和资金流

商流指商品在购、销之间进行的交易和商品所有权转移的运动过程,具体是指商品交易的一系列活动。

物流是指交易的商品或服务等物质实体的流动过程,具体包括运输、存储、装卸、保管、流通加工、配送和物流信息管理等各种活动。

信息流指商品信息的提供、促销行销、技术支持和售后服务等内容,也包括如询价单、报价单、付款通知单和转账通知单等商业贸易单证以及交易方的支付能力和支付信誉。

资金流主要是指交易的资金转移过程,包括付款和转账等。

(2)商流、物流、信息流和资金流的相互关系。"四流"相互依存,密不可分,相互作用。它们既有独立存在的一面,又有互动的一面。通过四流活动发生商品所有权的转移,其中商流是物流、资金流和信息流的起点,也可以说是后面"三流"的前提,一般情况下,没有商流就不太可能发生物流、资金流和信息流。反过来没有物流、资金流和信息流的匹配和支撑,商流也不可能达到目的。同时,商流、物流、信息流和资金流各有独立存在的意义,并各有自身的运行规律,"四流"是一个相互联系、互相伴随、共同支撑流通活动的整体。例如,A 企业与 B 企业经过商谈达成了一个供货协议,确定了商品的价格、品种、数量、供货时间、交货地点和运输方式,并签订了合同,下一步要进入物流过程,即货物的包装、装卸搬运、保管和运输等活动。如果商流和物流都顺利进行了,接下来进行资金流的过程,即付款和结算。无论是商流,还是物流和资金流,这 3 个过程都离不开信息的传递和交换,没有及时的信息流,就没有顺畅的商流、物流和资金流。没有资金的支付,商流不成立,物流也不会发生。

在电子商务中,交易的无形商品,如各种电子出版物、信息咨询服务以及有价信息软件等,可以直接通过网络传输的方式进行配送;而对于大多数有形商品和服务来说,物流仍然要由物理的方式进行传输。电子商务环境下的物流,通过机械化和自动化工具的应用和准确、及时的物流信息,使物流的速度加快,准确率提高,能有效地减少库存,缩短生产周期。电子商务交易过程的实现自始至终都需要这"四流"的协调配合。对电子商务的理解不应该仅停留在对商流、信息流和资金流的重视上,在强调这三个流的电子化、网络化的同时,还应加强物流的电子化过程。在电子商务的概念模型中,强调信息流、商流、资金流和物流的整合,而信息流作为连接的纽带贯穿于电子商务交易的整个过程中,起着串联和监控的作用。事实上,随着互联网技术和电子银行的发展,商流、信息流和资金流的电子化和网络化已可以通过信息技术和通信网络来实现了;而物流作为"四流"中最为特殊和必不可少的一种,其过程的逐步完善还需要经历一个较长的时期。

3) 物流是电子商务流程的重要环节

无论哪种商业模式的电子商务交易流程都可以归纳为如下 6 个步骤:

(1) 在网上寻找产品或服务的信息,发现需要的信息。

(2) 对找到的各种信息进行各方面的比较。

(3) 交易双方就交易的商品价格、交货方式和时间等进行洽谈。

(4) 买方下订单,付款并得到卖方的确认信息。

(5) 买卖双方完成商品的发货、仓储、运输、加工、配送和收货等活动。

(6) 卖方对客户的售后服务和技术支持。

在上述步骤中,商品的发货、仓储、运输、加工、配送和收货实际上是电子商务中的物流过程,这一过程在整个流程中是实现电子商务的重要环节和基本保证。

物流对电子商务的发展起着十分重要的作用,应该摒弃忽视物流的观念,大力发展现代物流,通过重新构筑或再造电子商务的物流体系来推广电子商务。现代物流的发展有利于扩大电子商务的市场范围,协调电子商务的目标市场;物流技术的研究和应用有利于实现基于电子商务的供应链集成,提高电子商务的效率和效益,有效支持电子商务的快速发展,使电子商务成为最具有竞争力的商务形式。

3. 电子商务与物流的关系

1) 物流对电子商务的制约与促进

没有一个完整的物流体系,电子商务,特别是网上有形商品的交易,就难以得到有效的发展。一个完善的物流体系是电子商务,特别是网上有形商品交易发展的保障。

有形商品的网上交易活动作为电子商务的一个重要构成方面,在近几年中也得到了迅速发展。在这一发展过程中,人们发现,物流是支持有形商品网上交易活动能否顺利进行和发展的一个关键因素。因为没有一个高效的、合理的、畅通的物流系统,电子商务所具有的优势就难以得到有效的发挥;没有一个与电子商务相适应的物流体系,电子商务就难以得到有效的发展。

2) 电子商务对物流的制约与促进

电子商务对物流的制约主要表现在:当网上有形商品的交易规模较小时,不可能形成一个专门为网上交易提供服务的物流体系,这不利于物流的专业化和社会化的发展。电子商务对物流的促进主要表现在两个方面:一是网上交易规模较大时,电子商务有利于物流专业化和社会化的发展;二是电子商务技术会促进物流的发展。

众所周知,在人类社会经济的发展过程中,物流的每一次变革都是由其活动的客观环境和条件发生变化所引起的,并由这些因素来决定其发展方向。在人类迈入21世纪的信息化、知识化社会之际,以信息化和知识化为代表的电子商务正是在适应这一趋势的环境下产生的,它具有商务活动所无法比拟的许多优势,代表了传统商务活动的发展方向和未来。

(1) 电子商务所具备的高效性特点是人类经济社会发展所追求的目标之一。

(2) 电子商务所具备的个性化特点是人类社会发展的一个方向。

(3) 电子商务费用低的特点是人类社会进行经济活动的一个目标。

(4) 电子商务所具备的全天候的特点使人们解除了交易活动所受的时间束缚。

(5) 电子商务所具备的全球性的特点使人们解除了交易活动所受的地域束缚,大大拓宽了市场主体的活动空间。

10.2.3　电子商务物流的一般流程

电子商务的优势之一就是能优化业务流程,降低企业运作成本。而电子商务下企业成本优势的建立和保持必须以可靠和高效的物流运作为保证,这是现代企业在竞争中取胜的关键。

1. 普通商务物流流程

在普通商务物流流程中,物流作业流程与商流、信息流和资金流的作业流程综合在一起,更多地围绕企业的价值链,从实现价值增值的目的出发安排每一个配送细节,如图 10-4 所示。

2. 电子商务物流流程

电子商务的发展及其配送服务系统的配套要求极大地推动了物流的发展。与普通商务流程相比,电子商务物流流程在企业内部的微观物流流程上是相同的,都具有从进货到配送的物流体系。然而,在电子商务环境下,借助电子商务信息平台(包括会员管理、订单管理、产品信息和网站管理),有利于企业提高采购效率,合理地规划配送路线,实现电子商务物流流程和配送体系的优化,如图 10-5 所示。

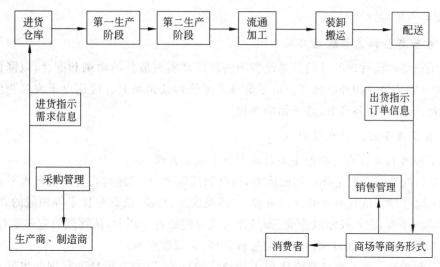

图 10-4　普通商务物流业务流程

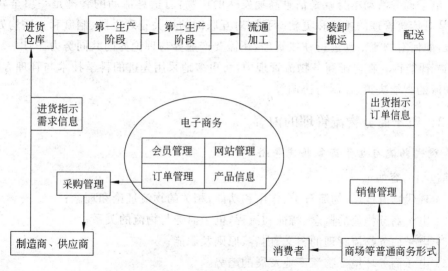

图 10-5　电子商务物流业务流程

10.3　电子商务物流管理概述

电子商务物流是物流与电子商务相结合的产物,电子商务与物流既相互制约又相互促进。从不同方面来进行考察,电子商务物流的管理与组织也与传统的物流活动存在着差异,具有自身的特点、内容、原则及职能。

10.3.1　电子商务物流管理的含义、目的及特点

1. 电子商务物流管理的含义

简单地说,电子商务物流管理就是对于商务物流活动所进行的计划、组织、指挥、协

调、控制和决策等。

2. 电子商务物流管理的目的

电子商务物流管理的目的就是使各项物流活动实现最佳的协调和配合，以降低物流成本，提高物流效率和经济效益。电子商务物流管理就是研究并应用电子商务物流活动规律对物流全过程、各环节、各方面的管理。

3. 电子商务物流管理的特点

电子商务物流管理的特点主要表现在以下几个方面：

（1）目的性。主要是降低物流成本，提高物流效率，有效地提高客户管理水平。

（2）综合性。从其覆盖的领域来看，它涉及商务、物流、信息和技术等领域的管理；从管理的范围来看，它不仅涉及企业，而且涉及供应链的各个环节；从管理的方式来看，它兼容传统的管理方法和通过网络进行的过程管理、虚拟管理等。

（3）创新性。电子商务物流体现了新经济的特征，以物流信息为管理的出发点和立足点。电子商务活动本身就是信息高速发达的产物，对信息活动的管理是一项全新的内容，也是对传统管理的挑战和更新。我国对互联网的相关管理手段、制度和方法均处于探索阶段，如何对物流活动进行在线管理，还需要产业界与理论界的共同努力。

（4）智能性。在电子商务物流管理中，将更多地采用先进的科学技术与管理方法，实现对物流的智能决策、控制与协调等。

10.3.2 电子商务物流管理的内容

1. 现代物流与电子商务物流导论

其包括内容如下：

（1）现代物流概念，物流分类、作用和功能，相关的物流理论和理念；

（2）电子商务物流的概念、特征和流程，电子商务与物流的关系；

（3）电子商务物流管理的含义、内容、原则及职能；

（4）电子商务环境下物流产业发展的趋势。

2. 电子商务物流市场与运行模式

其包含内容如下：

（1）电子商务物流市场含义、特征及其构成模式要素；

（2）电子商务物流市场运行的主要模式；

（3）传统物流模式存在的问题；

（4）国内外第三方物流理论与实践的发展，第三方物流的含义、优势及其分类；

（5）电子商务环境下物流模式的选择。

3. 电子商务物流系统与物流作业管理

其包含内容如下：

（1）物流系统的概念、特征和构成；

（2）电子商务物流的采购管理与库存控制、物流运输与协同配送管理、仓储保管、装卸搬运、包装、流通加工和物流信息等过程的物流作业管理。

4. 电子商务物流企业管理

其包含内容如下：

(1) 电子商务物流服务的含义、特征及内容；

(2) 我国电子商务物流服务的现状、问题及对策；

(3) 物流成本的含义、构成、特点及分类；

(4) 物流成本管理的作用、目标、原则；

(5) 物流成本的因素与核算方法；

(6) 我国企业物流成本管理存在的问题及对策；

(7) 物流绩效的含义，物流绩效评价的系统目标及意义，物流绩效评价的方法与指标；

(8) 我国目前物流绩效评分存在的问题和对策。

5. 物流信息化与电子商务物流技术管理

其包含内容如下：

(1) 物流信息的含义、特征与分类；

(2) 物流信息化对现代物流企业的影响；

(3) 电子商务物流技术的含义、构成、评价标准及作用；

(4) 信息技术及其在电子商务物流中的应用；

(5) 电子商务物流信息管理系统的含义、标准、功能、类型、控制、层次结构和设计方法；

(6) 物流信息平台的含义、功能、构建原则以及运行。

6. 电子商务环境下的供应链管理

其包含内容如下：

(1) 供应链的概念和特征；

(2) 供应链的管理理论及其发展；

(3) 供应链管理的概念、内容、原则及目标；

(4) 供应链管理流程及职能；

(5) 市场供应链模式与优化；

(6) 电子商务下供应链管理的优势；

(7) 电子商务技术在供应链管理中的运用；

(8) 基于电子商务技术的供应链管理的发展；

(9) 供应链管理的实现方法。

7. 电子商务环境下的国际物流

其包含内容如下：

(1) 国际贸易与国际物流的关系；

(2) 国际物流的概念、特点及发展趋势；

(3) 国际物流各子系统的内容及系统模式；

（4）电子商务环境下国际物流系统网络构建；

（5）国际多式联合运输的含义及特征，国际货运代理的概念、性质及作用；

（6）物流标准化的概念、特征、种类及意义，有关的国际物流标准化体系；

（7）电子商务的发展对国际物流的影响。

8. 物流网络营销与物流电子商务网站管理

其包含内容如下：

（1）物流网络营销的概念、基础理论及特点；

（2）物流网络营销常用的技术，物流网络营销策略和规划内容；

（3）物流网页构思的原则，物流网页的制作和评价标准，物流网站的规划与管理内容；

（4）物流电子商务开发应注意的问题。

10.3.3　电子商务物流管理的原则

1. 系统效益原则

系统效益原则也称为整体效益原则，这是管理原则的基本思想。物流管理也不例外，它不仅要求物流活动本身效益最大化，而且要求与物流相关的系统整体效益最大化，包括当前与长远效益、财务与经济效益、经济与社会效益、经济与生态效益等。因此，物流管理人员和部门要确立可持续发展的观念，处理好物流与社会需求、物流耗费与有限资源、当前与可持续发展的关系。

2. 标准化原则

电子商务物流按其重复性可分为两大类：一类为重复发生的常规性活动，如物流的领用、发出、配送的路线、搬运装卸等；另一类为一次性或非常规性的活动，如用户需求的随时变化、运输时间的不确定性等。物流管理的标准化要求按常规活动标准化原则实施管理，实现自动化和智能化，以提高效率，降低成本。随着物流技术的不断更新（如人工智能模拟、MRP 等），电子商务物流信息技术的广泛应用（如 GIS、GPS 和 EDI 等），对随机活动也可逐步标准化。

3. 服务原则

服务原则是指在物流管理的全过程中，努力促使各级员工牢固树立服务观念，恪守职业道德，严格执行服务标准；通过内部强化分工体系的协同效应和对外塑造物流企业的整体形象，提供文明、高效、优质的服务，确保企业经济效益和社会效益同步提高。

10.3.4　电子商务物流管理的职能

电子商务物流管理和其他管理活动一样，其职能也包括组织、计划、协调、控制、激励和决策。

1. 组织职能

组织职能包括：确定物流系统的机构设置、劳动分工和定额定员；配合有关部门进行物流的空间组织和时间组织的设计；对电子商务中的各项职能进行合理分工，制定物流各个环节的具体作业计划，如运输、仓储等；制定物流营运相关经济财务计划等。

2. 计划职能

计划职能包括：编制和执行年度物流的供给和需求计划；月度供应作业计划。计划职能的实施需要物流与商流、资金流、信息流互相之间的协调，才能满足电子商务用户对服务的要求。

3. 协调职能

协调职能对电子商务物流尤其重要，除物流业务运作本身的协调功能外，更需要物流与商流、资金流和信息流相互之间的协调，才能保证电子商务用户的服务要求。

4. 控制职能

物流过程是物资从原材料供应到最后的消费者的一体化过程，控制就是物流供应管理的基本保证，它涉及物流管理部门直接指挥的下属机构和直接控制的物流对象，如产成品、在制品、待售和售后产品、代运和运货物等。由于电子商务涉及面广，其物流活动参与人员众多、波动大，所以，物流管理的标准化、标准的执行与督查、偏差的发现与矫正等控制职能相应地具有广泛性和随机性。

5. 激励职能

激励职能包括物流系统内职员的挑选与培训、绩效的考核与评估、工作报酬与福利、激励与约束机制的设计。

6. 决策职能

物流管理的决策更多与物流技术挂钩，如库存合理定额的决策、采购量和采购时间决策等。

10.4 电子商务环境下物流业的发展

在电子商务时代，由于企业销售范围的扩大，企业和商业销售方式及最终消费者购买方式的转变，使得送货上门等业务成为极为重要的服务业务，促使了物流行业的兴起。物流行业是能够完整地提供物流机能服务，以及运输配送、仓储保管、分装包装和流通加工等服务以收取报偿的行业，主要包括仓储企业、运输企业、装卸搬运企业、配送企业和流通加工业等。信息化、多功能化、一流服务和全球化已成为电子商务环境下的物流企业的发展目标。

10.4.1 信息化——现代物流业的必由之路

在电子商务时代，要提供最佳的服务，物流体系必须要有良好的信息处理和传输系统。另外，还有一个信息共享问题。很多企业有不少企业内部的秘密，物流企业很难与之打交道。因此，如何建设信息处理系统，以及时获得必要的信息，对物流企业来说是一个难题。同时，在将来的物流系统中，能否做到尽快将货物送到客户手中，是提供优质服务的关键之一。

在美国,洛杉矶西海包换公司与码头、机场、海关信息联网,当货物从世界各地起运时,客户便可以从该公司获得到达的时间、到泊(岸)的准确位置,使收货人与各仓储、运输公司等做好准备,使商品在几乎不停留的情况下快速流动,直达目的地。美国干货储藏公司(D. S. C)有200多个客户,每天接收大量订单,需要高效的信息系统,为此,该公司将许多表格编制了计算机程序,大量的信息可迅速输入和传输,各子公司也是如此。美国橡胶公司(USCO)的物流分公司设立了信息处理中心,接受世界各地的订单,客户只需按动键盘,即可从USCO公司订货,通常几小时内便可把货送到客户手中。良好的信息系统能提供良好的信息服务,以赢得客户的信赖。

在欧洲,某配送公司通过远距离的数据传输将若干家客户的订单汇总起来。在配送中心采用计算机系统编制出"一笔划"式的路径最佳化"组配捡单",配货人员只需到仓库转一次,即可配好订单上的全部要货。在大型的配送公司里,往往建立了ECR和JIT系统。所谓ECR(Efficient Customer Response,有效客户反应),是指做到根据客户需要进行生产和配送。通过JIT(Just In Time,准时制)系统,可从零售商店很快地得到销售反馈信息。其配送不仅实现了内部的信息网络化,而且增加了配送货物的跟踪信息,从而提高了物流企业的服务水平,降低了成本,增强了竞争能力。

商品与生产要素在全球范围内以空前的速度自由流动。EDI与互联网的应用,使物流效率的提高更多地取决于信息管理技术,计算机的普遍应用提供了更多的需求和库存信息,提高了信息管理科学水平,使产品流动更加容易和迅速。

10.4.2 多功能化——物流业发展的方向

在电子商务环境下,物流向集约化阶段发展,要求物流不仅提供仓储和运输服务,还必须进行配货、配送和各种提高附加值的流通加工服务项目,或者按客户的特别需要提供其他的特殊服务。电子商务使流通业经营管理理念得到了全面的发展,现代流通业从以往的商品经由制造、批发、仓储、零售等环节最终到消费者手中的多层复杂途径,简化为从制造商经配送中心送到各零售点,从而使未来的产业分工更加精细,产销分工日趋专业化,大大提高了社会的整体生产力和经济效益,也使流通业成为整个国民经济活动的重要组成部分。

作为一种战略概念,供应链也是一种可增值的产品。其目的不仅是降低成本,更重要的是提供用户期望以外的增值服务,以产生和保持竞争优势。从某种意义上讲,供应链是物流系统的充分延伸,是产品与信息从原料到最终消费者之间的增值服务。这种配送中心与公用配送中心不同,它是通过签订合同,为一家或数家企业(客户)提供长期服务,而不是为所有客户服务。供应链系统物流完全适应了流通业经营理念的全面更新。在这个阶段有许多新技术与方法的应用,如准时制系统(JIT)、销售时点系统(Point of Sale,POS)。商店将销售情况及时反馈给工厂的配送中心,有利于厂商按照市场调整生产,以及同配送中心调整配送计划,使企业的经营效益跨上一个新台阶。

10.4.3 一流服务——物流企业追求的服务目标

在电子商务环境下,物流企业是介于买卖双方之间的第三方,以服务作为第一宗旨。

客户对于物流企业所提供服务的要求是多方面的,因此,如何更好地满足客户不断提出的服务要求始终是物流企业管理的中心问题。如物流配送中心,开始时可能提供的只是区域性物流服务,以后应客户的要求发展至提供长距离服务,再后来可提供越来越多的服务项目,包括到客户企业"驻点",直接为客户发货;有些生产企业把所有物流工作全部委托给配送中心,使配送中心的工作延伸到生产企业的内部。最终,物流企业所提供的优质和系统的服务使之与客户企业结成双赢的战略伙伴关系:一方面,由于物流企业的服务使客户企业的产品迅速进入市场,提高了竞争力;另一方面,物流企业本身也有了稳定的资源和效益。美、日等国物流企业成功的要诀,就在于它们都十分重视客户的服务研究。

10.4.4　全球化——物流企业的竞争趋势

电子商务的发展加速了全球经济一体化的过程,其结果将是物流企业向跨国经营和全球化方向发展。全球经济一体化使企业面临着许多问题,要求物流企业和生产企业更紧密地联系在一起,形成社会大分工。对于生产企业,要求集中精力制造产品,降低成本,创造价值;而对于物流企业则要求花费大量时间和精力更好地从事物流服务。客户对于物流企业的需求比原来更高了。例如,在物流配送中心,要对进口商品代理报关服务、暂时储存、搬运和配送,进行必要的流通加工等,完成从商品进口到送交消费者手中的一条龙服务。

案例分析:用 MIS 进行有效的客户信息分析

随着市场经济的进一步发展,我国现有的以商品物流为中心的闭环商业 MIS(信息管理系统)应逐步开放至以消费者为中心的信息服务体系。今天,运用商业 MIS 解决"信息不对称"造成的供销不畅,注重客户信息处理和挖掘,以吸引和引导消费者,提高销售额及利润,已经是关系到各商家生存和发展的大问题。

现有的商业管理系统主要是通过单品进价核算、自动配货等手段理顺了商品的进销调存关系。在物流供应链中,大多数商业管理系统只强调了供应链的单向性,造成以客户(消费者)为最终端的反馈与需求信息不能得到及时的处理,从而使商家失去了宝贵的商机与利润。

现存的闭环商业 MIS,其面向的对象是商品,服务对象是商业本身的从业人员,是通过商业进销存系统解决商业企业本身的问题。而从消费者来说,信息系统并未对其关心的商品和服务信息给予相应的重视,消费者本身的信息也很少进入商业管理系统;商业企业的生存发展靠的是向消费者提供满意的商品和服务,但现有的闭环商业 MIS 并不能及时反馈消费者的潜在需求和消费热点,从而造成"信息不对称"现象。信息不对称表现在以下几个方面:

(1) 商家充分采购,而消费者面对琳琅满目的商品,尤其是众多新商品,不知如何选购;

(2) 商家想方设法扩大商品展示面积,消费者想买的东西却很难找到;

(3) 商场里到处是商家的广告,可能够令消费者感兴趣的实在太少;

(4) 消费者好不容易看上称心的商品,又嫌价格昂贵,准备再货比三家。商家的价格到底如何确定呢?

(5) 商家到处促销打折,消费者却总在犹豫,打折值不值? 积分卡办不办?

(6) 对大客户能否提供更高的优惠和更好的服务?

商业企业争取客户的手段层出不穷。为了给合适的顾客提供合适的商品,商家从市场定位、选址、营销规划、形象确立到经营商品的策略(包括价格策略和促销策略等)和提高销售技巧等各方面来吸引消费者。为了固定消费群,商家采用了"积分卡"、"累计打折"等优惠方式。为了在商业管理系统中切实理顺以客户为中心的供销关系,一些商家在以下几方面进行了一些尝试:

1. 积分卡

在某大型百货商场,一对年轻夫妇正要购买彩电,一位中年妇女上前搭讪,说有此商场颁发的优惠卡,买彩电可优惠到九五折,"你用我的卡买,原价 6000 元,可优惠 300 元,我收 100 元,你们少花 200 元,两全其美。"最后双方成交。

在上例中,消费者只按销售额得到优惠,但消费者一般并不打算经常固定在一处购买高档消费品,因而对积分卡不会感兴趣,而且无卡消费者对此会产生不满。管理信息系统可灵活地将客户—商品—折扣表联系在一起,根据客户的单项或总消费额确定不同级别的优惠类型;对应其会员卡号,可以在购买其他不同的商品时享受不同的折扣。

2. 记录客户信息

在一家高档服装专卖店,一位男顾客说,上次在这里购买了一套高档深灰色男西服,现在能否配两条相应的领带? 店主深谙此道,领带的搭配与服装的质地、颜色和穿着者的肤色、气质有关,随即婉转地询问其职位、喜欢的颜色和图案等,最终根据其要求挑选了顾客认为合适的领带。

销售人员在销售时记录客户信息并将其输入到系统中,一旦客户有服务需求,可通过报表提取客户基本信息和客户消费情况,供服务时参考;同时还可以不定期将商品的新到货信息、图片或打折信息邮递给客户。在一些珠宝店,店家还记录客户的生日,每年送上精制的贺卡。在精品店的管理中,吸引老客户就能够招徕大批新客户,高档的服务使老客户变成最好的广告发布人。

3. 销售排行榜

在书店中,可展示各种类别图书的排行榜、新书榜、磁带和影碟销售排行榜,定期翻新,使顾客随时了解各类图书音像的销售情况和最新上市情况。商家要做的只是将近期的销售数据排序和新近录入的商品公布给顾客,而及时的信息更新本身就能吸引消费者的注意力,引导和促进销售。

4. 销售统计

如果有些超市需要进行销售统计及促销预测,在销售时可顺便在客户栏根据消费者的群体分类输入其识别代码:如中年女士代码为 1,中年男士为 2,老年男性为 6,小孩为 7 等。在按周、旬、月、季度统计销售收入报表时,可按照客户类别分类统计各个消费群所关注的商品。如夏季商品全面上市之前,首先小批量进货,部分试销各种类型的凉席、风扇和服装等,同时从中按客户类型统计销售商品情况,会发现中老年客户对老式的草、竹制凉席很感兴趣,而年轻男士是亚麻制品的主要买主。如果商店所处位置的居民小区多,中老年顾客多,则确定本季进货以草、竹制品为主,对于试销期内有顾客退货和滞销的产品则不再进货,同时适当少量采购亚麻制品。可见,有特点的商品才能满足特定客户群的需要,根据各个消费群体消费的商品数量、金额等分类统计,可重新进行商品定位,根据客源与客流变化逐步调整商品结构,以满足消费者需要。

5.促销

促销是商家的常用手段,分为不同时段、店庆和节假日等,一般通过店内、店外海报传达促销信息。但信息的封闭性使得消费者只能从海报得到特价商品的价格信息,而特价商品又只能吸引消费者进店,对高利润商品的销售并不一定起促进作用。很多 POS 系统的促销功能可以完成多个时段的按年、月、日、小时、分钟精确定义,使得促销活动丰富多彩,也可以使按时段自动收费的项目得以实现。商家应充分利用商业管理系统进行消费者信息调查,根据商业企业面对的客户群展开有特色的商品营销和服务。商家的商品特色和服务特色构成商家的商业品牌。通过信息反馈和信息发布引导消费者选购,最后通过完善的售后服务持续地吸引消费者。

根据上述案例,请思考以下问题:

(1) 信息对于分销企业为什么如此重要?

(2) MIS 怎样解决"信息不对称"的问题?

(3) 在销售点,有很多信息是有价值的,但如果对这些信息的重要性认识不够或没有好的办法来收集会造成很大的浪费和损失。MIS 用什么方法来收集和分析这些数据?

(4) 对于上述案例如何理解"谁最靠近顾客谁才有发言权"这个分销系统不变的信条?

📚 思考题

1. 电子商务物流的定义和特点是什么?
2. 电子商务与物流的关系是什么?
3. 电子商务物流的一般流程是什么?
4. 电子商务物流管理的定义和特点是什么?
5. 电子商务物流管理的原则是什么?
6. 电子商务物流管理有哪些职能?

第 11 章　供应链与物流管理系统的规划与设计

核心要点

- 供应链与物流管理系统规划与设计的策略
- 企业物流规划与设计的要素、内容和基本原则
- 企业物流网络规划与设计

11.1　供应链与物流管理系统规划与设计的策略

为了提高供应链管理的绩效,除了必须有一个高效的运行机制外,建立一个高效精简的供应链与物流管理运作系统也是极为重要的一环。虽然供应链与物流管理系统的构成不是一成不变的,但是在实际经营中,不可能像改变办公室的桌子那样随意改变供应链上的节点企业。因此,作为供应链管理的一项重要环节,无论是理论研究人员还是企业实际管理人员,都非常重视供应链与物流管理系统的构建问题。本章围绕这个主题,详细讨论供应链与物流管理系统的构建问题,探讨供应链与物流管理系统规划与设计的相关策略及其设计步骤。

设计和运行一个有效的供应链与物流管理系统对于每一个制造企业都是至关重要的,因为它可以获得提高用户服务水平、达到成本和服务之间的有效平衡、提高企业竞争力、提高柔性、渗透进入新的市场、通过降低库存提高工作效率等好处。但是供应链与物流管理系统也可能因为设计不当而导致浪费和失败。

11.1.1　基于产品的供应链与物流管理系统设计策略

费舍尔(Fisher)认为,供应链与物流管理系统的设计要以产品为中心。供应链与物流管理系统的设计首先要明白用户对企业产品的需求是什么? 产品寿命周期、需求预测、产品多样性、提前期和服务的市场标准等都是影响供应链与物流管理系统设计的重要问题。必须设计出与产品特性一致的供应链与物流管理系统,也就是所谓的基于产品的供应链与物流管理系统设计策略(Product-Based Supply Chain and Logistics Management System Design,PBSCLMSD)。

1) 产品类型

不同的产品类型对供应链与物流管理系统设计有不同的要求,高边际利润、不稳定需求的革新性产品(Innovative Products)的供应链与物流管理系统设计就不同于低边际利润、有稳定需求的功能性产品(Functional Products)。两种不同类型产品的比较见表 11-1。

表 11-1　两种不同类型产品在需求上的比较

需求特征	功能性产品	革新性产品
产品寿命周期/年	＞2	1～3
边际贡献/%	5～20	20～60
产品多样性	低(每一目录 10～20 个)	高(每一目录上千个)
预测的平均边际错误率/%	10	40～100
平均缺货率/%	1～2	10～40
季末降价率/%	0	10～25
按订单生产的提货期	6 个月～1 年	1 天～2 周
市场竞争程度	竞争激烈	因创新而有竞争优势

可以看出,功能性产品一般用于满足用户的基本需求,变化很少,具有稳定的、可预测的需求和较长的生命周期;但它们的边际利润较低。为了避免低边际利润,许多企业在式样或技术上革新以吸引消费者购买,从而获得高的边际利润,这种革新性产品的需求一般不可预测,生命周期也较短。正因为这两种产品的不同,才需要有不同类型的供应链与物流管理系统去满足不同的管理需要。

2) 设计策略

当知道产品和供应链的特性后,就可以设计出与产品需求一致的供应链与物流管理系统。设计策略矩阵如图 11-1 所示。

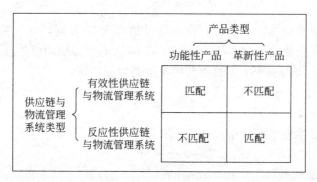

图 11-1　供应链与物流管理系统设计策略矩阵

策略矩阵的 4 个元素代表 4 种可能的产品和供应链与物流管理系统的组合,从中可以看出产品和供应链与物流管理系统的特性。管理者可以根据这个矩阵判断企业的供应链与物流管理系统流程设计是否与产品类型一致,即确定基于产品的供应链与物流管理系统的设计策略:有效性供应链与物流管理系统流程适于功能性产品,反应性供应链与物流管理系统流程适于革新性产品,否则就会产生问题。

11.1.2　基于成本核算的供应链与物流管理系统设计策略

如何设计供应链与物流管理系统,如何选择节点,是供应链管理的基础。本书提出成本优化算法来进行供应链的设计。为了便于分析供应链与物流管理系统成本,对有关供应链与物流管理系统成本核算作如下假定:

假定 1：节点企业以 $i=1,2,3,\cdots,n$ 表示（其中供应链层次以 $a=1,2,3,\cdots,A$ 表示，一个层次上节点企业的序号以 $b=1,2,3,\cdots,B$ 表示，所以一个节点 i 可以表示为 ab）。

假定 2：物料单位成本随着累积单位产量的增加和经验曲线的作用而降低。成品、零部件、产品设计和质量工程的改善都可能导致单位物料成本的降低。

假定 3：假定从一个节点企业到另一个节点企业的生产转化时间在下一个节点企业的年初。

假定 4：当一个节点企业在年初开始生产时，上一节点企业的工时和原材料成本根据一定的技术指数转化为此节点企业的初值。

假定 5：在全球供应链管理中，围绕核心企业核算成本，汇率和通货膨胀率等转换为核心企业所在国家的标准。

基于以上假定，可以分析供应链与物流管理系统成本结构并构建其函数关系。供应链与物流管理系统成本主要包括物料成本、劳动成本、运输成本、设备成本和其他变动成本等。其成本函数分别构造如下。

1）物料成本函数（materials cost function）

从假定 2 可知，物料成本随累积产量的增加而降低，供应链与物流管理系统的总物料成本为

$$M_{it} = m_i \mathrm{im}_{it} \int_0^{n_t} n^{f_i} \, \mathrm{d}n$$

式中：M_{it} 为 i 节点企业在 t 年生产 n_t 产品的总物料成本（时间转化为当地时间）；

m_i 为 i 节点企业的第一个部件的物料成本（时间坐标轴的开始点）；

im_{it} 为 i 节点企业在第 t 年的物料成本的通货膨胀率；

n_t 为第 t 年内的累计产量；

$f_i = \lg F_i / \lg 2$；

F_i 为物料成本经验曲线指数，$0 \leqslant F_i \leqslant 1$；

n 为累计单位产量，$n=1,2,3,\cdots,N$。

2）劳动力成本函数（labor cost function）

供应链与物流管理系统的节点企业可能分布在本国的不同地方，也可能分布在世界各地。各地的劳动力价值和成本无法统一衡量，这里直接以工时为基础计算供应链与物流管理系统的劳动力成本为

$$L_{it} = l_i \mathrm{il}_{it} y_{it} \int_0^{n_t} n^{g_i} \, \mathrm{d}n$$

式中：L_{it} 为 i 节点企业在第 t 年（时间转化为当地时间）生产 n_t 产品的总劳动成本；

l_i 为 i 节点企业的单位时间劳动成本；

il_{it} 为 i 节点企业在第 t 年的单位工时的通货膨胀率；

n_t 为第 t 年内的累计产量；

$g_i = \lg G_i / \lg 2$；

G_i 为劳动力学习经验曲线指数，$0 \leqslant G_i \leqslant 1$；

n 为累计单位产量，$n=1,2,3,\cdots,n$。

3）运输成本函数（transportation cost function）

运输成本是影响供应链与物流管理系统总成本的重要因素之一，交货频率和经济运输批量都决定着运输成本的大小。假定从节点 i 到节点 m 的单位成本为 s_{im}，is_{it} 为 i 节点企业在第 t 年运输的通货膨胀率，m 节点在第 t 年的累计需求为 d_{mt}，所以供应链与物流管理系统的总运输成本 T_{it} 为

$$T_{it} = \sum_{m=1}^{M} s_{im} \mathrm{is}_{it} d_{mt}$$

4）设备和其他变动成本函数（utilities and other variable cost function）

假定 u_i、v_i 分别代表 i 节点企业的一个单位的设备和其他变动成本（如管理费用等），其通货膨胀率指数分别为 iu_{it} 和 iv_{it}，在 t 年 i 节点企业生产 n_t 单位产品的总的设备和变动成本为

$$U_{it} = (u_i \mathrm{iu}_{it} + v_i \mathrm{iv}_{it}) n_t$$

5）供应链与物流管理系统的总成本函数（total cost function）

以上成本都是针对一定时间轴上可能的 i 节点企业的组合，在时间 T 内相关的节点 i 组成一个节点组合序列，用 k 表示，所有可能的节点组合序列用 K 表示，对于每一个节点组合序列 k，供应链的总成本 $\mathrm{TC}(k)$ 表示为

$$\mathrm{TC}(k) = \sum_{t=1}^{T} \left\{ \sum_{i \in k} (M_{it} + L_{it} + T_{it} + U_{it}) e_{it} \mathrm{pv}_{it} \right\}$$

式中：M_{it}、L_{it}、T_{it} 和 U_{it} 意义同上；

e_{it} 为 i 节点企业对核心企业的汇率；

pv_{it} 为 i 节点企业在第 t 年的现值折扣率；

k 为一个节点组合序列。

而一个节点组合序列的平均单位成本 CAU 用下式表示：

$$\mathrm{CAU}(k) = \mathrm{TC}(k)/N_T$$

11.1.3　供应链与物流管理系统的设计方法

1）网络图形法

供应链与物流管理系统设计问题有两种考虑方式：一是单纯从物流通道建设的角度设计供应链；二是从供应链定位（supply chain location）的角度选择哪个地方的供应商，在哪个地方建设一个加工厂，在哪个地方要有一个分销点等。设计所采用的工具是图形（如用网络图表示），直观地反映供应链的结构特征，这种供应链的设计方法称为图形法。在设计中可以借助计算机辅助设计等手段进行设计。

2）数学模型法

数学模型法是研究经济问题普遍采用的方法。把供应链与物流管理系统作为一个经济系统问题来描述，可以通过建立其数学模型来描述其经济数量特征。最常用的数学模型是系统动力学模型和经济控制论模型。特别是系统动力学模型更适合供应链问题的描述。系统动力学最初的应用也是从工业企业管理问题开始的，它是基于系统理论、控制理论、组织理论、信息论和计算机仿真技术的系统分析与模拟方法。系统动力学模型能很好

地反映供应链的经济特征。

　　3）计算机仿真分析法

　　利用计算机仿真技术，将实际供应链与物流管理系统构建问题根据不同的仿真软件要求先进行模型化，再按照仿真软件的要求进行仿真运行，最后对结果进行分析。计算机仿真技术已经非常成熟，这里不多做介绍。

　　4）CIMS-OSA 框架法

　　CIMS-OSA 是由欧盟 ESPRIT 研制的 CIM 开放体系结构，它的建模框架基于一个继承模型的 4 个建模视图：功能视图、信息视图、资源视图和组织视图。CIMS-OSA 标准委员会建立了关于企业业务过程的框架，这个框架将企业的业务过程划分为 3 个方面：管理过程、生产过程和支持过程。可以利用这个框架建立基于供应链管理的企业参考模型，特别是组织视图和信息视图，对供应链与物流管理系统的设计和优化都很有帮助。

11.2　供应链与物流管理系统理论模型及实现

　　要成功地实施供应链与物流管理系统的运作，使供应链与物流管理系统真正成为有竞争力的武器，就要抛弃传统的管理思想，把企业内部以及节点企业之间的各种业务看做一个整体功能过程，形成供应链与物流管理系统集成化体系。通过信息、制造和现代管理技术，将企业生产经营过程中有关的人、技术和经营管理三要素有机地集成并优化运行。通过对生产经营过程的物料流、管理过程的信息流和决策过程的决策流进行有效的控制和协调，将企业内部的供应链与物流管理系统与企业外部的供应链与物流管理系统有机地集成起来进行管理，达到全局动态最优目标，以适应在新的竞争环境下市场对生产和管理过程提出的高质量、高柔性和低成本的要求。

11.2.1　供应链与物流管理系统管理理论模型

　　供应链与物流管理系统的核心是由顾客化需求——一体化计划——业务流程重组——面向对象过程控制组成第一个控制回路（作业回路）；由顾客化策略——信息共享——调整适应性——创造性团队组成第二个回路（策略回路）；在作业回路的每个作业形成各自相应的作业性能评价与提高回路（性能评价回路）。供应链管理正是围绕这 3 个回路展开，形成相互协调的一个整体。根据集成化思想，构建集成化供应链与物流管理系统的管理理论模型如图 11-2 所示。

　　调整适应性——业务重组回路中主要涉及供需合作关系、战略伙伴关系和供应链（重建）精细化策略等问题。面向对象的过程控制——创造性团队回路中主要涉及面向对象的集成化生产计划与控制策略、基于价值增值的多级库存控制理论、资源约束理论在供应链中的应用、质量保证体系和群体决策理论等。顾客化需求——顾客化策略回路中主要涉及的内容包括满意策略与用户满意评价理论、面向顾客化的产品决策理论研究、供应链的柔性敏捷化策略等。信息共享——同步化计划回路中主要涉及的内容包括 JIT 供销一体化策略、供应链的信息组织与集成和并行化经营策略。

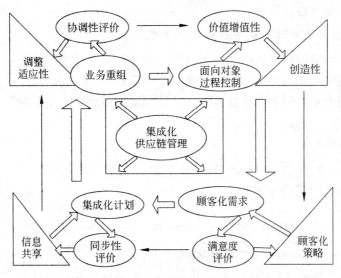

图 11-2　供应链与物流管理系统集成化理论模型

11.2.2　供应链与物流管理系统管理的实现

1. 实施供应链与物流管理系统管理要解决的若干问题

目前企业要实施集成化供应链管理,就必须面对并解决许多有关供应链的问题,主要包括以下内容:

(1) 供应链的高成本(大约占净销售值的 5%～20%);

(2) 库存水平过高(库存水平经常保持在 3～5 个月);

(3) 部门之间的冲突;

(4) 目标重构;

(5) 产品寿命周期变短;

(6) 外部竞争加剧;

(7) 经济发展的不确定性增加;

(8) 价格和汇率的影响;

(9) 用户多样化需求,等等。

要解决这些问题,真正实现集成化供应链管理,企业要进行以下几个方面的转变:

(1) 企业要从供应链与物流管理系统的整体出发,考虑企业内部的结构优化问题。

(2) 企业要转变思维模式,从纵向一维空间思维向纵-横一体的多维空间思维方式转变。

(3) 企业要放弃小而全、大而全的封闭的经营思想,向与供应链与物流管理系统中的相关企业建立战略伙伴关系为纽带的优势互补的合作关系转变。

(4) 企业要建立分布的、透明的信息集成系统,保持信息沟通渠道的畅通和透明度。

(5) 所有的人和部门都应对共同任务有共同的认识和了解,消除部门障碍,实行协调工作和并行化经营。

（6）风险分担与利益共享。

2. 供应链与物流管理系统管理实现的步骤

企业从传统的管理模式转向一体化供应链管理模式,一般要经过 5 个阶段,包括从最低层次的基础建设到最高层次的集成化供应链动态联盟,各个阶段的不同之处主要体现在组织结构、管理核心、计划与控制系统、应用的信息技术等方面,其步骤如图 11-3 所示。

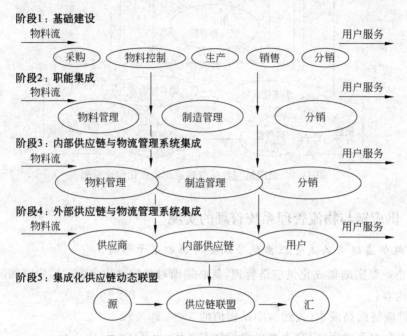

图 11-3　供应链与物流管理系统集成化管理实施步骤模型

1）阶段 1：基础建设

这一阶段是在原有企业供应链与物流管理系统的基础上分析和总结企业现状,分析企业内部影响供应链与物流管理系统管理的阻力和有利之处,同时分析外部市场环境,对市场的特征和不确定性作出分析和评价,最后相应地完善企业的供应链。

在传统型的供应链与物流管理系统中,企业职能部门分散、独立地控制供应链与物流管理系统中的不同业务。企业组织结构比较松散。这时的供应链与物流管理系统管理主要具有以下特征：

（1）企业的核心注重于产品质量。由于过于注重生产、包装和交货等的质量,可能导致成本过高,所以企业的目标在于以尽可能低的成本生产高质量的产品,以解决成本-效益障碍。

（2）关于销售、制造、计划、物料和采购等的控制系统和业务过程相互独立、不相匹配,因部门合作和集成业务失败导致多级库存等问题。

（3）组织部门界限分明,单独操作,往往导致相互之间的冲突。采购部门可能只控制物料来源和原材料库存;制造和生产部门通过各种工艺过程实现原材料到成品的转换;销售和分销部门可能处理外部的供应链和库存。而部门之间的关联业务往往因各自为政而发生冲突。

处于这一阶段的企业主要采用短期计划,出现困难时需要一个一个地解决。虽然企业强调办公自动化,但这样一种环境往往导致整个供应链的效率低下,同时也增加了企业对供应和需求变化影响的敏感度。

2)阶段2:职能集成

职能集成阶段集中于处理企业内部的物流,企业围绕核心职能对物流实施集成化管理,对组织实行业务流程重构,实现职能部门的优化集成,通常可以建立交叉职能小组,参与计划和执行项目,以提高职能部门之间的合作,克服这一阶段可能存在的不能很好地满足用户订单的问题。

职能集成强调满足用户的需求。事实上,用户需求在今天已经成为驱动企业生产的主要动力,而成本则在其次,但这样往往导致第二阶段的生产、运输和库存等成本的增加。此时供应链管理主要有以下特征:

(1)将分销和运输等职能集成到物流管理中来,制造和采购职能集成到生产职能中来。

(2)强调降低成本而不注重操作水平的提高。

(3)积极为用户提供各种服务,满足用户需求。

(4)职能部门结构严谨,均有库存作缓冲。

(5)具有较完善的内部协定,如采购折扣、库存投资水平和批量等。

(6)主要以订单完成情况及其准确性作为评价指标。

在集成化供应链与物流管理系统管理的第二阶段一般采用 MRP 系统进行计划和控制。对于分销网,需求得不到准确的预测和控制,分销的基础设施也与制造没有有效的连接。由于用户的需求得不到确切的理解,从而导致计划不准确和业务的失误,所以在第二阶段要采用有效的预测技术和工具对用户的需求作出较为准确的预测、计划和控制。

但是,以上采用的各项技术之间、各项业务流程之间以及技术与业务流程之间都缺乏集成,库存和浪费等问题仍可能困扰企业。

3)阶段3:内部供应链与物流管理系统集成

这一阶段要实现企业直接控制的领域的集成,要实现企业内部供应链与物流管理系统与外部供应链与物流管理系统中供应商和用户管理部分的集成,形成内部集成化的供应链与物流管理系统。集成的输出是一体化的计划和控制系统。为了支持企业内部的集成化供应链管理,主要采用供应链计划(Supply Chain Planning,SCP)和 ERP 系统来实施集成化计划和控制。这两种信息技术都是基于客户/服务器(client/server)体系在企业内部集成中的应用。有效的 SCP 集成了企业所有的主要计划和决策业务,包括需求预测、库存计划、资源配置、设备管理、优化路径、基于能力约束的生产计划和作业计划、物料和能力计划、采购计划等。ERP 系统集成了企业业务流程中主要的执行职能,包括订单管理、财务管理、库存管理、生产制造管理和采购等职能。SCP 和 ERP 通过基于事件的集成技术连接在一起。

这一阶段企业管理的核心是内部集成化供应链管理的效率问题,主要考虑在优化资源和能力的基础上,以最低的成本和最快的速度生产最好的产品,快速地满足用户的需求,以提高企业反应能力和效率。这对于生产多品种或提供多种服务的企业来说意义更大。投资于提高企业的运作柔性也变得越来越重要。在第二阶段需构建新的交叉职能业务流程,逐步取代传统的职能模块,以用户需求和高质量的预测信息驱动整个企业供应链的运作。因满足用户需求而导致的高服务成本是这一阶段管理的主要问题。

这一阶段可以采用 DRP 系统、MRP Ⅱ 系统管理物料,运用 JIT 等技术支持物料计划的执行。JIT 的应用可以使企业缩短市场反应时间、降低库存水平和减少浪费。

在这一阶段,企业可以考虑同步化的需求管理,将用户的需求与制造计划和供应商的物料流同步化,减少不增值的业务。同时企业可以通过广泛的信息网络(而不是大量的库存)来获得巨大的利润。

此阶段的供应链与物流管理系统管理具有以下特征:

(1) 强调战术问题而非战略问题。

(2) 制定中期计划,实施集成化的计划和控制体系。

(3) 强调效率而非有效性,即保证要做的事情尽可能好、尽可能快地完成。

(4) 从采购到分销的完整系统具有可见性。

(5) 信息技术(Information Technology,IT)的应用。广泛运用 EDI 和 Internet 等信息技术支持与供应商及用户的联系,获得快速的反应能力。EDI 是一体化供应链管理的重要工具,特别是在进行国际贸易合作需要大量关于运输的文件时,利用 EDI 可以使企业快速获得信息和更好地为用户提供优质服务。

(6) 与用户建立良好的关系,而不是"管理"用户。

4) 阶段 4:外部供应链与物流管理系统集成

实现集成化供应链与物流管理系统管理的关键在于第 4 阶段,将企业内部供应链与物流管理系统与外部的供应商和用户集成起来,形成一个集成化供应链网。而与主要供应商和用户建立良好的合作伙伴关系,即所谓的供应链合作关系(supply chain partnership),是集成化供应链管理的关键所在。

这一阶段企业要特别注重战略伙伴关系管理。管理的焦点要以面向供应商和用户取代面向产品,增加与主要供应商和用户的联系,增进相互之间的了解(产品、工艺、组织和企业文化等),相互之间保持一定的一致性,实现信息共享等,企业通过为用户提供与竞争者不同的产品/服务或增值的信息而获利。供应商管理库存(Vendor Management Inventory,VMI)和共同计划预测与库存补充(Collaborative Planning Forecasting and Replenishment,CPFR)的应用就是企业转向改善、建立良好的合作伙伴关系的典型例子。通过建立良好的合作伙伴关系,企业就可以很好地与用户、供应商和服务提供商实现集成和合作,共同在预测、产品设计、生产、运输计划和竞争策略等方面设计和控制整个供应链的运作。对于主要用户,企业一般建立以用户为核心的小组,这样的小组具有不同职能领域的功能,从而更好地为主要用户提供有针对性的服务。

处于这一阶段的企业,生产系统必须具备更高的柔性,以提高对用户需求的反应能力和速度。企业必须能根据不同用户的需求,既能按订单生产(make-to-order),按订单组装、包装(assemble or package-to-order),又能按备货方式生产(make-to-stock),这样一种根据用户的不同需求对资源进行不同的优化配置的策略称为动态用户约束点策略。延迟技术(postponement)可以很好地实现以上策略。延迟技术强调企业产品生产加工到一定阶段后,等待收到用户订单以后根据用户的不同要求完成产品的最后加工和组装,这样企业供应链的生产就具有了很高的柔性。

为了达到与外部供应链与物流管理系统的集成,企业必须采用适当的信息技术为企业内部的信息系统提供与外部供应链与物流管理系统节点企业的很好的接口,达到信息共享和信息交互,达到相互操作的一致性。这些都需要采用 Internet 信息技术。

这一阶段企业采用销售点驱动的同步化、集成化的计划和控制系统。它集成了用户订购数据和合作开发计划、基于约束的动态供应计划和生产计划等功能,以保证整个供应链中的成员同步化地进行供应链管理。

5) 阶段 5:集成化供应链动态联盟

在完成以上 4 个阶段的集成以后,已经构成了一个网链化的企业结构,称之为供应链共同体,它的战略核心及发展目标是占据市场的领导地位。为了达到这一目标,随着市场竞争的加剧,供应链共同体必将成为一个动态的网链结构,以适应市场变化、柔性、速度、革新和知识等需要,不能适应供应链需求的企业将从供应链联盟中被淘汰。供应链从而成为一个能快速重构的动态组织结构,即一体化供应链动态联盟。企业通过 Internet 网络商务软件等技术集成在一起以满足用户的需求,一旦用户的需求消失,它也将随之解体。而当另一需求出现时,这样的一个组织结构又由新的企业动态地重新组成。在这样的一个环境中求生存,企业如何成为一个能及时、快速满足用户需求的供应商,是企业生存和发展的关键。

集成化供应链动态联盟是基于一定的市场需求、根据共同的目标而组成的,通过实时信息的共享来实现集成。主要应用的信息技术是 Internet/Intranet 的集成,同步化的、扩展的供应链计划和控制系统是主要的工具,基于 Internet 的电子商务取代传统的商务手段。这是供应链管理发展的必然趋势。

11.2.3 供应链合作关系的形成与合作伙伴的选择

在一个企业能从实施供应链战略合作关系获益之前,首先必须认识到这是一个复杂的过程,供应链合作关系的建立不仅是企业结构上的变化,而且在观念上也必须有相应的改变。所以,必须一丝不苟地选择供应商,以确保真正实现供应链合作关系的利益。

建立供应链合作关系的过程可以分为以下几个步骤:

(1) 建立供应链战略合作关系的需求分析。

(2) 确定标准,选择供应商,选择合作伙伴。

(3) 正式建立合作关系。

(4) 实施和加强战略合作关系。

建立战略合作关系,首先必须明确战略关系对于企业的必要性,企业必须评估潜在的利益与风险。其次,确立选择供应商的标准和初步评估可选的合作伙伴。一旦供应商或合作伙伴选定后,必须让每一个合作伙伴都认识到参与合作的重要性,真正建立合作关系。最后的步骤包括实施和加强合作关系,或者解除无益的合作关系。

合作伙伴的评价选择是供应链合作关系运行的基础。合作伙伴的业绩在今天对制造企业的影响越来越大,在交货、产品质量、提前期、库存水平和产品设计等方面都影响着制造商的成功与否。传统的供应关系已不再适应激烈的全球竞争和产品需求日新月异的环境,为了实现低成本、高质量、柔性生产和快速反应的目标,企业的业务重构就必须包括对供应商的评价选择。合作伙伴的评价和选择对于企业来说是多目标的,包含许多可见和不可见的多层次因素。

在集成化供应链管理环境下,供应链合作关系的运作需要减少供应源的数量(短期成本最小化的需要,但是供应链合作关系并不意味着单一的供应源),相互的连接变得更专有(紧密合作的需要),并且制造商会在全球市场范围内寻找最杰出的合作伙伴。这样可以把合作伙伴分为两个层次:重要合作伙伴和次要合作伙伴。重要合作伙伴是少而精的、与制造商关系密切的合作伙伴,而次要合作伙伴是相对多的、与制造商关系不很密切的合作伙伴。供应链合作关系的变化主要影响重要合作伙伴,而对次要合作伙伴的影响较小。

一个世界级的制造商要参与全球市场竞争,就要通过供应链系统在客户需求响应、制造成本、主导技术和客户服务等方面形成强大的竞争力。许多企业已经提高了对战略合作伙伴挑选的注意力,以努力减少合作伙伴带来的风险,因此,在供应链管理中的重要任务之一就是细察合作伙伴商务活动的所有方面,以适应全球制造和全球竞争的需要。

供应链管理环境下的合作伙伴选择是一个广泛的主题,其中人们研究和关注最多的是供应商的选择问题。谁抓住了作为"中间产业"的供应商,谁就有可能在全球化的竞争中占据主动。对供应商的选择问题也就成为今天所有企业不能忽视的战略性决策。虽然对供应商的选择不是合作伙伴选择的全部,但是它具有很重要的代表性。

对供应商的选择问题研究较早的是 Dickson(1966),虽然那时还没有供应链管理的概念。他识别出 20 多个供应商所具有的属性,这些属性是经理们选择供应商时要仔细权衡的。他从 170 个采购经理那里收集到实践数据,发现了质量、成本和交货期是选择供应商时最重要的 3 个标准。从 Dickson 开始,有很多人从理论角度进行了大量的研究,如供应商选择方法/过程战略重要性的研究、供应商选择方法/过程中在质量测度、成本测度和交货期测度之间的权衡研究,等等。人们都意识到,而且也提出,在选择供应商时不能仅仅考虑成本,还要同时考虑质量、交货期履行和其他属性。但是,在实际的供应商选择中,供应商选择标准的重要性权衡并非都能把握这一要点。有研究发现,在挑选供应商的时候,尽管管理人员知道有些属性(如质量)是非常重要的,但实际中仍然是选择最低成本的供应商。

11.3　企业物流规划与设计的基本理论

11.3.1　企业物流规划与设计概述

1. 企业物流规划与设计的要素

企业物流规划的基本组成要素应包括经营范围、资源配置、优势和协同作用。

(1) 经营范围:指企业从事生产经营活动的领域。经营范围的变动是有局限性的,不可以随意变动。

（2）资源配置：指企业对人员、资金、物资和技术等的安排水平和模式。

（3）优势：指企业各方面因素所决定的，在经营过程中所形成的，与同行业的对手相比所具有的经营优势。

（4）协同作用：是指企业的资源之间或者职能部门之间的相互协调、相互作用，从而产生的一种效果。

2．企业物流规划与设计的原则

（1）开放性原则。企业物流的开放性市场价资源配置需要在全社会范围内寻求。

（2）企业物流要素集成化原则。企业物流要素集成化是指通过一定的制度安排，对企业物流的功能、资源、信息和网络等要素进行统一规划、管理和评价，通过要素间的协调和配合使所有要素能够像一个整体一样运作，从而实现企业物流要素间的联系，达到企业物流整体优化的目的的过程。

（3）网络化原则。网络化是指将企业物流经营管理、企业物流业务、企业物流资源和企业物流信息等要素的组织按照网络方式在一定市场区域内进行规划、设计、实施，以实现企业物流快速反应和最优总成本等要求的过程。

（4）企业经济资源可调整性原则。能够对市场需求的变化及经济发展的变化及时应对和调整。

3．影响企业物流设计的因素

（1）企业物流服务需求。企业物流服务需求包括服务水平、服务地点、服务时间和产品特征等多项因素，这些因素是企业物流规划设计的基础依据。

（2）行业竞争力。为了成为有效的市场参与者，应对竞争对手的企业物流竞争力作详细分析，从而掌握行业基本服务水平，寻求自己的企业物流市场定位，以发展自身的核心竞争力，构筑合理的企业物流。

（3）地区市场差异。企业物流设施结构直接同顾客的特征有关。地区人口密度、交通状况和经济发展水平等都影响着企业物流设施设置的决策。

（4）企业物流技术发展。在技术领域中对企业物流最具影响力的是信息、运输、包装、装卸搬运和管理技术等，计算机信息和网络技术等对企业物流的发展具有革命性的影响，及时、快速、准确的信息交换可以随时掌握企业物流动态，因而不但可以用来改进企业物流的实时管理控制及决策，而且可以为实现企业物流作业一体化、提高企业物流效率奠定基础。

（5）流通渠道结构。流通渠道结构是由买卖产品的关系组成的，一个企业必须在渠道结构中建立企业间的商务关系，而企业物流活动是伴随着一定的商务关系而产生的。因此，为了更好地支持商务活动，企业物流的构筑应考虑流通渠道的结构。

（6）经济发展。经济发展水平、居民消费水平和产业结构直接影响着物流服务需求的内容、数量和质量。为了满足用户需要，物流业的内容也在不断拓展和丰富，集货、运输、配载、配送、中转、保管、倒装、装卸、包装、流通加工和信息服务等构成现代物流活动的主要内容。

（7）法规、财政、工业标准等。运输法规、税收政策等都将影响企业物流的规划。

4. 企业物流及其规划与设计的内容

1）企业物流规划的层次结构

物流规划是有层次的，涉及3个层面：战略层面、职能层面和作业层面。各层面之间在计划的时间跨度上有明显区别，物流战略规划是长期的、指导性的、时间跨度通常超过一年；物流职能规划从属于战略规划；物流作业计划是短期决策，是每天都要频繁进行的具体物流作业，决策的重点在于如何利用战略性规划的物流渠道快速、有效地进行物流作业。

2）企业物流规划的领域

物流规划领域和核心内容主要体现在通过物流规划对8个方面的关键问题作出安排，这些问题包括：

（1）每个细分市场的服务要求是什么？

（2）在供应链成员中，如何实现运作的基础集成？

（3）什么样的供应链结构最能够使物流成本实现最小化，并提供具有竞争力的服务水平？

（4）什么样的物料流动方式和技术能够在设施和设备方面最佳投资水平的条件下实现服务目标？

（5）是否存在降低短期和长期运输成本的机会和方法？

（6）制定什么样的库存管理程序能够更好地支持服务需求？

（7）运用什么样的信息技术来实现物流运作的最大效率？

（8）应如何组织资源来实现最佳的物流服务和运作目标？

3）企业物流规划与设计的内容

企业物流规划与设计是根据企业物流的功能要求，以提高服务水平、运作效率和经济效益为目的，制定各要素的配置方案，其内容包括：

（1）企业物流布局规划：指在一定层次和地区范围内确定物流网络（物流通道、节点设施）合理的空间布局方案。

企业物流布局规划的重点如下：

① 物流通道规划：包括铁路、公路、水路和航空等运输网络的配置。其规划重点是充分利用已形成或将改造扩展的相应网络，通过分析验证现有网络是否能够满足企业物流需求，并根据物流发展需要，对原有网络进行补充改造，形成满足一定物流服务需求的物流通道方案。

② 物流节点布局规划。物流节点是指各种货运车站、港口码头、机场、物流园区、物流中心、配送中心和仓库等设施。物流节点设施的空间布局规划主要包括：物流节点设施的数量和种类；物流节点的设置地点；物流节点的功能配置；物流节点的规模。对于已存在的货运车站和港口码头等传统的交通枢纽型物流节点，重点研究的是对其合理利用和改造升级，拓展其服务功能。随着现代物流发展而派生出来的新型物流节点，如物流园区、物流中心和配送中心等，则需要进行全方位的研究探讨。

（2）物流节点设施的内部布局规划：主要指根据物流节点的功能、作业流程和服务质量要求确定物流节点内各设施的平面布局方案,如工业企业的厂区及车间的平面布局,物流中心中仓储区、分拣区、加工区和内部通道等的布局。

（3）物流设备选型和平面布局设计：指根据企业物流的作业要求和作业特点,选择先进适用的物流设备和器具,以提高物流作业效率。它包括以下内容：一是仓库货架系统的选型和平面布局设计；二是装卸搬运设备的选型和布局设计；三是包装及流通加工装备及器具的选型和布局设计；四是运输工具的选型设计；五是分拣设备的选型和布局设计等。

11.3.2 企业物流规划与设计的方法与步骤

1. 企业物流能力与条件分析

1）企业物流能力约束

生产系统是将一定投入（生产要素）转换为特定输出（产品或服务）的有机整体,也是物流的输入-输出系统。系统表明：在一定的目标下,任何系统都可以想象成由一连串的环构成,环环相扣,并且存在着一个或者多个相互作用的约束关系。因此,要想提高系统产出,必须尽可能打破各种约束,找到影响整个系统能力的最薄弱环节。

在生产系统中企业物流自动力约束的关键点主要有以下几个：

（1）重新建立企业目标和作业指标体系。

衡量生产系统的作业指标有以下 3 种：一是有效产出,是指企业在某个规定时期通过销售获得的货币收入；二是库存,是指企业为了销售有效产出,在所有外购物料上投资的资金；三是运行费用,是指企业在某个规定时期为了交货将库存转换为有效产出所花费的资金。运行费用包括除材料费以外的成本,库存保管费包括在运行费用中。

（2）寻找系统资源的瓶颈约束。

在生产系统中,有效产出能力最低的环节决定着整个系统的产出水平。因此,任何一个环节,只要阻碍了企业去更大程度地增加有效产出以及减少库存和运行费,就是一个约束,也称作"瓶颈"。发现和解决瓶颈（约束）问题的步骤是：①找出系统的瓶颈（约束）；②充分利用瓶颈（约束）；③由非瓶颈配合瓶颈；④打破瓶颈（约束）；⑤寻找下一个瓶颈（约束）。

（3）以物流为中心分析企业生产系统的特征。

根据不同类型物流的特点对企业进行分类,从而为企业准确识别出物流系统的薄弱点,并对物流系统实施有针对性的计划与控制。

2）物料流向分析

根据企业生产过程中生产物流结构的特点,一般将企业分为 3 种类型。

（1）V 型企业。其生产物流结构表现为：由一种原材料加工或转变形成许多种不同的最终产品。如炼油厂、钢铁厂等企业,其工作流程一般来讲比较清楚且设计简单,生产提前期较短,企业的瓶颈识别及控制与协调也相对容易。其特点主要有：最终产品的种类较原材料的种类大得多；对于所有的最终产品,其基本的加工过程相同；企业一般是资金密集型且高度专业化的。

（2）A 型企业。其生产物流结构表现为：由许多种原材料加工变成一种最终产品。

如造船厂、飞机厂等企业,其物料清单(BOM)和工艺流程较复杂,企业的在制品库存较高,生产提前期较长,瓶颈不易识别,计划以及工序间的协调工作繁多、琐碎。其主要特点是:由许多制成的零部件装配成数目相对较少的成品,原材料较多;一些零部件对特殊的成品来说是唯一的;以某一成品来说,其零部件的加工过程往往是不相同的;设备一般是通用型的。

(3)T型企业。其生产物流结构表现为:由许多种原材料加工或转变成多种最终产品。如汽车制造厂等企业,其特点主要包括:由一些共同的零部件装配成数目相对较多的成品;许多成品的零部件是相同的,但零部件的加工过程通常是不相同的。

3种物流类型企业不同特点的对比如表11-2所示。

表11-2　3种物流类型企业不同特点的对比分析

企业物流类型	V 型	A 型	T 型
产品种类	多	单一或较少	较多
产品加工过程	基本相同	不相同	不相同
物料特点	物料流程分解型	物料加工装配型	物料加工装配型
设备	高度专业化	通用型	专业化
工艺流程	较清楚、设计简单	物料清单较复杂,在制品库存较高	
生产提前期	较短	较长	
企业的瓶颈识别	相对容易	相对困难	
生产控制、协调	相对容易	相对困难	
典型行业	炼油厂、钢铁厂	造船、飞机厂	制造厂、汽车制造厂

2. 企业物流规划与设计的流程

物流规划与设计应包括3项要素:①目标的长期性,如客户满意度和竞争优势等。②实现目标的方法,包括增值方法和客户服务方法;③实现目标的过程,包括预测方法和组织运行方法等。

物流系统中的每一个环节都要进行规划,且要与整体物流规划过程中的其他组成部分相互平衡(见图11-4)。制定有效的物流方案需要科学的分析方法。一旦物流方案形成,接下来的任务就是实施,包括在各备选方案中做出选择。

11.3.3　企业物流规划与设计的步骤

企业物流规划与设计流程如图11-5所示,共分为5个阶段。

(1)第一阶段:建立目标和约束条件。在进行一个企业物流的设计或重新设计之前,重要的是要描述分析系统规划设计的目的和目标。目标定位直接决定企业物流的组成部分。例如,对于企业物流规划设计来说,比较常见的目标有3个:①总资金成本最小,在企业物流设计方案中往往是减少物流节点的配置数量,直接将货送到用户手中或选择公共仓库而不是企业自建仓库;②运营成本最低,往往需要利用物流节点实现整合运

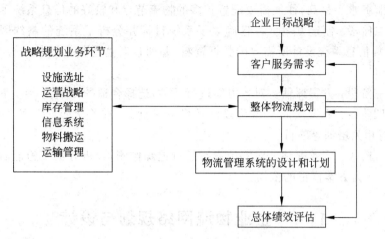

图 11-4　物流规划与设计流程

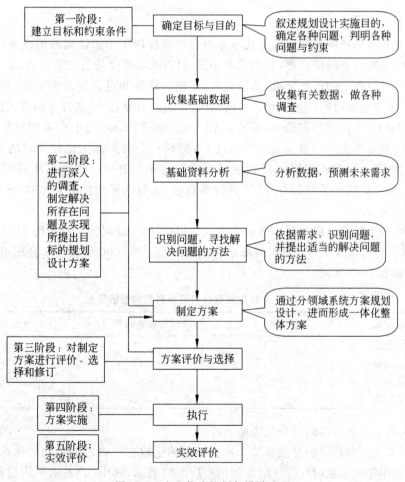

图 11-5　企业物流规划与设计流程

输;③顾客服务水平最高,往往需要配置较多的物流节点和较好的信息系统等。

（2）第二阶段:制定方案。一旦确立了系统目标并分析了系统的制约因素,下一个阶段就是收集信息系统设计所需要的数据资料,并通过对这些数据资料的分析设计出系统方案。

（3）第三阶段:方案评估。对各方案进行评估,选择合适的方案。

（4）第四阶段:方案实施。该阶段涉及设计和建筑,并将大型、专门的设施投入运行,以及进行相关培训等项目。

（5）第五阶段:实效评估。对实施方案进行追踪监测,分析方案实施前后的变化,提出评估报告,作为方案修正的依据。

11.4　企业物流网络规划与设计

11.4.1　企业物流运输方式的选择

1. 总成本因素

运输方式的选择或某种运输方式服务内容的选择取决于运输服务的众多特性,但并非所有的服务特性都同样重要,对决策者来说,只有某些特性是至关重要的。一些关于运输服务特性重要程度的调查显示,运输成本、运输时效性和可靠性最为重要。因此,运输服务成本、平均运输时间(速度)和运输时间的波动性(可靠性)是选择运输方式的基础。

【例 11-1】　卡利奥箱包公司(Carry-All Luggage Company)生产系列箱包产品。公司的分拨计划是将生产的成品先存放在工厂,然后由公共承运人运往公司的基层仓库。目前,使用铁路运输将东海岸工厂的成品运往西海岸的仓库。铁路运输的平均时间为 $T=21$ 天,每个存储点平均储存 10 万件行李箱包,箱包的平均价值 $C=30$ 美元,库存成本 $I=30\%$/年。

公司希望选择使总成本最小的运输方式。据估计,运输时间从目前的 21 天每减少一天,库存水平可以减少 1%。每年西海岸仓库卖出 $D=700\,000$ 件箱包。公司可以利用的运输服务如表 11-3 所示。

表 11-3　卡利奥箱包公司可以利用的运输服务

运输方式	运输费率 R/美元	门到门运输时间 T/天	每年运输批次
铁路运输	0.10	21	10
驮背运输	0.15	14	20
公路运输	0.20	5	20
航空运输	1.4	2	40

其中,采购成本和运输时间的变化忽略不计。

图 11-6 是当前公司的分拨系统。选择不同的运输方式将影响货物的在途时间。在途货物可以用年需求量(D)的一定比例(即 $T/365$)表示,其中,T 表示平均运送时间,因此,在途库存的持有成本就为 $ICDT/365$。

分拨渠道两端的平均库存大约是 $Q/2$,其中,Q 是运输批量。每单位货物的库存成本

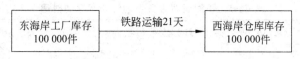

图 11-6 卡利奥箱包公司现有分拨系统

为 IC，但产品价值 C 在分拨渠道的不同地点是不同的。例如，在工厂，C 是产品的出厂价值；而在仓库，C 是产品的出厂价值加上运输费用。

每年的总运输成本 RD＝运输费率×年需求量，针对每种运输方式计算相关成本，见表 11-4。由此可以看出，虽然铁路运输的运输费用最低，航空运输的库存成本最低，但公路运输的总成本最低。

表 11-4 卡利奥箱包公司对运输方式选择的评估/千美元

成本类型	计算方法	铁路运输	驮背运输	公路运输	航空运输
运输成本	RD	$0.1×700=70$	$0.15×700=105$	$0.20×700=140$	$1.4×700=980$
在途库存	$ICDT/365$	$0.3×3×700×21/365=363$	$0.3×30×700×14/365=242$	$0.3×30×700×5/365=86$	$0.3×30×700×2/365=35$
工厂库存	$ICQ/2$	$0.3×30×100=900$	$0.3×30×50×0.93=419$	$0.3×30×50×0.84=381$	$0.3×30×25×0.81=182$
基层库存	$ICQ/2$	$0.3×30.1×100=903$	$0.3×30.15×50×0.93=421$	$0.3×30.15×50×0.84=381$	$0.3×30.4×25×0.81=185$
总计		2236	1187	985	1382

2. 成本、速度和可靠性等因素

选择合适的运输方式有助于创造有竞争力的服务优势。如果供应渠道中的买方从多个供应商那里购买商品，那么物流服务就会和价格一样影响买方对供应商的选择。因为，如果供应商选择不同的运输方式，就可以控制其物流服务的各项要素，影响买方的购买。

对买方而言，更好的运输服务（运送时间更短，波动更小）意味着可以保有较少的库存；更好地安排动作计划，减少生产成本。

对运输服务商而言，提供高质量的运输服务水平意味着增加其吸引力，实现运输规模效益，用业务扩大带来的利润弥补由于使用快速运输方式而带来的成本增加。

【例 11-2】 位于匹兹堡的一家设备制造商需要从两个供应商 A、B 购买 3000 箱塑料配件，每箱配件的价格是 100 美元，目前从两个供应商采购的数量是一样的。两个供应商都采用铁路运输，平均运送时间也相同。但如果其中一个供应商能将平均交付时间缩短，那么每缩短一天，制造商会将采购订单的 5%（即 150 箱）转给这个供应商。如果不考虑运输成本，供应商每卖出一箱配件可以获得 20% 的利润。

目前，供应商 A 正在考虑是否将铁路运输方式改为航空或公路运输以获得更多的收益。

各种运输方式下每箱配件的运输费率和平均运送时间如表 11-5 所示。

表 11-5　不同运输方式下的运输费率和时间

运输方式	运输费率/美元/箱	平均运送时间/天	运输方式	运输费率/美元/箱	平均运送时间/天
铁路运输	2.50	7	航空运输	10.35	2
公路运输	6.00	4			

供应商 A 仅根据可能得到的潜在利润选择运输方式。表 11-6 为供应商 A 从自身的角度列出了不同运输方式下可获得的利润。

表 11-6　不同运输方式下供应商 A 可获取的利润

运输方式	销售量/箱	毛利/美元	运输成本/美元	纯利/美元
铁路运输	1500	30 000	1500×2.5＝3750	26 250
公路运输	1500＋(7－4)×150＝1950	39 000	1950×0.6＝11 700	27 300
航空运输	1500＋(7－2)×150＝2250	45 000	2250×10.35＝23 287	21 712

从表 11-6 分析可以看出,供应商 A 应该采用公路运输方式。

对于运输方式选择问题,不仅要考虑运输服务的直接成本,而且有必要考虑该运输方式下的库存成本和运输绩效(时效性、可靠性)对物流渠道成员购买选择的影响,除此之外,还有如下一些因素需要考虑,其中有些因素决策者是不能控制的。

(1) 如果分拨渠道中有相互竞争的供应商,买方和供应商都应该采取合理的行动平衡运输成本和运输服务水平,以获得最佳收益。

(2) 运输方式变化对价格的影响。假如供应商提供的运输服务优于竞争对手,他很可能会提高产品的价格来补偿(至少是部分补偿)增加的成本。因此,买方在决定购买时应同时考虑产品价格和运输绩效。

(3) 运输费率、产品种类和库存成本的变化和竞争对手可能采取的反击措施都是运输方式选择问题的动态因素。

(4) 运输方式的选择对供应商存货的间接作用。供应商也会和买方一样由于运输方式变化改变运输批量,进而导致库存水平的变化。供应商可以调整价格来反映这一变化,反过来又影响对运输方式的选择。

11.4.2　生产企业物流系统改造

1. 生产企业物流系统改造的目标

生产企业物流系统改造的目标应是消除生产物流中的瓶颈现象,初步建立并完善内部物流准时化管理和供应链一体化管理系统,达到内部物流和外部物流的一体化和均衡化,促使货畅其流、节省空间、消除浪费、合理高效,为物流现代化的实现作好铺垫。

从图 11-7 可以看出,生产企业物流是一个有机的系统,围绕核心企业的车间生产物流为中心,以采购物流为起点,经过运输、搬运、装卸、加工、包装和存储,以销售配送和回收物流为归宿,从供应商经过生产企业到顾客,都有物料流、信息流、资金流和工作流的贯穿。企业可以以物流为主线,进行规范化的改造,从而带动其他流的改造。

2. 理顺与外部物流的联结

供应商是企业物流的源头,缺货区则是生产企业物流与外部物流的联结纽带,而送货

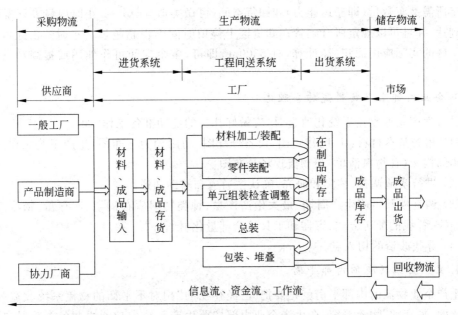

图 11-7　生产企业物流的阶段示意图

的满意度又直接对缺货区乃至整个后续物流运作产生很大影响,于是对供应送货的规定与管理便成了企业物流是否顺畅的关键之一。

例如,汽车工业精益生产方式下零部件入厂物流要求汽车生产既要防止生产延迟,又要最小化存货。这就要求零部件入厂物流能根据生产节拍将上万种零部件准确地配送到消耗点各工位。

在货物进出过程中,一般要求做到装卸搬运集装化,以减少物料搬运次数,提高物料搬运活性指数,使储、运、包一体化,集装单元化,真正做到供应链一体化管理。

以企业进货的实际操作为例,某个公司一个具有 5 条生产线的车间的产品产量是 30 000 台/日,可以确定其生产节拍为 4.16 台/分钟。每条线又根据零部件数量(比如某钣金零件 M 为 2 件/台)可以确定供应商的送货节拍和送货量,并依此确定单个托盘(仓库笼)盛装货物的数量、单位时间(如每 2 小时)所需送托盘(仓库笼)的数量、送货时间、整车数量、送货地点、卸货工具与人员准备,实行准时化、准确化配送。计算如下:

设:$Q = 30\ 000$ 台/日,$t = 4.16$ 台/(分钟·条线),$s = 2$ 件/台
则送货节拍为

$$T = 4.16 \times 2 \times 5 \times 2 \times 60 = 4992(件)$$

又设:每个仓库笼对该零件的标准化容量为 $v = 50$ 件,每卡车可运 40 个标准仓库笼,那么,每 2 小时需用 99.84 个(四舍五入为 100 个仓库笼),需送 2.5 卡车。

不同的零部件所具有的参数不一定相同,所以送货的节拍自然不一样,但参数(节拍)相同的便可以整车集装,实现 JIT 动作,使配送准时化、准确化。

又如在卸货区域,假设该公司现有的卸货区为 6000m²,但根据精确配送的节拍计算,以每两小时为配送时间单位,其同时卸货搬运能力设置为 6 辆货车/30 分钟的能力(以所配叉车为例,根据其承载能力、搬运速度、运输速度和到暂存区或生产线的距离等参数,可

以确定所需叉车数量(即搬运能力)和卸货空间(可做类似计算)。2小时内最多只需24辆货车到达,并且可以规定所有到货在卸货区上停留时间不得超越过2小时。由此可以确定卸货区的实际应用面积(经计算,有 $5300m^2$ 即可,多余空间可作他用或提高产量时使用)。

3. 企业内部生产物料流转合理化

进行生产企业物流系统化改造时,应做好扎实的前期准备工作,如:

(1)相关基本材料:厂区建筑图、设备分配图、功用动力分布图、生产工艺流程图、产品基本结构图(含物料清单)和物流现场分布图。

(2)进行实地调查、核实和研究,确认主通道和辅助通道。

(3)调查涉及当前生产周期、最大生产产量、种类物料库存周期、库存量、物流设备、搬运路线、各线的配送方式、容器和工具等全部量化材料。

(4)寻找改造的切入点。

4. 生产企业物流的内部平衡

生产企业物流的内部平衡就是要把"已经存在的"相对不平衡的物流系统改造为"经过优化的、平衡的"物流系统,在生产企业内部按照生产系统的功能协调各个阶段中不同子系统的具体动作,不断减少和消除生产过程中的瓶颈现象,追求厂内物流的均衡化和顺畅化,从而使各子系统在发挥其特定功能的基础上保持一致,形成系统中物料的合理化、有效化流动的总功能。

11.4.3 连锁零售物流企业系统改造

1. 连锁零售企业物流系统特点

(1)批量采购,统一配送,形成规模效应。

(2)商品种类繁多,配送和仓储要求多样化。

(3)配送量波动大,订货频率高,时间要求较严格。

(4)服务内容多样。

此外,连锁零售企业的业务特点还要求其物流系统具备高效地处理退、换货的能力。

2. 我国连锁零售业物流系统的特殊性

(1)相当数量的连锁零售企业网点少,且分布过于集中(只局限于某个地区或城市)。

(2)从整体上看,单体规模和容量比较小,每个网点配送量少,频率高。

(3)物流服务市场还不完善,物流服务市场采购的比率低。

(4)很多自营配送中心管理不规范,机械化和智能化作业水平低,统一配送率不高。

(5)物流系统建设需要一定的政策扶持。目前我国物流服务市场还不规范,相应的法律法规还不健全,我国连锁零售企业缺乏足够的资金和经验,而物流系统建设又是一项长期、艰巨的任务,尤其是自营物流,还需要投入大量的资金,因此需要政府在一定时期(特别是发展初期)给予一定的政策扶持。

3. 连锁销售业物流运作模式

运作模式分为以下4类(见表11-7):

表 11-7　连锁零售企业 4 种物流动作模式的实施特点及应用

模式	实施效果	实施要求	在国内的应用
自营配送模式	能完全服务于本企业的经营战略：企业可以对其物流各个环节进行管理和监控，又有利于保证良好的服务水平。但发展速度不易跟上企业的发展步伐，且忙闲不均时容易造成资源浪费	投资规模圈套；风险高	我国连锁零售企业中有相当比例采用这种模式，如上海的华联超市
第三方物流模式	节约了经营成本，转移了一部分商品积压与缺货的风险；能实现物流配送环节的高效、专业化管理	要求物流服务市场比较成熟，且连锁企业的信息化水平较高	我国目前连锁零售企业采用这种模式的还不多，如北京物美超市
供应商配送模式	很大程度上降低了连锁零售业的运营成本；但其物流系统效率受到供应商物流服务水平的限制。	要求连锁企业有一套能与供应商及时沟通的完善的管理系统	这种模式目前比较多见，如家乐福、好又多等超市
共同配送模式	形成规模，有利于降低物流费用	要求配送系统有较高的管理水平，必须协调好各出资人之间的利益分配	目前国内采用这种模式的企业还不多，但在连锁企业资金紧张的情况下，推行共同配送具有很大的现实意义

（1）自营配送模式：连锁零售企业自筹资金建立配送中心的物流模式。

（2）第三方物流模式(TPL)连锁零售企业将其物流配送部分或全部委托给专业的物流企业来运营的物流模式。

（3）供应商配送模式由供应商直接进行商品配送，各连锁门店向供应商发出订单，由供应商直接将连锁零售企业采购的商品在指定的时间范围内送到各个门店。

（4）共同配送模式：多家连锁企业为实现整体的物流配送合理化，以互利为原则，共同出资建立配送中心，并由出资企业共同经营管理，为所有出资企业提供统一配送服务的物流模式。

4.我国连锁零售企业物流的模式选择

目前在连锁零售业物流运作模式选择方面应考虑以下 3 个主要因素：

（1）成本因素：在我国连锁零售企业资金短缺、管理水平不高的情况下，规模、风险及现有资源利用等因素成为影响物流模式选择的重要方面。

（2）服务因素：表明连锁零售企业运作对物流服务的要求，而物流服务的整体水平（多样性、灵活性、准确性与及时性等）也反映了某种物流运作模式与企业发展战略（包括业务定位）的匹配程度。

（3）政策因素：主要指政策环境。

案例分析：案例两则

案例 1

1995 年，A 公司成立了 A 电气（中国）有限公司，开始大举进军中国市场。目前，A 公司在中国已经拥有 4000 多名员工、13 家生产型企业、4 个分公司、27 个地区办事处、500 家分销商和全国性的销售网络，以及 4 个物流中心、2 个培训中心和 1 个研发中心。1995—2002 年 A 公司在中国的销售额平均年增长率超过 30%。2003 年 A 公司在中国的销售额达到 43.7 亿元人民币。A 公司加大在华的投资力度，确立了在 2008 年实现 100 亿人民币的销售目标。在市场份额方面，A 公司已成为低压配电产品市场绝对的行业老大，2002 年其大型框架断路器产品的市场份额为 50%，中型塑壳断路器产品的市场份额为 35%，小型断路器产品的市场份额为 51%，领先地位不可动摇。

在 A 公司错综复杂的供应网络体系中，有不同的海外供应商、生产不同产品的合资厂、4 个物流中心、分销商和最终客户，大体可以分为前、中、后 3 级体系。

1. 前级

前级指从外部到 A 电气(中国)有限公司内各组织的供应链体系，前级体系已大体融入 A 公司全球供应链与物流体系当中了。

多年以前 A 公司就在海外建立了两个全球物流配送中心，该物流体系经过长期运作不断完善，堪称世界一流，同时也培养了大批世界级的物流专家。A 公司在国际上已经构造了优良的物流体系，并与国际知名的物流运营商保持战略合作关系，使得 A 电气(中国)有限公司在采购进口产品与原材料的前级供应链体系中得到强大的支持。

另外涉及一些国内采购，则由各职能部门与中央采购部分别从业务与成本角度共同完成匹配选择。

2. 中级

中级指 A 电气(中国)有限公司内部从合资厂到分销客户的供应链体系。

1995 年，A 公司大举进军中国市场以后，在中国投资设立了多家合资厂，合资厂的产品主要在中国销售，开始阶段订单和物流配送都由各合资厂独自运营，整个物流体系缺乏统一的领导，协调非常困难。随着 A 公司的产品在中国销售额的大幅提高，物流问题成为一个困扰着公司的严重问题。于是，A 公司决定投重资建立中国物流中心。

1998 年 A 电气(中国)有限公司在上海成立 A 上海物流有限公司，主要负责海外物流中心与中国的协调工作。1999—2000 年，A 公司又分别在上海、北京和广州成立了 3 家物流中心，将各合资厂的产品及进口产品都由物流中心集中配送，物流系统由运营总监统一领导，至此，一个庞大而高效的物流网络得以建立。2003 年，为了加强对中国中西部地区的物流配送能力，又在成都成立了一家物流配送中心。在库存管理上，A 公司将产品分为库存产品和非库存产品，并针对不同类型的产品采用推动与拉动管理平行的方式：对于库存产品由生产厂针对各物流中心进行 VMI 管理，对于非库存产品则由客户订单转化为对生产厂的采购需求而加以满足。

由于以上软硬件措施的应用，A 公司的大部分订单产品能在 4 天内到达全国各地客户的手里。在此期间 A 公司又投重资进行资源整合，匹配成统一的 SAP 系统，成立了集团级别的供应链管理团队，使包括物流系统的供应链流程发生了革命性的变革，相对物流成本逐年降低，运行效率大大提高。

3. 后级

后级指从 A 公司的一级客户到最终用户的供应链体系，也就是营销渠道。在国际市场上的纵横驰骋使 A 公司早已认识到渠道的重要性,它是公司核心竞争力的重要部分,也是公司赖以生存和发展的支柱之一。进入中国市场后,A 公司发现由于对手抢占了先机,在营销渠道方面落后于对手,于是 A 公司在一开始就下大力气进行渠道建设,经过多年的不断努力,A 公司在中国已经建立了独具特色的、完善的、庞大的营销网络。其营销网络由分销商和直供客户两部分组成,其中直供客户包括盘厂、OEM 及系统集成商等核心客户。这样一个两方面的综合体组成的营销网络显示了强大的力量,一方面 A 公司牢牢地掌握着其核心客户,另一方面,通过遍布全国的分销商将"触角"延伸到全国的各个角落。

目前,A 公司在全国的分销商有 500 余家,几乎覆盖了中国所有的大中城市。分销商不分大小都为同一级别,只是根据各个分销商所承诺的销售额的多少给予不同的折扣,完成指标的分销商年底可以拿到高额奖金,达不到评估标准的分销商予以淘汰。由于分销商的数量众多,他们之间的竞争非常激烈,这大大地促进了 A 公司产品的销售。同时由于分销商覆盖面广,使得 A 公司在与竞争对手争夺中型城市的"战斗"中占据绝对优势。

分销网络是 A 公司能够战胜强劲的竞争对手,成为中国低压配电中高端产品市场霸主的法宝,同时,也是 A 公司在未来的竞争中保持长期优势的法宝。

本案例总结如下:

(1) A 公司在进入中国构建其供应链体系时,能够从战略高度整合其资源,以已有的成熟的国外供应链体系为依托,以全局视野构造了其在中国的供应链战略。

(2) A 公司在物流管理上实行分区域物流中心设置,将客户服务统一设置,既解决了物流配送时限的要求,也很好地提升了公司整体客户服务水平。同时由于 A 公司在全球的物流系统建设中培养了大批人才,并积累了丰富的经验,使得其在中国的物流建设和管理上得心应手,同时也培养了一大批中国本土的物流专家。

(3) A 公司在库存管理上,在产品分类定义的同时实行客户拉动式与供应方 VMI 推动相结合的方法,很好地满足了客户服务,并尽量降低了库存水平。

(4) A 公司在信息系统建设上基本做到了信息化,公司业务与沟通在 SAP 系统与 LOTUS Notes 系统上得以实现。

(5) A 公司针对供应链绩效的评估由专门的全国层面的多职能统一团队共同完成,并针对评估结果不断进行项目改造,以使供应链不断优化。

正因为 A 公司在供应链优化与改造上的不懈努力,才使得 A 公司在此方面确立了其作为企业核心竞争力的能力。目前,虽然 A 公司的竞争对手也开始在中国组建供应链系统,但是 A 公司在这方面起步早,供应链系统不但庞大,而且非常完善,效率极高。在物流方面 A 公司具有绝对优势,将主要的竞争对手远远地甩在后面。在 2003 年的 A 公司客户满意度调查中,客户对 A 公司物流最为满意,并且有 80% 的客户认为 A 公司的物流服务大大好于其竞争对手。在 2003 年由咨询公司提供的 A 公司竞争优势的报告中,A公司物流系统位列榜首。

案例 2

蒙牛公司产品的运输方式主要有两种:汽车和火车集装箱。蒙牛公司在保证产品质量的原则下,尽量选择费用较低的运输方式。对于路途较远的低温产品运输,为了保证产品能够快速地送达消费者手中，保证产品的质量，蒙牛公司往往采用成本较高的汽车运输。例如，北京销往广州等地的低温产品全部走汽车运输，虽然成本较铁路运输高出很多，但在时间上能有保证。为了更好地了解汽车运行的状况，蒙牛公司还在一些运输车上装上了 GPS 系统以跟踪了解车辆的情况，比如是否正常行驶、所处位置、车速和车箱内温度等。蒙牛公司和管理人员在网站上可以查看所有安装此系统的车辆信息。GPS 的安装给物流以及相关人员和客户带来了方便，避免了有些司机在途中长时间停车而使货物未及时送达或者产品途中变质等情况的发生。

而像利乐包、利乐砖这样保质期比较长的产品，则尽量依靠内蒙古的工厂供应，因为这里有最好的奶源。产品远离市场的长途运输问题依靠火车集装箱来解决。与公路运输相比，这样更能节省费用。在火车集装箱运输方面，蒙牛公司与中铁集装箱运输公司开创了牛奶集装箱"五定"班列这一铁路运输的新模式。"五定"即"定点、定线、定时间、定价格、定编组"，"五定"班列一站直达，有效地保证了牛奶运输的及时、准确和安全。

2003 年 7 月 20 日，首列由呼和浩特至广州的牛奶集装箱"五定"班列开出，将来自内蒙古的优质牛奶运送到了祖国大江南北，打通了蒙牛公司的运输"瓶颈"。目前，蒙牛公司销往华东和华南的牛奶 80% 依靠铁路运到上海和广州，然后再向其他周边城市分拨。现在，通过"五定"列车，上海消费者在 70 个小时内就能喝上草原鲜奶。

此外，蒙牛公司的每一次运输活动都经过了严密的计划和安排，运输车辆每次往返都会将运进来的外包装箱、利乐包装等原材料和运出去的产成品做一个基本结合，使车辆的使用率提高了很多。

思考题

1. 什么是集成化供应链？供应链设计应考虑哪些问题？遵循什么原则？
2. 如何基于产品来进行供应链设计？
3. 集成化供应链规划与设计应考虑的问题包括哪些？
4. 企业物流运输方式选择应考虑哪些方面的因素？
5. 企业物流规划与设计包含哪几个阶段？
6. 什么是供应链合作关系？为什么要建立供应链合作关系？
7. 简述集成化供应链管理要解决的问题及实现的步骤。

第 12 章 物联网技术下的供应链管理

核心要点

- 物联网的概念、功能及特点
- 编码技术、电子标签和 GPS 技术等物联网相关技术
- 基于物联网的具体产业的供应链管理
- 物联网的安全问题

12.1 物联网的产生与发展

12.1.1 物联网的概念、功能及特点

1. 物联网的概念

物联网是新一代信息技术的重要组成部分。其英文名称是 The Internet of Things，顾名思义，"物联网就是物物相连的互联网"。这有两层意思：第一，物联网的核心和基础仍然是互联网，是在互联网基础上加以延伸和扩展的网络；第二，其用户端延伸和扩展到了任何物品与物品之间进行信息交换和通信。因此，物联网的定义是：通过射频识别（RFID）、红外感应器、全球定位系统和激光扫描器等信息传感设备，按约定的协议，把任何物品与互联网相连接，进行信息交换和通信，以实现对物品的智能化识别、定位、跟踪、监控和管理的一种网络。

2. 物联网的功能

物联网最基本的功能特征是提供"无处不在的连接和在线服务"（Ubiquitous Connectivity），它具备以下 10 大基本功能。

（1）在线监测：这是物联网最基本的功能，物联网业务一般以集中监测为主，控制为辅。

（2）定位追溯：一般基于 GPS（或其他卫星定位，如北斗）和无线通信技术，或只依赖于无线通信技术的定位，如基于移动基站的定位、RTLS 等。

（3）报警联动：主要提供事件报警和提示，有时还会提供基于工作流或规则引擎（Rule's Engine）的联动功能。

（4）指挥调度：基于时间排程和事件响应规则的指挥、调度和派遣功能。

（5）预案管理：基于预先设定的规章或法规对事物产生的事件进行处置。

（6）安全隐私：由于物联网所有权属性和隐私保护的重要性，物联网系统必须提供相应的安全保障机制。

（7）远程维保：这是物联网技术能够提供或提升的服务，主要适用于企业产品售后连网服务。

（8）在线升级：这是保证物联网系统本身能够正常运行的手段，也是企业产品售后自动服务的手段之一。

（9）领导桌面：主要指 Dashboard 或 BI 个性化门户，经过多层过滤提炼的实时信息，可供主管负责人实现对全局的"一目了然"。

（10）统计决策：指的是基于对连网信息的数据挖掘和统计分析，提供决策支持和统计报表功能。

3. 物联网的特征

和传统的互联网相比，物联网有其鲜明的特征：

（1）它是各种感知技术的广泛应用。物联网上部署了海量的多种类型的传感器，每个传感器都是一个信息源，不同类别的传感器所捕获的信息内容和信息格式不同。传感器获得的数据具有实时性，按一定的频率周期性地采集环境信息，不断更新数据。

（2）它是一种建立在互联网上的泛在网络。物联网技术的重要基础和核心仍旧是互联网，通过各种有线和无线网络与互联网融合，将物体的信息实时准确地传递出去。在物联网上的传感器定时采集的信息需要通过网络传输，由于其数量极其庞大，形成了海量信息，在传输过程中，为了保障数据的正确性和及时性，必须适应各种异构网络和协议。

（3）物联网不仅仅提供了传感器的连接，其本身也具有智能处理的能力，能够对物体实施智能控制。物联网将传感器和智能处理相结合，利用云计算和模式识别等各种智能技术，扩充其应用领域。从传感器获得的海量信息中经分析、加工和处理得出有意义的数据，以适应不同用户的不同需求，发现新的应用领域和应用模式。

12.1.2 国内外物联网现状

1. 国外物联网发展现状

物联网在国外被视为"危机时代的救世主"，在当前的经济危机尚未完全消退的时期，许多发达国家将发展物联网视为新的经济增长点。物联网的概念虽然仅在最近几年才趋向成熟，但物联网相关产业在当前的技术、经济环境的助推下，在短短的几年内已成星火燎原之势。

1）美国物联网发展现状

美国很多大学在无线传感器网络方面已开展了大量工作，如加州大学洛杉矶分校的嵌入式网络感知中心实验室、无线集成网络传感器实验室和网络嵌入系统实验室等。另外，麻省理工学院从事了极低功耗的无线传感器网络方面的研究；奥本大学也从事了大量关于自组织传感器网络方面的研究，并完成了一些实验系统的研制；宾汉顿大学计算机系统研究实验室在移动自组织网络协议、传感器网络系统的应用层设计等方面做了很多研究工作；俄亥俄州立克利夫兰大学的移动计算实验室在基于 IP 的移动网络和自组织网络方面结合无线传感器网络技术进行了研究。除了高校和科研院所之外，各大知名企业也都先后参与开展了无线传感器网络的研究。克尔斯博公司是国际上率先进行无线传感器网络研究的先驱之一，为全球超过 2000 所高校以及上千家大型公司提供无线传感器解决方案；Crossbow 公司与软件巨头微软公司、传感器设备巨头霍尼韦尔公司、硬件设备制造商英特尔公司、网络设备制造巨头、著名高校加州大学伯克利分校等都建立了合作关系。

IBM 公司提出的"智慧地球"概念已上升至美国的国家战略。2009 年，IBM 公司与美国智库机构向奥巴马政府提出通过信息通信技术（ICT）投资可在短期内创造就业机会，美国政府只要新增 300 亿美元的 ICT 投资（包括智能电网、智能医疗和宽带网络 3 个领域），鼓励物联网技术发展的政策主要体现在推动能源、宽带与医疗三大领域开展物联网技术应用。

2）欧盟物联网发展现状

2009 年，欧盟委员会向欧盟议会、理事会、欧洲经济和社会委员会及地区委员会递交了《欧盟物联网行动计划》，以确保欧洲在建构物联网的过程中起主导作用。行动计划共包括 14 项内容：管理、隐私及数据保护、"芯片沉默"的权利、潜在危险、关键资源、标准化、研究、公私合作、创新、管理机制、国际对话、环境问题、统计数据和进展监督。该行动方案描绘了物联网技术应用的前景，并提出要加强欧盟政府对物联网的管理，其行动方案提出的政策建议主要包括：

（1）加强物联网管理。

（2）完善隐私和个人数据保护。

（3）提高物联网的可信度、接受度和安全性。

2009 年 10 月，欧盟委员会以政策文件的形式对外发布了物联网战略，提出要让欧洲在基于互联网的智能基础设施发展上领先全球，除了通过 ICT 研发计划投资 4 亿欧元，启动 90 多个研发项目提高网络智能化水平外，欧盟委员会还将于 2011—2013 年间每年新增 2 亿欧元进一步加强研发力度，同时拿出 3 亿欧元专款，支持物联网相关公私合作短期项目建设。

3）日本物联网发展现状

自 20 世纪 90 年代中期以来，日本政府相继制定了 e-Japan、u-Japan 和 i-Japan 等多项国家信息技术发展战略，从大规模开展信息基础设施建设入手，稳步推进，不断拓展和深化信息技术的应用，以此带动本国社会、经济发展。其中，u-Japan 和 i-Japan 战略与当前提出的物联网概念有许多共同之处。

2004 年，日本信息通信产业的主管机关总务省提出 2006—2010 年的 IT 发展任务——u-Japan 战略。该战略的理念是以人为本，实现所有人与人、物与物及人与物之间的连接（即 4U，Ubiquitous、Universal、User-oriented、Unique），希望在 2010 年将日本建设成一个"实现随时、随地、任何物体、任何人均可连接的泛在网络社会"。

2008 年，日本总务省提出将 u-Japan 政策的重心从之前的单纯关注居民生活品质提升拓展到带动产业及地区发展，即通过各行业、地区与 ICT 的信息化融合，进而实现经济增长的目的。具体说就是通过 ICT 的有效应用，实现产业变革，推动新应用的发展；通过 ICT 以电子方式联系人与地区社会，促进地方经济发展；有效应用 ICT 达到生活方式变革,实现无所不在的网络社会环境。

2009 年 7 月,日本 IT 战略本部颁布了日本新一代的信息化战略——i-Japan 战略,以使数字信息技术融入每一个角落。首先,将政策目标聚焦在三大公共事业:电子化政府治理、医疗健康信息服务、教育与人才培育。提出到 2015 年,通过数字技术达到"新的行政改革",使行政流程简化、效率化、标准化和透明化,同时推动电子病历、远程医疗和远程教育等应用的发展。日本政府对企业的重视也毫不逊色。另外,日本企业为了能够在技术上取得突破,对研发同样倾注极大的心血。在日本爱知世博会的日本展厅,呈现的是一个凝聚了机器人、纳米技术、下一代家庭网络和高速列车等众多高科技和新产品的未来景象,支撑这些的是大笔的研发投入。

4)韩国物联网发展现状

韩国也经历了类似日本的发展过程。韩国是目前全球宽带普及率最高的国家,同时它的移动通信、信息家电和数字内容等也居世界前列。面对全球信息产业新一轮 u 化战略的政策动向,韩国制定了 u-Korea 战略。在具体实施过程中,韩国信通部推出 IT839 战略以具体呼应 u-Korea。

韩国信通部发布的《数字时代的人本主义:IT839 战略》报告指出,无所不在的网络社会将是由智能网络、最先进的计算技术,以及其他领先的数字技术基础设施武装而成的技术社会形态。在无所不在的网络社会中,所有人可以在任何地点、任何时刻享受现代信息技术带来的便利。u-Korea 意味着信息技术与信息服务的发展不仅仅满足于产业和经济的增长,而且在国民生活中将为生活文化带来革命性的进步。由此可见,日、韩两国各自制定并实施的 u 计划都是建立在两国已夯实的信息产业硬件基础上的,是完成 e 计划后启动的新一轮国家信息化战略。从 e 到 u 是信息化战略的转移,能够帮助人类实现许多 e 时代无法企及的梦想。

继日本提出 u-Japan 战略后,韩国在 2006 年确立了 u-Korea 战略。u-Korea 旨在建立无所不在的社会,也就是在民众的生活环境里,布建智能型网络、最新的技术应用等先进的信息基础建设,让民众可以随时随地享有科技智慧服务。其最终目的,除了运用 IT 科技为民众创造衣食住行育乐各方面无所不在的便利生活服务之外,亦希望扶植 IT 产业发展新兴应用技术,强化产业优势与国家竞争力。

为实现上述目标,u-Korea 包括了 4 项关键基础环境建设以及 5 大应用领域的研究开发。4 项关键基础环境建设是平衡全球领导地位、生态工业建设、现代化社会建设和透明化技术建设,5 大应用领域是亲民政府、智慧科技园区、再生经济、安全社会环境和 u 生活定制化服务。

u-Korea 主要分为发展期与成熟期两个执行阶段。发展期(2006—2010 年)的重点任务是基础环境的建设、技术的应用以及 u 社会制度的建立;成熟期(2011—2015 年)的重点任务为推广 u 化服务。

自 1997 年起,韩国政府出台了一系列推动国家信息化建设的产业政策。目前,韩国的 RFID 发展已经从先前的实际应用开始全面推广;而 USN 也进入实验性应用阶段。2009 年,韩国通信委员会通过了《物联网基础设施构建基本规划》,将物联网市场确定为新增长动力。该规划树立了到 2012 年"通过构建世界最先进的物联网基础实施,打造未来广播通信融合领域超一流 ICT 强国"的目标,为实现这一目标,确定了构建物联网基础设施、发展物联网服务、研发物联网技术和营造物联网扩散环境 4 大领域、12 项详细课题。

2. 中国物联网发展现状及形势

1) 发展现状

目前,我国物联网发展与全球同处于起步阶段,初步具备了一定的技术、产业和应用基础,呈现出良好的发展态势。产业发展初具基础。无线射频识别(RFID)产业市场规模超过 100 亿元,其中低频和高频 RFID 相对成熟。全国有 1600 多家企事业单位从事传感器的研制、生产和应用,年产量达 24 亿只,市场规模超过 900 亿元,其中,微机电系统(MEMS)传感器市场规模超过 150 亿元;通信设备制造业具有较强的国际竞争力。建成全球最大、技术先进的公共通信网和互联网。机器到机器(M2M)终端数量接近 1000 万,形成全球最大的 M2M 市场之一。据不完全统计,我国 2010 年物联网市场规模接近 2000 亿元。

技术研发和标准研制取得突破。我国在芯片、通信协议、网络管理、协同处理和智能计算等领域开展了多年技术攻关,已取得许多成果。在传感器网络接口、标识、安全、传感器网络与通信网融合、物联网体系架构等方面相关技术标准的研究取得进展,成为国际标准化组织(ISO)传感器网络标准工作组(WG7)的主导国之一。2010 年,我国主导提出的传感器网络协同信息处理国际标准获正式立项,同年,我国企业研制出全球首颗二维码解码芯片,研发了具有国际先进水平的光纤传感器,TD-LTE 技术正在开展规模技术试验。

应用推广初见成效。目前,我国物联网在安防、电力、交通、物流、医疗和环保等领域已经得到应用,且应用模式正日趋成熟。在安防领域,视频监控和周界防入侵等应用已取得良好效果;在电力行业,远程抄表和输变电监测等应用正在逐步拓展;在交通领域,路网监测、车辆管理和调度等应用正在发挥积极作用;在物流领域,物品仓储、运输和监测应用广泛推广;在医疗领域,个人健康监护和远程医疗等应用日趋成熟。除此之外,物联网在环境监测、市政设施监控、楼宇节能和食品药品溯源等方面也开展了广泛的应用。

尽管我国物联网在产业发展、技术研发、标准研制和应用拓展等领域已经取得了一些进展,但应清醒地认识到我国物联网发展还存在一系列瓶颈和制约因素。主要表现在以下几个方面:核心技术和高端产品与国外差距较大,高端综合集成服务能力不强,缺乏骨干龙头企业,应用水平较低,且规模化应用少,信息安全方面存在隐患等。

2) 面临形势

"十二五"时期是我国物联网由起步发展进入规模发展的阶段,机遇与挑战并存。国际竞争日趋激烈。美国已将物联网上升为国家创新战略的重点之一;欧盟制定了促进物联网发展的 14 点行动计划;日本的 u-Japan 计划将物联网作为 4 项重点战略领域之一;韩国的 IT839 战略将物联网作为三大基础建设重点之一。发达国家一方面加大力度发展传感器节点核心芯片、嵌入式操作系统和智能计算等核心技术;另一方面加快标准制定和产业化进程,谋求在未来物联网的大规模发展及国际竞争中占据有利位置。

创新驱动日益明显。物联网是我国新一代信息技术自主创新突破的重点方向,蕴涵着巨大的创新空间,在芯片、传感器、近距离传输、海量数据处理以及综合集成、应用等领域,创新活动日趋活跃,创新要素不断积聚。物联网在各行各业的应用不断深化,将催生大量的新技术、新产品、新应用和新模式。

应用需求不断拓宽。在"十二五"期间,我国将以加快转变经济发展方式为主线,更加注重经济质量和人民生活水平的提高,亟需采用包括物联网在内的新一代信息技术改造升级传统产业,提升传统产业的发展质量和效益,提高社会管理、公共服务和家居生活智能化水平。巨大的市场需求将为物联网带来难得的发展机遇和广阔的发展空间。

产业环境持续优化。党中央和国务院高度重视物联网发展,明确指出要加快推动物联网技术研发和应用示范;大部分地区将物联网作为发展重点,出台了相应的发展规划和行动计划,许多行业部门将物联网应用作为推动本行业发展的重点工作加以支持。随着国家和地方一系列产业支持政策的出台,社会对物联网的认知程度日益提升,物联网正在逐步成为社会资金投资的热点,发展环境不断优化。

12.1.3　国家物联网规划与建设

物联网已成为当前世界新一轮经济和科技发展的战略制高点之一,发展物联网对于促进经济发展和社会进步具有重要的现实意义。为抓住机遇,明确方向,突出重点,加快培育和壮大物联网,我国工业和信息产业部根据《国民经济和社会发展第十二个五年规划纲要》和《国务院关于加快培育和发展战略性新兴产业的决定》制定了《物联网"十二五"发展规划》,为"十二五"期间我国物联网的发展指明了方向。

1. 指导思想、发展原则和发展目标

1) 指导思想

以邓小平理论和"三个代表"重要思想为指导,深入贯彻落实科学发展观,把握世界新科技革命和产业革命的历史机遇,抓住我国加快培育和发展战略性新兴产业的契机,加强统筹规划,促进协同发展;加强自主创新,注重应用牵引;加强监督管理,保障信息安全;加强政策扶持,优化发展环境。重点突破核心技术,研制关键标准,拓展规模应用,构建产业体系,为我国物联网的全面发展并在新一轮国际竞争中占据有利位置奠定坚实基础。

2) 发展原则

(1) 坚持市场导向与政府引导相结合。既要充分遵循市场经济规律,利用市场手段配置资源,面向市场需求发挥企业主体作用,又要注重政府调控引导,加强规划指导,加大政策支持力度,营造良好的产业发展环境,促进产业快速健康发展。

(2) 坚持全国统筹与区域发展相结合。做好顶层设计,进行统筹规划、系统布局,促进协调发展。同时,各地区根据自身基础与优势,明确发展方向和重点,大力培育特色产业集群,形成重点突出、优势互补的产业发展态势。

(3) 坚持技术创新与培育产业相结合。着力推进原始创新,大力增强集成创新,加强引进消化吸收再创新,充分利用国内外两个市场、两种资源,大力推动技术成果的产业化进程,形成以企业为主体、产学研用相结合的技术创新体系,发展培育壮大物联网产业。

(4) 坚持示范带动与全面推进相结合。推动信息化与工业化深度融合,加快推进重点行业和重点领域的先导应用,逐步推进全社会、全行业的物联网规模化应用,形成重点覆盖、逐步渗透、全面推进的局面。从政策法规、标准规范和技术保障能力等多个角度全面提升物联网安全保障水平。

3）发展目标

到 2015 年，我国要在核心技术研发与产业化、关键标准研究与制定、产业链建立与完善、重大应用示范与推广等方面取得显著成效，初步形成创新驱动、应用牵引、协同发展、安全可控的物联网发展格局。技术创新能力显著增强。攻克一批物联网核心关键技术，在感知、传输、处理和应用等技术领域取得 500 项以上重要研究成果；研究制定 200 项以上国家和行业标准；推动建设一批示范企业、重点实验室、工程中心等创新载体，为形成持续创新能力奠定基础。初步完成产业体系构建。形成较为完善的物联网产业链，培育和发展 10 个产业聚集区，100 家以上骨干企业，一批"专、精、特、新"的中小企业，建设一批覆盖面广、支撑力强的公共服务平台，初步形成门类齐全、布局合理、结构优化的物联网产业体系。应用规模与水平显著提升。在经济和社会发展领域广泛应用，在重点行业和重点领域应用水平明显提高，形成较为成熟的、可持续发展的运营模式，在 9 个重点领域完成一批应用示范工程，力争实现规模化应用。

2. 主要任务

1）大力攻克核心技术

集中多方资源，协同开展重大技术攻关和应用集成创新，尽快突破核心关键技术，形成完善的物联网技术体系。

（1）提升感知技术水平。重点支持超高频和微波 RFID 标签、智能传感器和嵌入式软件的研发，支持位置感知技术、基于 MEMS 的传感器等关键设备的研制，推动二维码解码芯片研究。

（2）推进传输技术突破。重点支持适用于物联网的新型近距离无线通信技术和传感器节点的研发，支持自感知、自配置、自修复、自管理的传感网组网和管理技术的研究，推动适用于固定、移动、有线和无线的多层次物联网组网技术的开发。

（3）加强处理技术研究。重点支持适用于物联网的海量信息存储和处理，以及数据挖掘、图像视频智能分析等技术的研究，支持数据库、系统软件和中间件等技术的开发，推动软硬件操作界面基础软件的研究。

（4）巩固共性技术基础。重点支持物联网核心芯片及传感器微型化制造、物联网信息安全等技术研发，支持用于传感器节点的高效能微电源和能量获取、标识与寻址等技术的开发，推动频谱与干扰分析等技术的研究。

2）加快构建标准体系

按照统筹规划、分工协作、保障重点、急用先行的原则，建立高效的标准协调机制，积极推动自主技术标准的国际化，逐步完善物联网标准体系。

（1）加速完成标准体系框架的建设。全面梳理感知技术、网络通信、应用服务及安全保障等领域的国内外相关标准，做好整体布局和顶层设计，加快构建层次分明的物联网标准体系框架，明确我国物联网发展的急需标准和重点标准。

（2）积极推进共性和关键技术标准的研制。重点支持物联网系统架构等总体标准的研究，加快制定物联网标识和解析、应用接口、数据格式、信息安全、网络管理等基础共性标准，大力推进智能传感器、超高频和微波 RFID、传感器网络、M2M、服务支撑等关键技术标准的制定工作。

(3) 大力开展重点行业应用标准的研制。面向重点行业需求,依托重点领域应用示范工程,形成以应用示范带动标准研制和推广的机制,做好物联网相关行业标准的研制,形成一系列具有推广价值的应用标准。

3) 协调推进产业发展

以形成和完善物联网产业链为目标,引入多元化的竞争机制,协调发展与物联网紧密相关的制造业、通信业与应用服务业。重点突破感知制造业发展瓶颈,推进物联网通信业发展,加快培育应用服务业,形成产业链上下游联动、协调可持续的发展格局。

(1) 重点发展物联网感知制造业。重点发展与物联网感知功能密切相关的制造业。推动传感器/节点/网关、RFID、二维条码等核心制造业高端化发展,推动仪器仪表和嵌入式系统等配套产业能力的提升,推动微纳器件、集成电路、微能源和新材料等产业的发展和壮大。

(2) 积极支持物联网通信业。支持与物联网通信功能紧密相关的制造、运营等产业。推动近距离无线通信芯片与终端制造产业的发展,推动 M2M 终端、通信模块和网关等产品制造能力的提升,推动基于 M2M 等运营服务业的发展,支持高带宽、大容量、超高速有线/无线通信网络设备制造业与物联网应用的融合。

(3) 着力培育物联网服务业。鼓励运营模式创新,大力发展有利于扩大市场需求的专业服务、增值服务等服务新业态。着力培育海量数据存储、处理与决策等基础设施服务业,推进操作系统、数据库、中间件、应用软件、嵌入式软件和系统集成等软件开发与集成服务业发展,推动物联网应用创造和衍生出的独特市场快速发展。

4) 着力培育骨干企业

重点培育一批影响力大、带动性强的大企业;营造企业发展环境,采取灵活多样的模式,做好一批"专、精、特、新"中小企业的孵化和扶持工作;加强产业联盟建设,逐步形成门类齐全、协同发展、影响力强的产业体系。

引导企业间通过联合并购、品牌经营和虚拟经营等方式形成大型的物联网企业或企业联合体,提高产业集中度。在传感器、核心芯片、传感节点、操作系统、数据库软件、中间件、应用软件、嵌入式软件、系统集成、传感器网关及信息通信网、信息服务和智能控制等各领域打造一批品牌企业。

5) 积极开展应用示范

面向经济社会发展的重大战略需求,以重点行业和重点领域的先导应用为引领,注重自主技术和产品的应用,开展应用模式的创新,攻克一批关键技术,形成通用、标准、自主可控的应用平台,加快形成市场化运作机制,促进应用、技术和产业的协调发展。

(1) 开展经济运行中重点行业应用示范。重点支持物联网在工业、农业和流通业等领域的应用示范。通过物联网技术进行传统行业的升级改造,提升生产和经营运行效率,提升产品质量、技术含量和附加值,促进精细化管理,推动落实节能减排,强化安全保障能力。

(2) 开展面向基础设施和安全保障领域的应用示范。重点支持交通、电力和环保等领域的物联网应用示范工程,推动物联网在重大基础设施管理、运营维护方面的应用模式创新,提升重大基础设施的监测管理与安全保障能力,提升对重大突发事件的应急处置能力。

(3)开展面向社会管理和民生服务领域的应用示范。重点支持公共安全、医疗卫生和智能家居等领域的物联网应用示范工程。发挥物联网的技术优势,提升人民生活质量和社会公共管理水平,推动面向民生服务领域的应用创新。

6)合理规划区域布局

充分尊重市场规律,加强宏观指导,结合现有开发区和园区的基础和优势,突出发展重点,按照有利于促进资源共享和优势互补,有利于以点带面推进产业长期发展,有利于土地资源节约集约利用的原则,初步完成我国物联网区域布局,防止同质化竞争,杜绝盲目投资和重复建设。

加快推进无锡国家传感网创新示范区建设,积累经验,以点带面,辐射带动物联网产业在全国范围内的发展。充分考虑技术、人才、产业、区位、经济发展和国际合作等基础因素,在东、中、西部地区,以重点城市或城市群为依托,高起点培育一批物联网综合产业集聚区;以推进物联网应用技术进步及物联网服务业为导向,以特色农业、汽车生产、电力设施、石油化工、光学制造、家居照明和海洋港口等一批特色产业基地为依托,打造一批具有物联网特色的产业聚集区,促进物联网产业与已有特色产业的深度融合。

7)加强信息安全保障

建立信息安全保障体系,做好物联网信息安全顶层设计,加强物联网信息安全技术的研究开发,有效保障信息采集、传输和处理等各个环节的安全可靠。加强监督管理,做好物联网重大项目的安全评测和风险评估,构建有效的预警和管理机制,大力提升信息安全保障能力。

(1)加强物联网安全技术研发。研制物联网信息安全基本架构,突破信息采集、传输、处理和应用各环节安全的共性技术、基础技术、关键技术与关键标准。重点开展隐私保护、节点的轻量级认证、访问控制、密钥管理、安全路由、入侵检测与容侵容错等安全技术研究,推动关键技术的国际标准化进程。

(2)建立并完善物联网安全保障体系。建立以政府和行业主管部门为主导,第三方测试机构参与的物联网信息安全保障体系,构建有效的预警和管理机制。对各类物联网应用示范工程全面开展安全风险与系统可靠性评估工作。重点支持物联网安全风险与系统可靠性评估指标体系的研制,测评系统开发和专业评估团队的建设;支持应用示范工程安全风险与系统可靠性评估机制的建立,在物联网示范工程的规划、验证、监理、验收和运维全生命周期推行安全风险与系统可靠性评估,从源头保障物联网的应用安全可靠。

(3)加强网络基础设施安全防护建设。充分整合现有资源,提前部署,加快宽带网络建设和布局,提高网络速度,促进信息网络的畅通、融合、稳定和泛在,为新技术应用预留空间,实现新老技术的兼容转换。加强对基础设施性能的分析和行为预测,有针对性地做好网络基础设施的保护。

8)提升公共服务能力

积极利用现有存量资源,采取多种措施鼓励社会资源投入,支持物联网公共服务平台建设和运营,提升物联网技术、产业和应用公共服务能力,形成资源共享、优势互补的物联网公共支撑服务体系。积极探索物联网公共服务与运营机制,确保形成良性、高效的发展机制。

(1) 加强专业化公共服务平台建设。不断明确需求,细化专业分工,加强建设和完善共性技术、测试认证、知识产权、人才培训、推广应用和投融资等公共服务平台,全面提升物联网公共服务平台的专业化服务能力和水平。

(2) 加快公共支撑机构建设。依托相关部门和行业的资源,建设物联网重点实验室、工程实验室、工程中心和推广应用中心等公共支撑机构,促进物联网技术创新、应用推广和产业化。

(3) 整合公共服务资源。加快整合各区域、各行业现有平台建设资源,采取多种措施吸引相应的社会资源投入,形成资源共享、优势互补的产业公共服务体系,提升物联网技术研发、产业化、推广应用等方面的公共服务能力。

3. 重点工程

1) 关键技术创新工程

充分发挥企业主体作用,积极利用高校和研究所实验室的现有研究成果,在信息感知和信息处理技术领域追赶国际先进水平,在信息传输技术领域达到国际领先水平,增强信息安全保障能力,力争尽快突破关键核心技术,形成较为完备的物联网技术体系并实现产业化。

关键技术创新工程包括以下 4 个领域:

(1) 信息感知技术:超高频和微波 RFID,积极利用 RFID 行业组织,开展芯片、天线、读写器、中间件和系统集成等技术协同攻关,实现超高频和微波 RFID 技术的整体提升;

微型和智能传感器,面向物联网产业发展的需求,开展传感器敏感元件、微纳制造和智能系统集成等技术联合研发,实现传感器的新型化、小型化和智能化;

位置感知,基于物联网重点应用领域,开展基带芯片、射频芯片、天线和导航电子地图软件等技术合作开发,实现导航模块的多模兼容、高性能、小型化和低成本。

(2) 信息传输技术:无线传感器网络,开展传感器节点及操作系统、近距离无线通信协议和传感器网络组网等技术研究,开发出低功耗、高性能、适用范围广的无线传感网系统和产品;异构网络融合,加强无线传感器网络、移动通信网、互联网和专用网等各种网络间相互融合技术的研发,实现异构网络的稳定、快捷、低成本融合。

(3) 信息处理技术:海量数据存储,围绕重点应用行业,开展海量数据新型存储介质、网络存储和虚拟存储等技术的研发,实现海量数据存储的安全、稳定和可靠;数据挖掘,瞄准物联网产业发展的重点领域,集中开展各种数据挖掘理念、模型和方法的研究,实现国产数据挖掘技术在物联网重点应用领域的全面推广;图像视频智能分析,结合经济和社会发展的实际应用,有针对性地开展图像视频智能分析理论与方法的研究,实现图像视频智能分析软件在物联网市场的广泛应用。

(4) 信息安全技术:构建"可管、可控、可信"的物联网安全体系架构,研究物联网安全等级保护和安全测评等关键技术,提升物联网信息安全保障水平。

2) 标准化推进工程

以构建物联网标准化体系为目标,依托各领域标准化组织、行业协会和产业联盟,重点支持共性关键技术标准和行业应用标准的研制,完善标准信息服务、认证和检测体系,推动一批具有自主知识产权的标准成为国际标准。

标准化推进工程包括以下内容:

(1) 标准体系架构:全面梳理国内外相关标准,明确我国物联网发展的急需标准和重点标准,开展顶层设计,构建并不断完善物联网标准体系。

(2) 共性关键技术标准:重点支持标识与解析、服务质量管理等共性基础标准和传感器接口、超高频和微波 RFID、智能网关、M2M、服务支撑等关键技术标准的制定。

(3) 重点行业应用标准:面向工业、环保、交通、医疗、农业、电力和物流等重点行业需求,以重大应用示范工程为载体,总结成功模式和成熟技术,形成一系列具有推广价值的行业应用标准。

(4) 信息安全标准:制定物联网安全标准体系框架,重点推进物联网感知节点、数据信息安全标准的制定和实施,建立国家重大基础设施物联网安全监测体系,明确物联网安全标准的监督和执行机制。

(5) 标准化服务:整合现有标准化资源,建立国内外标准信息数据库和智能化检索分析系统,形成综合性的标准咨询、检测和认证服务平台,建立物联网编码与标识解析服务系统。

3)"十区百企"产业发展工程

重点培育 10 个产业聚集区和 100 个骨干企业,形成以产业聚集区为载体,以骨干企业为引领,专业特色鲜明、品牌形象突出、服务平台完备的现代产业集群。

(1) 产业聚焦区:培育以研发中心、研发型企业和测试认证中心为主体的综合物联网产业聚焦区;紧密结合相关行业应用特点,在感知制造、通信运营和应用服务等领域打造具有鲜明特色的物联网产业聚焦区,实现产业链上下游企业的汇集和产业资源整合。

(2) 骨干企业培育:在全国范围内培育 100 家掌握核心关键技术、经营状况良好、主业突出、产品市场前景好、对产业发展带动作用大、发展初具规模的物联网产业骨干企业。

4)重点领域应用示范工程

在重点领域开展应用示范工程,探索应用模式,积累应用部署和推广的经验和方法,形成一系列成熟的可复制推广的应用模板,为物联网应用在全社会、全行业的规模化推广做准备。经济领域应用示范以行业主管部门或典型大企业为主导,民生领域应用示范以地方政府为主导,联合物联网关键技术、关键产业和重要标准机构共同参与,形成优秀的解决方案并进行部署、改进和完善,最终形成示范应用牵引产业发展的良好态势。

重点领域应用示范工程包括以下领域:

(1) 智能工业:生产过程控制、生产环境监测、制造供应链跟踪和产品全生命周期监测,促进安全生产和节能减排。

(2) 智能农业:农业资源利用、农业生产精细化管理、生产养殖环境监控、农产品质量安全管理与产品溯源。

(3) 智能物流:建设库存监控、配送管理、安全追溯等现代流通应用系统,建设跨区域、行业和部门的物流公共服务平台,实现电子商务与物流配送一体化管理。

(4) 智能交通:交通状态感知与交换、交通诱导与智能化管控、车辆定位与调度、车辆远程监测与服务、车路协同控制,建设开放的综合智能交通平台。

（5）智能电网:电力设施监测、智能变电站、配网自动化、智能用电、智能调度和远程抄表,建设安全、稳定、可靠的智能电力网络。

（6）智能环保:污染源监控、水质监测、空气监测和生态监测,建立智能环保信息采集网络和信息平台。

（7）智能安防:社会治安监控、危化品运输监控、食品安全监控,重要桥梁、建筑、轨道交通、水利设施和市政管网等基础设施安全监测、预警和应急联动。

（8）智能医疗:药品流通和医院管理,以人体生理和医学参数采集及分析为切入点,面向家庭和社区开展远程医疗服务。

（9）智能家居:家庭网络、家庭安防、家电智能控制、能源智能计量、节能低碳和远程教育等。

5）公共服务平台建设工程

在国家和各级地方政府主管部门的政策引导和资金扶持下,充分发挥园区、企业和科研院所等责任主体的作用,实现平台的多方共建,充分整合现有资源,建立资源共享优势互补的公共服务平台。

公共服务平台建设工程包括以下内容:

（1）公共技术平台:针对技术的研究开发、产品的验证测试和质量检测等需求,整合全行业的技术资源,提供面向软件、硬件和系统集成方面的共性技术服务。

（2）应用推广平台:针对前沿技术、解决方案、科研成果和专利等内容,为使用者提供最直观的使用体验和前瞻示范,促进科技成果转化。

（3）知识产权平台:建立覆盖支撑技术创新和应用创新的知识产权服务体系,建立关键技术和产品及关键应用领域的专利数据库,建立动态的物联网知识产权数据监测与分析服务机制。

（4）信息服务平台:为政、产、学、研、用各类主体提供及时、丰富的物联网各类信息,为用户提供一站式信息服务。

4. 保障措施

1）建立统筹协调机制

建立和完善协同工作机制,加强部门合作,协调物联网在重点领域的应用示范工作,解决物联网发展面临的关键技术研发、标准制定、产业发展和安全保障等问题。建立健全行业统计和运行监测分析工作体系,加强对重大项目建设的监督、检查和处理,推动物联网产业发展。

2）营造政策法规环境

加强对国内外物联网发展形势的研究,做好政策预研工作,针对发展中出现的热点和难点问题,及时制定出台相关管理办法。总结推广各地区、各部门的先进经验,加强政策协调,制定促进物联网健康有序发展的政策法规。

3）加大财税支持力度

增加物联网发展专项资金规模,加大产业化专项等对物联网的投入比重,鼓励民资、外资投入物联网领域。积极发挥中央国有资本经营预算的作用,支持中央企业在安全生产、交通运输和农林业等领域开展物联网应用示范。落实国家支持高新技术产业和战略性新兴产业发展的税收政策,支持物联网产业发展。

4）注重国际技术合作

发挥各种合作机制的作用,多层次、多渠道、多方式推进国际科技合作与交流。鼓励境外企业和科研机构在我国设立研发机构;鼓励我国企业和研发机构积极开展全球物联网产业研究,在境外开展联合研发和设立研发机构。大力支持我国物联网企业参与全球市场竞争,持续拓展技术与市场合作领域。

5）加强人才队伍建设

制定和落实相关人才引进和配套服务政策。以良好的服务稳定人才,努力做好引进人才的户口管理以及子女入学、基本养老和基本医保等配套的公共服务,有计划地改进生活配套设施建设,创造适合人才事业发展和健康生活的生存环境。加大力度培养各类物联网人才,建立健全激励机制,造就一批领军人才和技术带头人。

12.2 物联网相关技术

12.2.1 编码技术

字符编码就是以二进制的数字来对应字符集的字符,目前用得最普遍的字符集是ASCII 编码字符集,对应 ASCII 字符集的二进制编码就称为 ASCII 码,DOS 和 Windows系统都使用 ASCII 码,但在系统中使用的字符编码要经过二进制转换,称为系统内码。

ASCII 码是单一字节(8 位二进制数)的编码集,最多只能表示 256 个字符,不能表示众多的汉字字符,各个国家和地区在 ASCII 码的基础上又设计了各种不同的汉字编码集,以处理大量的汉字字符。这些编码使用单字节来表示 ASCII 的英文字符(即兼容ASCII 码),使用双字节来表示汉字字符。由于一个系统中只能有一种汉字内码,不能识别其他汉字内码的字符,造成了交流的不便。常用的汉字内码如下:

(1) GB 码:是 1980 年国家公布的简体汉字编码方案,在中国大陆和新加坡得到广泛的使用,也称国标码。国标码对 6763 个汉字集进行了编码,涵盖了大多数正在使用的汉字。

(2) GBK 码:是 GB 码的扩展字符编码,对多达 2 万多个简繁汉字进行了编码,简体版的 Windows 95 和 Windows 98 都使用 GBK 作系统内码。

(3) BIG5 码:是针对繁体汉字的汉字编码,目前在中国台湾和香港地区的计算机系统中得到普遍应用。

(4) HZ 码:是在 Internet 上广泛使用的一种汉字编码。

(5) ISO-2022 码:是国际标准化组织(ISO)为各种语言字符制定的编码标准。采用两个字节编码,其中汉语编码称 ISO-2022 CN,日语和韩语的编码分别称为 ISO-2022 JP和 ISO-2022 KR,一般将三者合称为 CJK 码。目前 CJK 码主要在 Internet 中使用。

(6) Unicode 码:也是一种国际标准编码,采用两个字节编码,与 ASCII 码不兼容。目前,在 Internet、Windows 系统和很多大型软件中得到应用。

多媒体信息包括了文本、数据、声音、动画、图形、图像以及视频等多种媒体信息。经过数字化处理后,其数据量是非常大的,如果不进行数据压缩处理,计算机系统就无法对它进行存储和交换。另外,图像、音频和视频等媒体数据具有很大的压缩潜力,在多媒体数据中,存在着空间冗余、时间冗余、结构冗余、知识冗余、视觉冗余以及图像区域的相同性冗余和纹理的统计冗余等,它们为数据压缩技术的应用提供了可能的条件。因此在多媒体系统中必须采用数据压缩技术,它是多媒体技术中一项十分关键的技术。

12.2.2　电子标签

电子标签又称射频标签、应答器或数据载体;阅读器又称为读出装置、扫描器、读头、通信器或读写器(取决于电子标签是否可以无线改写数据)。电子标签与阅读器之间通过耦合元件实现射频信号的空间(无接触)耦合;在耦合通道内,根据时序关系,实现能量的传递和数据交换。

1. 发展历史

1937 年,美国海军研究试验室(Naval Research Laboratory,NRL)开发了敌我识别系统(Identification Friend-or-Foe(IFF)System),以将盟军的飞机和敌方的飞机区别开来。这种技术在 20 世纪 50 年代成为现代空中交通管制的基础。并且是早期 RFID 技术的萌芽,而优先地应用在军事、实验室等领域。

20 世纪 60 年代后期到 70 年代早期,出现电子物品监控(Electronic Article Surveillance,EAS)系统,就是常见的商场防盗系统。

20 世纪 80 年代,电子标签技术开始早期商业应用,包括铁路和食品。

20 世纪 90 年代,电子标签技术开始标准化,并提出了 EPC(全球每个物品唯一识别)的理念。

2. 核心技术

RFID(射频识别)是一种非接触式的自动识别技术,它通过射频信号自动识别目标对象并获取相关数据,识别工作无须人工干预,可工作于各种恶劣环境。RFID 技术可识别高速运动物体并可同时识别多个标签,操作快捷方便。

RFID 电子标签是一种突破性的技术,主要表现在以下 4 个方面:

(1) 可以识别单个的非常具体的物体,而不是像条形码那样只能识别一类物体。

(2) 采用无线电射频,可以透过外部材料读取数据,而条形码必须靠激光来读取信息。

(3) 可以同时对多个物体进行识读,而条形码只能一个一个地读。

(4) 储存的信息量非常大。

3. 工作原理

RFID 技术的基本工作原理并不复杂:标签进入磁场后,接收解读器发出的射频信号,凭借感应电流所获得的能量发送出存储在芯片中的产品信息(Passive Tag,无源标签或被动标签),或者主动发送某一频率的信号(Active Tag,有源标签或主动标签);解读器读取信息并解码后,送至中央信息系统进行有关数据的处理。

RFID 系统由两部分组成：读/写单元和电子收发器。阅读器通过天线发出电磁脉冲，收发器接收这些脉冲并发送已存储的信息到阅读器作为响应。实际上，这就是对存储器的数据进行非接触读、写或删除处理。

从技术上来说，电子标签包括具有 RFID 射频部分和一个超薄天线环路的 RFID 芯片的 RFID 电路，这个天线与一个塑料薄片一起嵌入到标签内。通常，在这个标签上还粘贴了一个纸标签，在纸标签上可以清晰地印上一些重要信息。当前的电子标签一般为信用卡大小（如图 12-1 所示），对于小的货物还有 4.5cm×4.5cm 尺寸的标签，也有 CD 和 DVD 上用的直径为 4.7cm 的圆形标签。与条形码或磁条等其他 ID 技术相比，收发器技术的优势在于阅读器和收发器之间的无线链接：读/写单元不需要与收发器之间的可视接触，因此可以完全集成到产品中。这意味着收发器适合于恶劣的环境，对潮湿、肮脏和机械影响不敏感。因此，收发器系统具有非常高的读可靠性和快速数据获取能力，并且节省劳力和纸张。

图 12-1　夹在图书中的电子标签

4. 基本组成

最基本的电子标签系统由 3 部分组成：

(1) 标签(tag)：由耦合元件及芯片组成，每个标签具有唯一的电子编码，高容量电子标签有用户可写入的存储空间，附着在物体上标识目标对象。

(2) 阅读器(reader)：读取(有时还可以写入)标签信息的设备，可设计为手持式或固定式。

(3) 天线(antenna)：在标签和读取器间传递射频信号。

5. 基本特性

(1) 数据存储：与传统形式的标签相比，容量更大(1～1024b)，数据可随时更新，可读写。

(2) 读写速度：与条码相比，无须直线对准扫描，读写速度更快，可进行多目标识别和运动识别。

(3) 使用方便：体积小，容易封装，可以嵌入产品内。

(4) 安全：专用芯片，序列号唯一，很难复制。

(5) 耐用：无机械故障，寿命长，抗恶劣环境。

6. 中国标准

中国电子标签的标准一直是国内外关注的焦点问题，也是关乎能否尽快推动中国 RFID 产业快速发展的核心问题。2006 年 6 月 26 日在北京召开了电子标签标准工作组工作会议。2007 年，中国电子标签组已经提出了 13.56MHz 射频识别标签基本电特性、13.56MHz 射频识别读/写器规范和 RFID 标签物理特性 3 个标准的技术文件。2008 年完成工作包括 840～845MHz、920～925MHz 频率的标签的标准草案、13.56MHz 射频识别标签基本电特性的测试方法、13.56MHz 射频识别读/写器测试方法以及 RFID 标签物理特性测试方法的标准草案。

7. 应用范围

电子标签作为数据载体，能起到标识识别、物品跟踪和信息采集的作用。在国外，电子标签已经在广泛的领域内得以应用。

电子标签、读写器、天线和应用软件构成的 RFID 系统直接与相应的管理信息系统相连。每一件物品都可以被准确地跟踪，这种全面的信息管理系统能为客户带来诸多的利益，包括实时数据的采集、安全的数据存取通道、离线状态下就可以获得所有产品信息等。在国外，RFID 技术已被广泛应用于诸如工业自动化、商业自动化等众多领域，应用范围包括：

（1）防伪：通过扫描，详尽的物流记录就生成了。

（2）生产流水线管理：电子标签在生产流水线上可以方便准确地记录工序信息和工艺操作信息，满足柔性化生产需求。对工人工号、时间、操作和质检结果进行记录，可以完全实现生产的可追溯性。还可避免生产环境中手写、眼看信息造成的失误。

图 12-2 电子标签在仓储中的应用

（3）仓储管理：将 RFID 系统用于智能仓库货物管理，有效地解决了仓储货物信息管理，如图 12-2 所示。对于大型仓储基地来说，管理中心可以实时了解货物位置和货物存储的情况，对于提高仓储效率、反馈产品信息和指导生产都有很重要的意义。它不但增加了一天内处理货物的件数，还可以监看货物的一切信息。其中应用的形式多种多样，可以将标签贴在货物上，由叉车上的读写器和仓库相应位置上的读写器读写，也可以将条码和电子标签配合使用。

（4）销售渠道管理：建立严格而有序的渠道，高效地管理好进销存是许多企业的强烈需要。产品在生产过程中嵌入电子标签，其中包含唯一的产品号，厂家可以用识别器监控产品的流向，批发商和零售商可以用厂家提供的读写器来识别产品的合法性。

（5）贵重物品管理：电子标签还可用于照相机、摄影机、便携电脑、CD 随身听和珠宝等贵重物品的防盗、结算和售后保证。其防盗功能属于电子物品监视系统（EAS）的一种。标签可以附着或内置于物品包装内。专门的货架扫描器会对货品实时扫描，得到实时存货记录。如果货品从货架上拿走，系统将验证此行为是否合法，如为非法取走货品，系统将报警。

买单出库时，不同类别的全部物品可通过扫描器一次性完成扫描，在收银台生成销售单的同时解除防盗功能。这样，顾客带着所购物品离开时，警报就不会响了。在顾客付账时，收银台会将售出日期写入标签，这样顾客所购的物品也得到了相应的保证和承诺。

（6）图书管理和租赁产品管理：在图书中贴入电子标签，可方便地接收图书信息，整理图书时不用移动图书,可提高工作效率,避免工作误差。对租赁产品的管理也可采用类似的方法。

（7）其他：如物流、汽车防盗和航空包裹管理等。

8. 拣货系统

计算机辅助拣货系统(Computer Assisted Picking System)的工作原理是通过电子标签进行出库品种和数量的指示,从而代替传统的纸质拣货单,提高拣货效率,如图 12-3 所示。电子标签在实际使用中,主要有两种方式：DPS 和 DAS。

1) DPS(Digital Picking System)

DPS 方式就是利用电子标签实现摘果法出库。首先要在仓管管理中实现库位、品种与电子标签对应。出库时,出库信息通过系统处理并传到相应库位的电子标签上,显示出该库位存放货品需出库的数量,同时发出光和声音信号,指示拣货员完成作业。DPS 使拣货人员无须费时去

图 12-3　电子标签在拣货系统中的应用

寻找库位和核对商品,只需核对拣货数量,因此在提高拣货速度和准确率的同时,还降低了人员劳动强度。采用 DPS 时可设置多个拣货区,以进一步提高拣货速度。

DPS 一般要求每一品种均配置电子标签,对很多企业来说,投资较大。因此,可采用两种方式来降低系统投资。一种是采用可多屏显示的电子标签,用一只电子标签实现多个货品的指示;另一种是采用 DPS 加人工拣货的方式：对出库频率最高的 20%～30% 的产品(约占出库量 50%～80%),采用 DPS 方式以提高拣货效率;对其他出库频率不高的产品,仍使用纸质拣货单。这两种方式的结合在确保拣货效率改善的同时,可有效节省投资。

2) DAS(Digital Assorting System)

DAS 是另一种常见的电子标签应用方式,根据这些信息可快速进行分拣作业。同 DPS 一样,DAS 也可多区作业,以提高效率。电子标签用于物流配送,能有效提高出库效率,并适应各种苛刻的作业要求,尤其在零散货品配送中有绝对优势,在连锁配送、药品流通场合以及冷冻品、服装服饰和音乐制品物流中有广泛应用前景。而 DPS 和 DAS 是电子标签针对不同物流环境的灵活运用。一般来说,DPS 适合多品种、短交货期、高准确率、大业务量的情况;而 DAS 较适合品种集中、多客户的情况。无论 DPS 还是 DAS,都具有极高的效率。据统计,采用电子标签拣货系统可使拣货速度至少提高 1 倍,准确率提高 10 倍。

12.2.3　RFID 技术

射频识别即 RFID(Radio Frequency Identification)技术,又称电子标签或无线射频识别,是一种通信技术,可通过无线电信号识别特定目标并读写相关数据,而无须识别系统与特定目标之间建立机械或光学接触。

1. RFID 技术简介

最初在技术领域，应答器是指能够传输信息和回复信息的电子模块。近些年，由于射频技术发展迅猛，应答器有了新的说法和含义，又被叫做智能标签或标签。RFID 电子标签的阅读器（读写器）通过天线与 RFID 电子标签进行无线通信，可以实现对标签识别码和内存数据的读出或写入操作。典型的阅读器包含有高频模块（发送器和接收器）、控制单元以及阅读器天线。RFID 射频识别是一种非接触式的自动识别技术，它通过射频信号自动识别目标对象并获取相关数据，识别工作无须人工干预，可工作于各种恶劣环境。RFID 技术可识别高速运动物体并可同时识别多个标签，操作快捷方便。

RFID 是一种简单的无线系统，只有两个基本器件，该系统用于控制、检测和跟踪物体。系统由一个询问器（或阅读器）和很多应答器（或标签）组成。

RFID 的基本组成部分参见 12.2.2 节。

一套完整的 RFID 系统是由阅读器（Reader）、电子标签（tag，也就是所谓的应答器（transponder））及应用软件系统 3 个部分组成，其工作原理是：阅读器发射一特定频率的无线电波能量给应答器，用以驱动应答器电路将内部的数据送出，此时阅读器便依序接收并解读数据，发送给应用程序做相应的处理。

从 RFID 卡片阅读器及电子标签之间的通信及能量感应方式来看，大致可以分成感应耦合（inductive coupling）及后向散射耦合（backscatter coupling）两种。一般低频的 RFID 大都采用第一种方式，而较高频大多采用第二种方式。阅读器根据使用的结构和技术不同可以分为读或读/写两种，是 RFID 系统的信息控制和处理中心。阅读器通常由耦合模块、收发模块、控制模块和接口单元组成。阅读器和应答器之间一般采用半双工通信方式进行信息交换，同时阅读器通过耦合给无源应答器提供能量和时序。在实际应用中，可进一步通过 Ethernet 或 WLAN 等实现对物体识别信息的采集、处理及远程传送等管理功能。应答器是 RFID 系统的信息载体，目前应答器大多是由耦合原件（线圈、微带天线等）和微芯片组成的无源单元。

2. 零售商推崇 RFID 的原因

据 Sanford C. Bernstein 公司的零售业分析师估计，通过采用 RFID，沃尔玛公司每年可以节省 83.5 亿美元，其中大部分是因为不需要人工查看进货的条码而节省的劳动力成本。尽管另外一些分析师认为这个数字过于乐观，但毫无疑问，RFID 有助于解决零售业的两个最大的难题：商品断货和损耗（因盗窃和供应链被搅乱而损失的产品），而现在单是盗窃一项，沃尔玛公司一年的损失就差不多有 20 亿美元，如果一家合法企业的营业额能达到这个数字，就可以在美国 1000 家最大企业的排行榜中名列第 694 位。研究机构估计，这种 RFID 技术能够帮助把失窃和存货水平降低 25%。

3. RFID 技术的典型应用

（1）物流和供应管理；

（2）生产制造和装配；

（3）航空行李处理；

（4）邮件/快运包裹处理；

（5）文档追踪和图书馆管理；

（6）动物身份标识；

（7）运动计时；

（8）门禁控制/电子门票；

（9）道路自动收费；

（10）城市一卡通的应用；

（11）高校手机一卡通的应用；

（12）仓储中塑料托盘和周转筐的应用。

4. RFID 读写设备

RFID 读写设备有 RFID 读卡器和 RFID 读写模块等。这些设备可以读取 RFID 的数据读取或将数据写入 RFID，读卡器连接的识别系统有密钥芯片，能做到很好的加密。

5. RFID 标签的类别

RFID 标签分为被动式、半被动式（也称作半主动式）和主动式 3 类。

1）被动式（无源）

被动式标签没有内部供电电源，其内部集成电路通过接收到的电磁波进行驱动，这些电磁波是由 RFID 读取器发出的。当标签接收到足够强度的信号时，可以向读取器发出数据。这些数据不仅包括 ID 号（全球唯一），还可以包括预先存在于标签内 EEPROM 中的数据。

由于被动式标签具有价格低廉、体积小巧、无需电源的优点，因此目前市场的 RFID 标签主要是被动式的。

2）半主动式（半有源）

一般而言，被动式标签的天线有两个任务：第一，接收读取器所发出的电磁波以驱动标签 IC；第二，标签回传信号时，需要靠天线的阻抗作切换，才能产生 0 与 1 的变化。但问题是，要有最好的回传效率，天线阻抗必须设计在开路与短路，这样又会使信号完全反射，无法被标签 IC 接收，半主动式标签就是为了解决这样的问题而产生的。半主动式类似于被动式，不过它多了一个小型电池，电力恰好可以驱动标签 IC，使得 IC 处于工作的状态。这样的好处在于，天线不负责接收电磁波，而只用于回传信号。比起被动式，半主动式有更快的反应速度和更好的效率。

3）主动式（有源）

与被动式和半被动式不同的是，主动式标签本身具有内部电源供应器，用以供应内部 IC 所需电源以产生对外的信号。一般来说，主动式标签拥有较长的读取距离和较大的存储容量，可以储存读取器所传送来的一些附加信息。

与条码（barcode）技术相比，射频识别拥有许多优点，如，可容纳较多容量，通信距离长，难以复制，对环境变化有较高的忍受能力，可同时读取多个标签。其缺点是建置成本较高。不过目前通过该技术的大量使用，生产成本可大幅降低。

6. 技术发展进程

20 世纪 40 年代：雷达的改进和应用催生了射频识别技术，1948 年哈里斯托克曼发表的《利用反射功率的通信》奠定了射频识别技术的理论基础。

20 世纪 50 年代：是早期射频识别技术的探索阶段，主要在实验室中进行实验研究。

20 世纪 60 年代：射频识别技术的理论得到了发展，开始了一些应用尝试。

20 世纪 70 年代：射频识别技术与产品研发处于一个大发展时期，各种射频识别技术测试得到加速，出现了一些最早的射频识别应用。

20 世纪 80 年代：射频识别技术及产品进入商业应用阶段，各种规模应用开始出现。

20 世纪 90 年代：射频识别技术标准化问题日益得到重视，射频识别产品得到广泛采用，射频识别产品逐渐成为人们生活中的一部分。

2000 年后：标准化问题更为人们所重视，射频识别产品种类更加丰富，有源电子标签、无源电子标签及半无源电子标签均得到发展，电子标签成本不断降低，规模应用行业扩大。

7. 目前的射频识别技术

射频识别技术的理论得到丰富和完善。单芯片电子标签、多电子标签识读、无线可读可写、无源电子标签的远距离识别以及适应高速移动物体的射频识别技术与产品正在成为现实并走向应用。目前 RFID 产品的工作频率有低频、高频和超高频，适合不同标准的不同的产品，而且不同频段的 RFID 产品会有不同的特性。其中感应器有无源和有源两种方式，下面详细介绍无源的感应器在不同工作频率的产品特性以及主要的应用。

1）低频（125～135KHz）

RFID 技术首先在低频得到广泛的应用和推广。该频率主要是通过电感耦合的方式进行工作，也就是在读写器线圈和感应器线圈间存在着变压器耦合作用。通过读写器交变场的作用使感应器天线中感应的电压被整流，可作供电电压使用。磁场区域能够很好地被定义，但是场强下降得太快。

低频产品有如下特性：

（1）工作在低频的感应器的一般工作频率为 120～134KHz，TI 的工作频率为 134.2KHz。该频段的波长大约为 2500m。

（2）除了金属材料影响外，一般低频能够穿过任意材料的物品而不降低它的读取距离。

（3）工作在低频的读写器在全球没有任何特殊的许可限制。

（4）低频产品有不同的封装形式。好的封装形式虽然价格较高，但是有 10 年以上的使用寿命。

（5）虽然低频的磁场区域下降很快，但是能够产生相对均匀的读写区域。

（6）相对于其他频段的 RFID 产品，低频数据传输速率比较慢。

（7）感应器的价格相对于其他频段高一些。

低频产品主要应用于以下领域：

（1）畜牧业的管理系统；

（2）汽车防盗和无钥匙开门系统；

（3）马拉松赛跑系统；

（4）自动停车场收费和车辆管理系统；

（5）自动加油系统；

（6）酒店门锁系统；

（7）门禁和安全管理系统。

低频产品符合以下国际标准：

（1）ISO 11784：RFID畜牧业的应用-编码结构；

（2）ISO 11785：RFID畜牧业的应用-技术理论；

（3）ISO 14223-1：RFID畜牧业的应用-空气接口；

（4）ISO 14223-2：RFID畜牧业的应用-协议定义；

（5）ISO 18000-2：定义低频的物理层、防冲突和通信协议；

（6）DIN 30745：主要是欧洲对垃圾管理应用定义的标准。

2）高频（13.56MHz）

该频率的感应器不再需要线圈绕制，可以通过腐蚀或者印刷的方式制作天线。感应器一般通过负载调制的方式进行工作，也就是通过感应器上的负载电阻的接通和断开促使读写器天线上的电压发生变化，实现用远距离感应器对天线电压进行振幅调制。如果通过数据控制负载电压的接通和断开，那么这些数据就能够从感应器传输到读写器。

高频产品有如下特性：

（1）工作频率为13.56MHz，该频率的波长约为22m。

（2）除了金属材料外，该频率的波长可以穿过大多数的材料，但是往往会降低读取距离。感应器需要离开金属一段距离。

（3）该频段在全球都得到认可，并没有特殊的限制。

（4）感应器一般为电子标签的形式。

（5）虽然该频率的磁场区域下降很快，但是能够产生相对均匀的读写区域。

（6）该系统具有防冲突特性，可以同时读取多个电子标签。

（7）可以把某些数据信息写入标签中。

（8）数据传输速率比低频要快，价格不是很高。

高频产品主要应用于以下领域：

（1）图书管理系统；

（2）瓦斯钢瓶的管理；

（3）服装生产线和物流系统的管理；

（4）三表预收费系统；

（5）酒店门锁的管理；

（6）大型会议人员通道系统；

（7）固定资产的管理系统；

（8）医药物流系统；

（9）智能货架的管理。

高频产品符合以下国际标准：

（1）ISO/IEC 14443：近耦合IC卡，最大的读取距离为10cm。

（2）ISO/IEC 15693：疏耦合IC卡，最大的读取距离为1m。

（3）ISO/IEC 18000-3：定义了 13.56MHz 系统的物理层、防冲突算法和通信协议。

（4）13.56MHz ISM Band Class 1：定义了 13.56MHz 符合 EPC 的接口。

3）超高频（860～960MHz）

超高频系统通过电场来传输能量。电场的能量下降得不是很快，但是读取的区域很难进行定义。该频段读取距离比较远，无源可达 10m 左右，主要是通过电容耦合的方式实现。

超高频产品有如下特性：

（1）在该频段，全球的定义不完全相同。欧洲和部分亚洲定义的频率为 868MHz，北美定义的频段为 902 到 905MHz 之间，在日本建议的频段为 950 到 956 之间。该频段的波长为 30cm 左右。

（2）目前，该频段功率输出目前没有统一的定义（美国定义为 4W，欧洲定义为 500mW，可能欧洲限制会上升到 2W EIRP）。

（3）超高频频段的电波不能通过许多材料，特别是水、灰尘、雾等悬浮颗粒物质。

（4）电子标签的天线一般是长条和标签状。天线有线性和圆极化两种设计，满足不同应用的需求。

（5）该频段的读取距离较远，但是对读取区域很难进行定义。

（6）有很高的数据传输速率，在很短的时间可以读取大量的电子标签。

超高频产品主要应用于如下领域：

（1）供应链上的管理；

（2）生产线自动化的管理；

（3）航空包裹的管理；

（4）集装箱的管理；

（5）铁路包裹的管理；

（6）后勤管理系统。

超高频产品符合如下国际标准：

（1）ISO/IEC 18000-6：定义了超高频的物理层和通信协议；空气接口定义了 Type A 和 Type B 两部分；支持可读和可写操作。

（2）EPC global：定义了电子物品编码的结构和超高频的空气接口以及通信的协议，如 Class 0、Class 1 和 UHF Gen2。

（3）Ubiquitous ID：日本的组织，定义了 UID 编码结构和通信管理协议。

在将来，超高频的产品会得到大量的应用。例如，WalMart、Tesco、美国国防部和麦德龙超市都会在它们的供应链上应用超高频的 RFID 技术。

8. 有源 RFID 技术（2.45GHz、5.8Gb/s）

有源 RFID 具备低发射功率、通信距离长、传输数据量大，可靠性高和兼容性好等特点，与无源 RFID 相比，在技术上的优势非常明显。被广泛地应用到公路收费和港口货运管理等应用中。射频识别作为一种新兴的自动识别技术，在中国拥有巨大的发展潜力。RFID 实际上是自动识别技术（AEI，Automatic Equipment Identification）在无线电技术方面的具体应用与发展。该项技术的基本思想是，通过采用一些先进的技术手段，实现人们对各类物体或设备（人员、物品）在不同状态（移动、静止或恶劣环境）下的自动识别和管理。

9. 与管理软件结合使用

MES精益制造管理系统又称 APS＋MES（高级排产计划系统＋制造执行系统），是根据不同行业的制造流程，可选择性地集合系统管理软件和人机界面设备（PLC触摸屏）、LED生产看板、LCD看板、PDA智能手持终端、工业平板电脑、条码采集器、传感器、I/O、DCS、RFID、工业 AP 和 WIFI 等多类硬件的综合智能一体化系统。它由一组共享数据的程序，通过布置在生产现场的专用设备，并通过嵌入式软件对原材料上线到成品入库的整个生产过程进行实时采集数据、监控、控制和智能分析处理。它能控制物料、仓库、设备、人员、品质、工艺、异常、流程指令和其他设施等工厂资源以提高生产效率。其应用范围是制造型企业。

使用 RFID 技术后指标可达：生产周期缩短35％；数据输入时间缩短36％；在制品减少32％；文书工作减少90％；交货期缩短22％；不合格产品降低22％；文书丢失减少95％；信息的反馈效率提升3860倍。

10. RFID 应用实例

实例1：吉列（Gillette）公司对 RFID 技术的应用

总部设于波士顿的吉列公司成立于1901年，目前有雇员3万人，主要生产剃须产品、电池和口腔清洁卫生产品。吉列公司在美国市场占有率高达90％，全球市场的份额达到70％以上。据估计，如今在北美每3个男性中就有1个使用吉列速锋Ⅲ剃须刀。

吉列公司和各零售公司都建有网络机制，可以实时了解自己产品的销售和库存情况。但吉列公司做了现场调查后发现，在更多时候，新品销售、促销的结果不好，是由于零售店没有将新品上架、没有及时补货等造成的，而这些情况，不是现有网络机制能解决的。

实例2：博物馆利用 RFID 技术

该博物馆自1990年成立以来，成为硅谷有名又受欢迎的参观地，吸引了很多家庭和科技爱好者前来参观访问。每年大约能接待40万参观者。从参观者所做出的积极良好的反应看来，使用 RFID 标签是成功的。

博物馆对于那些为人类科学、生命科学及交流等作出贡献的科学技术将会进行永久性的陈列，并对硅谷的革新者等所做出的业绩进行详细的展示。一个名为 *Genetics: Technology With a Twist* 的生命科学展会于2004年3月举行，在此会上，该博物馆展示了使用 RFID 标签的方案，即给前来参观的访问者每人一个 RFID 标签，使其能够在今后其个人化的博物馆网页上浏览采集此项展会的相关信息。这种标签还可用来确定博物馆的参观者所访问的目录列表中的语言类别。

由于其他参观者的影响以及时间限制等问题，导致参观者并不能够像其所期望的那样很好地了解和学习较多的与展示相关的知识。美国明尼苏达州的科技博物馆曾对此进行调查，并指出平均每个参观者参观科技博物馆中的每个陈列展品所用的时间约为30秒。通过使用 RFID 标签来自动地创造出个人化的信息网页，参观者便可以选择在其方便的时候在网页上查询某个展示议题的相关资料，或者找寻博物馆中的相关资料文献。

在参观结束之后，参观者还可以在学校或家中通过网络访问博物馆网站并输入其RFID标签上一个16位长的ID号码并登录，这样就可以访问其个人化网页了。美国及其他国家的很多博物馆都打算在卡片或徽章上使用RFID技术。丹麦的一家自然历史博物馆以PDA形式的识读器交到参观者手中，并将标签与展示内容结合起来。而据加州技术创新博物馆的副馆长Greg Brown所知，该博物馆是第一家使用RFID技术的博物馆。

该博物馆认为，这是参观了解博物馆的一种最好的方法，因为这样参观者能够实现与展示的互动。这种RFID腕圈很像一个带有饰物的手链，它用一个三英寸长、一英寸宽的黑色橡皮圈将该博物馆的RFID标签固定住。每个RFID标签都有一个唯一的16位长的数字密码粘贴在饰物上面。数字密码被刻在一个薄膜状的蓝绿色铝制金属薄片天线上，天线中央是一个十分显眼的数字配线架——日立公司推出的μ-Chip。这种仅$0.4mm^2$大的μ-Chip是目前最小的RFID芯片，工作频率为$2.45GHz$，其最适合用于像技术创新博物馆的应用程序之类的闭环系统。

对于用户来说，他们根本不需要提供任何邮箱地址或其他类似的信息，而只需要提供一个16位长的数字密码就可以直接登录到他们的个人化网页。因此，据Brown说，使用这种标签并没有引发侵犯隐私等问题。实际上，许多前来参观的高新技术的爱好者都对此做出了良好的反映。Brown说："这种技术与前来参观者的个人品格简直是完美结合。人们确实很想更多地了解它到底是怎样工作的。"

博物馆已拥有约40个此种标签的站点且数目一直在增加中。在每一个站点都设有向参观者介绍怎样使用该种标签的招牌和标语，这样就可以使每一个标签都进入RFID识读器天线的识读区域内。有时这样的操作说明会显示在一台手动监测器上面。当参观者看到显示灯闪了一下或者听到一声提示音后，便知道他们的标签已经被识读过了。

实例3：RFID技术被上海世博会门票采用

近年来，在上海举行的会展数量以每年20%的速度递增。上海市政府一直在积极探索如何应用新技术提升组会能力，更好地展示上海的城市形象。RFID在大型会展中的应用已经得到验证，2005年爱知世博会的门票系统就采用了RFID技术，做到了大批参观者的快速入场。2006年世界杯主办方也采用了嵌入RFID芯片的门票，起到了防伪的作用。这引起了大型会展的主办方的关注。在2008年的北京奥运会上，RFID技术已得到了广泛应用。

2010年世博会在上海举办，主办者、参展者、参观者和志愿者等各类人群有大量的信息服务需求，包括人流疏导、交通管理和信息查询等，RFID系统正是满足这些需求的有效手段之一。世博会的主办者关心门票的防伪；参展者比较关心究竟有哪些参观者参观过自己的展台，关心内容和产品是什么以及参观者的个人信息；参观者想迅速获得自己所要的信息，找到所关心的展示内容；而志愿者需要了解全局，去帮助需要帮助的人。这些需求通过RFID技术能够轻而易举地实现。参观者凭借嵌入RFID标签的门票入场，并且随身携带。每个展台附近都部署有RFID读取器，这样，参观者在展会中走过哪些地方，在哪里驻足时间较长，参观者的基本信息是什么等就了然于胸了，当参观者到来时，可以获得更精确的服务。同时,主办者可以在会展上部署带有 RFID 读取器的多媒体查询终端,参观者可以通过终端知道自己当前的位置及所在展区的信息,还能通过查询终端追踪到走失同伴的信息。

实例 4:监控 1340 余枚放射源

为了进一步建立健全成都核与辐射的监管体系,市环保局出台了《成都市核与辐射安全管理职责及工作程序》(征求意见稿),这也标志着成都核与辐射的监管体系的全面建立。据了解,目前,成都市有在用放射源数量 1340 余枚,约占四川省的一半,目前都处于安全可控状态。为了进一步保障核与辐射环境安全,成都将启动放射源监控系统建设,给这些放射源贴上"电子标签",实现 24 小时监控。

"今年以来,特别是'3·11 日本核危机'以来,市民对于核与辐射的关注空前高。"成都市环保局负责人告诉记者,市环保局花 7 个月的时间做准备来研究和建立监管核辐射制度,确保成都核与辐射安全的万无一失。据了解,今年以来,市环保局对全市范围内的在用放射源展开了调研,摸清了全市核技术应用单位的底数,严肃查处违法购买、使用放射源的企业,消除安全隐患。

11. 制约中国物联网 RFID 市场发展的三大核心要素

1) 超高频技术不完善,制约应用发展

目前,在无源超高频电子标签技术上还存在着系统集成稳定性差、超高频标签性能本身有一些物理缺陷等许多技术方面不完善的问题。

在系统集成方面,现阶段中国十分缺乏专业的、高水平的超高频系统集成公司,整体而言,无源超高频电子标签应用解决方案还不够成熟。这种现状造成应用系统的稳定性不高,常会出现"大毛病没有,小毛病不断"的现象,进而影响了终端用户采用超高频应用方案的信心。

从超高频标签产品本身而言,存在着标签读写性能稳定性不高、在复杂环境下漏读或读取准确率低等诸多问题。

2) 超高频标准不统一,制约产业发展

目前,无源超高频电子标签在国内尚未形成统一的标准,国际上制定的 ISO 18000-6C/EPC Class1 Gen2 协议由于涉及多项专利,很难把它作为国家标准来颁布和实施,国内超高频市场上相关的标准及检测体系实际上处于缺位状态。在没有统一标准的环境下,严重地制约着产业和应用的发展。

3) 超高频成本瓶颈,制约市场发展

尽管近来无源超高频电子标签的价格下降很快,但是从 RFID 芯片以及包含读写器、电子标签、中间件和系统维护等整体成本而言,超高频 RFID 系统价格依然偏高,而项目成本是应用超高频 RFID 系统最终用户权衡项目投资收益的重要指标。所以,超高频系统的成本瓶颈也是制约中国超高频市场发展的重要因素。

总之,目前中国无源超高频市场还处于发展的初期,核心技术亟须突破,商业模式有待创新和完善,产业链需要进一步发展和壮大,只有核心问题得到有效解决,才能够真正迎来 RFID 无源超高频市场的发展。

12.3 物联网的安全与应用发展

12.3.1 物联网的安全

根据物联网自身的特点,物联网除了面对移动通信网络的传统网络安全问题之外,还存在着一些与已有移动网络安全不同的特殊安全问题,这是由于物联网是由大量的设备构成的,缺少人对设备的有效监控,并且节点数量庞大,设备以集群方式存在。这些特殊的安全问题主要有以下几个方面。

(1) 物联网设备/感知节点的本地安全问题。由于物联网的应用可以取代人来完成一些复杂、危险和机械的工作,所以物联网设备/感知节点多数部署在无人监控的场景中。攻击者可以轻易地接触到这些设备,从而对它们造成破坏,甚至通过本地操作更换设备的软硬件。

(2) 感知网络的传输与信息安全问题。感知节点通常情况下功能简单(如自动温度计),携带能量少(使用电池),使得它们无法拥有复杂的安全保护能力,而感知网络多种多样,从温度测量到水文监控,从道路导航到自动控制,它们的数据传输和消息也没有特定的标准,所以难以提供统一的安全保护体系。

(3) 核心网络的传输与信息安全问题。核心网络具有相对完整的安全保护能力,但是由于物联网中节点数量庞大,且以集群方式存在,因此会导致在数据传播时,由于大量机器的数据发送使网络拥塞,产生拒绝服务攻击。此外,现有通信网络的安全架构都是从人的通信角度设计的,并不适用于机器的通信,使用现有安全机制会割裂物联网机器间的逻辑关系。

(4) 物联网业务的安全问题。由于物联网设备可能是先部署后连接网络,而物联网节点又无人看守,所以如何对物联网设备进行远程签约信息和业务信息的配置就成了难题。另外,庞大且多样化的物联网平台必然需要一个强大而统一的安全管理平台,否则独立的平台会被各式各样的物联网应用所淹没,但如此一来,如何对物联网机器的日志等安全信息进行管理成为新的问题,并且可能割裂网络与业务平台之间的信任关系,导致新一轮安全问题的产生。

在传统的网络中,网络层的安全和业务层的安全是相互独立的,就如同领导间的交流方式与秘书间的交流方式是不同的。而物联网的特殊安全问题很大一部分是由于物联网是在现有移动网络的基础上集成了感知网络和应用平台带来的,也就是说,领导与秘书合二为一了。因此,移动网络中的大部分机制仍然可以适用于物联网,并能够提供一定的安全性,如认证机制、加密机制等。但还是需要根据物联网的特征对安全机制进行调整和补充。

1. 物联网中的业务认证机制

传统的认证是区分不同层次的,网络层的认证就负责网络层的身份鉴别,业务层的认证就负责业务层的身份鉴别,两者独立存在。但是在物联网中,大多数情况下,机器都是拥有专门的用途,因此其业务应用与网络通信紧紧地绑在一起。由于网络层的认证是不可缺少的,则其业务层的认证机制就不再是必需的,而是可以根据业务由谁来提供和业务的安全敏感程度来设计。例如,当物联网的业务由运营商提供时,那么就可以充分利用网络层认证的结果,而不需要进行业务层的认证;当物联网的业务由第三方提供,且无法从网络运营商处获得密钥等安全参数时,它就可以发起独立的业务认证而不用考虑网络层的认证;或者当业务是敏感业务,如金融类业务时,一般业务提供者会不信任网络层的安全级别,而使用更高级别的安全保护,这时就需要做业务层的认证;而当业务是普通业务时,如气温采集业务等,业务提供者认为网络认证已经足够,就不再需要业务层的认证。

2. 物联网中的加密机制

传统的网络层加密机制是逐跳加密,即虽然信息在传输过程中是加密的,但是需要不断地在每个经过的节点上解密和加密,即在每个节点上都是明文的。而传统的业务层加密机制则是端到端的,即信息只在发送端和接收端才是明文,而在传输的过程和转发节点上都是密文。由于物联网中网络连接和业务使用紧密结合,就面临到底使用逐跳加密还是端到端加密的选择。

对于逐跳加密来说,它可以只对有必要受保护的链接进行加密,并且由于逐跳加密在网络层进行,所以可以适用于所有业务,即不同的业务可以在统一的物联网业务平台上实施安全管理,从而做到安全机制对业务的透明。这就保证了逐跳加密的低时延、高效率、低成本、可扩展性好的特点。但是,因为逐跳加密需要在各传送节点上对数据进行解密,各节点都有可能解读被加密消息的明文,因此逐跳加密对传输路径中的各传送节点的可信任度要求很高。

而对于端到端的加密方式来说,它可以根据业务类型选择不同的安全策略,从而为高安全要求的业务提供高安全等级的保护。不过端到端的加密不能对消息的目的地址进行保护,因为每一个消息所经过的节点都要以此目的地址来确定如何传输消息。这就导致端到端加密方式不能掩盖被传输消息的源点与终点,并容易受到对通信业务进行分析而发起的恶意攻击。另外从国家政策角度来说,端到端的加密也无法满足国家合法监听政策的需求。

由这些分析可知,对一些安全要求不是很高的业务,在网络能够提供逐跳加密保护的前提下,业务层端到端的加密需求就显得并不重要。但是对于高安全需求的业务,端到端的加密仍然是其首选。因而,由于不同物联网业务对安全级别的要求不同,可以将业务层端到端安全作为可选项。

由于物联网的发展已经开始加速,对物联网安全的需求日益迫切,需要明确物联网中的特殊安全需求,考虑如何为物联网提供端到端的安全保护,这些安全保护功能又应该怎么样用现有机制来解决? 此外,随着物联网的发展,机器间集群概念的引入,还需要重点考虑如何用群组概念解决群组认证的问题。目前物联网的发展还是初级阶段,更多的时候只是一种概念,其具体的实现结构等内容更无从谈起。所以,物联网的安全机制在业界也是空白,关于物联网的安全研究还任重道远。

12.3.2　物联网的应用

物联网的用途广泛,遍及智能交通、环境保护、政府工作、公共安全、平安家居、智能消防、工业监测、环境监测、老人护理、个人健康、花卉栽培、水系监测、食品溯源、敌情侦查和情报搜集等多个领域。

国际电信联盟于2005年的报告曾描绘物联网时代的图景：当司机出现操作失误时汽车会自动报警；公文包会提醒主人忘带了什么东西；衣服会"告诉"洗衣机对颜色和水温的要求等。物联网在物流领域内的应用也可以做如下的生动描绘：一家物流公司应用了物联网系统的货车，当装载超重时，汽车会自动告诉你超载了，并且超载多少，但空间还有剩余，告诉你轻重货怎样搭配；当搬运人员卸货时，一只货物包装可能会大叫"你扔疼我了"，或者说"亲爱的，请你不要太野蛮，可以吗？"；当司机在和别人扯闲话，货车会装作老板的声音怒吼"笨蛋，该发车了！"

物联网把新一代IT技术充分运用在各行各业之中，具体地说，就是把感应器嵌入和装备到电网、铁路、桥梁、隧道、公路、建筑、供水系统、大坝和油气管道等各种物体中，然后将物联网与现有的互联网整合起来，实现人类社会与物理系统的整合，在这个整合的网络当中，存在能力超级强大的中心计算机群，能够对整合网络内的人员、机器、设备和基础设施实施实时的管理和控制，在此基础上，人类可以以更加精细和动态的方式管理生产和生活，达到"智慧"状态，提高资源利用率和生产力水平，改善人与自然间的关系。

毫无疑问，如果"物联网"时代来临，人们的日常生活将发生翻天覆地的变化。然而，不谈隐私权和辐射问题，单就把所有物品都植入识别芯片这一点看来现在还不太现实。人们正走向"物联网"时代，但这个过程可能需要很长的时间。

案例1：物联网传感器产品已率先在上海浦东国际机场防入侵系统中得到应用

该系统铺设了3万多个传感节点，覆盖了地面、栅栏和低空探测，可以防止人员的翻越、偷渡和恐怖袭击等攻击性入侵。上海世博会也与中科院无锡高新微纳传感网工程技术研发中心签下订单，购买防入侵微纳传感网1500万元产品。

案例2：ZigBee路灯控制系统点亮济南园博园

ZigBee无线路灯照明节能环保技术的应用是此次园博园中的一大亮点。园区所有的功能性照明都采用了ZigBee无线技术达成的无线路灯控制。

案例3：智能交通系统（ITS）

智能交通系统是利用现代信息技术为核心，利用先进的通信、计算机、自动控制和传感器技术，实现对交通的实时控制与指挥管理。交通信息采集被认为是ITS的关键子系统，是发展ITS的基础，成为交通智能化的前提。无论是交通控制还是交通违章管理系统，都涉及交通动态信息的采集，交通动态信息采集也就成为交通智能化的首要任务。

案例4：首家高铁物联网技术应用中心在苏州投用

我国首家高铁物联网技术应用中心2010年6月18日在苏州科技城投用，该中心将为高铁物联网产业发展提供科技支撑。

高铁物联网是物联网产业中投资规模最大、市场前景最好的产业之一。以往购票、检票的传统方式将在这里升级为人性化、多样化的新体验。刷卡购票、手机购票和电话购票等新技术的集成使用，让旅客可以摆脱拥挤的车站购票；与地铁类似的检票方式，则可实现持有不同票据的旅客快速通行。清华易程公司为应对中国巨大的铁路客运量研发了目前世界上最大的票务系统，每年可处理30亿人次，而目前全球在用系统的最大极限是

5 亿人次。

案例 5：国家电网首座 220kV 智能变电站投入运行

2011 年 1 月 3 日，国家电网首座 220kV 智能变电站——无锡市惠山区西泾变电站投入运行，并通过物联网技术建立传感测控网络，实现了真正意义上的无人值守和巡检。西泾变电站利用物联网技术建立传感测控网络，将传统意义上的变电设备"活化"，实现自我感知、判别和决策，从而完成自动控制。该项目完全达到了智能变电站建设的前期预想，设计和建设水平全国领先。

案例 6：首家手机物联网落户广州

将移动终端与电子商务相结合的模式，让消费者可以与商家进行便捷的互动交流，随时随地体验品牌品质，传播分享信息，实现互联网向物联网的从容过度，缔造出一种全新的零接触、高透明、无风险的市场模式。手机物联网购物也称为"闪购"。广州闪购通过手机扫描条形码、二维码等方式可以进行购物、比价和鉴别产品等功能。专家称，这种智能手机和电子商务的结合是手机物联网中的一项重要功能。有分析表示，预计 2013 年手机物联网占物联网的比例将过半。

12.3.3　物联网的前景

物联网在国际上又称为传感网，据悉，这是继计算机、互联网与移动通信网之后的又一次信息产业浪潮。南京邮电大学校长、博士生导师杨震教授说，世界上的万事万物，小到手表、钥匙，大到汽车、楼房，只要嵌入一个微型感应芯片，把它变得智能化，这个物体就可以"自动开口说话"。再借助无线网络技术，人们就可以和物体"对话"，物体和物体之间也能"交流"，这就是物联网。"如果物联网再搭上互联网这个桥梁，在世界任何一个地方我们都可以即时获取万事万物的信息。可以这么说，物联网加上互联网等于智慧地球。"

物联网用途广泛，可运用于城市公共安全、工业安全生产、环境监控、智能交通、智能家居、公共卫生和健康监测等多个领域，让人们享受到更加安全轻松的生活。

举几个例子来说，从成都开车到重庆，上车后，只要设置好目的地便可随意睡觉或看电影，车载系统会通过路面接收到的信号智能行驶；不住在医院，只要通过一个小小的仪器，医生就能 24 小时监控病人的体温、血压和脉搏；下班了，只要用手机发出一个指令，家里的电饭煲就会自动加热做饭，空调开始降温。

这不是科幻电影中的场景，通过物联网的逐步实现和提升，每个人的生活都将向此靠拢。所谓物联网，在中国也称为传感网，指的是将各种信息传感设备与互联网结合起来而形成的一个巨大网络。

具体来说，就是通过安装信息传感设备，如射频识别装置、红外感应器、全球定位系统和激光扫描器等，将所有的物品都与网络连接在一起，方便识别和管理。电视、洗衣机、空调甚至自行车、门锁和血压计上都能使用。

专家预测，10 年内物联网就可能大规模普及，将广泛运用于智能交通、环境保护、政府工作、公共安全、平安家居、智能消防、工业监测、老人护理和个人健康等多个领域，一个上万亿元规模的高科技市场就此诞生。

简单地说，如果物联网顺利普及，就意味着几乎所有的电器、家居用品和汽车等都急需更新换代。

在实际运用中,无锡传感网中心的传感器产品已经衍生出经济效益,据无锡媒体报道,上海浦东国际机场防入侵系统铺设了 3 万多个传感节点,覆盖了地面、栅栏和低空探测。多种传感手段组成一个协同系统后,可以防止人员的翻越、偷渡和恐怖袭击等攻击性入侵。国家民航总局正式发文要求全国民用机场都要采用国产传感网防入侵系统。

与其他概念不同,物联网开始红火的源头在官方。在工信部主办的一次会议上,相关负责人透露,我国传感网标准体系已形成初步框架,向国际标准化组织提交的多项标准提案被采纳。温家宝总理在视察中科院无锡高新微纳传感网工程技术研发中心时发表的讲话中说,"每一次大的危机,无论是经济危机、金融危机,它都会催生一些新的技术,而新技术的诞生也是使经济、特别是工业走出危机的一个巨大推动力。"有人预测,如果物联网全部构成,其产业要比互联网大 30 倍!物联网将会成为下一个万亿元级的通信业务。

12.4　基于物联网的供应链管理

12.4.1　基于物联网的供应链仓储管理

随着现代物流业和供应链管理理念的不断发展,仓储管理在物流管理中的重要性日益提高,仓储管理已成为物流管理的核心部分和关键环节。目前在我国,仓储管理基本处于人工管理或半自动化管理状态,存在产品识别困难、产品信息难以实时获取、仓储管理自动化程度不高、人工依赖性强等诸多问题。为使仓储有效支持供应链上的其他环节,减少库存支出,进一步降低物流费用,提高仓储效率,设计了基于物联网的智能仓储管理系统。该系统将物联网技术和仓储管理系统相结合,通过射频识别技术实现产品的自动识别,利用物联网获取产品信息和仓储信息,集成完善的软件系统设计出一套集成的智能仓储管理系统框架,实现仓储管理的智能化、网络化和信息化。

智能仓储管理系统的基本功能基于物联网的仓储管理系统,是以 RFID 技术为基础,充分利用物联网技术集成先进的硬件设备和完善的软件系统建立的。智能仓储管理系统具有以下功能:

(1) 自动精确地获得产品信息和仓储信息。

(2) 自动形成并打印入库清单和出库清单。

(3) 动态分配货位,实现随机存储,从而最大限度地利用仓储空间。

(4) 能进行产品库存数量、库存位置、库存时间和货位信息查询。

(5) 产品库存随机抽查盘点。

(6) 仓库系统综合盘点。

(7) 汇总和统计各类信息、输出各类统计报表。

物联网是以电子产品码 EPC(Electronic Product Code)和基于射频技术的电子标签为核心,建立在计算机互联网基础上的实物互联网络,其宗旨是实现全球物品信息的实时共享和互通。基于物联网的智能仓储管理系统是以电子标签作为产品识别和信息采集的技术纽带,通过在仓库出入口设置读写器对产品进行自动识别,通过物联网获取产品的详细信息,自动生成入库清单和出库清单,达到自动入库和出库管理的目的,库内各货架中间设置一定数量的 RFID 手持终端或者无线车载数据终端,以追踪货物在库内的信息,实现仓储管理系统对货物从入库开始的自动识别、定位、输送、存取和出库等全部作业过程的信息化管理。同时,通过相应的功能模块实现库存控制、货位管理和查询统计等功能。一个基于物联网的智能仓储管理系统结构如图 12-4 所示。该系统主要由信息采集系统、PML 服务器、产品命名服务器(ONS)、仓储管理功能模块和本地数据中心等部分组成。

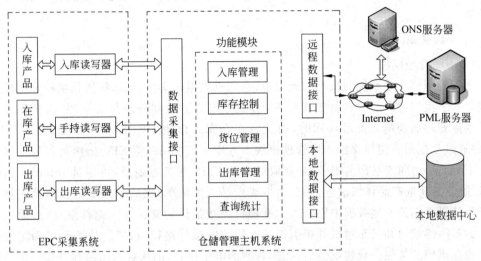

图 12-4　基于物联网的智能仓储管理系统结构

1. 信息采集系统

基于物联网的仓储管理系统采用 EPC 码作为产品的唯一标识码。EPC 码是 Auto-ID 研究中心提出的应用于电子标签的编码规范,它使全球所有的商品都具有唯一的标识,其最大特色就是可以进行单品识别。每个产品都附有一个电子标签,电子标签内写有 EPC 码作为产品的唯一编码。信息采集系统由产品电子标签、读写器和驻留有信息采集软件的计算机组成,主要完成产品的识别和产品 EPC 码的采集和处理。存储有 EPC 码的电子标签在经过读写器的感应区域时,EPC 码会自动被读写器捕获,从而实现自动化的产品识别和 EPC 信息采集。在仓库入/出口处设置入/出库读写器,对进入和运出仓库的产品进行自动识别,通过手持读写器或车载读写器读取库存和货位信息,并将读取的 EPC 码通过数据采集接口传送到信息采集软件进行进一步处理,完成数据校对、数据过滤和数据完整性检查等工作,以供上层应用管理系统使用。

2. PML 服务器

PML(Physical Markup Language,物理标识语言)服务器是由产品生产商建立并维护的产品信息服务器,它以标准的 XML 为基础提供产品的详细信息,如产品名称、产品分类、生产厂家、生产日期和产品说明等。PML 服务器的作用在于提供自动生成产品入库清单所需的产品详细信息,并允许通过产品 EPC 码对产品信息进行查询。PML 服务器的优势在于它屏蔽了产品数据存储的异构性,以统一的格式和接口向客户端提供透明的产品信息服务。

3. 产品命名服务器和应用管理系统

产品命名服务器(Object Name Service,ONS)在各信息采集节点与 PML 信息服务器之间建立联系,实现从产品 EPC 码到产品 PML 描述信息之间的映射。应用管理系统通过和信息采集软件(如 Savant)之间的接口获取产品 EPC 信息,并通过 ONS 找到产品的 PML 信息服务器,从而获取产品详细信息,以实现诸如入库管理、产品路径跟踪等应用功能。

4. 功能模块

1) 入库管理模块

入库管理模块是系统的核心功能模块,它通过数据采集接口、远程数据接口和本地数据接口 3 个接口同产品命名服务器和 PML 服务器等其他部分进行交互,从而实现产品自动入库管理的功能。产品入库时,由设置在仓库入口的入库读写器读取产品的 EPC 码,并通过数据采集接口交给入库管理模块。入库管理模块根据 EPC 码由远程数据接口通过 Internet 访问产品命名服务器,获取对应的 PML 服务器地址,再通过 Internet 访问 PML 服务器获取产品详细信息,并自动生成产品入库清单,然后通过本地数据接口将入库产品信息更新到本地数据中心。入库管理模块按最佳的储存方式选择空货位,通过叉车上的射频终端通知叉车司机并指引抵达空货位的最佳途径,扫描货位编码以确定货物被放置在正确的货位。货物就位后,扫描货物的电子标签,确认货物已储存在这一货位以供日后按订单发货。货物入库完毕后通过打印机打印入库清单。

2) 出库管理模块

当仓库收到来自销售部门的订单或发货通知时,出库管理模块按预定规则分组区、分先后,合理安排。根据订单要求,出库管理模块自动生成拣货方案。按照拣选方案,安排订单拣选任务。操作人员通过射频终端指引到货位,按照拣选方案进行拣选。经扫描货物应答器和货位应答器确认拣选货物正确,货物的存货状态转换为待出库。产品出库时,由设置在仓库出口的出库读写器读取产品的 EPC 码并通过数据采集接口交给出库管理模块,自动生成产品出库清单,并与订单对比。若有差错,系统将发出提示,提醒仓库管理员进行清查;若两者一致,则顺利出库,打印出库清单,并对产品库存信息进行更新。

3) 库存控制模块

库存控制模块对库存进行控制管理,根据系统确定的库存控制策略生成库存决策方案。当产品库存量高于或低于限量时自动预警,结合各种产品近期平均用量,自动生成需要在一定时间内采购的产品品名和数量等。仓库管理员可适时地进行采购或取消订货,从而有效控制库存量。

4) 货位管理模块

利用 RFID 技术将货架贴上电子标签,用于识别站号和位置,同时记录货架目前存放的商品数量和种类。通过货架上的电子标签实现货位管理,主要具有以下功能:对入库货物动态分配货位,实现随机存储,从而最大限度地利用存储空间,对各类货物的存放位置、存放时间和空余货位等情况进行监控,自动对不合理位置、超长存放时间和空余货位不足等情况报警。

5）查询统计模块

查询功能主要包括：货位查询、入库综合查询、库存数量和位置查询以及出库综合查询等；对库存进行统计，即根据物资的出入库和库存信息，适时完成库存货物管理的各种日报、月报和年度报表，统计各分库、班组、站所等基层单位的工作情况。

5. 本地数据中心

本地数据中心的功能是仓储管理系统存储和维护本地库存信息。本地数据库产品入/出库信息以及库存信息最终都通过本地数据接口存储在本地数据中心以便查询和核对。

基于物联网技术的智能仓储管理系统将物联网技术应用于仓储管理系统，有效地解决了产品识别困难、产品信息难以实时获取、仓储管理自动化程度不高、人工依赖性强等诸多问题。从根本上保障了仓储信息的准确统一，加快了产品出、入库的流转速度，提高了仓储管理的智能化程度，增强了仓储系统的处理能力，提高了仓储运作和管理的工作效率，能较好地适应现代物流管理模式下仓储管理系统的需要。

12.4.2 基于物联网的汽车供应链管理

无线射频识别技术是一种使用电磁波进行识别的非接触式自动识别技术，是 21 世纪最有发展前途的信息技术之一。汽车行业在应用这项新技术方面走在了前列，通用、福特、丰田、宝马和现代等公司已开始使用 RFID 技术来塑造其核心竞争力。根据权威市场调研机构 VDC 的数据，至 2011 年，全球汽车行业 RFID 技术应用市场年复合增长率为 16%，如果基于汽车行业需求的标准出台，年复合增长率将会更高。我国汽车行业也开始高度重视 RFID 技术，并由此启动了"中国汽车产业自动识别技术应用推进工程"，制定了《汽车零部件用 GSI 系统编码与条码标识标准》。物流和供应链被认为是 RFID 技术应用的最大舞台，成为当前国内外研究的一个热点。RFID 技术在汽车供应链管理的应用研究已取得了一些有价值的成果，学者们提出了基于无线网络的物料供应信息的采集，研究了 RFID 技术在车辆标识、跟踪与管理、生产制造、关键件和安全件的可追溯管理和汽车防盗方面的应用，设计了基于 RFID 技术的在制品追踪与管理、混流装配生产线物料动态配送和车身储运信息管理，企业界和咨询界也有一些实际应用案例。

RFID 技术在汽车供应链中的应用根据不同的应用目的和环境，其组成有所不同，但从其工作原理来看，最基本的系统一般都由应用软件、RFID 标签、读写器和发射接收天线组成。汽车供应链是以汽车制造企业为核心，由各级供应商、物流服务提供商、制造商、销售商与汽修厂等相互合作的各方组成的网络，涵盖从原材料到消费者与移动货物有关的所有过程。RFID 技术的出现有利于汽车企业实现对物流和信息流的跟踪管理及供应链优化。

1. RFID 技术在汽车零部件供应中的应用

RFID 技术能够及时提供准确的实际库存数量信息，有利于解决库存不准、订货点和订货量错误等根源性问题，提高了补货决策的科学性和反应速度。目前，很多整车生产企业为了能最灵活地满足顾客需求及减少库存成本,实施了"零库存"管理,有些汽车供应链中甚至已出现零配件供应。长久看来,这不利于供应企业降低成本,最终会使整个供应链环节失去竞争优势并损伤整车厂的利益,因此"零库存"管理应该是作为一种库存管理思想而存在,如果完全按其操作则不太切合实际,相比而言,供应商管理库存(VMI)可能更为适用。VMI是指供应商根据客户需求信息对客户库存进行监控与协调,并实时做出配货和补货决策。这种库存模式由于是供应链中上下游成员之间通过协同共同管理库存,因而实现了双赢与供应链的整体优化。在汽车供应链中应用VMI,就是要零配件供应商掌握制造商的库存管理,确定库存水平和补给策略。由于供应商拥有制造商的库存控制权,有利于其安排生产,减少缺货率和退货率,也有利于制造商减少或消除库存,减少缺货,减少需求预测和购买活动。但这就要求供应商及时获取生产企业的销售和库存信息。RFID技术可以实时、动态地对供应链上的物品进行定位,在供应商和制造商双方协作的情况下实现零配件供应企业对整车生产企业销售和库存信息的实时掌控,有利于零配件供应企业对整车生产企业的未来销量做出合理预测,有助于零配件供应企业为整车生产企业做出正确的库存和采购决策。另外,可以运用RFID技术有效、快速地识别汽车零部件,使零部件供应过程更迅速、准确。由于RFID标签上可以写上材料、生产日期、原厂地和检测时间等详细信息,使制造商能够很容易地追溯其零部件采购源头,有利于加强对供应渠道的控制。

2. RFID技术在汽车制造中的应用

在使用条形码存储信息时,经常会因生产现场的粉尘、高温振动和油污等影响而发生识别错误。采用RFID技术后,由于RFID标签的强抗污染能力和强耐久性,识别错误大大减少,因此可以有效提高内部供应链的可视化程度。可以在物料本身(例如发动机、前后桥和车架等重要的零部件)或在物料搬运容器(例如料箱和料架等)上加装RFID标签,在生产线上的重要检查点或物料搬运的叉车上部署RFID读写器。随着个性化定制汽车的发展,越来越多不同配置的产品需要通过不同的生产路径,在路径分歧点上,应用RFID技术自动识别在制品,并与自动化生产线配合,实现在制品生产路径的自动选择。在采用JIT生产方式的流水线上,读写器能快速地从生产物料中准确地找出所需的原材料和零部件,从而防止有差错的物料装配到在制品上。通过向RFID标签写入整个生产过程的数据,还可实时、可靠地采集汽车生产线上生产进度、质量监控数据等瞬时信息,这些信息传送给物料管理、生产调度和质量保证以及其他相关各部门后,可以更好地实现对原材料供应、生产调度、销售服务、质量监控以及整车的终身质量跟踪等功能。越来越多的汽车制造厂商及零部件供应商开始重视在生产过程中使用RFID技术。宝马公司就在其装配流水线上配有RFID系统,宝马汽车是基于用户要求的式样而生产的,用户可以从上万种内部和外部选项中选定自己所需车的颜色、引擎型号和轮胎式样等,这样一条汽车装配流水线上就得装配上百种式样的宝马汽车,宝马公司使用可重复使用的RFID标签,标签上可带有汽车所需的所有详细的要求,在每个工作点处都有读写器,以保证汽车在各个流水线位置处能毫不出错地完成装配任务。北美福特公司和北京现代公司的发动机生产线上也都采用了RFID技术。丰田汽车公司从2001年开始在其全球很多的工厂涂装车间使用RFID技术跟踪车体。

3. RFID 技术在汽车分销物流中的应用

在整车下线入库前,可由操作人员将汽车序列号、汽车类型、底盘号、发动机号、汽车颜色、出产日期、入库日期、经办人号码和班组号等信息输入 RFID 标签和计算机系统。可将 RFID 标签粘贴在汽车仪表盘上,作为每一辆整车产品的唯一标识,即产品身份证。这样 RFID 标签就相当于一个可移动的小型数据库,记载了车型和底盘号等关键信息,并在整车与底盘、发动机等关键部件间建立起对应关系,便于销售管理及日后售后维修服务与质量追踪。在库存环节,RFID 读写器可自动读取库区货位标签,取得货位中货物的实际数量,并把数据传送到计算机系统,由计算机系统自动对汽车库存做出统计处理,从而优化库存结构,提出合理库存建议、采购计划及相应的生产计划安排。上海汽车 200813 技术导向 RFID 技术还可自动监控汽车的进、出库情况并进行相关处理。当车辆入库时,门口的读写器会自动告知仓库管理员车型、数量、产地和生产时间等信息,并传入数据中心核对,从而得到处理指示。数据中心也会自动更新库存信息并自动结账,这样就可大大提高入库、制单、验货和盘点的效率,消除了人工处理产生的费时和人为错误等问题。销售出库时,读写器可自动读取 RFID 标签信息,然后送至中央信息系统进行销售出库数据处理,服务器软件存储订单的装运时间,同时校验所有与订单相关联的货物是否已经装车,同时通报接收方的分销中心。在运输过程中,通过将 RFID 标签贴在运输的汽车/零部件或运输汽车/零部件的运输车或集装箱上,并将读写器安装在运输线路的一些检查点(如门柱上、桥墩旁等)以及仓库、车站、码头和机场等关键地点,可以对货物实行实时跟踪。读写器在收到 RFID 标签信息后,可以连通接收地的地理信息,再由通信卫星传送到调度中心,送入中心信息数据库,这样可以准确地了解货物的地理位置及其完备性,大大减少货物丢失率,并可准确预知运抵时间。结合 GPS 等技术,还可对运输线路进行优化。RFID 技术也可应用在运输工具的跟踪管理上。在上海通用公司的"循环取料"项目中,大量的料箱、托盘和料架会重复循环使用,但由于任何一个料箱和托盘都有可能流转到任何一家供应商处(专用的特殊料架除外),信息跟踪相当困难,料箱和托盘的交接、清点及确认工作也非常烦琐,交接的准确性难以保证,也难以及时发现料箱和托盘的遗失或损坏。为了解决这些问题,上海通用公司应用 RFID 技术,借助在料箱和托盘上安装的 RFID 标签和射频识别门,对料箱和托盘的进出进行及时准确的控制和跟踪。

4. RFID 技术在汽车销售中的应用

在汽车销售环节中,RFID 技术有助于解决生产厂商的"窜货"问题。可以在 RFID 标签中加载预定的销售区域和产品真实属性等信息,当经销商、市场监管人员和消费者对汽车产品进行认证时,企业可通过确认汽车产品的销售地,从而准确、及时地收集每一批汽车的实际投放点,如果发现有"窜货"行为,可显示该汽车最初是销售给哪个区域,并追溯到最初的经销商。美国旧金山汽车零售商 Bob Lewis Automotive Family 采用了 RFID 车钥匙跟踪系统,使销售人员在展厅内快速取到试驾车钥匙,提高了 10% 的销售业绩。销售人员只需将嵌有 RFID 标签的塑料卡(上面编有销售员唯一的身份别码)插入安装在每辆汽车车窗上的盒子里,并输入 PIN 号码,就可打开盒子,取得盒内含有 RFID 标签的车钥匙。盒内的无线收发器把汽车的号码、位置、销售人员的身份号码、时间及其他相关信息发送到无线网络的节点,节点会将数据无线传送到基于互联网的应用软件。而管理层则可登录到带有密码保护功能的网站,追踪哪个销售人员在使用哪一辆车、持续时间和每辆车的试用频率。下班时,系统可设定取消所有销售人员取钥匙权限。瑞典汽车经销商 Holmgrens Bil 采用了基于 RFID 技术的无线实时定位系统,更好地管理汽车交易活动和实时收录汽车交易信息。在汽车的后视镜上悬挂了含有唯一 ID 编码的 RFID 标签,网络中有对汽车方位进行准确定位的定位信号接收器和安置在室内卖场入口、室外门禁和狭道处的激发器。当汽车经过这些区域时,激发器就会触发 RFID 标签,并传输相关信息,传递信号被固定接收器接收,通过这些区域的汽车信息就会被实时收录。借助于这套系统,经销商与客户谈成生意后不需要再询问汽车停放位置,系统在第一时间就能向客户提供汽车的品牌、型号和车位等信息,避免了那种不断询问沟通和等待取车的交易模式。亚特兰大奔驰经销商 RBM 也实施了结合钥匙控制系统的基于 RFID 技术的实时定位系统。此外,当最终用户购买了汽车且汽车驶离分公司仓库之后,可用移动设备读取车身的 RFID 标签,将用户信息通过远程网络登记在总公司(或制造商)信息中心数据库中,RFID 标签随着汽车到用户手中。由于可获得销售车辆和消费者的实时信息,可以对客户的地域分布、年龄层次、购买行为和需求特点等信息进行即时分析,从而更准确地反映消费者的消费偏好,并对新产品设计及未来的销售情况做出合理估计。

5. RFID 技术在汽车售后中的应用

在售后服务环节采用 RFID 技术,可以将 RFID 标签作为信息载体把相关配件与整车产品、整车产品与最终用户联系起来,随时确定汽车产品生命周期内发生的"修换退"状态,从而为服务站的维修服务提供记录依据,同时为制造者、销售者、修理者及用户提供相应的依据,明确各方的责、权、利。RFID 标签记录的这些维修信息还可以为制造商的产品质量管理服务,利用 RFID 技术在整个周期实时采集车辆及零部件的质量和维修信息,可以为企业的产品质量分析、技术改进及相关管理提供依据。此外,在召回环节,由于RFID 技术使汽车的零部件和总成都拥有唯一编码,能使制造商在召回时缩小范围、节约成本。目前,汽车制造商正在将 RFID 技术应用于车辆的终生自动识别,并将其作为数据从零部件管理系统输送到服务站上的一种可选方案。米其林轮胎北美公司已成功开发了RFID 轮胎,这种轮胎在其胎侧内装有 RFID 标签,先在轮胎生产厂内被写入轮胎序列号、生产日和生产厂代号等信息,然后在汽车制造厂的总装线上写入汽车标识号码,这样一旦轮胎出现质量问题,可以缩小召回范围。福特汽车公司还将 RFID 技术应用于电动汽车的电池充电系统,该系统可以将车辆运行及电池使用情况及时传递给操作者,大大提高了充电效率。RFID 标签可以加密,不易伪造。因此,在分辨假冒零部件、控制二手零部件进入市场、杜绝非法拼装车等方面也可发挥巨大作用。根据 RFID 标签记录的与车辆VIN 码相关联的报废规定年限及关键总成的大修次数,可以有效杜绝报废车逾期不报和利用报废车的"五大总成"进行非法拼装的情况。目前已尝试使用 RFID 技术管理车辆压缩天然气瓶。

有市场研究报告预计,汽车业将是推动 RFID 技术发展的主要行业之一。目前,上海通用公司、北京现代公司等国内主要汽车生产企业已在涂装、总装和发动机等生产车间使用 RFID 技术。随着 RFID 技术在汽车行业中应用的不断深入,在汽车供应链中的应用将不断拓展。然而投资 RFID 技术的高额成本和巨大风险也不容忽视。既要研究技术问题，更要研究管理问题。其中，RFID 技术在汽车供应链管理中可以得到哪些应用、价值如何评估、有哪些因素影响 RFID 技术应用的决策行为是必须解决的首要问题。此外，对标准、成本、隐私保护、数据处理能力和技术成熟度等风险因素也必须加以考量。如何应用 RFID 技术带来的实时数据、供应链上各方如何分担巨额成本也是项目实施成功的关键。

12.4.3　基于物联网的服装供应链管理

服装业是典型的劳动密集型行业，从服装生产下线装箱，到进入仓库、盘点和出仓等环节的产品信息采集目前仍处于大量人工作业的阶段。配送拣选过程中需要大量人工长时间作业才能完成，配送统计慢，库存数据统计不及时准确，都直接影响企业的效益。虽然条形码采集比人工采集节省了很多的人力资源和时间，但是，由于服装产品单品多、款式、颜色和品种变化快等特点，以及市场对企业高效率运作的要求，条形码并不能做到多批量、远距离、自动识别读取数据，也无法自动监控跟踪货品或相应设施，限制了企业物流过程效率的提高。无线射频识别技术不仅解决了条形码遇到的通常问题，而且它可无接触地读取信息，数据存储量大，能够自动识别跟踪货品，因此可实现 RFID 系统的智能化管理，很好地解决目前服装物流仓储和配送环节存在的数据采集不精确和效率低，以及数据利用率不高等问题，实现精确快速的配送拣选、装箱和出货，从而提高畅销服装的及时补货率，减少滞销服装的库存积压率，达到缩短供货周期、提高企业效率的目的，因此，将 RFID 引进到服装仓储配送的信息化管理已得到业界的共识。

RFID 是一种对产品进行非接触式自动识别、数据采集跟踪的技术。典型的 RFID 系统一般由射频电子标签、读写器以及应用系统(包括应用接口、传输网络、业务应用及管理系统等)3 部分构成。当物品标签进入读写器磁场时，接收读写器发出的射频信号凭借感应电流所获得的能量发送出存储在标签芯片中的产品信息(无源标签)，或者主动发送某一频率的信号(有源标签)；阅读器读取信息并解码，然后送至应用系统进行有关的数据处理。与传统条形码技术相比，RFID 可一次识别多个标签并可将识别处理状态写入标签，不受大小及形状限制，具有耐环境性强、穿透性强、数据的记忆容量大、重复利用性高等诸多优点，而且 RFID 标签可唯一地标识产品。鉴于 RFID 的显著特点，将 RFID 与信息智能分析决策技术相结合，研究服装供应链基于 RFID 的仓储配送智能化管理方法。首先，在分析基于 RFID 供应链仓储配送运作流程的基础上，探讨基于 RFID 的服装供应链仓储配送智能管理系统框架，并建立拣选配送优化模型。根据该模型可计算服装拣选配送的最短距离，由此得到拣选的优化路线和顺序。由于 RFID 系统读取和传输的 RFID 信息源不同，其信息语义也不同。运用信息融合、联机分析技术及基于 CBR 的分析决策等智能分析技术，研究服装供应链仓储配送的智能化管理方法，以期为提高我国服装供应链的仓储配送效率提供有价值的参考。

1. 业务流程

基于 RFID 的服装供应链仓储配送流程包括源标签识别、出入库管理、基于 RFID 的分类拣货、补货以及畅销和滞销服装产品分析等。

1）应用 RFID 标签的服装标识

基于 RFID 的服装标识使用 EPC(Electronic Product Code,产品电子编码)对服装产品进行编码。EPC 是最近几年国际最新发展起来的一种全球统一标识体系。一个 EPC 码由 96 位字符构成,包括起始位部分和 3 组数据部分。3 组数据分别为库货架、叉车或周转箱等设施上。读写器包含有天线,识别和读取进入其磁场范围的 RFID 标签的信息,并将读取的信息通过边缘服务器和 RFID 中间件发送到第 2 层的数据处理子系统进行信息处理。通常,设定了 IP 地址的读写器对附加了 RFID 标签的整箱服装商品一次性地读取全部数据。为防止读取过程中多标签信息的冲突,设计一个边缘服务器,应用多标签防冲突算法定期轮询读写器,消除重复操作,从而实现服装仓储配送信息的自动获取识别。RFID 中间件是介于 RFID 读写器硬件模块与数据库和应用软件之间的重要环节。RFID 中间件与对象命名服务器通信,查找识别唯一的 RFID 标签 ID 号,并不断从 EPC 服务器数据库查询数据,通过网关与外部系统通信。RFID 标签的卷标信息用 PML 说明服装信息,用 ONS 提供 EPC 码的位置信息,当 RFID 中间件需要查询或保存该服装信息的服务器网络地址时,ONS 服务器提供 EPC 码与 EPC 信息服务器对照功能。第 2 层为数据层,它解析和处理来自物理层读写器采集的且符合规定协议的各种原始数据,并进行数据处理验证。第 3 层为服装仓储配送业务逻辑处理层,该层主要包括仓储配送优化、智能分析决策和数据处理 3 个模块。

2）基于 RFID 的服装仓储配送管理流程

在库存活动中,实时获取服装信息的环节包括仓库成衣的接收、入库、订单拣货、出库以及库存服装产品统计等。当带有 RFID 标签的服装整箱进入 RFID 读写器磁场感应区域内,RFID 读写器将自动捕获多个标签中的信息,并将其传输到仓库管理系统(Warehouse Management System,WMS)。随后,系统根据仓位信息安排入库位置,并建立库存记录,计算服装出入库配送距离等。在入库过程中,应用 RFID 的自动识别系统的信息防冲突功能,能够一次读取多个不同的 RFID 标签,确认入库服装的数量和种类等,并可跟踪服装的入库过程,以确保货物被放入准确的货位,同时自动生成库架库位地址等信息,WMS 根据此信息自动进行货位货物信息的变更确认。出库时,当装入服装的托盘或叉车经过门禁安装的固定读写器时,服装上的 RFID 标签信息被读取,系统根据该信息与发货单进行核对,并更新服装库存状态。对于畅销服装的补货,RFID 系统自动显示该类产品的库存状态以及需要补货产品的款型、颜色和尺码等细节,提示补货信息。此外,RFID 系统通过自动统计服装产品的库存状况,得到每类服装(包括款型、颜色和尺码等)在库停留时间,发现哪类服装滞销、过季,从而为管理者提供降价、促销等决策信息,促进产品的销售。

2. 智能管理系统框架

基于 RFID 的服装供应链仓储配送系统分为 3 层结构,即 RFID 物理层、数据层和业务逻辑处理层,如图 12-5 所示。

3. 优化管理

1）仓储配送优化模型

基于 RFID 的服装供应链仓储配送的主要活动包括服装货品的拣选与跟踪。而拣选

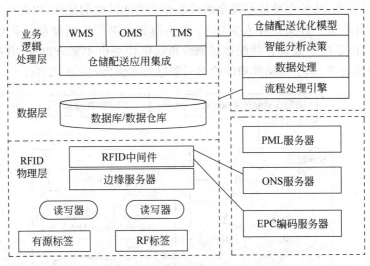

图 12-5 基于 RFID 的服装供应链智能管理系统框架

与跟踪的决策因素是拣选距离和拣选顺序的优化。拣选距离是指拣选过程中根据订单进行拣选操作时,由于服装数量、类型和存放地点等不同,要往返于仓库中不同的巷道来获取货品,由此而通过的距离。拣选顺序是指按订单需求拣选不同货品的先后顺序。存储于物流仓库中的服装信息和仓位信息等可由安置于仓库中不同点的若干个读写器读取并发往 RFID 供应链物流实时管理系统,当实施拣选时,这些信息可发送至装有 RFID 的搬运设备上,如托盘、叉车或服装周转箱等。

2) 基于 RFID 的仓储配送优化管理

在服装拣选过程中,RFID 读写器可安置于搬运设备(如叉车)上,RFID 无源标签贴于每个服装货物单元(如包装箱或托盘)上,所有货物标签的信息都存储在系统数据库中。叉车上装有电脑终端和有源 RFID 标签,在叉车拣选搬运操作时,订单信息通过订单管理系统(OMS)发送至业务逻辑处理子系统,该子系统可根据仓库管理系统(WMS)中的货品实际仓位信息给出需要拣选的服装货品的位置信息,并依据优化模型给出优化拣选路径和顺序分配方案,该方案可在叉车的计算机终端显示,指导叉车正确移动。当叉车拣选货物时,叉车上的读写器读取货物包装箱或托盘上的标签信息,随着叉车从起点到终点的移动,拣选的服装在哪辆叉车上、服装产品的信息以及配送搬运移动位置状态变化等信息即可被读写到叉车上的有源标签中,并通过 Framework Schema,使用 XML/RDF 技术将这些异构信息转化为通用的信息表示,再利用信息组合规则进行信息融合,之后相关的信息可存入数据库和知识库。这样,仓储和配送信息通过本体论的定义,其领域标准词汇和关系就被明确地定义,同时对本体论具体状态进行详细说明的一个知识库也可以形式化地定义,其生成的实例知识库即是相关的和一致的。

4. 智能分析决策

RFID 系统获取的服装库存控制及配送的优化分析结果可作为一种信息源。由于每次这些信息的获取可能来自不同的供应链节点系统,存在结构和语义的异构性,这样的信息表示一致性较差,往往会导致不完全的或不相关的知识库的建立,因此有效地分析和融合这些信息,并作为一种实例存入实例库,可为服装仓储配送的智能化管理提供决策支持。基于 RFID 系统的服装仓储配送智能分析决策模块由 4 部分组成,即仓储配送信息融合、联机分析处理、基于实例推理的检索引擎以及实例库(见图 12-6)。

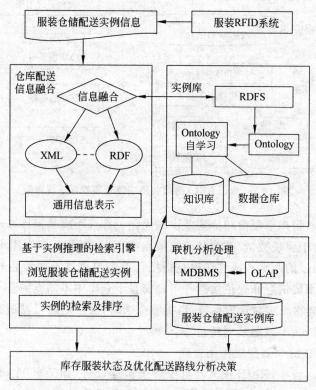

图 12-6　服装仓储配送智能分析决策模块框架

1)仓储配送信息融合

信息融合技术可根据信息的联系性整合各类信息源数据,获取高质量的信息。当从 RFID 系统获取的仓储配送信息的语义不同时,应用领域本体论(Ontology)建立一个概念模型,定义领域本体论词汇及其自学习算法,以使信息智能更新时开发一个相应的 RDFS(Resource Description Framework Schema)。

2)联机分析处理

联机分析处理(Online Analytical Processing,OLAP)模块主要对上述知识库以及数据仓库中的大量数据进行抽取并转换到多维数据结构中,调用多维数据集来执行有效的查询和分析。该模块包括数据仓库、OLAP 软件和多维数据库管理系统(MDBMS)3 部分。OLAP 通过对每次 RFID 读取的服装仓储配送路径、仓位等信息的分析和存取,提供对多维数据的切片、钻取和旋转等,以便从不同角度提取有关数据的逻辑视图,使信息更为准确。

3)基于实例推理的检索引擎

该子模块应用 CBR(Case-based Reasoning,基于实例推理)对 OLAP 处理的服装仓储配送信息建立检索引擎。CBR 是利用旧问题的解来解决新问题,其问题及其解组成一个实例(case),存储在实例库中。当对一个新的仓储配送问题进行求解时,先将新问题按某种特定方式进行描述,然后在实例库中寻找与之相似的旧实例,再按某种算法找出最相似的旧实例作为新问题的匹配,将其解作为新问题的建议解,通过对建议解进行修正、校订,得到新问题的确认解。新问题及其确认解又作为新的实例存入实例库。该子模块通过实例浏览、实例检索和实例排序 3 个功能来完成相应的检索任务。实例浏览功能主要显示实例库中仓储配送实例的树型结构;实例检索主要根据实例浏览的匹配结果来检索一系列实例;实例排序功能由最近邻居算法分配权重系数给特征值,然后根据相似度对实例进行排序并生成新的实例。

4) 实例库

实例库中存放服装仓储配送的实例,实例的表示包含两方面的内容,即服装仓储配送决策的描述,如仓位的选择、库存水平的控制、拣选配货的路线和顺序等,以及问题的智能分析决策方案。若用通用的数据类型来描述实例,则实例库以树型结构存储实例,包括服装仓储配送实例的编号、实例索引及优化决策集等。实例编号是唯一确定一个实例的标识符,实例索引是由描述问题的属性集合建立的,当用检索引擎检索实例时,即以实例编号作为实例抽取检索、匹配的依据。

12.4.4 基于物联网的医药供应链管理

药品供应链是一个从供应源到需求源的网链结构,它由药品生产企业、批发商、零售商(医疗机构)和消费者组成。一个企业是药品供应链的一个节点,节点企业在需求信息的驱动下,通过供应链的职能分工与合作,以资金流、物流、服务流和信息流为媒介实现整个供应链的不断增值,给医药行业的相关企业带来收益。对药品供应链运作的全过程进行及时、有效的监控与追踪,是保障药品流通安全、降低流通成本的关键所在。物联网技术可以对药品唯一的身份标识进行追踪,从而达到对药品信息及时、准确的采集与共享的目的。因此,物联网技术应用于药品供应链管理的研究十分必要,且有重要的现实意义。

1. 药品供应链管理的现状分析

目前,我国的药品供应链的运作有以下特点:

(1) 药品流通环节、交易层次过多,渠道复杂,批发环节所占成本比重过大过多的交易环节和复杂的交易渠道使交易信息不对称、不透明,流动无序,必然导致在流通过程中效益的损失,直接表现为流通环节在药品价格构成中所占比重高达 65%,其中批发环节占 50%。批发环节成本高,导致销售成本上升,从而使药品趋向虚高定价。

(2) 药品供应链信息系统严重滞后,影响药品供应链管理的效率缺乏统一的药品编码体系,不同领域之间不能兼容,妨碍了供应链管理的有效实施,药品供应链信息化建设落后,尽管许多医药生产商、批发商、零售商和医院等都具有计算机系统,但是由于没有形成统一的网络,依然没有改变信息孤岛的现象,成为制约我国医药物流向规范化、高效化和国际化发展的障碍。

(3) 制药企业的物流服务能力不足,物流工程与管理医药物流服务由制药企业自营运作,运输和仓储等传统性业务还占有相当大的比重,服务功能单一,附加值不高,服务水平较低。

（4）假药泛滥，药品和医疗质量事故频发，严重影响民众的身心健康。一些不法厂商想法设法制造假药，屡禁不止。

2. 构建基于物联网的药品供应链管理系统

1）系统构建的可行性分析

随着网络信息技术的普及，企业间战略合作意识逐渐增强，企业间的竞争已经转向供应链的竞争，基于物联网的药品供应链管理系统建设具有一定的可行性，具体如下：

（1）随着企业竞争的加剧，药品生产企业日益重视供应链管理。很多企业已经将供应链管理提升到了企业战略管理的高度，并通过内外部资源整合改善药品供应链管理。

（2）供应链信息技术及物联网技术的出现为药品供应链管理提供了有力的支撑。改善药品供应链管理，必须使供应链上的成员及时获取其他成员及有关环节上的信息，否则会导致供应链的断裂和效率低下。而射频识别技术可以对药品的生产、销售和运输等进行全程跟踪和监控，达到差错率为零，提高供应链的透明度和管理效率。

（3）医药企业间不断建立的医药电子商务平台为实施供应链管理创造了有利条件。为了共同应对竞争，不少制药企业已经开始合作建设医药电子商务平台，运用平台可以大大节约交易成本，消除过多的流通环节，提高运作效率，改善服务水平。

（4）第三方物流企业迅速发展。为了获取高利润，不少物流服务商开始大量在医药物流投资，纷纷在各地新建医药物流中心，实施兼并收购。提供专业物流服务的第三方物流企业将会不断涌现，医药物流服务水平将会逐渐提高。

（5）政府的重视与大力支持。我国高度重视物联网技术和产业发展，物联网已被列入国家战略性新兴产业之一，并且已经建立有关研发和人才培养基地。

2）构建基于物联网的药品供应链管理系统

基于物联网的医药供应链管理系统包括 EPC 网络系统和医药电子商务平台两大部分。EPC 网络系统由 RFID 系统、Savant（神经网络软件）系统、ONS、PML 系统和企业信息系统组成。基于 EPC 的网络系统是利用 Savant 系统通过应用程序接口（API）与企业的应用系统相连接，这样 Savant 系统就可以将从 PML 服务器上读取的药品信息自动地传递到企业应用系统，或存储到相应的数据库中，通过互联网实现信息共享。制药企业内部系统通过与医药电子商务平台集成，以及和物流配送系统和结算系统协调运作，可以实现对药品供应链的物流、资金流、信息流和服务流进行高效的控制和管理（见图 12-7）。

各子系统功能如下。

射频识别系统由 RFID 读写器和 EPC 标签构成。EPC 编码是药品的全球唯一标识，药品外部贴有传感器，读写器获得传感信息和药品 EPC 标签上的编码信息后，传送给 Savant 系统。

Savant 主要负责管理、传送药品电子代码的相关数据，Savant 系统也可用于制药商、零售商、批发商和物流服务商的各个物流环节。

Savant 进行信息过滤后，提交至医药供应链各成员企业应用程序来处理。企业应用程序根据实际情况，将 Savant 的信息传递给本地 ONS 系统，由它来负责查询此 EPC 代码对应的药品存放在互联网上的其余相关信息的 URI 地址，企业应用程序在得到 URI

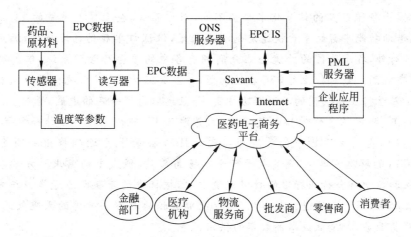

图 12-7　基于物联网的药品供应链管理系统

地址后,自动链接至互联网上相应的 EPC IS(EPC 信息服务)服务器,即可查询到药品的相关信息。

ONS 服务器存储制药商的识别代码,及药品生产商所维护的 PML 服务器的 IP 地址,当 RFID 读写器读取 EPC 标签时,EPC 代码就传递给了 Savant 系统,Savant 系统从局域网或因特网上的 ONS 服务器上找到存储药药品文件的 PML 服务器的 IP 地址,再根据 IP 地址找到 PML 服务器,从服务器中读取药品有关信息,并传到 Savant 系统,实现整个供应链成员对药品信息的共享。

PML 系统是一个存储和查询药品信息的网络数据库管理系统,服务器由药品生产商维护,它储存药品信息。供应链上的各个企业都可以通过自己的 Savant 系统获得药品的PML 文件,根据各自所需加以利用。

案例分析:物联网在物流行业的应用

1. 物流行业是物联网应用的重要领域

物流行业不仅是国家十大产业振兴规划的产业之一,也是信息化及物联网应用的重要领域。它的信息化和综合化的物流管理、流程监控不仅能为企业带来物流效率提升、物流成本控制等效益,也从整体上提高了企业以及相关领域的信息化水平,从而达到带动整个产业发展的目的。

以江苏为例,利用传感网大规模产业化和应用对传统产业带来的根本变革,重点推进带动效应大的现代装备制造业、现代农业、现代服务业和现代物流业等产业的发展。智能物流传感网作为十大经济领域传感网示范工程之一,成为传感网产业规划的重要内容。

2. IT 服务商助力物流行业提高其信息化水平

2008 年,中国社会物流总额达 88.82 万亿元,同比增长 18.1%,增幅同比下降8.1%;物流业增加值增幅同比下降 5.7%;社会物流总费用增幅同比下降 3.5%。一方面是由于全球金融危机导致的港口货物吞吐量的下降;另一方面是社会物流总费用的下降。面对此危机,国内物流行业因为成本高、效率低走入了低谷。

目前，国内物流行业的信息化水平仍不高，对内而言，企业缺乏系统的 IT 信息解决方案，不能借助功能丰富的平台快速定制解决方案，保证订单履约的准确性，满足客户的具体需求。对外，各个地区的物流企业分别拥有各自的平台及管理系统，信息共享水平低，地方壁垒较高。针对行业目前存在的问题，一些第三方的 IT 系统提供商以及电信运营商提出了基于行业信息化的不同解决方案，并且也取得了一定的进展。

从国内看，物流信息化的核心是一体化，并涉及 IT 整体方案的设计和配置、主机管理、贸易伙伴扩展以及运行中的管理服务等。IBM 公司也于近期推出一项名为 IBM e-Distribution 的解决方案，以满足电子行业市场高质量、低成本的需求。方案能够以较低成本建立和维护符合行业标准的数据交换中心，把标准的互联网连通能力与先进的窗体技术结合起来，用户无须进行设置操作，就能够轻松地与贸易伙伴的系统相结合，随时随地开展贸易业务，打造低成本高效率的供需链条。

从国外看，以 Omnitrol Networks 公司和英国电信的合作为例，Omnitrol Networks 公司提供用于业务流程优化的实时应用网络平台和基于 RFID 的资产追踪与追溯解决方案，英国电信供应链解决方案业务部将利用 RFID 技术、无线技术及传感器技术，提供扩展性好、功能更完善的实时供应链、资产及操作可见性解决方案。通过本次合作，RFID、超宽频及 Wi-Fi 实时定位系统（RTLS）、移动手持设备、PLC 和传感器得到了统一融合，能显著降低成本，并提供功能强大的服务。

3. 我国传感网产业发展中应注意的问题

整体上来看，我国的传感网产业发展仍处于起步阶段，其中中国的物流信息化建设以及物联网领域的拓展，若能借鉴现有经验及有效模式，便可在短时间内取得飞速发展。但目前仍存在不少问题，主要表现为企业规模水平不一，技术标准缺乏，创新体系不完善，应用领域不广，层次偏低，运营模式不成熟等，针对这种现状，必须注意以下几个问题：

传感网产业具有爆发力强、关联度大、渗透性高和应用范围广的特点，现代物流业属于传感网带动产业，在发展过程中必须兼顾传感器、传感网芯片、传感节点、操作系统、数据库软件、中间件、应用软件、系统集成、网络与内容服务、智能控制系统及设备等核心产业以及集成电路、网络与通信设备、软件等支撑产业的发展。

在引进借鉴目前成熟的物流经验的同时，也要加快创新平台和人才队伍建设，着力提升自主创新能力，尤其是发展物流产业的工业园区，需要采取引进、合作和培育等方式，快速集聚一批传感网领域高层次科研力量和研发机构，建立健全技术和中介服务体系，加强人才引进和培养，通过自主创新掌握其核心技术。

📚 思考题

1. 物联网的概念、功能和特点是什么？
2. 什么是电子标签？其工作原理是什么？
3. 我国物联网规划的五大工程是什么？
4. 什么是物联网中间件？其未来发展趋势如何？

参 考 文 献

1. 马士华,林勇. 供应链管理. 北京：机械工业出版社,2005.
2. 骆温平. 物流与供应链管理. 北京：电子工业出版社,2002.
3. 谢如鹤,张得志,罗荣武,等. 物流系统规划. 北京：中国物资出版社,2007.
4. 施先亮,李伊松. 供应链管理原理及应用. 北京：清华大学出版社,2006.
5. 方仲民. 物流系统规划与设计. 北京：机械工业出版社,2003.
6. 杨兴丽. 电子商务概论. 北京：北京邮电大学出版社,2011.
7. 吴健. 电子商务物流管理. 北京：清华大学出版社,2009.
8. 屈冠银. 电子商务物流管理. 北京：机械工业出版社,2012.
9. 田景熙. 物联网概论. 南京：东南大学出版社,2010.
10. 黄玉兰. 物联网概论. 北京：人民邮电出版社,2011.
11. 颜军. 物联网概论. 北京：中国计量出版社,2011.
12. 秦新生. 基于物联网的药品供应链管理系统. 物流工程与管理,2010,10：123-125.
13. 徐琪. 服装供应链基于RFID的仓储配送智能化管理. 纺织学报,2010,9：137-142.
14. 廖燕,鲁耀斌. 无线射频识别技术在汽车供应链管理中的应用. 上海汽车,2008,3：34-37.
15. 邹辉霞. 供应链物流管理. 北京：清华大学出版社,2004.
16. 唐纳德·J. 鲍尔索科斯,戴维·J. 克劳斯. 供应链物流管理. 北京：机械工业出版社,2002.